寻觅与守望

——史学编辑学耕耘录

【上册】

乔还田◎著

人民出版社

责任编辑：侯俊智　申　珺
助理编辑：许亚鑫
责任校对：东　昌
装帧设计：林芝玉

图书在版编目（CIP）数据

寻觅与守望：史学编辑学耕耘录 / 乔还田　著 . —— 北京：人民出版社，2024.8

ISBN 978 - 7 - 01 - 026556 - 8

I. ①寻…　II. ①乔…　III. ①史学 - 研究 - 中国 - 近代　IV. ① K092.5

中国国家版本馆 CIP 数据核字（2024）第 095362 号

寻觅与守望

XUNMI YU SHOUWANG

——史学编辑学耕耘录

乔还田　著

人民出版社 出版发行

（100706　北京市东城区隆福寺街 99 号）

中煤（北京）印务有限公司印刷　新华书店经销

2024 年 8 月第 1 版　2024 年 8 月北京第 1 次印刷

开本：710 毫米 ×1000 毫米 1/16　印张：42.25　插页：12

字数：420 千字

ISBN 978 - 7 - 01 - 026556 - 8　定价：150.00 元（上、下册）

邮购地址 100706　北京市东城区隆福寺街 99 号

人民东方图书销售中心　电话（010）65250042　65289539

2011 年，在北京朝内大街 166 号留影

与著名史学家罗尔纲合影

与著名史学家刘大年、戴逸合影

1990 年，参加"孙中山与中国现代化国际学术讨论会"

1996 年 11 月 6 日，在纪念孙中山诞辰 130 周年国际学术讨论会上，与李文海、龚书铎、张海鹏等著名学者合影

参加在香港举办的"辛亥革命·孙中山与 21 世纪中国学术讨论会"

自　序

　　我毕业于名牌大学——南开大学历史系，但不是考上的，是推荐的——工农兵学员。在班里，我年龄最小，进校时 17 岁，不起眼，学业平平，未留下深刻的记忆。但一位老师的话，几乎影响了我的一生。刘泽华教授说：在学术上，要敢于向老师挑战，要青出于蓝而胜于蓝。

　　我的运气很好。按照当时的政策，工农兵学员毕业后，应当哪儿来，再回到哪儿去。我已做好了回山西原籍的准备。据说一位农民出身的副总理为了表示自己不狭隘，声言山西送出去的工农兵学员不必直接回原籍，可由国家进行分配。于是，我有幸被分配到代号 001 的国家级大社——人民出版社。

　　真是好运连连。入职后，我与编辑工作结下了良缘。未久，我便意识到编辑是一份好职业，是一个受人尊敬、让人羡慕的职业。

　　向社里一些资深编辑请教，他们从不同视角、不同层面告诉我编辑的职能、价值、使命，使我深深感受到编辑确实是一份神圣的职业！何况又是在国内顶级出版社做编辑。我深深地爱上了编辑这个职业！深深地爱上了人民出版社！

你爱它，它爱你吗？和朋友聊天，对方的认知和我一样：喜欢是一回事，但能不能在这个平台上干下去又是另一回事。为防止某一天，我仍爱着这个平台，这个平台却不爱我了，不管出于何种原因要炒我的鱿鱼——我总不能向别家单位毛遂自荐时，声言自己如何听话、如何勤勤恳恳、如何卖力气，而是必须用实例来证明自己不是一个草包，业务还行，而且比较牛。显而易见，一个编辑，如果搞不出几本像样的图书，是说不过去的。假如你能搞出一些有影响的精品力作，就会生发出自豪感。这就好比学者教授有代表作一样，编辑也应当有自己的代表作。编辑的代表作一是自己编辑出版的精品力作，二是自己撰写的文章。编辑有了自己的代表作，不仅能证明你真有"两把刷子"，具有真才实学，人家会尊重你，而且你若"跳槽"，也是一种本钱。

有几件事对我产生过不小的刺激，至今仍记忆犹新。

一是有人生发过这样的感叹：在大学和医院里，教授和医生都很"牛"、很体面、很有地位，受人羡慕和尊敬；而在出版界，编辑的地位没有想象的那么高，没有教授、医生那种待遇。即便是大学教授，也有点看不起编辑。因为在大学评定职称时，如果认为你没有达到副教授、教授水平，会降格被评为副编审或编审。为什么会这样？专家给出的定位是：此人没有研究能力和写作能力，没发表过有学术价值的作品。

二是一位著名教授在讲学时这样说：现在中国的出版社，越来越像一个印刷厂，或者像一个图书推销员；中国的编辑，越来越像一个书稿收购人和格式排版人。他感叹：我经常与编辑产生矛盾，编辑给我造成很多麻烦，他们总是拿着鸡毛当令箭，在书稿里找骨头；而对书稿的内容介入很少。因为他们不了解学术行情，不懂学术，无法进行学术对话。

三是一本业界杂志发表过一篇题为《我是编辑我可耻，我为国家浪费纸》的短文，归纳编辑行业的现状是：入行不学徒，进门就干活，识字就编书，编书不看书，出书不评书，评书不懂书，改稿语不通，导向弄不通，销售论英雄。

这些说法显然偏颇，实难苟同，但的确让编辑跌份。

大量事实表明，业界那些有成就的编辑多是才子，文章写得很漂亮。在我身边——人民出版社的几位像戴文葆、林穗芳、邓蜀生、王以铸这样的学者型编辑和学者型领导就是楷模，我渴望能够成为像他们那样的人。

在社领导层，也有几位颇有学问。1921年9月创建人民出版社的第一任社长，党的一大代表李达就是一位公认的哲学家，连毛泽东都佩服他的学问。李达的名著有《〈实践论〉解说》《〈矛盾论〉解说》《唯物辩证法大纲》。

新中国成立后的第一任社长胡绳是延安时期的才子，公认的大学者、理论家、思想家。他的名著《从鸦片战争到五四运动》发行了近千万册。

1978年至1983年期间担任人民出版社社长和总编辑的曾彦修也是一个才子，学问大家。著有《严秀杂文选》《审干杂谈》《牵牛花蔓》《一盏明灯与五十万座地堡》《半杯水集》《天堂往事略》《论睁眼看世界》《平生六记》等，《牵牛花蔓》曾获1995—1996年全国优秀散文杂文荣誉奖；编有《中国新文艺大系·杂文卷》《当代杂文选粹》等。

在人民出版社领导层面，有过"九龙治水"的说法。其中，有4位原是《红旗》杂志的编委。他们是陈茂仪、姚洛、海波、江海，个个是才子，写过大文章。从1977年至1979年，我几乎每天中午和他们在一个饭桌上用餐，再加上邓蜀生和另一位副总编辑林言椒，一起谈天说地，聊学问聊社会，深深地吸引了我。

于是，我一方面努力编好书稿，另一方面追求做一个学者型编辑。呈现在大家面前的这本《寻觅与守望——史学编辑学耕耘录》便是我追求写作留下的印迹。

我曾多次应《人民日报》《光明日报》《文汇报》《中国青年报》之约撰写专论性文章，如1990年纪念鸦片战争150周年，在《人民日报》发表了《鸦片战争给中国近代社会带来了什么?》；1994年纪念甲午战争100周年，在《人民日报》发表了《甲午战争的历史思考》；迎接香港回归时，在《人民日报》发表了《香港问题的历史回顾》；1991年纪念"九一八"事变60周年，在《中国青年报》发表了《毋忘国耻"九一八"》；1994年在《光明日报》第一版发表了《弘扬和振奋民族精神》；等等。其中，有的论述被中央人民广播电台"新闻和报纸摘要"节目摘播，有的文章被《新华文摘》、中国人民大学书报资料中心编辑的《中国近代史》等杂志转载，有的文章被列为中学生语文课外阅读篇目，有的论述被费正清主编的《剑桥中华人民共和国史》引用。

我在学术方面的努力，也得到一些学术"大咖"的表扬。如《万历十五年》的作者黄仁宇在黑龙江的一次演讲中，点赞我在《人民日报》发表的《"史学危机"和借鉴国外研究方法刍议》一文中的观点；刘大年、戴逸、李文海、戚其章等中国近代史研究的一些专家，对我这个"工农兵学员出身的编辑"刮目相看。

我觉得发表学术文章生发的兴奋感太美妙了。那时，一篇文章的稿费只有几十块钱，但它比干了其他事情，如帮其他出版社审读加工稿子挣了上千元还要美妙、还要兴奋。我清楚地记得，那些年有过两次异常激动。所谓异常激动，就是顷刻间热血往头上涌的感觉。而这两次异常激动均与发表文章有关。

第一次是1980年7月29日在《光明日报》上发表第一篇学术文章《洋务派筹办海防小议》。不足3000字的文章只有30块钱的稿费。那时可以买到9只鸡。当第一次看到自己文章刊登在《光明日报》的史学版上时感到很神圣。那天没等上班到单位看报纸，在路上就自费买了3份，当自己的名字和文章的题目映入眼帘时，一股热血就涌上了心头。那种感觉，真是没法用言语来形容的。

第二次是1990年6月1日《人民日报》发表了我撰写的纪念鸦片战争150周年的专论文章。那天早晨上班，我径直从一楼上五楼办公室，遇到几位同事分别对我说："乔还田说，乔还田又说，乔还田还说"；有的则向我竖起大拇指，说"乔老爷真牛！今天必须请客！"弄得我莫名其妙。直至走到四楼，才恍然大悟，有人告诉我：刚听了中央人民广播电台"新闻和报纸摘要"节目中播放的"乔公"大作——《鸦片战争给中国近代社会带来了什么？》的要点。听到这一消息的一刹那，我感到热血突然涌上了心头。

有过这两次经历，我颇为自信地把自己定性为一个有激情的文化人，而不是一个简单的"编书匠"。

如何撰写学术论文呢？我的切身体会是——

首先，要了解相关的学术动态。我的专业是历史学，特别是中国近代史。刚到出版社时，用做过很多手写卡片。在专题下，罗列了相关作者的情况，不仅是学术观点，包括简历和个性也有记载。那时勤于看大学学报和专业性的权威杂志。所以，对学术研究情况和作者情况比较了解。

关于中国近代史研究中的八大专题——第一次鸦片战争、第二次鸦片战争、洋务运动、中法战争、甲午战争、戊戌变法、义和团运动、辛亥革命的研究情况，我写过不少综述性文章，如《太平天国研究综述》《洋务运动研究中的若干问题》《戊戌变法研究中的不同见解》。不仅写综述性文章，还出版过一本20多万字的《洋务运动研究叙录》。有了这些入门级归纳、梳理，我对中国近代史一些重要领域的研究状况和趋势，从题目到作者，心里都有了数，可谓"门儿清"。可以自信地说，凡是涉及中国近代史的选题，有没有学术价值，值不值得立项，出书后能不能卖出去，首印应为多少册，心里都有谱。正是这种基础性的工作，让我弄清了在中国近代史研究领域，哪些问题值得研究，哪些问题不值得研究；哪些问题我可以研究，哪些问题我研究不了。

其次，应选择"拓荒"领域作为研究的课题。我认为，编辑做学术性研究，最好从"拓荒"做起，不要"锦上添花"。因为"锦上添花"太难了，大学教授、研究所的专家底蕴深厚，且有大量时间投入探讨，编辑拼不过他们。所以，我把研究的领域聚焦于洋务运动。因为过去这是一个研究禁区，研究的人并不多。传统观点认为，洋务运动是曾国藩、李鸿章、左宗棠、张之洞等人办的。从曾国藩、李鸿章、袁世凯到蒋介石，是一脉相承的，故采取简单否定的态度。但我通过整理洋务运动研究综述，觉得对洋务运动不能笼统否定，应当进行实事求是的研究。其时，中国首次引进了西方的技术设备、产生了第一家新式企业、创建了第一个新式学校、建成了第一支新式海军。派遣留学生出洋和设立外事机构也始于这一时期，中西文化的撞击与合流也是始于这一时期。这些新东西、新事物的出现，对当时社会经济的变化、政治结构的变化、社会意识的变化，特别是对人的价值观的变化、价值取向的改变，产生和起到了重要的影响和作用。探究这些新变化的来龙去脉，对我国的改革开放也有借鉴意义。1979 年，我撰写的《洋务运动研究中的若干问题》由《北方论丛》刊发后，被《人民日报》迅速转载，随后我又写过数篇文章被学界关注。可见，撰写综述性文章是多么重要，通过分析便会发现哪些问题值得自己去研究。

再次，应勤于思考，从小的、比较典型的个案切入。孔子所言"学而不思则罔"，道出了思考的重要性。台湾大学有一口大钟，是为纪念台大第四任校长傅斯年而建的，傅斯年是著名的历史学家和教育家。这口钟每天只敲 21 下，而不是 24 下。为什么？因为傅斯年说过一句话：对台大的学生来说，一天只有 21 小时，剩下的 3 小时是用来沉思的。他说：没有思考，就没有思想。

实践证明，新观点、新见解，都是思考出来的。研究中出现分歧和不同看法是很正常的。研究洋务运动史，有的研究者是从政治角度考察，有的则是从经济角度分析。只有经过独立思考，才不会人云亦云，鹦鹉学舌。结果也不可能千篇一律，才会发现各自的眼睛、鼻子、嘴巴、耳朵长得不一样，具备鲜活的个性。

我还认为，一个大家比较关心、比较关注，但经过激烈争论而没有解决的问题，似乎比大家不那么关心，但未经过任何争论就解决的问题要有意思、有价值得多。搞学术问题研究，就像看拳击比赛一样，如果两人的个头差不多，实力又相当，并且都肯卖力气，那么比赛一定很好看；如果参赛的两个人，一个是巨人，一个是矮子，不管他俩多么卖劲，也不会精彩，因为他们的拳头，巨人的从矮子的头上穿了过去，矮子的拳头从巨人的裆下——也就是两腿间穿过，都打了空拳，没有任何交锋。这种比赛是不可能好看的。所以，只有积极参与学术热点讨论的文章，才能引起读者的关注。经过交锋，经过争论，经过碰撞，相互启迪，才能使学术研究得到深化，使"结论"更接近于历史事实本身。

研究课题，也应从小的、比较典型的个案切入。也就是说，先微观，再到中观或宏观。比如，洋务运动是宏观的课题，我最初发表的文章《不应把洋务派的外交活动从洋务运动中抽出去》《浅析洋务派的"海防"与"塞防"之争》，均是微观的小问题。宏观问题要求有广博深厚的学养和开阔独到的眼光。但每个小问题都是一个大问题的一部分。只有搞清楚了微观问题，才能够把握全局，明白宏观问题。我国有个成语叫"一叶知秋"，就做学问而言，这是一种境界。如果你不知道秋天，一片落叶有什么意义！只有对秋天有一个整体性的概念，才可能理解一片落叶的意义。"一片落叶"的重要性、含金量就在这里。所以，我提倡研究课题应从小的、比较典型的个案切入。

最后，好的学术论著作，一定要吸收同行的研究成果。当前，学术失范的一个主要问题是抄袭和剽窃。现在有些人读书、写文章，不是一种意愿，不是一种兴趣，不是为了长知识长学问，而是一种功利活动，一种职业活动，读书是为了抄书，边读边抄，边抄边写。只要有"胆量"，脸皮厚，过去一把剪刀、一瓶浆糊，现在直接从网上下载、复制，文章就编出来了。好在现在审读文章，首先要过"查重关"。重复引用自己以前的文字，虽不会引来官司，但不应反复"炒冷饭"，做"回锅肉"，最好换一种说法，换一种表述；要是引用别人的文字和观点，不注明出处，就是剽窃行为。有的抄袭者会被原创者告上法庭。所以，切忌做这样的"文抄公"，不能完全拿来主义。吸收别人学术成果，要在注释中交代出处，要进行消化和升华。

有青年编辑又问我：什么样的文章是好文章呢？在我眼中，好文章至少有以下八个特征：

一是导向正确：全文要以正确的导向为引领。正确的导向，包括政治导向、政策导向、内容导向、价值导向、文化导向。任何违反规定、内容有害、基调低下、格调低下、品位低下、不利于社会团结进步的稿件都不能发表。切记：坚持正确的政治导向、内容导向和价值导向，是对学术论文质量的最根本要求。

二是选题要新：学术文章最忌翻来覆去"炒冷饭"，嚼别人嚼过的馍。所以选题阶段就得求新，要么能提出新问题，要么老问题有新视角，要么解决问题有新思路。题目要"靓"、要"亮"，能够吸引读者眼球，抓住读者心理，引导读者读下去。题目要跟踪和研究行业发展的前沿和热点问题，对行业发展要有理论价值和现实意义，能够为行业发展提供温暖的学术滋养。要切忌标题党。总之，一看题目，就能让人有耳目一新的感觉，而不是人云亦云。切记：创新是学术论文的价值所在。

三是逻辑周全：在创新的基础上，全文论述应聚焦，逻辑应严密，经得起推敲。学术论文的撰写大多以"提出问题—分析问题—解决问题"为逻辑架构。逻辑维度应统一，避免挂一漏万。论证要有较扎实的理论依据。要做到引用的数据权威、准确、全面，要有第一手材料。切记：科学性是学术论文的生命所在。

四是内容实用：作者的研究，应源于实际问题。问题导向，应是创作的动力源。所以，内容要契合新时代。不论是谈古的还是论今的，都要和当下的实际联系起来，解决实际问题，对现实有指导、借鉴、启示意义。解决问题的对策，应具有可操作性，不能为了研究而研究。要朴实精练，言之有物，不可面面俱到，空洞无味，云里雾里，不知所云。切记：实用性是学术研究的根本意义所在。

五是观点要新：要站在学术的前沿，提出新的观点、独到的见解。不要老调重弹，一碗豆腐、豆腐一碗。一句话：要原创，不要复制和粘贴。

六是分析问题要深刻：要入木三分，鞭辟入里。文章说的不能全是大家知道的内容，一定要视角新颖，分析考察，引出独到见解、独特观点的过程，能够体现出自身学理研究的功夫和实力。所以，新观点一定要能够自圆其说。典型的论据越多，就越能支持论点，论点也就越有说服力。

七是论证上"科学规范"："学术论证不科学规范也是一种学术腐败"，这已成为我们学界的共识。现在的一些硕士论文、博士论文，几年写出一篇文章、一本书，大多缺乏创新，在原地打转转，玩碰碰车，引用的资料也发生错误。这些低级错误，让人脸红，压根儿就不配做学问。

八是文从字顺：在逻辑严谨的基础上，应力求语言简练，文字通顺。"真佛只说家常话"，不该是艰深晦涩的理论，不该用曲高和寡去诠释，而应是透亮的，像阳光那样，能照亮大多数人的生活。切记：可读性是衡量学术论文质量高低的关键因素。

若具备了这八个特征，便是我眼中的好文章！

2014年10月，我退休后到中国编辑学会担任副会长兼秘书长。这个学会姓"学"，始终追求和坚守学术品质。由是，我能够静下心来理性地思考如何打造精品力作。通过反复打磨，发表了"三谈"《出版精品是这样打造的》系列文章。这"三谈"都聚焦于编辑工作的视角。"一谈"分析论证了务必看重编辑的地位、务必具备精品意识、务必重视选题策划、务必精心遴选作者、务必坚持"三审制度"；"再谈"分析论证了必须倡导工匠精神、必须写好审读报告、必须具备品牌意识、努力做学者型编辑、做套书必须注意的问题；"三谈"分析论证了凡是强社和知名出版社，都有品牌图书作支撑、作招牌、作标志。品牌图书既是一个出版社的文化符号，也是一个出版社实力的象征，更是一个出版社发展壮大的最佳通行证。三篇系列文章由《中国编辑》杂志刊出后，受到业界的关注，均被《新华文摘》全文转载，其中《三谈出版精品是这样打造的——品牌图书是强社之本》荣获第八届全国优秀出版科研论文奖，且有近千字内容，被湖北、湖南、山东、甘肃、安徽、山西、广东、四川等十几个省市在高考语文模拟试卷中使用。

如何做强、做大、做亮主题出版，是我近年来一直思考的问题。中宣部办公厅每年都会下发做好主题出版的通知，要求各出版单位务必加强组织领导，明确路线图、时间表；强化导向把关，加强选题、内容把关；提高出版质量，加强各环节质量控制；着力开拓创新，提高原创能力，积极探索新载体新路数；认真落实重大选题备案工作规定，严禁违规出版。可见，主题出版是新时代的一个重大课题、一篇大文章。做好主题出版不仅是一项任务，更应当作一种自觉、一种使命、一种责任与担当。于是，我从主题出版编辑应具备哪些核心素质和能力、主题出版图书应该凸显哪些独特的"个性"等维度和层面，探究做强、做大、做亮主题出版的方略。在《如何打造主题出版的高地》一文中，提出必须精准把握这类图书的属性和特色，做到凸显"七性"——时政性、时效性、时代性、准确性、可读性、原创性、学术性的完美结合，并厚植其内容，创新其形式，探索其融合发展之道，才能打磨出优质的"双效益"精品。

显而易见，精品力作的产生离不开优秀的编辑人才。编辑是出版单位的核心资源。作为新时代的编辑，理应在政治信仰、政治能力、思想品格、文化素质、工作担当、职业精神、生活境界等方面比一般人有更高的追求。否则，就无法打造出更多的传播科学思想、传承中华文明、提高国民素质、服务社会发展的精品力作。基于这一认识，又发表了万余字的重头文章《锻造高素质编辑队伍的思考》，提出从新时代赋予编辑的使命、必须情系编辑出版事业、必须强化政治把关意识、必须开拓增强创新能力、必须增强四力综合实力等维度锻造一支政治素质、理论涵养、党性修养、思想修养、专业本领皆佳的高素质编辑队伍。该文原载于《中国编辑》2022年第11期，被中国人民大学书报资料中心《出版业》全文转载。

本书第二部分收录的14篇文章，就是集中反映了我对如何打造精品图书、如何打造主题出版高地、如何应对数字化发展、如何锤炼高素质编辑队伍等问题的思考。

收入本书第三部分的35篇短文，就是我所写的书评。当年，我撰写审读报告很认真，其中有50%的审读报告，都升华为书评。一度我被称为中国近代史书评专家。在这一部分，《〈中国通史〉凝聚了作者和人民出版社几代人的心血》一文最出彩，受到了业界"大咖"的点赞。杨牧之说："伟大之作，贡献卓著！敬佩！"阎晓宏认为："这篇文章写得脉络清楚，学术性强，应当很好宣传。"吴尚之指出："《〈中国通史〉凝聚了作者和人民出版社几代人的心血》一文写得很好，体现了老一辈编辑精编精校的编辑精神。"该文被《新华文摘》2022年第20期全文转载。

除了写好审读报告和书评外，我更喜欢搞一点学术研究。编辑的学术研究既可以是专业性的，也可以是编辑理论、编辑事务方面的。编辑学者化既是现实的要求，也是未来多出精品力作的呼唤。学者化中的"学"，是编辑学之学、杂家之学和专业科学之学；"化"则是达到编辑家化和专业学者化的双重内涵。

一个时代有一个时代的主题，一代人有一代人的使命和担当。出版是先进文化传承和人类知识传播的主阵地，是社会主义先进文化的重要载体。走好新时代的长征路需要文化的引领、精神的支撑，需要发挥出版凝心聚力、化人育人的重要作用。近 10 年来，习近平总书记高度重视编辑出版工作，多次作出重要指示批示，殷切希望大家在推动社会主义文化繁荣发展中扎扎实实地工作。新时代的编辑一定要牢记嘱托、不辱使命，把习近平总书记的厚爱化为做好出版工作的根本遵循、行动指南和强大动力，树立高度的文化自觉意识，为增强我国的文化软实力，打造更多的出版精品。

2024 年 4 月 15 日于北京寓所

目录

CONTENTS

（上 册）

史学篇

"史学危机"和借鉴国外研究方法刍议

近年来，史学界有不少"史学危机"的议论，与此相联系的是疾呼采用国外流行的研究方法。究竟历史学向哪个方向发展，怎样迎接新的科学技术革命的挑战，如何开创历史研究的新局面，这是摆在每一个史学工作者面前的严峻问题。但是，我国史学是否真的发生了"危机"？是否只有采用国外流行的研究方法才能消除"危机"？这是一个涉及史学兴革的议题，不能不引起重视。

首先须弄清：议论中的"史学危机"究竟指什么。迹象之一，是说研究范围狭窄，课题陈旧，不少论著是"炒冷饭"，缺乏创新。拿《中国通史》来说，迄今虽已出版了数十部，但有个性、有特色的筛选不出几部；在框架结构、观点和材料引用上，多是眼睛鼻子差不多，互相雷同。尤其是框架结构，不外是三大块，即历史背景、政治和经济概况、科学技术文化。中国近代史的编著同样离不开按图索骥，几乎所有的书都"就范"于两个过程、三大高潮、八大运动的模式。对一些具体问题的探讨也多是30年一贯制，像中国历史的分期问题、农民战争问题、资本主义萌芽问题、近代史的分期问题、历史人物评价问题等等，都是几十年前就已提出的题目，而今仍在激烈地争论着。

与研究课题陈旧紧密相关的，是多数课题和时代隔膜，历史学的作用没有像民主革命时期那样显著，不能回答现实中提出的新问题。这一现象也是客观存在的。以对中国近代史基本线索的讨论为例，这在史学界内部看来是"显学"，而在社会上却几乎未引起任何反映。社会的"冷遇"还集中反映在"三难"上：史学论文发表难，史学专著出版难，已出版的史学著作销售难。

从研究课题陈旧，且与时代隔膜的迹象看，目前的史学研究的确存在不少弊端，但这是事情的一个方面。另一方面，我们也应该看到，不少学者在深入探讨老问题的同时，早已设法补偏救弊，着意开拓一些新的研究领域和课题。诸如，以往的研究只局限于政治史，而今已逐渐转向经济史、思想史、文化史、社会史，像传统文化与现代文化的关系、中西文化的比较研究，已成为不少学者感兴趣的热门课题了。人物研究也有新的起色。以往考察人物只注重其政治态度和阶级立场，而今已能看到个性、气质、品质的影响。像近期出版的《雍正传》《唐太宗传》等书，在读者中引起了良好的反响，有的甚至刚一出版即告售罄，不得不进行重印。居住、饮食、衣着是一种记录工具，它们以特殊的方式记述了经济生活的全部变动情况，着眼于先人这方面的生活状况，有助于理解以往各种社会关系乃至生产力、生产关系的演变过程，现在也有一部分学者把研究视线触及这些领域来了。

至于研究课题与时代有隔膜感，这实际上涉及如何认识史学与现实的关系问题。众所周知，历史学的特点是追溯既往，通过对以往历史的潜心研究，揭示出一些带有规律性或特殊性的东西，使得对认识现状、了解国情、把握未来能有所启示，有所借鉴。但一般说来，其功用并不像经济学那样直接影响现行政策和国计民生。因此，历史学作为意识形态的一个组成部分，虽必不可少，但其社会作用决不能过分夸大。当然，这并不意味着可以无目的地研究历史。人们总是为了满足现实的需要而去研究历史的。学术变迁史一再说明，一个时代有一个时代的学术，时代变了，学术研究的范围和重点也应随之演变和发展。否则，一味抱住过去不放，不去迎接时代的挑战，不根据时代的需要适当调整研究的课题，那么，史学就真的成了于事无补的佛门经卷和于实无用的书斋摆设。事实上，这些年，我们的史学研究在为现实服务方面虽有不尽如人意之处，但还是以间接的方式补益于现实社会的。比如，史学界对中国历史上封建主义的批判，不是可以使我们对今天中国残存的封建家长制、宗法制、平均主义有清醒和深入的认识吗？又如，对外开放是当前改革中具有全局性的方针，有的学者从文化史角度论证中华民族和中国文化之所以能独立发展数千年，正在于它乐于接受并善于消化外来文化成果——这种历史的反思，不也有助于人们加深理解当前的对外开放政策的深远意义吗？还值得一提的是，有不少学者这几年致力于爱国主义教育，发挥史学在精神文明建设中特殊的、重要的作用，使中华民族的光辉历史成为立国的思想支柱。凡此种种，说明近年的史学研究课题并不完全与时代隔膜。

总之，笔者认为，避开史学研究所取得的成绩，片面地谈什么"危机"，多少有些言过其实。当然，如果说"史学危机"也向我们敲起了警钟，那这一说法就有了积极的意义。说到底，"危机"

感来自强烈的责任感。正是那些不满足现状，认为史学已发生"危机"的论者，提出了种种兴革史学研究的建议和主张。

要使我国的历史学适应新形势的需要，"关键在于历史研究方法的变革和完善"，这是部分持"史学危机"论者的主张之一。诚然，史学界以往惯用的研究方法多采用议论和复述的方式，其分析、观察问题的角度又是平面型和单线型的，尤其是实证性的研究法，诸如考证法、训诂法、校勘法、辨伪法等似只能解决一些具体问题；而近年来在国外，历史计量研究法、结构研究法、比较研究法等发展异常迅速，控制论、系统论、信息论等自然科学的研究方法也相继被引进到历史研究中来，对于这些有利于从综合的、多层次的、多要素的、动态的宏观角度去考察历史的新方法，我们理应"拿来"，"洋为中用"。

在史学研究中，马克思主义的唯物史观和辩证唯物论是指导思想，是高层次的哲学思维方法，而国外流行的"三论"以及计量研究法、比较研究法等和我们以往惯用的演绎归纳分析法等一样，属于低层次的具体研究方法。因此，倡导引进新方法，并不意味着要取代马克思主义的主导地位。恰恰相反，由于马克思主义是一个开放的体系，它与新方法论是相通的。我们理应把马克思主义作为沟通新方法论的桥梁，用马克思主义对新方法论进行探讨，加以剖析，给予正确的评价，而切莫因为某些论者对传统史学方法的批评失之过苛，就对他们倡导的新方法断然加以排斥。

以国外盛行的比较研究"热"观之，这实在是一种简而易行的思维方法。俗话说，有比较才有鉴别。历史学家虽不能像物理学家那样运用观察自然的现象和实验的方法反复进行比较研究，但却可以挑选最充分、最准确的材料进行研究，把这一材料与其他材料加以比较，从而确定事物的异同和形成概念。实践表明，采用这种方法分析不同时期和不同国家相似的历史事件或制度，往往会提出一些新见解，乃至揭示出各个文化体系发展的某些共同特点。

马克思早就采用过这种易于看出异同且能增加"明显度"的研究方法。如他在研究资本主义生产出现以前的所有制形态中的原始社会时，比较了斯拉夫人的公社，墨西哥、秘鲁、古克里特和印度人的公社，作出了公社的特征是生产的集体形式的论断；与此同时，又指出共同的特点并不排除公社本身存在着的差异。恩格斯也曾用心考察和比较了希腊、罗马、德意志人氏族瓦解过程，对国家出现的三种主要形式进行了分析和比较研究。

当然，把国外流行的研究方法视为一种新魔术或仙丹妙药，不加分辨、不加选择地一概接受，甚至以外国学术界的是非为是非，那也不是科学态度。如计量研究法是用推测统计等一系列数学方法来理解、透视历史事件，把历史研究的重点，从个人行为转移到状况的逻辑上，从叙述事件转移到解释事件的结构上。这当然是一种新的研究方法，但若将这种方法无限制扩大以至滥用，那就势必导致出现平庸、荒唐的研究成果。像法国的社会史学者利用电子计算机对法国19世纪的新兵情况进行调查和统计，最后仅仅得出法国南方人矮、北方人高的啼笑皆非的结论便是一例。美国的一批新经济史学家，用数量方法研究美国南部奴隶制经济时，竟也得出了美国当年南方的奴隶要比北方的工人生活条件好等结论。显然，缺乏阶级观点的数量方法，有可能使数量方法变成以精确科学性为幌子而为剥削制度的永恒存在作辩护。

在议论中，一些学者曾提出：我们并不反对引进国外的研究方法，问题是，乐于此道者理应借鉴国外的研究方法，结合一些具体课题进行研究，拿出成果来给我们看看。从某种意义上讲，这种"诘难"是有道理的。千里之行始于足下。既然认定采用国外的研究方法能给史学界带来清风和活力，那么，倡导者切莫过多纠缠于应不应该采取外来的方法，并试图先建立一种完整的方法论体系，希冀在一夜之间就会出现爆炸性的突破，乃至使整个史学界都就范于这一模式。这是不可能的。要消除一部分人的"逆反心理"，要革新史学的内容和形式，行之有效的办法不外是：在积极倡导借鉴国外研究方法的同时，应着力于实践，扎扎实实地研究一些具体问题，用实例来说明和推广自己的主张。

（原载《人民日报》1987 年 3 月 13 日）

弘扬和振奋民族精神

80多年前，有位权威的西方学者、思想家这样评论道："中国与其说是一个政治实体，还不如说是一个文明实体——一个唯一幸存至今的文明。孔子以来，埃及、巴比伦、波斯、马其顿，包括罗马的帝国，都消亡了；但是中国以持续的进化生存下来了。它受到外国的影响——最先是佛教，现在是西方的科学。但是佛教没有把中国人变成印度人，西方科学也不会将中国人变成欧洲人。"（罗素语）

应当说，这是一种既深思熟虑又富有远见的看法。

如今，这一"幸存"下来的文明不但依然存在，而且这一"伟大的幸存"更呈现出它强大的生命力。

人们不禁要问：中华文明为什么能够"幸存"下来？中华民族为什么愈发充满了生机和活力？

对于这一颇具魅力的话题，想必思考者会找出多种答案。但是依我所见，关键是那种始终能够把全民族凝聚在一起，并不断给予自己民族以强大生命力的民族精神。正是这种民族精神使得中华民族在几千年的风风雨雨中，百经挫折而不屈，屡遭坎坷而不回，披荆斩棘地不断开拓自己的发展道路。而这种根植于共同地域、语言、心理所形成的民族精神，即使在今天，仍需加以阐扬和振奋。因为伟大的民族精神，乃是"中国的脊梁"（鲁迅语）；倘若没有了"脊梁"，中华民族何能自立于世界的东方？

那么，什么是中华民族的民族精神呢？它的具体内容主要包括哪些方面呢？

追求崇高的人格精神

孔子有过这样的议论："三军可夺帅也，匹夫不可夺志也。"①这一流传至今的名言，十分贴切地道出了中华民族决不向邪恶势力低头的凛然正气。孟子也力主人在道德上要"富贵不能淫，贫贱不能移，威武不能屈"②。孔子和孟子总结、阐扬的这种崇高精神境界，在铸造我们民族精神和品格方面，产生过极为重大、深远的影响。所谓"杀身成仁""舍生取义"、勇于牺牲，都是对这种人格精神的阐扬。可以毫不夸张地说，古往今来，大凡仁人志士，都在执着地追求这种境界。

关心社稷的爱国精神

从屈原的上下求索、虽九死而未悔的忧国忧民思想，到苏武的"杖汉节牧羊"；从诸葛亮的"鞠躬尽瘁，死而后已"，到杜甫的"忧端齐终南，澒洞不可掇"；从范仲淹的"先天下之忧而忧，后天

---

① 《论语·子罕》。
② 《孟子·滕文公下》。

下之乐而乐"，到文天祥的"人生自古谁无死，留取丹心照汗青"；从顾宪成的"风声，雨声，读书声，声声入耳；家事，国事，天下事，事事关心"，到顾炎武的"天下兴亡，匹夫有责"，无一不是这种爱国精神的典型写照。而且，随着时代的不断演进，其内涵愈来愈深刻。虽然近代中国给世界的一个突出印象是老弱、保守、落后，但中国人民的民族情感却愈加炽热。当年的爱国者深情地呼唤："支那乎！支那乎！吾将崇拜而歌舞之，吾将顶祝而忭贺之，以大声疾呼我国民之前曰：支那万岁！"[①] 为了拯救危难的祖国，千千万万的仁人志士以天下为己任，"人人心忧国之心，人人事忧国之事"，使得中华民族的民族精神实现了伟大的升华。从林则徐虎门销烟到谭嗣同为变法富强而身死刑场，从五四运动倡导"民主科学"到十四年抗战中无数先烈用血肉之躯筑成坚不可摧的钢铁长城，均是这种升华的生动体现。也正因为有了这种升华，近代中国人才给世界以另一种印象：觉醒、自尊、奋斗。而这一印象，又影响了国外的中国观。1900 年担任侵华联军最高统帅的瓦德西曾得出这样的结论：中国人民"含有无限蓬勃生气"，"无论欧、美、日本各国，皆无此脑力与兵力，可以统治此天下生灵四分之一"，"故瓜分一事，实为下策"。美国著名学者芮恩施在 20 世纪 20 年代所著《论远东的思想潮流和政治潮流》一书中这样写道："今天我们正亲眼看到这个庞大的民族觉醒过来，获得新的精力，并且更为积极地处理事务。"

---

① 卫种：《二十世纪之支那·初言》。

自强不息的奋进精神

人所共知，中华民族素以勤劳刻苦著称。而对于这一拼搏精神的归纳，成书于先秦时代的《周易》中就有"天行健，君子以自强不息"①的高度概括。所谓"健"亦即刚健，能动之意；所谓"自强不息"亦即积极向上，永不停止之意。这句名言，真真切切道出了我们民族坚忍不拔、永远进取的特征。正是凭借这一精神，中华民族创造了引以为自豪的龙文化、长城文化、黄河文化，以至连西方近代启蒙泰斗伏尔泰也盛赞中国的哲学、道德、政治、科学，莱布尼茨（德国早期启蒙思想家）也说："如果由哲人担任裁判的话，那么一定会把金苹果奖给中国人"。正是凭借这一精神，黄皮肤的中国人在科技方面发明了多项"第一"，并通过西北方戈壁沙漠间的蜿蜒商路、南海和印度洋间的海上航线向西传播，给欧亚大陆的文明带去福音，使"全世界都认识到他们身受到的来自中国的恩惠"（李约瑟语）。正是凭借这一精神，即使在近代中国处于落后、挨打的情况下，众多的炎黄子孙也不曾失去民族自信心。

"厚德载物"的凝聚精神

说到民族精神，人们会想到《周易》中的另一句话："厚德载物"。所谓"厚德载物"，就是讲团结，有宽容、宽厚精神。的确，我们的民族具备这一特征。仅就团结意识、凝聚意识、凝聚精神而

① 《乾卦·象传》。

言，恐怕世界上没有哪个国家、哪个民族能够像中国表现得这么突出。在很早以前，我国民间就流传着"五双筷子折不断"等故事。这些普普通通的故事，其寓意无一不在倡导要有团结意识。而许多活生生的事例更表明，中国人历来把团结视为力量，尤其是在外敌入侵的紧要关头，能够迅速形成抗敌的统一意志。很难想象，若是没有这种团结意识、凝聚意识，我们这个多人口、多民族的国家能够繁衍到今天。至于宽容宽厚精神，中华民族更是受之无愧。诚如有人赞美的那样，经过千百年的锤炼，中华民族冶锻成一种无比宽阔的襟怀。正因为有了这种胸怀、这种宽容宽厚精神，中华民族才能做到吸收外来文明，并经过改造而融为我有、为我所用。

中华民族的民族精神当然不仅只这些，但仅从这几个方面便足以说明，我们的民族是多么的伟大，这种伟大又有着何种深厚的根基。

对于既能表现中华民族过去，又能昭示中华民族未来的民族精神，古往今来的炎黄子孙是极为珍视的。100年（现在约有100年）前，有人曾这样大声疾呼："一民族而能立国于世界，则必有一物焉，本之于特征，养之以历史，鼓之舞之以英雄，播之于种种社会。扶其无上之魔力，内之足以统一群力，外之足以吸入文明与异族抗。其力之膨胀也，乃能转旋世界而鼓铸之；而不然者，则其族必亡。兹物也，吾无以名之，名之曰国魂。"① 这里所说的"国魂"，就是民族精神。其时，由于帝国主义的欺凌，"幢幢华裔，将

---

① 《国魂篇》，《浙江潮》1903年第1期。

即为奴；寂寂江山，日变其色"，于是，人们用悲怆的声音为祖国招魂："中国之国魂安在乎？""国魂乎！盍归来乎！"渴望用民族精神把整个中华民族的力量团结起来、凝聚起来，以求得民族的独立和富强。经过数十年的艰苦求索，中华民族果然重新崛起。直至1949年10月1日毛泽东在天安门城楼上庄严地向世界宣告：中华人民共和国成立了！中国人民从此站起来了！

当20世纪即将逝去的时候，一个洪亮的声音在呼唤我们："中国人要振作起来。"[①] 振作什么？当然首先是民族精神。社会主义中国经过40多年的发展，特别是最近十几年的发展，其实力已大大增强，但在改革开放的今天，要使东方这片热土继续迸发出前所未有的活力，非着力弘扬和振奋民族精神不可——尤其是它的精髓——炽热的爱国精神和自强不息的奋进精神！也正因为这样，江泽民同志提出全党和全国各族人民要大力弘扬新时代的伟大创业精神，并以精练的语言将这种精神概括在64字之中。它是中华五千年民族精神的升华，是建设有中国特色社会主义时期的民族之魂。

让我们在优秀的民族精神和新时期伟大创业精神的激励下，胜利地迈向未来！

（原载《光明日报》1994年6月10日）

---

① 《邓小平文选》第三卷，第358页。

鸦片战争给中国近代社会带来了什么？

——写在纪念鸦片战争 150 周年之际

鸦片战争迫使中华民族陷入半殖民地半封建的深渊，图存救亡、争取民族独立成为近代中国压倒一切的主题

150 年前，即 1840 年 6 月，英国对中国发动了一场不义战争——鸦片战争。当时中国虽有 80 万兵力，但因装备落后，而且更重要的是清廷决策错误，没能抵御住起先不过数千、后来也只有 2 万英军的进攻，终以签订《南京条约》满足了入侵者的要求。继英国之后，美国、法国也强迫清政府分别与其签订了《望厦条约》和《黄埔条约》。通过这些条约，入侵者们不仅攫得了五口通商、协定关税、领事裁判权、片面最惠国待遇等特权，英国还单独侵占了中国香港，并勒索了 2100 万银圆的赔款。显而易见，这次战争给中国社会带来了严重的恶果。从此，国门洞开，积弱至贫的中国犹如一片破损的扁舟，无力弄潮，被迅速拍击到半殖民地半封建的苦难深渊；图存救亡、争取民族独立成为近代中国压倒一切的主题。

但是，让人难以苟同的是，近年有人反思这段历史时，却发出了大恨欧风美雨东侵其晚的感叹。他们认为，鸦片战争是先进的资本主义对没落的封建主义的交锋，当时的世界潮流是搞资本主义，而战前的中国处于封建社会的衰世氛围中，清廷的当权者又不思振作，继续奉行闭关政策；英国纵然是用炮舰和鸦片打开了中国的大门，手段极为卑鄙，但它毕竟迫使一个孤立于世界之外的国家卷入了资本主义世界联系之网，使其由闭关走向开关。因此，从世界历史角度看，"资本主义的新鲜空气倘若能够早一点吹进封建主义禁锢着的活棺材，中国的面貌就远不是如此了"。

难道入侵者是率先完成资产阶级工业革命的西方文明之国就应欢迎其破门而入吗？难道可以不加分析、不审视具体的历史条件和社会环境，只要是从闭关走向开关就是一件好事吗？正确的答案显然不是抽象推理的那样。事实是，鸦片战争是英国资产阶级蓄谋发动的侵略战争，它的直接起因是英国企图向中国大量倾销鸦片毒品，在遭到中国方面的抵制后，便不惜利用战争手段来达到自己的卑劣目的。正是在这一意义上，马克思称第一次中英战争为鸦片战争。毛泽东在《中国革命和中国共产党》中的有关论述也触及了这个问题的实质。他指出，外国资本主义侵略中国的目的，绝不是要把封建的中国变成资本主义的中国，而是要把中国变为他们的殖民地或半殖民地。一部血泪斑斑的中国近代史更清楚地表明，当时西方文明虽在很多方面充满生机活力，但是西方文明是一回事，西方入侵者则是又一回事。

帝国主义强行订立不平等条约，在中国领土上建立起种种特权，国家主权受到严重践踏

破门而入是为了谋求通商——这是叩关者强调的一条重要理由。1842 年 8 月 29 日签订的中英《南京条约》有一条载明，自今以后，中国开放广州、福州、厦门、宁波、上海等五处港口，允许英人"贸易通商无阻"。乍一看，国与国之间进行正常的贸易，以有易无，经济互通，岂不是件两全其美的事。但实际情况表明，当时中外通商是在入侵者要把中国变成它的原料供给地和推销剩余产品市场的前提下进行的，根本谈不上平等互利。首先应该看到，鸦片战争结束后，争先蜂拥来到五个通商口岸做"生意"的多半不是商人，而是些穷凶极恶的海盗和无赖。以上海为例，一个外国学者曾这样记述当时的情况："上海开埠以后，无恶不作的亡命之徒从四面八方聚拢在这里。其中有逃亡的水手，有遭贬斥的醉鬼，有来自加利福尼亚的投机破产者，有来自香港与澳门的罪犯，也有来自菲律宾等地的埠头流氓。"[①] 他们把上海视为"黄金之国"，捞上一把就远走高飞。即便是真正的通商，也是入侵者单方面受益。对于西方列强来说，其鸦片和工业制品尾随大炮叩关而入，到 19 世纪 70 年代后，洋布、洋绸、洋伞、洋灯、洋油等名目繁多的"洋货""畅行各口，销入内地"。对于中国来说，19 世纪 70 年代以前的出口货只能以传统的丝、茶为主，嗣后连大豆、桐油、猪鬃、钨、锑、锡

---

① 莱特:《赫德与中国海关》，第 238 页。

等农产品及矿产原料均成为外国侵略者的掠夺对象。据统计，1887年洋货进口额已突破 1 亿海关两，1894 年上升到 1.62 亿海关两；而中国每年的出口额只相当于进口额的 78%左右。这种年复一年的贸易逆差，致使中国白银大量外流，许多"华人生计，为其所夺"。

中外通商为什么不能平等互利，而且愈演愈烈呢？关键在于，入侵者践踏了中国的主权。当时的西方商业界曾流行着这样一种说法："政府的任务是用剑撬开中国牡蛎的外壳，而商业界的任务是采取珍珠。"① 第一次鸦片战争结束时，明火执仗的西方列强通过胁迫愚昧、腐败的清政府订立《南京条约》《黄埔条约》《望厦条约》等不平等条约，首先取得了领事裁判权、协定关税、设立租界、内地传教、片面最惠国待遇等特权；嗣后又陆续取得内河航行、鸦片贸易、设立银行、设立工厂、建造铁路、开采矿山、驻扎军队等特权。这些特权的攫得，使中国主权丧失殆尽。拿享受领事裁判权来说，有了这一护身符，外国人在华即使犯了罪，也可以不受中国法律的约束，而要由本国领事或法庭来审理。正是依恃这种特权，那些无恶不作的海盗或无本生利的商人一旦踏入中国这块"乐土"，便可如履坦途，无所顾忌，随意探囊取物。此事连当时的美国驻华公使列维廉也感到："向中国勒逼领事裁判权，乃是一桩无耻之尤的事，其恶劣程度不下于苦力贸易和鸦片贸易。"② 协定关税的出现，则剥夺了中国自行规定关税的主权。按理说，如何征收进出口货物

---

① 《中国通》，第 3 页。
② 转引自丹涅特：《美国人在东亚》，第 273 页。

的关税，完全是一个主权国家自己的事，但 1843 年中英《五口通商章程》却将进出口货物关税强行固定在极低的利率上（在近代 80 年间，中国的关税名义上最多只能值百抽五，而实际上往往还要低于这一水平，这就为外来商品似洪水般地侵入中国提供了世界上少有的方便条件），并规定非经外国同意不得更改。由于主权受到严重践踏，当时中国的门开多大，对谁开，已不由中国自己做主，而要由入侵者来决定。可以想象，这种"开关"，中国能够受益吗？

西方列强入侵，并未使中国走上富强之路，倒使中国沦为由他们控制的附庸国

西方一些当时在中国的投资者及其后来记述这类活动的学者，常把他们 19 世纪中叶后在华办厂、采矿、筑路等活动与中国的近代化直接挂起钩来，把其所作所为与文明的西方对落后的中国的帮助直接联系起来。他们欢呼 1876 年在中国境内建成第一条铁路时，把它说成是"使野蛮的国家晋升为文明的先导者的唯一特效方法"①。他们欢呼在华第一批外国纱厂开工时，把它说成是"中国历史和中国工业界新纪元的标志"②。他们评议黄浦江的疏浚时，把它说成是"西方的工程技术和管理方法适用于中国情况的一个令人鼓舞的范例"③。在他们看来，中国落后，西方文明，要改变中国的落后，只能靠西方的帮助、西方的恩惠和西方的管理。那么，究竟应

---

① 《英国驻华领事商务报告》，第 20 页。

② 《北华捷报》1897 年 3 月 26 日。

③ 《中华帝国对外关系史》，第 412 页。

该怎样看待这类投资活动呢？中国社会的近代化果真能指望西方国家的"帮助"吗？显而易见，它绝不能与我国当今改革开放形势下的引进外资等量齐观。要知道，现在的中国是一个完全独立自主的国家，引进外资，包括让外商来华投资或合资办厂，包括智力投资在内的外国来华投资，包括先进科学技术在内的西方文明的引进，营利性质的也好，公益性质的也好，对我国的现代化建设都产生了积极的作用。平等互利是我国对外合作的基本原则。而100多年前的中国已经丧失了主权，洋人在华投资办厂、采矿、筑路，不仅肆意掠夺中国的廉价劳动力和廉价原料，而且还掠夺走大量的超额利润，扼住了中国工业、交通运输业的咽喉。历史也早已证明，当时西方的"帮助"，西方的投资，并没有使近代中国实现现代化，并没有使中国走上富强之路，步入先进国家的行列；恰恰相反，倒是变成了由他们控制的附庸国。

论及西方列强破门而入给近代中国社会带来的恶劣影响，不能不提到对外赔款。第一次鸦片战争结束时，英国即向中国勒索了2100万银圆的赔款。此后，外国入侵者每次用战争打败中国，照例勒索，其数目也越来越大。据统计，自鸦片战争至清政府垮台前，清廷对外赔款数近13亿两白银（包括偿还兵费、鸦片费、商欠、利息等）。设若把这一总数平均于这70年，中国每年负担的对外赔款竟达1850万两白银；设若按照1900—1911年时的物价，银一两可以维持一个普通人一个月的生活来计算，这13亿两白银对中国人是何等沉重的负担。事实上，惊人的赔款的确造成了中国金融财政的进一步枯竭。如果说同治以前，每次赔款，清政府还能东拼西凑勉强应付的话，那么，自同治后，财政就渐趋不支，只得对内加紧向人民搜刮，对外举借外债。由于债台高筑，且又需用关税、盐税、烟酒税来担保，中国的财政大权也步步旁落外人之手。

外国入侵者自鸦片战争以来对近代中国社会的破坏，当然远不止上述几点。"今日之中国非世界竞争风潮最剧烈之漩涡哉？俄虎、英豹、德熊、法貔、美狼、日豺，眈眈逐逐，露爪张牙，环伺于四千余年病狮之旁。割要地，租军港，以扼其咽喉；开矿山，筑铁道，以断其筋络；借债索款，推广工商，以朘其膏血；开放门户，划势力圈，捕肥而食，无所顾忌。"①这一发自当时人的感叹，生动地勾勒出了外国资本主义破门而入给近代中国社会带来的种种灾难性变化。

当然，要罗列一些具体事例，来说明外国资本主义侵入中国后，在转移社会风气、使用机器生产、提供经营管理经验、传播科学技术文化知识等方面，对推动中国近代工业发展所起的客观作用，也不是一件难事。但这毕竟不是入侵者的本意，更不是它的主要作用。这种近代文明的输入是被动的。西方列强只是"充当了历史的不自觉的工具"（马克思语）。我们在实事求是分析这种客观作用时，决不能估价过高；否则，就未免主次不分，以至本末倒置了。

纪念鸦片战争，要弘扬中华民族自强不息的奋斗精神，为实现四化大业贡献力量

资本主义列强破门而入纵然给近代中国社会造成了种种恶果，

---

① 《湖北学生界》第 2 期。

使其渐趋堕入半殖民地半封建的苦难深渊。但是，诚如某些学者所言，近代中国不仅仅是一个走向沉沦的国家，因为此间还出现了近代资本主义，出现了中国社会本身近代化不断深入扩展。怎么解释这种现象呢？这显然是个涉及如何全方位考察自鸦片战争以来西方文明对于近代中国社会影响的问题。

依我看，西方资本主义的入侵虽然起了促进封建经济结构解体、促进中国发生资本主义的作用，但就中国社会本身近代化不断深入扩展而言，这种作用毕竟不是唯一的，更不是主要的。说到底，近代中国之所以能在沉沦中奋起，主要是封建的生产关系和帝国主义的侵略严重阻碍了生产力的发展，由此激发了中国人的爱国主义精神。一部血和泪汇成的中国近代史记录着，中华民族虽是一个饱经忧患的民族，但更是一个经得起忧患的民族。150 年前，当英国用大炮、刀剑和鸦片打开中国的大门时，一切都来得那么突然，人们毫无思想准备。但是，有一个严酷的事实却要人们必须作出回答：为什么"礼义教化之国""昌明隆盛之邦"竟惨败于"鄙之为禽兽"的"夷狄"？面对数千年来未有之变局，先进的中国人学会了用世界眼光来考察本民族的地位，以横向比较的强烈反差来估价自我。他们猛然意识到，落后就要挨打，中国能不能抵抗外来侵略，能不能减轻外来侵略的祸害，完全决定于中国能否急起直追，迅速进步，改变中国与外国力量的对比，而决不能继续采取自我孤立的慢性自杀政策。专心考察"夷情"、放眼世界的结果，使他们发现"夷狄"并不那么野蛮落后，还有不少"长技"值得学习，遂即提出了富有时代的口号——"师夷长技以制夷"（魏源语）。于是，对于西方资本主义入侵者，既要反对它，又要学习；只有学习它的一切先进的东西，才能有效地抵御以至战胜它，便成为近代先进的中国人图存救亡、谋求民族独立的信条。正是基于这种清醒的认识，不少关心祖国命运的人，主动地投身到考察、介绍、宣传"西学"的工作中去，即使遭到"洋大人"的歧视、冷遇、刁难、凌辱，以及本国封建士子的讥笑、排斥、辱骂、诬陷也不为所动。起初，他们只痛切感到中国在器物技能方面不如"夷"，仅仅满足于枪炮船舰、机器技术的引进，热衷于与"夷"进行"兵战"和"商战"；后来，又认识到要学习西方资产阶级的社会政治、法律思想、理论学术等等。正是这种关心社稷的强烈的爱国主义精神，才使得中华民族在近百年间的风风雨雨中，能够百经曲折而不屈，屡遭坎坷而不回，才使得帝国主义灭亡中国的计划成为泡影。

总之，自鸦片战争以来，资本主义列强破门而入给中国社会带来的是数不清的灾难，而不是福音。正因为如此，中国人民愤于国耻，从列强入侵那天起就开始了反抗斗争。除了"师夷长技以制夷"外，史册还记录着，鸦片战争中广州三元里人民的抗英斗争犹如一声春雷，宣告了中国人民同入侵者是势不两立的。义和团运动则使入侵者发出了这样一种哀叹：中国人民"含有无限蓬勃生气"，"无论欧、美、日本各国，皆无此脑力与兵力，可以统治此天下生灵四分之一"（八国侵华联军最高统帅瓦德西语）。所以，自鸦片战争以来的中国近百年史，既是一部中国被侵略、受凌辱的国难史，同时又是一部中国人民反侵略、抗压迫的斗争史。

今天，当我们纪念鸦片战争150周年时，理应从中受到一些启迪。唯有明白落后就要挨打，近代中国之所以积弱至贫，根本原因是资本主义列强入侵造成的，并进一步认识到从150年前父母之邦任人宰割到今天强大的共和国，是几代中国人（特别是中国共产党人）浴血奋斗的结果这一道理，才能倍加珍惜现在的幸福生活。我们相信，这种有益的启迪，必将激励每个热血的炎黄子孙在新的历史条件下，弘扬中华民族自强不息的奋斗精神，发扬爱国主义的光荣传统，搞好改革开放，为实现四化大业贡献力量。

（原载《人民日报》1990年6月1日）

欧风美雨东侵未给中国送来"福音"

　　历史学对于社会的功用虽不像经济学那样直接影响到现行政策和国计民生，但学术变迁史一再表明，人们总是为了满足现实的需要而去研究历史。之所以这样，道理很简单：人们渴望从历史的反思中获得种种启发和借鉴，求训致用，以补益于现实社会。正因为如此，在实行对外开放政策的今天，不少学者的研究视线转向了对近代史上中外交往过程的分析考察。

　　在学言学，就史论史，研究者总是根据自己的认识水平去说话。但是，值得注意的是，评议中有的论者自觉不自觉地以当今的功利观，去衡量一百年前中外交往的利弊得失，忽视了两个历史时期不同的社会环境和条件，结果提出了一些偏颇的见解。所谓"从世界历史角度看，鸦片战争是先进的资本主义对没落的封建主义的交锋，资本主义的新鲜空气倘若能够早一点吹进封建主义禁锢着的活棺材，中国的面貌就远不是如此了"，算得上是一个突出的例证。然而，抽象的推理毕竟有悖于历史实际。如果揆诸史实，便会发现这种恨欧风美雨东侵其晚的说法，失之于没有正确估价资本帝国主义入侵对近代中国社会发展所起的作用，因而是需要商榷的。

　　如人所知，我国在 15 世纪之前并不落后。恰恰相反，无论在社会生产力或古代文化和文明方面，均走在世界各国的前头，即使到了 18 世纪中叶，也仍是世界上最先进的国家之一。随后之所以落伍，一个重要因素在于实行了自我封闭的锁国政策，不能适应汹涌澎湃的世界潮流。如何才能重新回到先进国家的行列？措施之一就是拆除樊篱，对外开放，向已经步入资本主义社会的西方学习；况且到了 19 世纪，资本主义世界市场已经形成，要重建樊篱，继续奉行闭关政策也是不可能的了。但可悲的是，当时执政的封建统治者，宁愿"株守一隅"，也不肯博采天下众长为我所用，结果当西方列强挥舞着大炮、刀剑和鸦片破门而入时，只得忍痛吞下被迫"开关"的苦果，仓促同昨天告别。

纵然是被迫卷入资本主义世界联系之网，但一个孤立于世界之外的国家由此走出了封闭的外壳，是不是一件幸事？从表面上看，由"闭关"到"开关"是件好事，何况所接触的国家又是西方率先完成资产阶级工业革命的近代文明之国。但是，表面的东西毕竟无法说明问题的实质所在。要说明问题的实质，关键在于揭示：西方列强破门而入，究竟给中国社会带来了什么？

依我看，毛泽东在《中国革命和中国共产党》中的有关论述触及了这个问题的实质。他指出，外国资本主义侵略中国的目的，绝不是要把封建的中国变成资本主义的中国，而是要把中国变为他们的殖民地或半殖民地。一部血泪斑斑的中国近代史更清楚表明，西方文明在当时很多方面虽是充满生机活力的，但对 19 世纪的中国而言，则是破坏性大于建设性。

说到破坏性，影响之大，莫过于践踏中国主权。自"开关"后，亦即第一次鸦片战争以来，明火执仗的西方列强胁迫愚昧、颟顸的清政府订立了一系列不平等条约，取得了领事裁判权、协定关税、内河航行、鸦片贸易、内地传教、设立工厂、建造铁路、开采矿山等种种特权。这些特权的攫得，使中国主权丧失殆尽。拿享受领事裁判权来说，有了这一护身符，外国人在华即使犯了罪，也可以不受中国法律的约束，而要由其本国领事或法庭来审理。正是依恃这种特权，近代中国成为西方冒险家的乐园。协定关税的出现，则剥夺了中国自行规定关税的主权。按理说，如何征收进出口货物的关税，完全是一个主权国家自己的事，但1843年《五口通商章程》却将进出口货物关税强行固定在极低的税率上，并规定非经外国同意不得更改。由于主权受到严重践踏，当时中国的门开多大，对谁开，已不由中国自己做主，而要由入侵者来决定。可以想象，这种"开关"，中国能够从中受益吗？

"开关"是为了谋求通商——这是叩关者强调的一条重要理由。国与国之间进行正常的贸易，以有易无，经济互通，岂不是件两全其美的事。但实际情况表明，当时中外通商是在入侵者要把中国变成它的原料供给地和推销剩余产品市场的前提下进行的，根本谈不上平等互利。对于西方列强来说，其鸦片和工业制品尾随大炮叩关而入，到19世纪70年代后，洋布、洋绸、洋伞、洋灯、洋油等名目繁多的"洋货""畅行各口，销入内地"。对于中国来说，19世纪70年代以前的出口货只能以传统的丝、茶为主，嗣后连大豆、桐油、猪鬃、钨、锑、锡等农产品及矿产原料均成为外国侵略者的掠夺对象。据统计，1887年洋货进口额已突破1亿海关两，1894年上升至 1.62 亿海关两；而中国每年的出口额只相当于进口的 78% 左右。这种年复一年的贸易逆差，致使中国白银大量外流，许多"华人生计，为其所夺"。中国社会生产力的发展受到直接阻碍，中国民族资本主义只能在帝国主义和封建主义的夹缝中艰难地成长。

对外赔款是西方列强破门而入给中国带来的又一灾难性打击。据统计，自鸦片战争至清政府垮台前，清廷对外赔款数近 13 亿两白银（包括偿还兵费、鸦片费、商欠、利息等）。设若把这一总数平均于这 70 年，中国每年负担的对外赔款竟达 1850 万两白银。惊人的赔款造成中国金融财政的进一步枯竭。如果说同治以前，每次赔款，清政府还能东拼西凑勉强应付的话，那么，自同治后，财政就渐趋不支，只得对内加紧向人民搜刮，对外举借外债。由于债台高筑，且又需用关税、盐税、烟酒税来担保，中国的财政大权也步步旁落外人之手。

西方列强对于近代中国社会的破坏，当然远不止于上述几点。"今日之中国非世界竞争风潮最剧烈之漩涡哉？俄虎、英豹、德熊、法貔、美狼、日豺，眈眈逐逐，露爪张牙，环伺于四千余年病狮之旁。割要地，租军港，以扼其咽喉；开矿山，筑铁道，以断其筋络；借债索款，推广工商，以朘其膏血；开放门户，划势力圈，捕肥而食，无所顾忌。"①这一发自当时人的感叹，生动地勾勒出了西方列强破门而入给近代中国社会带来的种种灾难性变化。

当然，要收集一些史料，来证明外国资本主义侵入中国之后，

---

① 《湖北学生界》第 2 期。

在转移社会风气、使用机器生产、提供经营管理经验、传播科学技术等方面，对推动中国近代工业发展所起的客观作用，也不是一件难事。但这毕竟不是它的主要作用。对这种客观作用决不能估价过高，否则，就未免主次不分，以至本末倒置了。

说到底，"西学"之所以能够成为促进近代中国社会发展的一种积极因素，能够成为近代中国社会进步的一种标志，主要取决于中国人的主动引进和吸收。血和泪汇成的中国近代史记录着，中华民族虽是一个饱经忧患的民族，但更是一个经得起忧患的民族。面对数千年来未有之强敌，先进的中国人清醒地意识到，落后就要挨打，中国能不能抵抗外来侵略，能不能减轻外来侵略的祸害，完全决定于中国能否急起直追，迅速进步，改变中国与外国力量的对比，而决不能继续采取自我孤立的慢性自杀政策。专心考察"夷情"、放眼世界的结果，使他们提出了富有时代气息的口号——"师夷长技以制夷"（中国虽在鸦片战争前一度实行闭关政策，但从历史总体上看，中华民族并不保守，从西汉张骞、班超出使西域到明初郑和下西洋，从唐代玄奘去印度取经到明末清初耶稣会传教士来华，表明中国人民是乐于与外部世界交往、联系的）。不少关心祖国命运的人，主动地投身到考察、介绍、宣传"西学"的工作中去，即使遭到"洋大人"的歧视、冷遇、刁难、凌辱，以及本国封建士子的讥笑、排斥、辱骂、诬陷也不为所动。起初，他们只痛切感到中国在器物技能方面不如"夷"，仅仅满足于"兵战"，继之进到热衷于"商战"；后来，才认识到西方资产阶级的社会政治、理论学术也强于中国。因此，对于西方思想、学术、文化的吸取，表现出一种难能的历史自觉。恰恰是这种主动引进的"西学"，对 19 世纪的中国才真正显示出它的建设性。

论及"制夷"，似有必要纠正这样一种错误观点："难道为'抗拒'外国，宁肯让我们中华民族倒退到刀耕火种不成？"持这种看法的人还认为，多出几个林则徐式的民族英雄也无济于事，不过是延缓接受资本主义文明的时间罢了。按照这种逻辑，既然资本主义是先进的文明的，它纵然侵略别国，落后的国家也只能敞开大门，欢迎叩关；否则，一提"制夷"，就意味着反对文明，反对科学，反对进步。这种逻辑当然是荒谬的。须知，争取民族独立始终是近代中国谋求社会进步的主题。中国人民反对的是外来入侵者的掠夺、压迫、奴役和剥削，而对于"西学"中的自然科学、生产技术，乃至包括当时还处于先进的社会政治、法律思想、理论学说，先进的中国人是竭力主张为我所用的。这种吸收和扬弃，与所谓要倒退到刀耕火种时代风马牛不相及。总之，用马克思主义来考察世界历史，任何时候都不能否定被侵略者反对侵略的正当权利。我们决不能轻浮地嘲弄那些民主革命先驱者的挫折和失败，因为他们的奋斗经历是我国历史发展中不可逾越的一个阶梯，我们理应永远记住他们在中华民族发展的历史长河中的劳绩。

（原载《人民日报》1987 年 6 月 26 日，原标题为
《西方列强入侵给近代中国社会带来了什么？》）

绳索的羁绊

——不平等条约给中国近代社会带来的灾难

对于龙的传人来说，"八二九"是个极为苦痛的日子。

150 年前的这一天，当清廷的议和代表耆英、伊里布踏上停泊在南京江面上的英国军舰"汗华丽"号，且一字不改地接受了英方的全部条件——《南京条约》，并在上面签了字时，中国便在一种极为屈辱的情况下以"法"的形式对外开放了。

有个西方殖民分子曾这样傲慢地说道："要同中国缔结一项条约，就必须在刺刀下命令它这样做，用大炮的口来增强辩论。"时为英国外交大臣的帕麦斯顿更歇斯底里地声称：对待中国，"就是先揍它一顿，然后再作解释"。他正是根据这一逻辑，促成了侵略中国的第一次鸦片战争，并威迫清廷代表在倾斜的谈判桌上签订了丧权辱国的《南京条约》。

《南京条约》是中国历史上第一个不平等条约。饱尝屈从之苦的中国人，把它喻为勒在炎黄子孙脖子上的第一根绳索。此后，贪得无厌的西方列强，一而再、再而三地威迫中国签订了一个又一个不平等条约。据有的学者统计，截至 1949 年中华人民共和国成立止，象征中国屈辱的不平等条约竟达 1182 个。这 1182 个不平等条约分明是 1182 根绳索!

具体说来,这条条绳索,使华夏民族蒙受了哪些耻辱? 丧失了哪些权力呢?

对外赔款——据统计,自鸦片战争到清政府垮台前,中国对外赔款总数近 13 亿两白银。若把这一总数平均于这 70 年,中国每年负担的对外赔款竟达 1850 万两白银;若按本世纪初的物价银一两可以维持一个普通人一个月的生活来计算,这 13 亿两白银对中国人民是何等沉重的负担!

1842 年的《南京条约》规定中国赔偿英国烟价、军费等 2100 万银圆。在此后四年中,清政府财政支出的 1/10 被用来支付这笔赔款。

1895 年的《马关条约》,使日本从中国掠去 2.3 亿两白银,这笔赔款相当于清政府上一年财政支出的 2.8 倍。

1901 年的《辛丑条约》规定中国向英、法、美、俄、德、日等 11 个国家赔款 4.5 亿两白银,要求 40 年付清,本息合计 9.82 亿两白银。这笔巨额赔款相当于清廷当年总收入的 8 倍。

正是这些赔款滋养了入侵者,直接导致了中国的贫困。

开放通商口岸——1842 年的中英《南京条约》第 2 条载明:中国开放广州、福州、厦门、宁波、上海等五处港口,允许英人"贸易通商无碍"。嗣后,入侵者又通过一系列不平等条约,强迫中国开放了牛庄、登州、台湾、汉口、九江、南京、烟台、天津、重庆等一大批沿海和内地城市为商埠。

按常规国与国之间"贸易通商无碍",岂不是件好事。但问题是，中国当时是在失去主权的情况下开放的。况且，当时来中国各通商口岸做"生意"的多半不是商人，而是些穷凶极恶的海盗和无赖。一个外国学者这样记述道："上海开埠以后，无恶不作的亡命之徒从四面八方聚拢在这里。其中有逃亡的水手，有遭贬斥的醉鬼，有来自加利福尼亚的投机破产者，有来自香港与澳门的罪犯，也有来自菲律宾等地的埠头流氓。"即便是真正的通商，也是入侵者单方面受益。对于西方列强来说，其工业制品尾随大炮叩关而入，到19世纪70年代以后，洋布、洋绸、洋伞、洋油等名目繁多的"洋货""畅行各口，销入内地"。据统计，1887年洋货进口额已突破1亿海关两，1894年上升到1.62亿海关两；而中国每年出口额只相当于进口额的78%。这种年复一年的贸易逆差，使中国白银大量外流，"华人生计，为其所夺"。

协定关税——1842年中英《南京条约》第10条写道：英国商人"应纳进口、出口关税、饷费，均宜秉公议定则例"。1858年的中英《天津条约》第26条又载明："每价百两征税五两"，并写明非经英方同意不得更改。

按理说，如何征收进出口关税，完全是一个国家自己的事，但西方列强却强行固定在极低的利率上，这就为外来商品侵入华土提供了世界上少有的便利条件；更何况，同时规定的"协定内地通过税"，使中国自行征税的主权完全被剥夺了。

请听听一位曾在中国海关当了四十五年总税务司英人赫德的一段自供词吧："今天外国商人在中国的所作所为，这用不着搜罗细节或堆砌数字就能作出这样的描述：他们只要按1860年的价格交纳 5% 的关税，就能通过三十来个条约口岸中的任何一个口岸，运进洋货和输出土产；他们只要再交纳进出税额的一半，作为子口税，就能把洋货运至内地和由内地运出土货。他们还可以把中国的产品从一条约口岸运到另一条约口岸，只要运出时交纳出口正税，运进时交纳进口半税。在他们居留的条约口岸，他们免纳所有的地方课税。他们可以免税运进他们个人和家庭需用的任何物品。无论在什么地方，他们都不受中国的管辖，而是把自己置于本国官员即领事管辖之下。……他们的行动自由，不受任何限制。这些，简单地说，就是外国商人在中国所处的地位。"

片面最惠国待遇——1843 年的中英《虎门条约》第 8 条规定：中国将来"有新恩施及各国，亦应准英人一体均沾，用示平允"。1858 年签订的中美《天津条约》中也有类似的规定。

正是根据这种所谓片面最惠国待遇，各侵略国彼此间建立了"利益均沾"的制度。所以，一个美国商人赤裸裸地对他的英国同行讲：我们不反对你们，你们只管去捞取好处，我们来到这里，就是为了分享这个好处。

治外法权又称领事裁判权——1843 年签订的中英《五口通商章程》第 13 条规定：中英两国人民"交涉词讼，管事官不能劝息，不能将就，即移请华官公同查明其事，既得实情，即为秉公定断，免滋讼端。其英人为何罪，由英国议定章程、法律，发给管事官照办"。1844 年签订的中美《望厦条约》第 21 条也有类似的规定。据此，外国人在华犯罪也可不受中国法律的约束，凡是涉及外国人的民事刑事案件均由外国领事来审理。于是，那些无恶不作的海盗或无本生利的商人，一旦踏上中国，便可如履坦途，随意探囊取物。此事连当时的美国驻华公使列维廉也感到："向中国勒索领事裁判权，乃是一桩无耻之尤之事，其恶劣程度不下于苦力贸易和鸦片贸易。"

允许划设租界——1845 年 11 月英国驻沪领事曾胁迫上海道台签订过一个《上海租地章程》。嗣后，陆续在上海、广州、天津、厦门、汉口、九江等地设立了租界。但严格说来，类似的章程并没有得到清政府的批准。租界正式见于条约是 1876 年。这年签订的中英《烟台条约》这样写道："新旧各口岸，除已定有各国租界，应无庸议，其租界未定各国领事官与地方官商议，将洋人居住处所划定界址。"

租界是国中之国，更酷似在肚里吸血的蛭虫。在租界土地上，统治权完全属于外国人。生活在那里的中国人自然是下等公民，各租界地公园的门口大都挂着"华人与狗不许入内"的牌子。租界里虽也出现了不少高耸的洋房、近代的工厂乃至宽阔的马路和炽亮的街灯……但比起它对近代中国主权的破坏来，简直微不足道，并且也不能相提并论。

允许列强划分势力范围——1884 年签订的中法《李福协定》第 1 款中载明："中国南界毗连北圻，法国约明，无论遇何机会并或有他人侵犯情事，均应全保助护。"因此，到 1898 年，中国的大好河山被分割得支离破碎：东北乃至长城以北的辽阔地区成了俄国的势力范围，山东乃至黄河中下游属德国，富饶的长江流域和云南一部分属英国，广西全省及广东、云南一部分属法国，福建属日本，由此呈现出一幅触目惊心的图景。

允许外国在华驻军——1901年的《辛丑条约》写道："为京师至海边畅道不使有断绝之虞，由诸国应分自主的定数处留兵驻守。""中国国家应允，由诸国分应主办。……今诸国驻守之处，系黄村、廊坊、杨村、天津、军粮城、塘沽、芦台、唐山、滦州、昌黎、秦皇岛、山海关。"

外国军队在华驻扎合法化，给中国带来的恶果是极为严重的。若干年后，日本帝国主义不正是根据这种权利得以在华北腹地发动了全面侵华战争吗？

允许"洋人"修筑铁路——1885年签订的中法《越南条约》第7款赫然写道："日后若中国酌拟创造铁路时，中国自向法国业此之人商办，其招募人工，法国无不尽力勷助。"继法国之后，英国、沙俄、美国、日本、德国也纷纷在华筑路。据统计，1895年至1898年间，在中国地图上，拟议和开始勘测、修筑的铁路干线，竟没有一条是中国自办的。

允许"洋人"管理海关行政——1858年签订的《中英通商章程》第10款规定：中国海关"任凭总理大臣邀请英人帮办税务，并严查漏税"。正是根据这项规定，清政府海关的最高行政职务——总税务司，一直由李泰国、赫德等"洋员"担任。赫德曾自鸣得意地说："我所主持的工作虽然叫作海关，但其范围甚广……它确是改革各地海关管理制度及发展中国一切生产事业的一个适当的核心组织。"据此，有的学者形容中国当时的权力结构图是：帝国主义控制着总税务司；总税务司操纵着总理衙门；总理衙门左右着清政府。

中国从条约中丧失的权利当然并不止于这些。像允许贩卖鸦片、允许"洋人"掠卖华工、允许"洋人"内地传教、允许"洋人"设立工厂、允许"洋人"开矿、允许外轮内河通商、允许"洋员"在港口引水及割让土地等等，均是屈从不平等条约的结果。用英人赫德的话说：条约为他们在华取得了所要求的一切。

四万万人齐下泪，天下何处是神州？一部血和泪汇成的近百年史告诉我们，众多的炎黄子孙当时生活在一种绳索羁绊的氛围中，当时的父母之邦处于落后挨打的可悲境地。

如今，勒在炎黄子孙脖子上的道道绳索早已被斩断。但是，已经重新站起来的民族又何能忘记那段阴冷的岁月呢?!

（原载《光明日报》1992 年 3 月 11 日，
《新华文摘》1992 年第 5 期全文转载）

发展近代实业与振兴多难之邦

本来，在 15 世纪之前，我国无论在社会生产力或古代文化和文明方面，均走在世界各国的前头。但遗憾的是，此后随着近代资产阶级的崛起，我国落伍了。到 1840 年，当英国挥舞着大炮、刀剑和鸦片破门而入时，积弱至贫的祖国只能备受欺凌，渐趋堕入半殖民地半封建的苦难深渊。

堂堂华夏遭此厄运，不能不引起众多中国人的反思。从列强入侵中国的那天起，不少有识之士就开始寻找兴邦之策。"国非富不强，富非实业不张"。竭力倡导发展新式实业，是近代中国 80 年间一部分忧国忧民之士用以振兴多难之邦的方略之一。他们的热望——单靠兴办实业救中国，历史虽已表明行不通，但其蓝缕之劳，功不可没。

—

在近代中国，最早明确把发展实业和兴邦联系在一起的是薛福成、郑观应等早期维新志士。郑观应在论及 19 世纪七八十年代的国情时指出，自鸦片战争以来，列强的经济掠夺给国人带来的灾难绝不亚于军事征服。怎么办呢？他们以为最好的办法莫过于振兴本国工商业而不是锁国拒西人于门外。薛福成说，西方各国之所以富强，是因为"工商诸务之振兴"，中国欲致富强，根本也在于此。郑观应更强调"习兵战不如习商战"，认为中国要想自强，"莫如振兴商务"。

当时薛、郑所要振兴的"工商""商务"实际指的就是近代实业，即开矿、交通、电讯、农林、蚕桑、畜牧、丝茶、纺织、造纸、商业等等。在他们的蓝图中，"制造""艺植""贩运"三利亟待振兴。因为他们意识到，用落后的手工生产无以与西方先进的机器生产匹敌，倘若因循蹈矩，不改变落后的生产方法，必然会出现舶来品因质良价廉"为人所争购"，而国产品因质差价昂，"非但不能售于各国，亦不能售于本国"的可悲局面。针对当时西洋进口货"纱布呢羽，几占总值之半"，中国每年耗银三四千万两，多因"洋布、洋纱畅销"造成大量入超情况，他们特别强调多购买纺纱织布的机器，重点发展新式棉纺业。

我国一向以茶丝两项为出口大宗，但到19世纪80年代由于日本、印度、意大利等国的竞争，出现了滞而不流的情形。薛、郑主张对传统的茶丝业加以整顿，尽快夺回茶丝在国外市场的地位。为此，薛福成专门进行调查研究，提出改进种植，减轻税收，鼓励有成绩者等一系列具体建议。

要实现制造之利和艺植之利，当然离不开近代交通运输业。有鉴于此，他们在积极主张"招商股以开铁路"的同时，还要求发展轮船航运业，憧憬铁路一开，各地"土货可以广销"；航运一开，既可夺回内河航运之利，又可开展海外航行，便利国外贸易。

疾呼发展民族工商业纵然是为了振兴多难之邦，但在当时并不是所有的人都能理解的。我国一向重农抑商，鄙薄技艺。当时阻碍新式工商业勃兴的因素很多。清政府严禁商民集资开矿，惧怕工人集中"闹事"；顽固派仍旧把新式机器设备视之为"奇技淫巧"；旧的习惯也认为厂矿高烟囱有伤风水，男女一起工作有伤风化；原有的部分手工艺者更忧虑打破饭碗。多数富翁也宁愿把资金用于购买土地，发放高利贷，而不肯投放到自己不熟悉的，又有亏损可能的新式工商业中去。但幸在薛、郑并不孤立，像王韬、马建忠、陈炽等一批有识之士也盛赞开发实业之利，并大声疾呼凡华民喜用的"洋货"，"一律纠股集资，购机仿造"；能够"行销外洋"的国产品，更应"加意讲求"。况且，薛、郑诸人大多是以洋务派官僚的谋士身份言事——虽说他们与主事者的动机不无差异，一个是旨在致国家于富强，一个是为了给行将灭亡的封建政权"补茸"，但在主张兴办新式工矿业这一点上是相通的。于是，从19世纪70年代起，在古老的中华大地上，相继有仿行西方铁路、航运、电报、采矿、冶炼、纺织等新式"实业"出现。

截至1894年，全国已有"官督商办""官商合办"式的工矿业20多家，完全"商办"的达72家。上海《申报》形容当时的盛况是："每一新公司起，千百人争购之，以得股为幸。"

二

一批新式工矿业的创建，多少缩短了中国与西方的差距。但这种好的势头，却被甲午战争的炮火遏制了。《马关条约》订立后，国命如丝。一方面，列强攫得了在华的"设厂制造"和开矿的特权；另一方面，"洋货"比之以往更大的规模像潮水般地涌了进来。据统计，到1899年，列强在我国各通商口岸设厂933个，开矿7处，洋货进口总值从1895年的1.7亿两增至2.6亿两。有人感叹当时的情势是："幢幢华裔，将即为奴；寂寂江山，日变其色"。弱小的民族工业也犹如出海不久的渔船，随时有被惊涛骇浪翻覆的危险。

愤于国事堕坏，强邻日逼，不少以为实业可以振邦的人士又无不以"挽回利权，杜塞漏卮"为辞，纷纷要求清政府解除禁止民间自由发展实业的禁令。维新派大师康有为在轰动一时的《上皇帝书》中也提出立即变法，"纵民为之，并加以保护"。到了20世纪初，一批忧国忧民之士看出当时的世界是经济战争的时代，"今日中国已成为各国经济战争之旋涡"，要免遭列强对我虎视眈眈，"窥伺于旁，择肥而噬"的厄运，唯有大力振兴实业才能起死回生。因此，不少人提出"实业救国"的响亮口号。清政府迫于舆论压力，同时考虑到增加财政税收，也不得不改弦更张，于1905年相继颁布了一些"奖励工艺"的章程，并设立商部、农工商部等，以鼓励工商业的发展。截至1910年，国内又建成524个新的工矿业。

值得注意的是，这时的实业家们提出了进行"实业教育"、改进传统出口商品工艺等务实的主张。状元出身的大实业家张謇不仅口头上倡导实业教育是富强的"大本"，要振兴实业的"责任须在士大夫"，而且亲自创办了几所纺织、农业专科学校。当时持这种见解的人，无不反对读书人只沉溺于章句帖括考取功名，"不肯讲求工艺制造学问"的趋向，疾呼不论贫富子弟，都应掌握一两种有关实业的学问。应当承认，这种旨在开发智力、培养实业人才的主张是颇有战略眼光的。

三

腐朽的清王朝于 1911 年被推翻后，人们以为振兴中国经济的良机到来了。尤其是那些始终相信实业可以兴邦的人们，更是怀着"破坏告成，建设伊始"的心情致力于振兴实业的活动。从当时的国情看，也确是振兴实业的好时机。1912 年 5 月，工商部颁布了《暂行工艺品奖励章程》；1914 年公布了《公司条例》《公司保息条例》《矿业条例》《审查矿商资格细则》；1915 年公布了《农商部奖章规则》；等等。这些政策法令虽未尽善尽美，有些细则也多因时局变化未能付诸实施，然其终究以"法"的形式解除了几千年来束缚实业发展的主要障碍。天津、汉口、济南、哈尔滨等地，随着工厂的崛起，赫然成为新型的大都市。

当时，除了创办经济实体之外，某些有影响的实业家还以"合群策群力""共筹振兴实业"为宗旨，组织了各种实业团体，仅 1912 年就成立了 40 多个。此间各种实业报纸也大量涌现。

主张合理借用外资也构成当时实业活动的一个特色。孙中山等人"反复筹虑"，遂提出合理借用外债的主张，并强调了借用外债必须恪守两项原则：一是借来的外债要"以营生产之事"，而不能用于"不生产之事"；二是借外债应"条件平恕"，切莫丧失主权。他们强调的这两项重要原则，在当时条件下虽难兑现，然其原则本身是完全正确的。

不进行政治革命，不取得国家独立，不解除封建专制主义的桎梏，单纯依靠广办实业是不能振兴多难之邦的。但后人却不能因此而否认兴办实业的重要性。马克思说得好："新的工业的建立已成为一切文明民族的生命攸关的问题"。正是从这种意义上讲，我们在指出"实业救国"的片面和不足时，对那些诚实主张和努力发展我国实业的人们表示深深的敬意。因为他们的活动不仅为革命的胜利积累了物质力量，而且为后人提供了可资借鉴的经验。

（原载《光明日报》1990 年 9 月 26 日）

洋务运动起因辨析

洋务运动是如何产生的？对于这个问题，学术界至今仍有着不同看法，有一种观点认为，所谓洋务运动，乃是曾国藩、左宗棠、李鸿章等人同外国侵略者互相勾结、共同镇压中国人民革命的产物。我认为，这种解释是不够全面的。

诚然，把如火如荼的人民革命的威胁视为洋务运动产生的原因是谁也否认不了的。洋务派的早期人物奕䜣早在1861年就清楚指出："就今日之势论之，发捻交乘，心腹之害也"，"故灭发捻为先"。正是基于这种"灭发捻为先"的指导思想，清政府内一部分负责"剿发逆"而又亲身领教过洋人船坚炮利的封建大官僚才纷纷要求引进外国的军事装备和兴办军事企业，曾国藩和李鸿章都有过这样的主张。不过，来自"发捻"的威胁，并非洋务运动产生的唯一原因。外患益亟，危机日深，乃是洋务运动产生的另一重要因素。

人所共知，经过两次鸦片战争的打击，清朝"天朝上国"的威信扫地了，以曾、左、李为首的一批人逐步感到外国资本主义从军事、经济、思想等各个方面严重威胁着清政府的生存。曾国藩说："洋人来中国也，广设埠头，贩运百货，亦欲逞彼复削之诡谋，隘我商民之生计。军兴以来，中国人民久已痛深水火，加以三、五口通商，长江通商生计之日盛，小民困苦无告，迫于倒悬。今要听洋人行盐，则商场运贩之生计穷矣；听洋人设栈，则行店囤积之生计穷矣；听洋人轮船入内河，则大小舟船水手航工之生计穷矣。"左宗棠说："自海上用兵以来，泰西诸邦以机器轮船横行海上，英、法、俄、德又各以船炮互相矜耀，日竞其鲸吞蚕食之谋，乘虚蹈瑕，无所不至。"① 李鸿章和奕䜣也"深以中国军器远逊外洋为耻"，认为"洋人之背向，莫不以中国强弱为衡"。面对这种"数千年来未有之变局"，他们意识到像顽固派那样照抄老谱，以为"封关禁海"就可把敌拒于国门之外是不行的，要在这个强敌如林的世界中生存下去，唯一的办法就是讲求"自强"之道，亦即"资取洋人长技"，"夺彼族之所恃"，否则，"后患不可思议也"。

如果说洋务派"资取洋人长技"的动机在"剿发逆""靖内奸"方面非常明显的话，那么在"勤远略""御外侮"方面则是比较隐蔽的。这是因为：一方面，"自强"活动一开始是利用镇压太平天国农民革命的"良机"，不露声色地进行的；另一方面，英人赫德和威妥玛、美人蒲安臣、法人日意格等侵略分子曾对"自强"活动表现出了异乎寻常的"热衷"。正是由于这些错综复杂的因素，有的论者只看到某些外国侵略分子的所谓"支持"，而未发现洋务派趁"剿发逆"之机，"洋人乐于见长之时，将外洋各种机利火器实力"以"御外侮"的秘密，所以有"互相勾结"之说产生。其实，

① 《左文襄公全集》说帖。

殊不知就在洋务派强调"不露痕迹"的同时，尚曾说过"内忧外患，至今已极……购买外国船炮，并请派大员训练京兵，无非为自强之计，不使受制于人"①，"目前之患在内寇，长久之患在西人"②之类的话。待到"内寇""发捻"基本平息后，他们防范、抵制外国侵略者的思想就愈趋明朗化。从19世纪70年代中期开始的筹建海防、兴办近代工矿交通业等活动，不正是以"御外侮""收回利权"为出发点的吗？事实上，近代海军在对外反侵略战争中是起过一些积极作用的，洋务派的一系列经济活动也在一定程度上起到了"杜塞漏卮"的效果。至于某些外国侵略分子的"支持"，也要具体分析。因为对西方资本主义来说，只要有利于他们获得商品销售市场和资本输出场所，而暂时不对他们构成威胁，他们是乐于进行"赞助"的。对这种"赞助"怎能笼统地视为"互相勾结"呢？

在探寻洋务运动的起因时，还有一点是决不能忽略的，即林则徐、魏源等人"师夷""制夷"思想曾对洋务派以重大影响。但有的论者对此却也加以否认。然而，事实却不容抹杀，曾国藩曾说"师夷智以造炮制船"③，李鸿章也说"取外人之长技，以成中国之长技"④，这不正是接受了魏源"师夷长技以制夷"和"尽得西洋之长技为中国之长技"的明显标志吗?！左宗棠更指出："同、光年间，福建设局造轮船，陇中国华匠造机炮，甚长亦差与西人等……此魏

---

① 《洋务运动》第2册，第221页。
② 《李文忠公全集》朋僚函稿，卷4，第17页。
③ 《曾文正公全集》奏稿，卷15，第4页。
④ 《李文忠公全集》奏稿，卷9，第35页。

子所谓师其长之技以制之"①，这岂不进一步证明洋务派不仅继承了林、魏等人"师夷""制夷"的思想，而且还将这种思想付诸实践！当然，他们之间也有所区别：林、魏"师夷"为的是"制夷"，而洋务派"师夷"为的是"剿贼"和"御侮"并重；林、魏的"制夷"是大张旗鼓的，而洋务派的"制夷"则强调"不露痕迹"。

持洋务派不是林、魏后继者的论者甚至说洋务派是林、魏思想和事业的背叛者。我认为，洋务派确曾有过唯武器论的错误观念，但随着洋务运动的不断深入，他们逐步意识到"培养人才，实为中国自强之根本"② 这个道理。如果认真翻阅当时一些洋务大员在兴办军事工业和筹建海防中的奏折、函电、文稿，将会发现有关强调人的因素重要性的言论是屡见不鲜的。正是基于这种见识，他们才不惜工本，在国内兴办学堂的同时，还派遣留学生赴欧美学习船炮技术。这与林、魏强调人比器更重要的观点又有多少区别呢？再说李鸿章在新疆问题上的劣迹，这无疑是应该加以谴责的。当时反对、抨击李鸿章最激烈的莫过于左宗棠，正是左氏进军新疆，才有效地阻止了沙俄对新疆的肢解吞并。而左氏不正是另一个有名的洋务大员吗?！这位洋务大员在新疆的所作所为比之林、魏恐怕毫不逊色吧！由此可见，那种仅以个别洋务派人士的某些劣迹来断定整个洋务派没有继承林、魏思想和事业的说法是不公正的。

（原载《文汇报》1982 年 10 月 28 日）

---

① 左宗棠：《重刻海国图志》,《海国图志》(光绪六年邵阳急当务斋刻本) 卷首。
② 《李文忠公全集》奏稿，卷 53，第 16 页。

洋务派筹办海防小议

在中国近代史上，为时 30 年的洋务运动虽有其不光彩的地方，但也有其值得赞许之处。就后一方面而言，作为洋务派"图强"内容之一的筹办海防、创建海军活动是有一定积极意义的。但是，长期以来，许多论者都认为洋务派筹建新式海防是勾结帝国主义，借用洋枪洋炮洋舰，镇压人民反抗，不承认它具有"自强""御侮"的性质。

众所周知，筹建新式海防始于 19 世纪 70 年代。洋务派在这个时候进行这一活动并不是偶然的。从当时的形势来看，曾经威胁清朝统治的太平军、捻军等农民起义已被镇压，剩下的只是边疆地区的少数民族起义。总的说来，清政府已经度过了它的内部危机，而外部危机却纷至沓来。1870 年发生了天津教案，1871 年沙俄出兵新疆占领了伊犁，1874 年日本借口琉球事件入侵台湾，1875 年在云南又起马嘉理案，这些相继发生的事端，使清政府与外国资本主义的矛盾又尖锐起来。当时的浙江巡抚杨昌濬在一个奏折中曾激昂慷慨地指出："西洋各国以船炮利器称雄海上，已三十余年，近更争奇斗巧，层出不穷，为千古未有之局，包藏祸心，莫不有眈眈虎视之势。"①洋务派的挂帅人物更明显地感到时代变了，今日列强只尊重那些能够防卫自己，能够用拳头回敬拳头的国家。而对我则"阳托和好之名，阴怀吞噬之计，一国生事，诸国构煽"②。他们认为，要使我国免受列强的劫掠，必须"速购铁舰、水雷以及一切有用军火"③，加强沿海要处的防务。关于这一点，奕䜣在 1875 年 7 月 25 日的奏折中说得很清楚："伏查上年日本兵扰台湾，正恃铁甲船为自雄之具。……自台事就绪，而揣度日本情势未能一日忘我，不能不豫为之备，于是有海防之议。"④这就是筹建新式海防的由来。

由此可见，洋务派筹建新式海防的目的，显然是为了应付来自外部的危机。把它说成是镇压农民反抗的产物，无论如何也是讲不通的。

还有一个人所共知的事实，被后人称为卖国贼的李鸿章最热衷于筹建新式海防，北洋海军是他用了 20 年的时间经营起来的。那么，怎样看待李鸿章筹建海防的举动呢？早在筹建新式海防的初期，李鸿章就曾多次表示了这样的看法："洋人论势不论理，彼以兵势相压，我第欲以笔舌胜之，此必不得之数也。"⑤"以中国之大，而无自强自立之时，非惟可忧，抑亦可耻。"⑥他主张中国对外

---

① 《洋务运动》第 1 册，第 60 页。

② 《洋务运动》第 1 册，第 41 页。

③ 《洋务运动》第 2 册，第 395 页。

④ 《洋务运动》第 2 册，第 337 页。

⑤ 《洋务运动》第 1 册，第 42 页。

⑥ 《清史稿》，第 12018 页。

应"明是和局",而"阴为战备",在沿海紧要之处,"调兵集船,购利器,筑炮台,一时并举"①;否则,"海疆不防,则腹心之大患愈棘"②。所有这些言论,不能认为都是假的。当时美国驻华使馆的秘书何天爵曾说:"李鸿章的一切努力的主要目标是……反对外国的侵略"③。这话虽然夸大其词,但总不能说一点道理也没有。我认为,尽管李鸿章的一生很不光彩,干了许多坏事,但就筹建新式海防一事而言,不能说毫无积极意义。

事实上,洋务派创建的近代海军在对外反侵略战争中是起过一定的积极作用的。在中法战争期间,法国侵华舰进犯浙江镇海,遭到我守军的迎头痛击,法舰中弹多发,舰队司令孤拔也身负重伤(不久死于澎湖),只得狼狈逃窜。甲午战争期间,中日战于黄海,北洋舰队与敌奋战五小时,重创敌舰六艘,使日军付出了惨重代价。邓世昌等海军将士的英勇沉着、与敌偕亡之义烈精神,更是值得后人崇敬。关于筹建新式海防失败的原因,可以从洋务派本身找到一部分答案。这一点,人们已经指出来了。但是,只强调这些是不够的。还必须指出,当时清政府已经腐朽到极点。尽管国势军力急衰,对筹建新式海防还是不热心,甚至加以阻挠。对此,洋务派曾指出,"而歧于意见,致多阻格者有之,绌于经费,未能扩充者有之"④。由于他们大都是地方官僚,任何措施,若得不到中央政府

---

① 《洋务运动》第 1 册,第 384 页。
② 《中国近代史资料选编》上册,第 239 页。
③ 《洋务运动》第 8 册,第 468 页。
④ 《筹办夷务始末》卷 98,第 19 页。

的批准，是很难顺利进行的。例如，由于政府挪用大量的海军军费修建颐和园工程，到后期，海军战舰、枪炮、械器的补充"终因款不应手，多成画饼"①。更重要的是，外国资本主义的愚弄、行骗、操纵、把持、阻抑、破坏，这种外部因素，使得洋务派无法按照自己的主观愿望行事。

虽然洋务派筹办海防、创建海军的活动，未能成功地抵制外国资本主义的侵略，但仍是一种大胆的可取的行动。它的积极作用，是不应抹杀的。洋务派的这一活动从"御敌"的打算开始，到被敌摧毁而结束，是很值得我们惋惜和痛心的。但在分析研究这一活动时，我们并不受这种心情的支配，因为它无助于得出科学的结论。对待洋务运动，也应同对待其他一切问题一样，必须从历史事实出发，加以科学的研究和总结，而不能以简单的肯定和否定就算了事。

（原载《光明日报》1980 年 7 月 29 日）

---

① 《李文忠公全集》卷 36，第 21 页。

不应把洋务派的外交活动
从洋务运动中抽出去

开展对洋务运动的讨论，确是一种有意义的事情。近读李时岳、胡滨合写的《论洋务运动》一文，受益匪浅。作者不囿于成说，提出了一些新的见解。他们认为，中国近代从独立国家变为半殖民地（半独立）并向殖民地演化，是个向下沉沦的过程，而从封建社会变为半封建（半资本主义）并向资本主义演化，则是个向上发展的过程；以曾国藩、左宗棠、李鸿章为首的洋务派官僚是远承顾炎武、黄宗羲、王夫之，近继林则徐、龚自珍、魏源的思想兴起洋务运动的；洋务运动虽不能和当时广大人民的斗争相提并论，但在客观上导致了资本主义幼芽的出土，而且从它发生、发展到政治上破产的过程，也反映了中国人向西方学习的认识由浅入深的过程，所以不能抹杀它的历史地位和进步意义。上述见解，笔者认为是有道理的。在该文中，作者还指出，"在中外力量对比日益悬殊的严峻形势下"，"每当帝国主义肆意欺凌的时候，千方百计地避免和外国兵戎相见，成为李鸿章外交政策的特色"，但是，"避战属于外交，图强属于内政，两者并不完全是一码事。洋务运动属于内政范围"。如果没有理解错的话，作者是主张把洋务派的外交活动从洋务运动中抽出去的。也就是说，探讨洋务运动不必涉及洋务派的外交活动。对这种观点，笔者是无法苟同的。

众所周知，"洋务"一词原是清政府办理西洋事务的通称。在第一次鸦片战争前后，上自清廷，下至一般官僚，把凡是同西方资本主义国家通商、交涉、作战诸事说成是"夷务"。这种称谓反映了清政府鄙视、轻蔑西洋诸国的心理，因为在这些封建统治者眼中，堂堂"华夏"无疑是"天朝上国"，而其他国家是不在话下的。但到第二次鸦片战争，"天朝"的神话却被昔日所鄙视的"夷狄"又一次打破，在这种情况下，清政府内一部分官僚对西方资本主义国家的看法发生了变化。他们感到，把西洋诸国鄙视为"夷狄"的做法已经不妥了，于是，便用"洋"字（意指来自大洋彼岸）代替"夷"字，将"夷务"改称为"洋务"。这种称谓的改变，一方面标志着国与国之间的平等，另一方面仍然保留了区别原来中国内部事务和西洋诸国交往事务的意见。当然，更重要的是，鉴于当时"内忧外患，至今已极"的可危情形，那些对西方资本主义国家改变看法的官僚，提出了"资取洋人长师"的口号，他们主张用西方的军事装备、机器生产和科学技术来保护清朝封建主义的躯体。李鸿章指出："中国欲自强，则莫如学外国利器，欲学外国利器，则莫如觅制器之器，师其法而不用其人。"① 曾国藩也说："轮船之速，洋炮之远，在英法则夸其独有，在中华则震于罕见。若能陆续购买，据为己物……访募覃思之士，智巧之匠始

---

① 同治朝《筹办夷务始末》，卷 25，第 10 页。

而演习，继而试造，不过一二年，火轮船必为中外官民通行之物，可以剿发逆，可以勤远略。"①这样一来，兴办"洋务"便成为一种潮流，"洋务"活动的内容也就不纯属原来的外交事务，进而扩大到国内事务方面，诸如修铁路、架电线、办工厂、兴学堂等。作为"洋务"活动的首批重点项目，洋务派分别设立了总理各国事务衙门、京师同文馆、安庆军械所等。而专门处理外交事务的机构即总理各国事务衙门的设立，则又标志着洋务运动的全面开始。由此可见，洋务运动一开始就与近代外交活动有着紧密的不可分割的联系。

尽管后来洋务运动的重点是在经济方面，但是，我们却不能否认洋务派在这期间所进行的外交活动是服从于国内经济政策的。也就是说，当时的外交政策是围绕着国内"新政"展开并力图为其创造条件的。曾国藩曾就他的外交政策声言："伏见道光庚子以后，办理夷务，失在朝和夕战，无一定之至计，遂至外患渐深，不可收拾"，因而，他主张在"外国强盛如故"的情形下，"唯有委曲求全之一法"才能争取到国内的和平与稳定；否则，在强敌如林的世界中就无法谋求清帝国的"中兴"和独立。李鸿章自1870年负责外交以后，仍然坚持曾国藩的"委曲求全"外交。他在给清廷的奏折中指出："亚洲各邦，自欧人东来，以兵戎相见，先胜后败，覆辙可寻，可为殷鉴"。他还说："每有一次构衅，必多一次吃亏。"为了争取"二十年内，不至生事"，他认为"办理洋务，以了事为要

①《曾文正公全集》第2册，第417页。

54

义"①。曾、李二人皆是洋务运动的重要代表人物，他们的外交主张之所以能够这样前后呼应，如出一辙，一个重要原因就是他们都幻想通过"委曲求全"和"了事"外交求得国内"十年无事"（曾国藩语）、"二十年内，不至生事"的安稳环境来从事经济建设。但是，事实表明，这种政策非但争取不来国内的和平与稳定，恰恰相反，"委曲求全"招来的是西方资本主义国家的贪得无厌，从而不惜对我发动侵略战争。所以，笔者认为，曾、李的外交活动不但没有给他们的经济活动创造有利条件，而是起了反作用，帮了倒忙。由此，我们还可以得出这样的结论：洋务运动的失败，是同洋务派奉行的错误的外交政策分不开的。在这一点上，李鸿章应负主要责任。

洋务派奉行的外交政策，除了"委曲求全""了事"，亦即"千方百计地避免和外国兵戎相见"的特色外，还有一个特色，就是李鸿章的"以夷制夷"论。其实，这一特色也无非是他在军事、经济活动中所提倡的"取外人之长技，以成中国之长技"在外交领域的发挥和运用。说得通俗一点，李鸿章是想借甲外国的力量，以成中国的力量，来对付乙外国的。平心而论，这种利用西方资本主义国家之间的矛盾的做法本身是无可指责和贬斥的。而应该批判的是，李鸿章将利用变成了全力依靠，结果是落花有意，流水无情。以中日甲午战争为例，在战争前夕，许多迹象表明日本要对中国开战，而李鸿章却不做任何实战准备，只忙于外交活动，

---

① 《李文忠公全集》译署函稿，卷11，第5页。

劝英、俄、法、德、美等国"主持公道"，从中调停。而英国是暗中支持日本的，沙俄等国也不愿意帮助中国。所以，战争一打响，清军一败涂地，李鸿章本人苦心经营了 20 多年的北洋海军也遭到毁灭性的打击。

由此可见，无论从哪种角度考察，洋务派的外交活动同洋务运动都有紧密的联系。所以，在全面评价洋务运动时，必须考虑到洋务派的外交活动（如何评价是另一回事），否则，就不能对洋务运动作出正确的、符合历史实际的结论。

（原载《人民日报》1981 年 5 月 7 日）

洋务派与中国早期的电信事业

在近代中国，19 世纪 60 年代至 90 年代，被称为"资取洋人长技"的时代。洋务派在兴办军事工业的过程中又逐步意识到"求强"与"求富"的连带关系，认为只靠"船坚炮利"还达不到"求强"的目的，强调"中国积弱由于患贫，西洋方千里数百里之国，岁入财赋动以数万万计，无非取资于煤铁五金之矿，铁路电报信局丁口等税，酌度时势，若不早图变计，择其至要者逐渐仿行，以贫交富，以弱敌强，未有不终受其敝者"①。针对"求强"活动中存在的一些问题，有人还特别指出："中国急务在于裕商力，修兵备，固边防，造战舰，筑车路，设电音"，但"六者难以一时并举，要当次第倡行。我国家近拟于各省整顿海防，诚却敌之谋、安邦之策，然亟宜筹办者则莫如电线"。于是，从"求富"和利于军务出发，他们不但着手仿行了西方的铁路、航运、采矿、冶炼、纺织，而且还创办了近代电信。

在洋务派中，最早明确提出设立电报的是林则徐之婿沈葆桢。和曾国藩、左宗棠、李鸿章等人相比，沈氏则更偏重于实地工作。

---

① 《李文忠公全集》朋僚函稿，卷 16，译署函稿，卷 19。

1874 年日军侵犯台湾，位居南洋大臣的沈葆桢奉命巡防，此行使他对台湾重要地位有了进一步了解。他指出："近年来洋务日密，偏重在东南，台湾海外孤悬，七省以为门户，其关系非轻。"①正是基于这种认识，他向清政府提出"台洋之险甲诸海疆，欲消息常通，断不可无电线。计由福州陆路至厦门，由厦门水路至台湾，水路之费较多，陆路之费较少"。从防务考虑，清政府允准了沈氏的这个请求。然而令人遗憾的是，由于沈氏升任两江总督，不便再继续过问此事；而闽浙总督李鹤年又固执地认为"电线之在中国，可有可无"②，对此态度冷淡，变相抵制，加之承办局员与丹麦大北公司"率立合同，词有未惬，致多掣肘"，致使该次架线工程不得不中途下马。此外，在朝廷中反对架设电线者亦大有人在，那些抱残守缺的封建顽固派"一闻修造……电报，痛心疾首，群起阻难"③。其中反对最激烈的莫过于工科给事中陈彝。他在 1875 年 10 月的一个上奏中直截了当地指出："电线一事可以用于外洋，不可用于中国。"在他看来，"铜线之害不可枚举。国中失华洋风俗不同，天为之也。洋人知有天主、耶稣，不知有祖先，故凡入其教者，必先自毁其家木主。中国事死如生，千万年未之有改，而体魄所藏为尤重。电线之设，深入地底，横冲直贯，四通八达，地脉既绝，风侵水灌，势所必至，为子孙者心何以安？传曰非求忠臣必于孝子之门，藉使中国之民肯不顾祖宗邱墓，听其设立铜线，

---

① 《沈文肃公政书》卷 5。
② 《洋务运动》第 6 册，第 327 页。
③ 《皇朝经世文编》卷 1020。

尚安望尊君亲上乎?"①

继沈葆桢之后,福建巡抚丁日昌在 1877 年说:"台湾南北路途相隔遥远,文报艰难,设立电线,尤为相宜。"他主张应将从大北公司"买回拆毁"之线(指该公司代为架设的福建至厦门线路),"移至台湾,化无用为有用,一举两得"。②平心而论,丁氏此议,确是一个"一举两得"的方案,但因清廷因循迁延,竟也不了了之。

经过两次挫折,1880 年,北洋大臣兼直隶总督李鸿章提出了更加大胆的计划——请设津沪之线。他在一份长长的上奏中指出:"用兵之道,必以神速为贵,是以泰西各国于讲求枪炮之外,水路则有快轮船,陆路则有火轮车,以此用兵,飞行绝迹。而数万里海洋,欲通军信,则又有电报之法。……近来俄罗斯、日本国均效而行之,故由各国以至上海莫不设立电报,瞬息之间,可以互相问答。……倘遇用兵之际,彼等外国军信速于中国,利害已判若径庭。且其铁甲等项兵船,在海洋日行千余里,势必声东击西,莫可测度,全赖军报神速,相机调度,是电报实为防务必需之物。"③的确,从当时情况来看,李氏所言电报之利无疑是最详尽的。由于清政府也感到其请求是"因时制宜",就迅速批准了这一"由天津循运河以至江北,越长江由镇江达上海"的架线计划。

李鸿章奉旨以后,随即着手办理。他首先委派道员盛宣怀为总办,在天津设立电报总局,后来又在"紫竹林、大沽口、济宁、

---

① 《洋务运动》第 6 册,第 329—331 页。

② 《洋务运动》第 6 册,第 334 页。

③ 《清朝续文献通考》卷 32、卷 372。

清江、镇江、苏州、上海七处各设分局"。架线工作于 1881 年 4 月动工，到 1882 年 11 月竣工。据李氏所云，这条长达三千余里使南北"消息瞬息可通"的电线"共用湘平银十七万八千七百两"。①所有费用先由北洋军饷支垫，直至 1882 年电报改为"官督商办"以后，盛宣怀和郑观应才邀集商人议定章程，提出分年缴还官款的具体措施。

当津沪线开业以后，外国侵略者就流露出觊觎之意。1882 年11 月，"英、法、美、德各使请在上海设立万国电报公司，拟添由沪至香港各口海线"。特别是英国公使格维讷明确提出由"英商添设自上海至宁波、温州、福州、厦门、汕头各口海线"。面对"洋人"的无理要求，洋务派以为"必须激励华商，群策群力，共同抵制"。为了"杜外人觊觎之渐，而保中国自主之权，使彼族无利可图，或者徘徊中止"，他们主张"惟有劝集华商先行接办由沪至粤沿海各口陆线"。② 洋务派的这个主张立刻得到商民们的拥护，"汉口茶市所聚，浙西丝斤所出，宁波亦徽茶口岸，三处商人事关切己……禀架线者接踵而至"③。于是，长达五千六百余里的苏浙闽粤线（苏州—湖州—嘉兴—杭州—绍兴—宁波—台州—温州—福宁—福州—兴化—泉州—潮州—惠州—广州）由华商自筹资金于 1884年顺利建成。

就在架设苏浙闽粤线的同时，长江流域的商人也深以"一隅

---

① 《洋务运动》第 6 册，第 337 页。
② 《洋务运动》第 6 册，第 393 页。
③ 《洋务运动》第 6 册，第 492 页。

之消息既灵，则他处之消息较滞，商情市况要不免有畸轻畸重之形"① 为虑；兼之"狡诈嗜利"的洋商又酝酿着"添设长江水线之议"。为"杜其狡谋"，以利中国商务，两江总督、南洋通商大臣左宗棠便在 1883 年奏请架设长江电线。

待起自江宁经芜湖至安庆，又折回殷家汇、大通，由九江达汉口的长江电线仅用一年时间就架成后，各省督抚和商民们也分别以"路途驾远，文报稽迟"等为由，纷纷请设各地电线。这样，在往后十几年内，广西、云南、贵州、四川、陕西、山西、吉林、黑龙江、新疆等省便相继展开了敷设电线的活动。据粗略统计，截至 1895 年，一个总和为四万六千里以上的电信网出现在中国大地上，"东北则达吉林、黑龙江俄界，西北则达甘肃、新疆，东南则达闽、粤、台湾，西南则达广西、云南，遍布二十二行省……殊方万里，呼吸可通，洵称便捷"②。

在搞清楚中国电信产生、发展的大略情形后，我们再来分析一下它的作用。

历史告诉我们，外国侵略者从 19 世纪 60 年代起就抱有在中国架设电线的野心。1862 年，帝俄驻华公使巴留捷克首次向清政府提出从恰克图展线经北京到天津的请求。1864 年，上海税务司狄妥玛向江苏巡抚李鸿章提出由吴淞架设电线到上海。1865 年、1866 年，英人赫德、威妥玛又分别抛出《局外旁观论》和《新政

---

① 郑观应：《盛世危言》卷 12。
② 《洋务运动》第 6 册，第 446 页。

略论》，极力鼓吹在中国各地架电线、修铁路、办工厂、兴学校。电线的好处虽被他们说得天花乱坠，但其用意不外是为了给他们进一步向中国内地渗透带来某些方便。然而实际上，直到甲午战争前，外国侵略者除在我国沿海设海底电线，从而取得了中国对外电信交通权利外，在陆地上都不能如愿以偿。这显然与洋务派一再强调电报系"权利所在，军务、商务消息岂能别国操之"①，坚决主张"自办""由我作主""权自我操"是分不开的。拿苏浙闽粤、长江二线来说，就是以"杜外人觊觎之渐，而保中国自主之权"为出发点的。拿福州至厦门陆线的敷设权来说，就是几经交涉失而复得的。对于洋务派"相为抵制"事，一些外国人看得也比较清楚，外国电报公司虽曾几次试图从陆上架设电线，但支销绅士们采取敌对态度的时候，一切努力都是徒劳无益。② 由此可见，洋务事业是洋务派同外国侵略者互相勾结产物的说法是经不起推敲的。

从国防角度而言，电线之设也确实收到了军情便捷之益。在这方面，最明显的标志是，在电线设立之前，"中国文书尚恃驿递，虽日行六百里加紧，亦已迟速悬殊"。尤其在军事上，"敌船窥探海道，倏忽出没，亦难以追踪而蹑迹，不能预约水师为遏防，阴有以消其觊觎之心，显有以沮其侵伐之计"，结果造成"一处有警""全省震动""一省有事""天下惊惶"的局面。③ 但随着电报的出现，各地军情"瞬息可达，无事则各国战船驶进入口，立刻报知督抚大

① 《李文忠公全集》朋僚函稿，卷16，译署函稿，卷19。
② 《洋务运动》第8册，第393页。
③ 《洋务运动》第1册，第493页。

员，以便速派师船侦其何往，察何为有事则专报军情，或往援以歼敌，或犄角以壮威，或要截其来助之船，或袭击其撤退之卒"。正是基于这种显而易见的效果，直接负责北洋海军建设的李鸿章才积极在沿海要处敷设电线，并反复强调"军情瞬息变易，非有电报，无以速达而赴事机"。两江总督左宗棠和两广总督张树声等也盛赞，在多事之秋，调集南北洋水陆各军，刻日"迅起事机，实赖电报灵通之力"。以往，人们对于凡具有提高清政府防务水平的措施，一般都抨击之、斥骂之。其实，这是很不公允的。诚然，清政府军事力量的加强对人民来说是一种灾难。但这并不是它的全部作用。从抵御外侮着眼，无论怎么看，清政府防务水平的提高是符合中华民族利益的，特别是在那种"俄北瞰，英西睒，法南瞬，日东眈"的可危形势下。有鉴于这一不容忽视的积极因素，电报在军事方面所收之益，难道不值得称道吗？

再从收回利权，促进民族资本主义企业的发展来看，电报所起的作用更是不可忽略。郑观应和经元善在谈到中国"利源外泄"的原因时曾颇有见地地指出："各口通商码头，自洋人设立电报以来，华商日困，市情朝暮反复，洋商操纵自如，此在西学算家谓之速力敌平力。虽间因有电之处彼此同速，仍归平力，而无电之处，利钝终判天渊。是诚今日商务致病之由，而我国家权利之重轻亦隐受其制者也。"[①]值得庆幸的是，自从中国自设电线以后，这

---

① 《郑观应、经元善禀李鸿章》（光绪七年十二月），转引自夏东元：《郑观应传》。

种"洋商操纵自如""华商日困"的现象在很大程度上得到了改变。"查前年创津沪路电线，去年请推广浙闽粤等陆线……官民无不称便"①。又查"电线创始之时，官报仅属商报的十分之一"②。这样，华商通过电报，能够及时了解各地的"市情"，在"抵敌洋产"、与外商"争利"方面取得了一定的主动权。就从湖北的情况来看，张之洞说"鄂省接造电线"，对"筹办采运……煤铁要务均有裨益"。郑观应也说长江线路"中间口岸甚多，而汉口一镇，茶市尤为繁盛"，自设以来"便益商民"。台湾的情况也是如此。台南至台北自 1888 年敷设电线之后，"当地糖商用电报可以知道外国市场上糖的价格，故于出售时尽量减少外商获利的机会"③。正因为电报有着收回利权，促进民族资本的作用，华商们才特别热衷于敷设电线的招资集股活动，从而出现了如 1882 年 6 月 9 日《申报》所云的"现在沪上股分风气大开，每一新公司起，千百人争购之，以得股为幸"的盛况。

还值得一提的是，由于洋务派架设的几条电报干线，所经之处多是一些比较重要的城镇，譬如上海、南京、杭州、广州、天津、北京等，因此，它在方便人们的生活，促进社会繁荣上也起了积极的作用。有人说："中国与泰西交接后，渐喜破除成见。"④ 而作为交接的工具之一，"电信"这一现代的交通工具是起了不小的

---

① 《清朝续文献通考》卷 32、卷 372。
② 《洋务运动》第 6 册，第 388 页。
③ 《台湾经济史论集》，第 111 页。
④ 黄式权：《湘南梦影录》卷 3。

作用的。因此，中国近代电信事业的建立，对于改变社会风气，破除迷信观念，开阔人们的眼界，同样有着积极的促进作用。对于这些，人们又何能采取一种历史虚无主义的态度予以抹杀，或者反复强调纯属"洋务派料所不及"而加以贬低呢?!

（原载《求索》1984 年第 5 期）

浅谈洋务派在企业管理中的弊端

洋务派创办的近代企业的管理情况，显然也是考察这些企业性质的重要方面，本文试对此作些剖析。

一、迷信"洋员"依赖"洋员"

洋务派在创办近代新式企业的过程中，从设计到施工，从购买机器到安装运转，几乎都要寻求"洋员"的帮助。张之洞曾说："大举制炼钢铁，事属创举。中国工匠未经习练，一有差池，贻误非小。故必多雇洋匠，借资引导。"① 既然"事属创举"，而本国人又"未经习练"，因此，"雇洋匠，借资引导"是不可避免的事。事实上，"雇洋匠，借资引导"也不是中国特有的现象。历史证明，除了英国以外，世界上其他资本主义发展比较落后的国家，同样经历了这么一个过程。

值得注意的是，在雇用"洋员"问题上，尽管洋务派一再强调"雇用洋匠，进退由我，不令领事、税务司各洋官经手，以免把持"②，

---

① 《咨呈海署约估筹办煤铁用款报明立案》，《张文襄公牍稿》卷9。
② 《李文忠公全集》奏稿，卷17，第17页。

但是，无论如何也不能否认，他们在企业管理中存在着过分迷信"洋员"、依赖"洋员"的现象。比如，1884年12月3日的《捷报》在记载热河平泉州铜矿被外人控制的情况时指出："朱道台（指朱其诏）仅负名义，实际上一切工作的进行，均由德璀琳主持。"① 又如，台湾基隆煤矿在1887年"委派了一个英国矿师负责管理矿厂，不仅授权给他监督职工，并且经营财务、销售及其管理全矿"②。再如，英国的惠代尔曾多年负责开平矿务局以及华北铁路公司在伦敦的业务，他刚刚去世，"天津已盛传，说开平矿务局已委派汉内根为该局驻英国的代理人"③。

尽管"洋员"把持企业管理权的现象并不是普遍的，只存在于个别企业之中，但是，对部分"洋员"把持有关企业管理权所导致的不良后果是决不能低估的。有的"洋员"利用他们所掌握的企业管理权想方设法为本国资本家找生意，并进而为他们兜售陈旧的机器设备以及为本国政府搜集我国的政治、经济情报等姑且不说，仅就他们当中有人由于"技艺不精"，给各种企业造成的重大损失就应当引起我们的足够重视。胡燏棻在《变法自强事宜》中曾指出："西洋实有学问之矿师，其国中且延致不及，故往往不愿来华，其愿来者，不过外托行家，阴图渔利。"④ 事实正是这样，像金陵制造局的"马格里系军医出身，对军器军火制造完全外行，所制钢炮

---

① 孙毓棠编：《中国近代工业史资料》第一辑（下册），第673页。

② 孙毓棠编：《中国近代工业史资料》第一辑（下册），第597页。

③ 《捷报》1884年12月2日。

④ 陈真、姚洛编：《中国近代工业史资料》第三辑，第16页。

多不能用"。1875 年 1 月 5 日，该局为大沽炮台所造的两尊六十八磅的大炮由于钢质不良而爆炸，但马格里却"用种种口实推卸责任"①，如此等等。在矿务方面也是如此。郑观应说："中国开矿，未尝不请矿师，惜来者皆南郭先生一流人物，名曰矿师，实则毫无本领。"② 陈炽也认为，"当日公延矿师，半系外洋无赖，夸张诡诈，愚弄华人，婪薪俸数万金，事后则飘然竟去"③。

由此可见，洋务派过分地迷信"洋员"、依赖"洋员"，从而造成一些企业的经营管理权旁落于外国人之手，这确是他们在企业管理中的一大弊端。

二、不让商股参与管理

洋务派经营的近代新式企业，历经"官办""官督商办"和"官商合办"等形式。

"官督商办"企业的由来。到 70 年代，由于财政竭蹶，洋务派经营的军事工业真有点办不下去的趋势。李鸿章指出："军兴以来，凡有可设法生财之处，历经搜刮无遗，商困民穷，势已岌岌。"④ 在资金难筹的情况下，他们逐渐意识到开办民用工矿交通企业的必要性，因为"欲自强必先裕饷，欲裕饷莫如振兴商务"⑤。但是，开办

---

① 孙毓棠编：《中国近代工业史资料》第一辑（上册），第 326 页。
② 《皇朝经世文三编》卷 68，第 8 页。
③ 陈炽：《庸书》外编卷上。
④ 《李文忠公全集》译署函稿，卷 3，第 18 页。
⑤ 《洋务运动》第 2 册，第 497 页。

民用性企业又何尝不要相当数量的资本呢？当他们伸手向政府要钱时，户部声明："部库贮蓄久已空虚，各省饷源同一支绌。"① 既然政府拿不出多少钱来，他们的眼睛自然要转向那些拥有大量资金的商人。对那些拥有大量资金的商人来说，为了追逐高额利润，他们当然更渴望独立经营，但无奈外国资本主义和本国封建主义的重重阻力不允许他们这样做。现在，洋务派提出吸收私人资本，自然会引起他们的极大兴趣。《申报》曾就当时上海商人投资近代企业的景况指出："现在沪上股分风气大开，每一新公司起，千百人争购之，以得股为幸。"②《字林沪报》也说，凡开矿公司"一经禀准集股"，商人们"无不争先恐后，数十万巨款，一旦可齐"。③ 拥有大量资金的商人为何要"争先恐后"地入股并"以得股为幸"呢？郑观应早期对"官督商办"的看法，颇能反映他们当时的心理。他说："第商务之战，既应借官力为护持，而工艺之兴，又必借官权为振作。"④ 可以看出，商股们是企图依靠"官力""官权"的庇护来振兴实业，谋取发展。

尽管"官督商办"企业的组织形式是模仿西方资本主义股份公司的组织形式，但就其经营管理而言，却远不及西方那样民主。在"官督商办"企业中，一方面是由洋务派大官僚委派来的总办、会办、督办、帮办、坐办等大员，另一方面是一般商股。

---

① 户部张之万等奏折（光绪十五年十月三十日）。

② 《申报》1882 年 6 月 9 日。

③ 《字林沪报》1883 年 1 月 22 日。

④ 郑观应：《盛世危言》后编，卷 12。

但是，"官"与"商"的地位不是平等的，企业中的一切事务不是由"官"与"商"共同经营管理的。上海电报局招商章程曾明文规定："招商集股，使商受其利，官操其权。"李鸿章于1887年奏禀漠河金厂章程和委派李金镛总办厂务时也指出，厂内重大事件，应"禀商北洋大臣、黑龙江将军核夺"，只是因为该厂"地处极边"，公文往返不便，才允许如遇小事，该员可以"相机的量妥办"。漠河金厂的章程还规定：商股"只可在厂查察账房侵亏浮冒等弊，他处公事不得与闻。即司账之人，于银钱有出入不当处，亦宜通知总办核夺"①。由此可见，商股们过问企业事务的权利是多么有限。对商股们无权过问局事的实情，时人吴佐清在《中国仿行西法纺纱织布应如何筹备俾国家商民均获利益论》中写道："商民虽经入股，不啻途人，即岁终分利，亦无非仰他人鼻息。而局费之当裁与否，司事之当用与否，皆不得过问。虽年终议事，亦仿泰西之例，而股商与总办分隔云泥，亦第君所曰可，亦据曰可，君所曰否，据亦曰否耳。"1879年4月15日，外国人办的《北华捷报》也指出："由股东托付给招商局经理人所经理的股本，早已被这些经理人用在股东们所无法控制的地方去了。在每年例行公布的营业报告，甚至已不再表明股东们是股份的原始执有者了。"

由于企业的用人、理财和业务经营大权都掌握在洋务派大官僚委派来的总办、会办、督办、帮办、坐办等大员手中，股东们除

---

① 《洋务运动》第7册，第318—332页。

了保留资本所有权和按年按月领取利息外，一切"皆不得过问"，这就势必造成"官荐之人""遇事擅专，遂使众商公产断于一人之私见"①的恶果。当初有人曾评论说，富商大贾一经投资于"官督商办"企业，"其有资者必尽输出之而后已……海鱼去海入河，未见其能活也"②。这话一点儿也不假。以上海织布局为例，1880年建厂时，招股工作十分顺利。原计划招股四千股（每股一百两，合四十万两），但招股"章程"公布后不到一个月，报名投资者数额便达三十万两，后来又增加到五十万两。③但是时隔三年，股东们还未拿到半厘利息，厂方就将原股一律按七折计算，并限期原股东"每股加价银三十两"，如逾期不交，则以"三股折作为一股，换给新股票"④。待到1894年华盛机器纺织总局代替该厂后，原股真像"海鱼去海入河"，等于零了。

"股本亏尽"，这不能不引起股东们的"怨悔"和"担忧"。于是，就出现了"人皆视股份为畏途"⑤的局面，一部分已经附股的民族资本家，想方设法挣脱"官督商办"的羁绊，发展私人企业；一些未附股的商人对已附股股东的无权地位也表示不满，对"集股之事，闻者咸有戒心"⑥。因此，当中国铁路公司于1887年为修筑津沽铁路招徕私人资本时，华北商人首先提出要保证"让他们取得对企业

---

① 陈真、姚洛编：《中国近代工业史资料》第三辑，第20页。

② 《汪穰卿遗著》卷8，第36页。

③ 经元善：《居易初集》卷2，第38页。

④ 《曾忠襄公奏议》卷31，第14页。

⑤ 《皇朝经世文三编》卷26，第9页。

⑥ 陈炽：《庸书》外编卷上。

应有的管理权"①，否则，就不为铁路公司提供资金。

由此可见，在"官督商办"企业中，商股们连最起码的参事权也没有，确是洋务派在企业管理中的又一重大弊端。因此，难怪当初热衷于寻求"官权""官力"庇护的郑观应，后来在《商务叹》一诗中写道："官夺商权难自主……轮船局权在直督，商欲注册官不许……名为保商实剥商，官督商办势如虎。"②难怪有人要大声疾呼："兴办矿务当去官督之名，求商办之实。"③

三、人事安排"任人唯亲"

要管理好近代新式企业，必须具备有关的科学技术知识，而且还要懂得如何合理使用成本，如何充分发挥人力、物力、财力的作用等等。因此，企业管理人员的选用是一个至关重要的问题。但是，洋务派委用企业管理人员的标准，却不是根据业务能力的高低来决定的，而是靠熟人，靠对个人的忠诚以及靠亲属关系行事的。有人曾说他们的用人路线是"官则有亲戚故旧之相随，显官达官之函托"④。这种劣风首先表现在官办企业之中。以福州船政局为例，在左宗棠创办该厂时，就吸收一部分他的湘军部下。到1867年沈葆桢接替左宗棠之后，一些地方绅士也因裙带关系竞相入局。沈葆桢形容当时的情形是，"奉命之日，荐书盈箧，户为之穿"。至于后

---

① 《捷报》1887年4月29日。
② 郑观应：《罗浮待鹤山人诗草》卷2，第29页。
③ 《皇朝经世文三编》卷26，第9页。
④ 陈真、姚洛编：《中国近代工业史资料》第三辑，第20页。

来的几位船政大臣，更是"各路荐书，难于拒绝。厂皆系本地绅，尤觉碍于情面"①。

官办企业委用管理人员是靠"裙带关系"和"心腹故旧关系"，那么，"官督商办"企业的情形又是怎样的呢？可谓彼此依然，似如衙门官场。譬如，中国电报局各地分支机构负责人属盛宣怀叔父、堂兄、堂弟、堂侄、外甥、姻亲、女婿的有 31 人。他的堂兄盛宇怀临终时还要求由他的儿子盛棣继任主持无锡电报局的工作。另一个堂兄盛庚也长期主管宁波的轮船、电报两局。汉阳铁厂官督商办以后的总办、坐办等职，也先后由盛宣怀的堂侄盛春颐、族侄盛滋颐充任过。真可谓盛氏家族成员遍布要津。

由此可见，无论是官办企业还是"官督商办"企业，都施行了一条"任人唯亲"的组织路线。这样一来，在各类企业中便出现了许多稀奇古怪的现象。首先，滥收滥委了一部分不学无术的、"于厂务毫无经历"的纨绔子弟。1884 年 8 月 1 日的《北华捷报》曾尖锐地指出电报局的人"对电报一无所知"，轮船招商局的人"对轮船航运的复杂业务并无实际的知识"。金陵机器局的"在局之员，上有总办，下逮员司，均无创造之学"②。从而，便造成管理机构臃肿庞杂和人浮于事的局面，并因此出现了"势力范围"和"个人领地"的现象。像李鸿章之于金陵制造局、轮船招商局、开平煤矿，左宗棠之于福州船政局、兰州织呢局，张之洞之于汉阳铁厂、湖北纺织局，等等，

---

① 《船政奏议汇编》卷 22，第 1—2 页。

② 陈真、姚洛编：《中国近代工业史资料》第三辑，第 17 页。

由于各用"自己人"，有关的厂局基本成为本集团的私产。这样一来，无论在资金、原料、人才、技术乃至产品销售等方面，都不能进行统一规划，当然，也就更谈不上相互调剂和支援了。

由此可见，洋务派施行的"任人唯亲"的组织路线，确是他们在企业管理中的重大弊端。因此，早在 1885 年就有人主张应进行"实力整顿，将冗人糜费一概裁去"①。但是，由于"滥收滥委"已成"积重难返之势"②，岂是旦夕所能整顿得了的。

四、任意侵吞企业资金

应当承认，洋务派经营的企业也有过它的黄金时代。像开平矿务局曾于 1888 年获净利一万九千六百九十八两。按照章程规定，除提取一部分公积金外，还应发付给股东们一些利息。该矿生产的煤炭，"除运往要口，分供各局中及中外轮之用，并可兼顾内地民间日用"，对此，李鸿章是颇为满意的。他说："从此中国兵商轮船及机器制造各局用煤，不致远购于外洋。……开煤既旺，则炼铁可以渐图；开平局务振兴，则他省人才亦必闻风兴起。似于大局，关系非浅。"③漠河金矿在 1889 年正式投产后，当年就产金一万八千余两，取得了一定的成绩。对此是不应否定的。

但是，更值得注意的是，获利再多，怎又经得起那些"官荐之人"的"挂名坐食，资本虚糜，或舞弊侵吞，利权中饱"呢？早

---

① 孙毓棠编：《中国近代工业史资料》第一辑（下册），第 655 页。
② 孙毓棠编：《中国近代工业史资料》第一辑（上册），第 410 页。
③ 《李文忠公全集》奏稿，卷 40，第 42—44 页。

在 1887 年就有人指出，"既举总办，则公司或有百万千之资，皆当归一人经理，而为总办者既合众人之资，竟慷他人之慨，花天酒地，一任遨游，视公司之财如内库之藏"①。其实，公私不分，"视公司之财如内库之藏"，任意侵吞企业资金的又何止"总办"！其他在局的大大小小的主事者也多是些"分肥之辈"。请看：

福州船政局"报册含混，局中账簿短缺甚多"，"侵报物料，多开火耗，员司冗滥，薪费虚靡"，"购机建厂尤为不实之尽，统计侵亏公私项为数甚巨"。②

广州机器局"种种纠缠，弊端百出。……积弊总归支应，或串通一气，或暗地分配"③。

"赢利甚丰的开平煤矿，当此太后万岁寿典之时……以董事会和股东名义报效银三万两"④。

汉阳铁厂王三石煤局"滥用司事，多立名目，浮支薪资，局丁、巡差、县差重复开支，离奇已极"⑤。

上海织布局"主其事者……惟好排场，任其挥霍"，"局事未完，而用途已至四万两"，故形成一种"无底之壑，终必匮乏"的局面。⑥

轮船招商局的"六总办，三董事，一顾问，无一非分肥之辈"，"买煤有弊；买船有弊；揽载水脚、短报有弊；轮船栈房、出入客

---

① 陈真、姚洛编：《中国近代工业史资料》第三辑，第 19 页。
② 陈璧：《望岩堂奏稿》卷 3，第 344—346 页。
③ 彭玉麟：《彭刚直公奏议》卷 5，第 28 页。
④ 孙毓棠编：《中国近代工业史资料》第一辑（下册），第 662 页。
⑤ 孙毓棠编：《中国近代工业史资料》第一辑（下册），第 803 页。
⑥ 《皇朝经世文三编》卷 31，第 8—12 页。

货有弊；修码头、不开标有弊；分局上下浮开有弊；种种弊端不胜枚举！"

上述史料只是从同类资料中选择出来的几例，从这里已经不难看出整个企业中"浮开滥费""任意挥霍"到了何等程度。

既然存在着严重的任意侵吞企业资金的现象，就会有人"中饱私囊"。曾被徐润称为"空心大志"，而后成为"财势两足，心敏手辣"① 的盛宣怀，就是这样一个典型。关于盛宣怀的贪污劣迹，刘坤一于1881年就指出，"臣前任江西巡抚任内，盛宣怀来见，请办江西漕运。及臣调署两江总督，盛宣怀复请借江宁司库银十万两。盛宣怀于挫载借款，工于钻营，巧于趋避，所谓狡兔三窟者"②。所以，就是洋务派大官僚刘坤一也认为，"此等劣员有同市侩，置之监司之列，实属有玷班联"。其实，盛宣怀的贪污劣迹，并不止于漕运方面，他在"总办电报"期间，也是"害则归公，利则归己"。因此，当李鸿章失势后，他屡被参劾。故连他本人也不得不承认，为了这类事情，"鄙人一生名誉几至毁尽"。其实，在这些洋务企业中，通过侵吞厂金发家致富的大有人在，在此不一一列举了。

由于"上自总局，下逮员司"，所有在局的主事者多是"分肥之辈"，故造成了有关企业"经费支绌""资本虚糜"的严重恶果。正是因为"经费支绌"，一部分企业面临着停工待料乃至下马的局面。像汉阳铁厂，由于资金空缺，一度陷入了"无煤可用，无铁可

---

① 《徐愚斋自叙年谱》，第15页。
② 《洋务运动》第6册，第47页。

炼"① 的困境。台湾的基隆煤矿，也因为"官吏的贪污与嫉妒占了支配地位，致使这个企业实际上陷于停顿"②。唐山洋灰公司，如果经营得好，该厂可获百分之三十的纯利，足以支付一切开销，并能为股东分付百分之三十的股息。但无奈该公司也由于落在一帮搜刮者手中，"结果只好主张立刻停工了"③。

事实上，任意侵吞企业资金造成的后果还不止于此。更为严重的是，一部分企业由于"经费支绌"不得不走上向外国资本求贷度日的道路。比如，1883 年轮船招商局通过唐廷枢向天祥洋行和怡和洋行借债七十四万三千余两，并以该局的地产和栈产作为抵押。④ 汉阳铁厂后来先后向日本财团借款达 12 次。借款条件更加苛刻，不仅要以该厂的财产为抵押，还需以日本收买大冶矿砂以及专销、代销汉阳铁厂的产品为专利。而经手借债的盛宣怀却又乘机舞弊中饱，大发横财。总之，任意侵吞企业资金，也是洋务派在经营管理中的重大弊端。因此，难怪晚清著名的评论家汪康年说："正如肥肉白天而降，虫蚁聚食，不尽而至。"这是对那些"分肥之辈"任意侵吞企业资金的绝妙写照。

除了上述提到的几大弊端之外，洋务派企业管理中的其他弊端还是有的。像他们不按经济规律办事，不核算成本，造成严重浪费；不考虑市场条件和厂矿的结合，使产、供、销发生困难，以及

---

① 《洋务运动》第 8 册，第 453 页。
② 《洋务运动》第 8 册，第 527 页。
③ 孙毓棠编：《中国近代工业史资料》第一辑（下册），第 663—664 页。
④ 《交通史船政编》第一册，第 303 页。

对工人实行强制劳动，等等，都是腐败管理的具体表现。

如此种种弊端，洋务派为何不作一些相应的改革呢？关于这个问题，他们的核心人物李鸿章曾指出："摒除官场习气，悉照买卖常规，最为扼要。"① 可见，洋务派还是有过摒除弊端的打算的。但无奈他们是带着一副迂腐的、僵化的头脑经营近代工业的。由于他们本身就是些封建官僚，故所接触、熟悉的都是传统的封建官府那套经营管理方法，所以，改来改去无非是换汤不换药。再说，摒除弊端，势必会遭到一部分官僚的抵制，因为这会影响他们"中饱私囊"。一位曾在轮船招商局供职的外国人评论说："改革的措施常常会堵塞某些人的财路，这些人的亲戚故旧盘踞在局里，结党营私，贪污中饱……每一步改革只要是一碰到这些人的钱袋，就会开罪他们，激起他们敌意的批评。"② 由此可见，摒除弊端确非是件轻而易举的事。这也被中外历史所证明了的。

（原载《北方论丛》1981 年第 5 期）

---

① 《洋务运动》第 7 册，第 134 页。
② 摩斯致卡特莱特函（1887 年 8 月 25 日），见符华格：《中国早期的工业化》，第 144 页。

甲午战争的历史思考

甲午战争曾使中华民族蒙受奇耻大辱，我们理应牢记这一国耻，让其作为省察本民族的记录

距今 100 年前，日本对中国发动了一场蓄谋已久的侵略战争。由于那一年按中国旧历是甲午年，那场战争便以甲午战争之名载入史册。

对于中国人来说，百年前的那场战争简直是一场噩梦：

当时号称"严防东洋"的北洋海军在战争中遭到了毁灭性的打击。

日军攻陷旅顺后，进行了四天三夜的野蛮大屠杀，当地居民只有 36 名抬尸者幸存下来。

战争结束时，日方谈判代表竟对中国议和代表傲慢地说：没有什么可谈判的，我们已经准备好了条约文本，你只有"答应，不答应两句话"。作为战败国的使臣——中国代表只好在那个毫无平等可言、唯有屈辱的《马关条约》上签字画押。根据这个条约，中国不仅割让辽东半岛、台湾及澎湖列岛给日本，而且还赔偿军费两亿两白银等。

"吾民精华已竭,膏血俱尽,坐而垂毙"。这是康有为在甲午战争后发自内心的一种感叹。其实,何止康有为一人被阴云愁雾所笼罩,"四万万人齐下泪,天涯何处是神州?"当时的中国人民普遍置身于一种悲愤、忧伤、压抑的氛围中。

当今中国的处境、命运以及人民的心态,与百年前相比,真可谓云泥之隔,天壤之别。那时的中国是"幢幢华裔,将即为奴;寂寂江山,日变其色"。现在的中国则充满活力、充满希望,以致有人大胆地预言21世纪将是中国的世纪。

在两个世纪之交感受到如此强烈的反差,人们自然会有一种不胜沧桑的感觉。但问题是,当今究竟有多少青年人知道"甲午"?知道父母之邦曾在19世纪末蒙受过一次奇耻大辱?据《水兵》杂志报道,前不久,三名年轻的海军新闻工作者在北京街头进行过一次"中国人,你还记得甲午吗?"的特殊采访,结果发现有的人对甲午战争一无所知。一位东北汉子竟愣愣地反问道:"甲午是个啥?现在都兴公历了,连屯子里的庄稼人都不看黄历了,谁还算得清'甲午'?"这值得深思。

炎黄子孙应从甲午战争中吸取这样一个教训: 落后就要挨打; 只有跻身于世界强国之林, 中华民族才能避免重蹈挨打的覆辙

中国在甲午战争中败得那么惨,即使在今天重忆这场噩梦,心情仍然十分沉重。人们不禁要问:当时的中国为什么败得那么惨?我们应当从中吸取何种历史教训?

拿"奄奄一息"的清政府与盛况空前的日本对战,"如泰山压鸡子,如腐肉齿利剑,岂有一幸乎?"晚清思想界彗星谭嗣同曾作如是说。在他看来,中国战败是必然的。

的确,如果检讨中国战败的历史教训,也只有用落后就要挨打才能解释清楚。因为,若把中日两国当时的国力作一分析比较,便会发现,中国的落后绝不仅限于军事方面和经济方面,包括政治方面、心理素质方面也不及对方。所以,综合国力比不上日本就要挨打。这是甲午战争昭示后人的一个重要的历史教训。

其实,在我看来,更深刻的教训还在于造成落后本身的那一过程。因为在战前,历史曾给予中日两国同样的机遇。当时——诚如某些学者指出的那样,远东的基本格局是英、俄对峙;俄国由于西伯利亚大铁路尚未建成而无力东进;英国则是远东的既得利益者,为保持其优势地位,并不希望这一地区发生战争。这样一来,远东地区便出现了长达 30 年的比较缓和稳定的国际环境。但问题是,日本抓住了这次历史机遇,通过明治维新运动跻身于世界列强之林。而清朝当局虽也搞了"师夷长技"的洋务运动,缩小了与西方国家的差距,但因始终在"中体西用"的防线内打转转,"师夷"仅仅是"徒袭皮毛","遗其体而求其用"。所以,和日本那场涉及政治、经济、军事、文化等一系列改革的运动相比,自然要低一个层次。

况且,在当时的中国,即便是那种低层次的"师夷"举措,也有许多不尽如人意之处。就拿北洋海军来说吧:它为什么几乎全军覆没?那些曾亲临战斗但却没有被硝烟和波涛吞没的幸存者们有着自己的切身体会："我国海军章程，与泰西不同，缘为我朝制所限，所以难而尽仿，所以难而操胜算也"；"海军所有章程，除衣冠语言外，均当仿照西法。万不得采择与中国合宜者用之，不合宜者去之。盖去一不合宜，则生一私弊"。[①] 这些源于沉重代价的认识多么深刻呀！是的，中国当时的新式海军之所以"与泰西不同"，关键是"缘为我朝制所限"。而所谓"朝制"就是封建的"中体"。所言"与中国合宜者用之，不合宜者去之"，也不是我们今天所说的要从实际出发，要适合中国的国情，而是以是否违背"朝制"为取舍准则的。正因为"难而尽仿"，在对战中惨败也就不足为怪了。

甲午战争是无数英烈的鲜血和生命交汇而成的，直至今天，仍是一部进行爱国主义教育的好教材

人所共知，我们中国人极为珍视一种东西：民族精神。因为正是那种始终能够把全民族凝聚在一起并给予本民族以强大生命力的民族精神，才使得我们中华民族在几千年的风风雨雨中，历经曲折而不屈，屡遭坎坷而不回。而炽热的爱国精神和崇高的人格精神，则是民族精神的精髓。从孔子提倡的"三军可夺帅也，匹夫不可夺志也"，到孟子阐扬的"富贵不能淫，贫贱不能移，威武不能屈"；从屈原的"吾将上下而求索""虽九死其犹未悔"，到范仲淹的"先天下之忧而忧，后天下之乐而乐"；从文天祥的"人

---

① 《甲午中日战争》下册，第400、414页。

生自古谁无死，留取丹心照汗青"，到顾炎武的"天下兴亡，匹夫有责"，无一不是这两种精神的典型写照。所以，古往今来，大凡仁人志士都在执着地追求和阐扬这两种精神，并不断注入新的内涵，使其愈加深刻。

今天，当我们重新审视甲午战争这场大惨剧时，同样能够看到几幕悲壮的场景，尤其是可以从邓世昌、左宝贵、刘步蟾、丁汝昌、杨用霖等爱国志士视死如归的壮举中受到强烈的感染。

人们应当记住：从战争一开始，北洋舰队最高统帅丁汝昌就抱定了拼死到底的决心。他将爱子留在身边，而促其儿媳携孙返回原籍。行前，曾对儿媳说："吾身已许国，汝辈善视吾孙可也。"暗示生死离别之意。当大势已去时，他不为劝降所动，坚称"投降为不可能之事"，并对一些"哀求生路"的士兵"晓以大义，勉慰固守"。最后，他毫不犹豫地以身殉国。

人们更应当记住：在黄海大战中，致远号舰长邓世昌在炮弹垂尽后，下令与日舰吉野号相撞，以求同归于尽；当致远号不幸中鱼雷，邓氏坠海后仍义不独生，拒绝了随从给他的救生圈以及中国鱼雷艇的救助，并将救他的爱犬也按入水中，宁愿被汹涌的波涛吞没，履行了生前"吾辈从军卫国，早置生死于度外"，"设有不测，誓与日舰同沉"的诺言。

"金戈铁马英灵在，倘借神力旋坤乾。"这是爱国诗人黄遵宪悼念甲午英烈的诗句。是啊，甲午志士是不朽的，他们在那场战争中所表现出的视死如归的浩然正气，永远是后人可借助的一种"神力"！

甲午惨败虽使近代中国进一步沉沦，却促进了中华民族新的觉醒；生活在当今强大共和国里的人们，仍需居安思危，像先辈们那样魂系中华

甲午战败后，为了苟且偷生，千疮百孔的清政府纵然可以用赔巨款和割重地来希图凭着历史的惰性，继续缓慢地运转自己的统治机器，可是，众多的炎黄子孙不愿眼巴巴看着父母之邦重蹈印度、越南、缅甸的覆辙而成为一个殖民地国家。尤其是经过邻近日本的刺激，不少有识之士反倒增强了民族自尊心和自信心，意识到必须发愤图强，切莫再高枕无忧了。于是，"睡狮"在呼唤中开始了真正的觉醒，图存救亡成为压倒一切的主旋律。

首先投身于救亡图存活动的是以康有为为首的资产阶级维新派人士。《马关条约》签订后，康氏迅速联络在京应试的一千多名举人，发动了著名的公车上书，提出了拒和、迁都、变法等项主张。另一位维新派人士严复则"自是专力于翻译著述，先从事赫胥黎之《天演论》"，用"物竞天择，适者生存"和"与天争胜"的原理，唤醒人们顺应天演的规律变法维新，以达到"自强保种"。在他们看来，只有对腐败的清王朝进行改造，中国才有希望。于是，在戊戌变法中提出了变封建专制主义国家为君主立宪制国家的主张，要求让资产阶级参与政治。与此同时，还特别强调要救国只有维新，要维新只有学外国。显而易见，和甲午战前那场"师夷长技"的洋务运动相比，维新运动要深刻得多！

以孙中山为代表的资产阶级革命派的救国方案则比康有为们

又胜一筹。在孙中山和他的战友们看来，要挽救民族危机，就必须从根本上铲除封建政权；只有推翻了清王朝，中国才有机会真正富强起来。所以，"驱除鞑虏，恢复中华，创立合众政府"便成为革命党人的行动纲领。

从上述甲午战后的情况看，中国人确有一种愈压愈坚的特质。这既是我们这个民族的魅力所在，也是我们这个民族何以在沉沦中仍能奋起的原因所在。

但是，正如毛泽东所说的那样，在半殖民地的中国，由于主要"少了两件东西：一件是独立，一件是民主。这两件东西少了一件，中国的事情就办不好"。因此，无论是资产阶级维新派还是资产阶级革命派都没有也不可能救中国。只有共产党人才彻底改变了中国的处境和命运：建立了强大的中华人民共和国，同时废除了外国侵略者强加给中国的一切不平等条约。

若和 19 世纪末相比，现在的中国人民充满了自豪感。但还是那句俗话说得好：居安思危。当我们意气风发、满怀豪情地迈向 21 世纪时，理应继承和弘扬先辈们那种魂系中华的爱国精神，那种愈压愈坚的特质或者说穷而弥坚的韧性战斗风格也决不能丢弃。

（原载《人民日报》1994 年 8 月 24 日）

也评义和团的"排外"和迷信色彩

如何看待义和团运动中的强烈"排外"及迷信色彩，是两个旧而常新的议题。笔者拟就此作些辨析。

正如以往某些论著所指出的那样，在义和团运动中出现过不少拆铁路、切电线乃至焚毁其他洋物洋货的现象，这的确是一种强烈的"排外"表现。但据此能否就断言义和团在打击帝国主义侵略势力的同时，还要根绝一切与近代资本主义的生产方式相联系的科学技术——这"不但不是革命、不是历史的进步，而是历史的反动和倒退"？恐怕不能。这种"新见"有意无意地贬低了义和团的进步作用。此说如能成立，所谓义和团救亡、爱国云云，岂不成了一句缺乏具体内容的空话！

诚然，按逻辑推理，声光化电、机器铁路等东西是社会文明进步的重要标志，而若盲目反对这一切，无疑是文化低下，愚昧落后的表现，且意味着破坏新的生产力。但是，抽象的逻辑推理毕竟代替不了对问题的具体分析，实际情况要比推理复杂得多。对义和团"排外"理应加以详细考察，切莫不问历史时期和具体环境，简单套用现成公式，推论了事。

严格地说，所谓义和团"排外"，乃是后人对其斗争特点的一种概括。义和团自身的提法是"灭洋",不是"排外",在义和团思想库中,"洋"这个概念是含糊不清的。用时人的话说,"凡关涉洋字之物,皆所深忌也"。这种笼统"灭洋"的提法固然难与"打倒帝国主义"画等号,但作为一种特定时期的产物,却是可以理解的,因为到 19 世纪末年,"四夷交侵,各求所欲",堂堂"神明华胄"恰似一只任人宰杀的羊羔,被东分一块,西割一块,几近亡国灭种的边缘,这不能不使热血的中国人感到愤慨。基于切肤之痛,众多的炎黄子孙产生了"脱去洋人制压之痛"的迫切要求。洋之可恶,非灭不可,已成为当时国人的普遍思想动向。生活在那个时空环境中的"拳民",只不过是在无产阶级、资产阶级还没有能力担负起反帝使命的前提下先行一步而已。

"洋"的概念在义和团的思想库中含糊不清,在实际"灭"的过程中,就一定像某些论著断言的那样,要把一切与"洋"沾边的东西统统"根绝"吗?近年发现的《筹笔偶存》表明:前期义和团不仅不拒用洋枪洋炮,即使以最易动感情的高潮期看,"拳民"们也未必做得那么绝。在天津,曹福田曾下令不准捣毁洋货铺。保定附近"拳匪与工役耦居无猜,附省二百里铁路得以无恙"。新城某团更有"不滥杀教民,不拆铁路"的明文规定。类似的记载足以表明,义和团认识上的模糊,并未导致行动上必然走极端。所谓义和团"不分青红皂白地排斥和灭绝一切与'洋'有关的事物"云云,实乃夸大其词。

偏激的举动当然是有的。像义和团"最恶洋货,如洋灯、洋磁灯,见即怒不可遏,必毁而后快",以及"若纸烟、若小眼镜,甚至洋伞、洋袜,用者辄署极刑"等记载,虽多出自帝国主义分子和封建文人的笔下，却不能视为全是捏造，对此亦不必讳莫如深。但这些脏水似不应都泼在义和团特别是农民团民的头上。切莫忽视，心怀叵测的封建顽固派的示范、唆挑，对义和团的"排外"起了火上浇油的作用。庄王载勋一次便在"府外杀教民数百名"，自居"拳首"的大学士徐桐"恶西学如仇"，据传他曾亲书对联，煽动义和团"攻异端""以寒夷胆"。从表面看，封建顽固派与义和团对准的是同一个目标，但动机、效果却不能同日而语。何况，义和团是个松散的组织，任何人，只要愿意，挂起红带子，便可立坛铺团，因此，不少坏人混入义和团，这是义和团运动中的一股逆流。这些冒牌货干下的"乘隙抢掠""杀人寻仇"等"烂事"，绝不能加在农民团民头上。

再说，农民团民做出一些越轨举动，也在情理之中。因为他们毕竟不是 20 世纪 80 年代的共产党人，而是一批小生产者。小生产者自身的一些特点，使其推演不出一个真正有博大视野、比较科学的整体世界观。他们不可能把帝国主义掠夺政策同它借以掠夺的工具——机器、铁路、洋货等加以区别，不可能意识到这些东西同时还具有代表资本主义先进生产方式的实质，而只能凭借直观的感觉和狭隘的经验，就一些社会变化的表象作出自己的认识和判断。在他们看来，洋人也罢，洋物也罢，无一不与"侵略"联系在一起；教士教民"凌虐乡里，欺压平民"，就应当诛；洋货洋机器"有碍生计"，且"借以祸中国"，就应当砸。这是一种原始的反抗形式，是一个民族危在旦夕时自然产生的一种遏制再沉沦的本能反应。这种本能反应虽带有愚昧落后的印记，但若放在近代中国人民反帝斗争的进程中加以考察，会发现它是正义的，不可逆转的。类似的手段，早期无产阶级也采用过，马克思把它看成是一个处于自在阶级中的必然表现。我们也应这样理解义和团的偏激举动，它表明中国人民的反帝斗争还处于感性认识阶段。况且就整个"灭洋"斗争观之，偏激的举动比起他们担负起反抗帝国主义侵略的主流来，毕竟是支流末节；而近八十年的旧民主主义革命清楚表明，在对待帝国主义的问题上，笼统"排外"绝不是主要错误倾向。所谓义和团"要根绝一切与近代资本主义的生产方式相联系的科学技术"云云，不足为训。

依笔者看，对于义和团具有的迷信色彩，也不应该只停留在片面强调其消极作用上。重要的是，要"用历史来说明迷信"（恩格斯语）。

和理解笼统"灭洋"一样，义和团之所以笃信"画符念咒""神灵附体""刀枪不入"的迷信，也唯有从小生产劳动者的特征才能真正加以解释：他们需要一种信仰力量来作为超出自己狭隘经验范围的精神支撑；而神在这些见闻有限、闭塞落后的人看来无所不能，凭借之后自是法力无边。历史和生活表明，笃信迷信并不仅仅发生在义和团身上，以往的历次农民起义也多依皈上帝。比较特殊的是，义和团不止于信奉一个上帝，而是依恃"多神"。《三国演义》《封神演义》《西游记》等小说中的一些重要人物，以及戏曲舞台上的著名角色和民间传说中的某些超人，如诸葛亮、姜太公、孙悟空等都是他们崇拜的偶像。这种从广为流传的通俗小说、戏曲舞台、民间传说中请来众神的做法，恰好反映出文化低下是导致义和团笃信迷信的最根本原因。

"神灵"当然是不存在的，至于"画符念咒"使之"附体"以求"刀枪不入"更属荒诞无稽。实际情况是，每逢战事，信枪弹不伤者竞冲头阵，联军御以洋枪，死者如风驱草，血的教训，团民当然会意识到符咒难以制敌，身躯无法试炮。那么，他们何以始终坚持"画符念咒"冲锋陷阵呢？答案只能是：义和团信神不是在祈求宗教的心灵解脱，而多半是取其形式；他们之所以执着地念着符咒上阵，恰似后人作战，必誓以与阵地共存亡一样，是为了增强决胜的信心。也就是说，在迷信的背后，隐藏着现实的革命狂热。这是一种置生死于度外的爱国主义精神。如若对此进行奚落，未免太有昧于事理了。

再就中国 19 世纪末叶的形势而言，利用神拳唤起民众反帝也不失为一种可取的手段。这是因为：燃眉之急的民族危难，使得民众来不及按照常规从事习武练功，而神拳自诩自神授，"妇孺又皆能之"，与当时中国北方下层人民那种急迫的反侵略心理是合拍的。要是不借助"神拳"的魔力，很难想象会在短期内把千百万"神兵"聚集在"灭洋"的旗帜下。

当然，中国近百年史已清楚表明，由于义和团承担了一件本阶级难以胜任的使命，失败是不可避免的。在导致失败的种种因素中，迷信的消极作用当是一个重要方面。但对此只能从旧式农民斗争的角度去剖析，而切忌以今天反迷信的标准来衡量。否则，那多半是在发历史的幽情，而非郑重的科学评价。

（原载《文汇报》1986 年 10 月 21 日）

香港问题的历史回顾

1984 年 12 月 19 日，中英双方在北京签署了《关于香港问题的联合声明》。它确定英国政府于"1997 年 7 月 1 日将香港交还给中华人民共和国"，我国政府则于同日"对香港恢复行使主权"。

时隔六年，1990 年 4 月 4 日，又颁布了《中华人民共和国香港特别行政区基本法》。这个旨在保持香港长期稳定和繁荣的基本法，受到了香港各界人士由衷的赞扬。但令人遗憾的是，最近以来，港英当局却违反中英联合声明，人为地给香港回归祖国设置各种障碍。因此，简要地回顾一下香港问题的历史，对于正确理解党和政府在香港问题上的原则立场，无疑是十分必要的。

1840 年，英国政府为维护对中国的非法鸦片贸易，远涉重洋，向中国发动了一场侵略战争。为了给对华战争披上一层合法的外衣，英国议会曾运用"民主"的手段，在战争前夜进行过三天"精彩"的辩论。尽管当时某些富有正义感的议员毫不留情地指出："我不知道而且也没有读到过，在起因上还有比这场战争更加不义的战争，还有比这场战争更加想使我国蒙受永久耻辱的战争。站在对面的这位尊敬的先生竟然谈起在广州上空迎风招展的英国国旗来。那面国旗的升起是为了保护臭名远扬的走私贸易；假如这面国旗从未在中国沿海升起过，而现在升起来了，那么，我们应当以厌恶的心情把它从那里撤回来。"①但是，英国政府早已内定了统率远征军的人选。身为外交大臣的巴麦尊更狂妄地宣称：对待中国的唯一办法"就是先揍它一顿，然后再作解释"②。于是，这届国会便以271票对262票通过对华作战案。不久，一支庞大的英国舰队出现在中国海域。

正如某些学者所说的那样，鸦片战争已经表明，腐朽的反人民的中国统治势力的存在对于帝国主义侵略是最有利的。鸦片战争时的清朝政府虽然曾想抵抗侵略，但是容纳不了在自己内部产生的林则徐这样的民族英雄，它敌视人民甚于敌视外来的侵略者，因而侵略者能够如愿以偿。

"你拿我的鸦片，我拿你的岛屿作为交换。"——这是战前英国资产阶级上流社会流行过的一种说法。

"我建议……如果需要占领靠近广州的岛屿或港口的话，占领香港是必要的，因为那里控制着一大块安全的锚地。"——臭名昭著的大鸦片贩子查顿在战前曾进一步向帕麦斯顿这样献过策。

帕麦斯顿则完全同意查顿等人主张占据香港的建议。他毫不掩饰地表示："我们可以占据大潭湾及岛（指香港）。这地方作为港口，较澳门为佳。海水既深，陆地环绕，常年可用，易资防守。它是山地，但已经开垦，在食物上可以独立。岛上的西南方有一个地

---

① 《剑桥中国晚清史》上卷，第208页。
② 转引自丁名楠等：《帝国主义侵华史》第1卷，第38页。

腰，是很好的贮货所。"①

正因为英国急于在中国找到一个立足点、一个"贮货所"，所以，当清廷代表于 1842 年 8 月 29 日被迫在屈辱的《南京条约》上签字时，英国不仅得到了 2100 万银圆的赔款，并可到广州、厦门、福州、宁波、上海"通商无碍"（由于当时是失去主权情况下的开放，只能是入侵者单方受益！）等权益，而且还以"法"的形式割占了香港。该条约的第三条这样规定：中国"准将香港一岛给予大英国君主暨嗣后世袭主位者常远据守主掌，任便立法治理"。从此，香港便成为"英国女王之领土之一部分"，岛上居民成为"英国女王的臣民"。1843 年 4 月 5 日，英国又正式在香港设立殖民政府。港英当局为了强化统治，在这个小岛上遍设炮台，修建营房，并训练大批警察密探，对居民实行严密的监视和控制。时人记载当时的情况是："本地理事之官，视唐人如草芥，作生命为虫蚁……有雇工受殴辱，告而不理者；有番人欠账，问讨反责者；有因小过而重罚银者，有番人酒醉而到门辱骂，忍气吞声者；有黄夜叫开铺门，任其索拿，押其犯夜者……种种冤屈，不可胜数。"②

然而，英国并不以攫取香港岛为满足，它又虎视眈眈地窥视着隔海相望的九龙半岛。

"要同中国缔结一项条约，就必须在刺刀下命令它这样做，用大炮的口来增强辩论。"有个殖民分子这样说。

---

① 《鸦片战争》第 2 册，第 664 页。
② 佐佐木正哉编：《鸦片战争的研究》资料篇，第 312 页。

果然，1856 年，英国又联合法国发动了侵华的第二次鸦片战争。这场战争前后打了四年。

1858 年 3 月，英舰"加尔吉打号"舰长霍尔正式向海军部提出占据九龙作为香港的外围的建议。1860 年 2 月，英国领事巴夏礼便派兵强占了九龙。3 月 21 日，巴夏礼在广州迫使两广总督劳崇光签订协议，将九龙半岛南端的尖沙咀地区"永租"给英国，每年租金 500 两。

当第二次鸦片战争结束时，英法联军（还有沙俄和美国）又胁迫清廷代表在倾斜的谈判桌上签订了《北京条约》，南九龙和香港一样，又正式割让给英国。

到 19 世纪末叶，中国的国势更加衰败。历史曾记下这样惊人的一幕：1895 年中日甲午战争结束时，日方谈判代表竟对清廷议和代表李鸿章傲慢地说道：没有什么可谈判的，我们已经准备好了条约文本，你只有"答应，不答应两句话"。李鸿章只好在那个没有平等可言、唯有屈辱的《马关条约》上签了字、画了押。继日本之后，沙俄、德国、法国等西方列强也加快了掠劫中国的步伐。

在那场分配"东亚病夫""遗产"的角逐中，英国又乘机拓展其香港殖民地。1898 年 4 月，英国驻华公使窦纳乐以法国租借广州为口实，向清政府提出租借整个九龙半岛，否则就进占福建和浙江。在英国的要挟下，腐朽的清政府只好俯首听命。当年 6 月 9 日，李鸿章再次代表清廷在英方一手炮制的《展拓香港界址专条》上签了字。该条约内称："溯查多年以来，素悉香港一处非拓展界址不足以资保卫。今中英两国政府议定大略，按照黏附地图，展扩英界，作为新租之地。其所定详细界线，应俟两国派员勘明后，再行规定，以 99 年为限期。"① 据此，深圳河以南的整个九龙半岛，以及东起大鹏湾，西至深圳湾，南至南丫岛的辽阔海面和大屿岛等 200 多个岛屿，被英国强租 99 年。它使香港的行政区面积扩大了十倍——总共 145.67 平方公里。新"拓展"的地界被称作"新界"。"新界"的接管自 1898 年 7 月 1 日开始，直到 1997 年 7 月 1 日零时期满。

尽管英国通过上述三个不平等条约强割、强租了香港，但爱国的香港同胞并不甘心做"女王陛下"的臣民。早在 1844 年前后，当地居民就采取各种形式进行反抗，如抗缴苛捐杂税、袭击岗哨、捣毁洋行等等。1899 年 4 月初，耀武扬威的英军来到"新界"搭棚驻扎，愤怒的群众旋即捣毁了"棚席"，迫使英军一度撤退。港英第四任总督包令曾发出过这样的哀叹："我们现在正吃着战争的恶果。"

历史事实表明，英国强割强租香港，既严重破坏了中国主权和领土完整，又践踏了国际法准则。此事就连一些"英女王陛下"的臣民也感到不光彩。一位名叫彼得·韦斯利·史密斯的英国学者曾针对《展拓香港界址专条》说道：这"是一个不平等条约。所以这样评价，是因为只有一方从中得到好处。中国暂时丧失了土地，没有得到补偿。况且，在起草条约时，缔约双方并非处于平等谈判地位"。

面对如此掠夺性的、奴役性的条约，人们不禁要问：当时的中

---

① 　王铁崖编:《中外旧约章汇编》第 1 册，第 269 页。

国政府为什么要签字画押呢？说到底，那时的中国是个贫穷、衰弱、落后的国家，在与世界外部的联系中一直处于受人支配的地位。有的学者曾形象地指出：在西方列强的眼中，近代中国恰似一个大西瓜。既然这个大西瓜有皮，有肉，有水，有籽，那么，或多或少，或厚或薄，谁都想切它一块，啃它一口……正是在这种可悲的氛围中，香港被迫割让租借给英国。这是近代中国受屈辱的一个缩影。

如今，中国人民受欺侮、被奴役的时代已经一去不复返了。一个初步繁荣昌盛、独立自主的社会主义新中国，像巨人一样昂首屹立在世界的东方。

自新中国诞生以来，中国政府一再明确表示对香港问题的一贯立场是：香港是中国领土的一部分，在条件成熟的时候，将恢复对整个香港地区的主权。

我们认为，收回香港是中国政府和中国人民的神圣职责和使命。因为它将彻底洗去压在炎黄子孙心头上的一大历史耻辱。

最近以来，港英当局违反 1984 年签订的中英联合声明，提出"政改方案"，蓄意给香港回归祖国设置障碍。这是不得人心的。港英当局必须撤回其"政改方案"，重新回到中英联合声明轨道上来。已经强大起来的中华民族，是不会在这个原则问题上作出让步、接受任何与基本法不衔接的方案的。

（原载《人民日报》1993 年 2 月 19 日，

《新华文摘》1993 年第 4 期转载）

洗刷中华民族百年国耻
推进祖国和平统一大业

——香港回归的历史意义

随着时钟的不停摆动，香港回归祖国的日子屈指可数了。当期盼中的那一刻来临时，在香港土地上飘扬了150余年的英国"米"字旗将会垂降下来，取代它的是鲜艳的五星红旗。对于众多的炎黄子孙来说，怎能不感到无比振奋和自豪！

这种从心底涌动出的振奋感、自豪感意味着什么呢？它意味着百余年的民族耻辱得到了彻底的洗刷；它意味着实现了中华民族几代人为之奋斗的夙愿；它意味着为推进祖国的和平统一大业提供了一种理想的模式和成功的范例。而这一切，恰是香港回归祖国的历史意义所在，其具体内涵又是那样的深刻和厚重！

香港回归洗刷了中华民族百年国耻

翻开历史，我们可以清楚地看出，香港问题是19世纪英国政府对中国实行炮舰政策、强权外交而形成的。还在鸦片战争爆发之前，英国外交大臣巴麦尊就狂妄地宣称：对待中国的唯一办法"就是先揍它一顿，然后再作解释"。实践证明，在许多问题上，当时的英国政府正是根据这一说法行事的。由于英国商界早已看准了香港，认为它是一个理想的贸易站和很好的贮货所，所以，第一次鸦片战争打响后的第二年即 1841 年，英军就在没有任何条约依据的情况下用武力强行占据了港岛。到 1842 年 8 月 29 日清政府代表在《南京条约》上一签字，英国便以"法"的形式完成了对香港岛的割占。

然而，英国并不以攫取香港岛为满足，它又窥视着隔海相望的九龙半岛。按照"要同中国缔结一项条约，就必须在刺刀下命令它这样做，用大炮的口来增强辩论"的强盗逻辑，英国联合法国于 1856 年发动了侵华的第二次鸦片战争。当 1860 年战争结束时，英国果然通过《北京条约》，割占了九龙半岛的南部和昂船洲。

其时，有两幕对中国人来说是刻骨铭心的。一幕是，签订《北京条约》那天，英军在北京城内部署了一个野战炮兵连，架起数门大炮，炮口直指紫禁城。清政府代表恭亲王奕诉按时来到礼部大堂，英国特使额尔金却故意迟到了 4 个小时。当恭亲王向额尔金作揖迎接时，他竟报以轻蔑的一瞥和高傲的点头示意。在场的目击者形容说，额尔金的举动"可能使可怜的恭亲王血管里的血液凝固了"。就是在这种令人窒息的气氛中，恭亲王完成了屈辱的使命。另一幕是，1861 年 1 月 19 日举行九龙"授土仪式"时，英人巴夏礼把一个装满九龙泥土的纸袋硬塞给一名清朝官员，然后再强令他把纸袋交给额尔金，以此象征领土的移交。接着，英国旗帜在隆隆的礼炮声中冉冉升起，在场的英军则对空排枪齐射以炫耀胜利。

据有关档案记载，英方于 1898 年逼迫清政府代表李鸿章签订

《展拓香港界址专条》时也大耍淫威。英国驻华公使窦纳乐甚至拍案怒斥李鸿章，催促他尽快在条约上签字。当李氏回答等光绪皇帝从颐和园返宫，得到圣旨方能签字时，窦纳乐竟咄咄逼人地说道：难道皇帝在颐和园，大清帝国的事就要搁置起来吗？

历史事实表明，英国强割强租香港，既严重破坏了中国的主权和领土完整，又践踏了国际法准则。人们不禁要问：当时的中国政府为什么要在屈辱性的条约上签字呢？说到底，那时的中国是个贫穷、衰弱、落后的国家，在与世界外部的联系中一直处于受人支配的地位，清政府根本没有能力捍卫国家的领土完整和主权独立。贫穷就要遭人欺凌，衰弱就要任人宰割，落后就要挨打，这是被无数事实证明的一条真理。在西方列强的眼中，近代中国恰似一个大西瓜。既然这个大西瓜有皮，有肉，有水，有籽，那么，或多或少，或厚或薄，谁都想切它一块，啃它一口。正是在这种可悲的氛围中，香港被迫割让租借给了英国。

如今，"英皇制诰""皇室训令"的时代就要结束了。当中国政府即将恢复对香港行使主权之际，我们自然会有一种不胜沧桑的感觉！自然会从心底涌动出一种百年国耻一朝得洗刷的自豪感！同时，也使我们更加深切地感受到，只有祖国的繁荣强大，才能卫国兴邦，才能真正维护国家的领土完整和主权独立。

香港回归实现了中华民族几代人的夙愿

多少年来，无论是生活在内地，还是生活在香港或海外的中华儿女，都渴望着香港能尽快摆脱殖民统治的羁绊，都期待着香港能早日回到祖国的怀抱。可以毫不夸张地说，这是中华民族几代人的夙愿！

19世纪末最后一年的春天，祖祖辈辈生活在"新界"的人民，"一旦闻租与英国管辖，咸怀义愤"。他们不仅发出抗英揭帖，表示要"予以武力抗击"，而且真的聚众把英国在"新界"搭设的警棚以及英国为准备升旗仪式修建的席棚付之一炬，致使英国接管"新界"的升旗仪式不得不改期举行。

即使在国难当头之际，中华儿女也没有放弃这一神圣的念头。那是1941年底，日军攻陷了香港。不少文化人不得不离开香港。在不知何时再聚首的伤感气氛中，他们仍忘不了用这样的话来互相安慰：总有一天香港会被"收复"的，到那时我们再在香港相见。他们坚信，中华民族是一个永远不会屈服，永远不会消亡的民族。

1949年新中国成立以后，中国政府明确表示：香港是中国领土的一部分，中国不承认英国强加的三个不平等条约，在条件成熟时将恢复对整个香港地区的主权。当时，我们从世界战略的全局出发，决定暂不收回香港，对香港采取了"长期打算，充分利用"的正确方针。这样一来，香港以其特殊的地位，在保持我国与西方世界的联系中起到了四种独特作用：一是窗口作用，二是桥梁作用，三是缓冲作用，四是反制作用。

到80年代初，解决香港问题的时机已经成熟。1982年9月24日，邓小平在会见英国首相撒切尔夫人时说道："现在时机已经成熟了，应该明确肯定：一九九七年中国将收回香港。……中国要收回的不仅是新界，而且包括香港岛、九龙。""如果中国在一九九七年，也就是中华人民共和国成立四十八年后还不把香港收回，任何一个中国领导人和政府都不能向中国人民交代，甚至也不能向世界人民交代。"①

尽管英国政府极不情愿把香港交还给中国，先后打出"条约牌""经济牌""民意牌""民主牌"，反对中国的主权原则，但几经交锋，他们逐渐意识到主权问题不是一个可以讨论的问题，"中国在这个问题上没有回旋余地"，即使出现像他们所说的中国收回香港将"带来灾难性的影响"，中国政府也会"勇敢地面对这个灾难，做出决策"。于是，历史终于拉开激动人心的一幕：1984 年 12 月 19 日，中英双方在北京签署了《关于香港问题的联合声明》，确定英国政府于 1997 年 7 月 1 日将香港交还给中华人民共和国。现在，中国政府恢复对香港行使主权已经指日可待，中华民族几代人的夙愿很快要实现了。

香港回归为推进祖国的和平统一大业提供了理想的模式和成功的范例

人所共知，"一国两制"是邓小平为解决台湾问题而提出来，然后首先将其成功地运用于解决香港问题。1984 年 6 月间，邓小平在会见香港有关人士时讲道：实现国家统一是民族的愿望。怎么解决这个问题，我看只有实行"一个国家，两种制度"。具体地说："就是在中华人民共和国内，十亿人口的大陆实行社会主义

---

① 《邓小平文选》第三卷，第12页。

制度，香港、台湾实行资本主义制度。""我国政府在一九九七年恢复行使对香港的主权后，香港现行的社会、经济制度不变，法律基本不变，生活方式不变，香港自由港的地位和国际贸易、金融中心的地位也不变，香港可以继续同其他国家和地区保持和发展经济关系。"①

显而易见，"一国两制"方针既能维护国家的主权和统一，又能确保香港地区的繁荣，还可以照顾到各方在香港的实际利益，因此，理所当然地受到人们的普遍关注和赞赏。我们的谈判对手也承认这是一个高瞻远瞩的、没有先例的构想。为了真正做到在"一国"前提下，"两制"之间"你搞你的资本主义，我搞我的社会主义"，"且50年不变"，中国政府还主动提出制定香港特别行政区基本法。香港同胞在1990年4月4日公布的基本法中，看到"成立特区，制度不变，高度自治，港人治港"是其核心内容。这部杰作的诞生，标志着"一国两制"构想的法律化。它既突破了许多传统的法律理论，坚持高度的原则性和灵活性，又清晰地勾画出了香港未来的蓝图。它是一部具有历史意义和国际意义的法典。

实践证明，这部法典自问世以来，愈来愈显示出它的强大生命力和对稳定香港繁荣的重要作用。曾几何时，西方国家的某些人士断言，香港一旦归中国人管理，这颗东方明珠将会黯然失色。受这种舆论的影响，香港一度出现了人心浮动，楼市和股市大幅下调，以及有人移居海外的现象。但是，基本法让港人吃了一颗"定

---

① 《邓小平文选》第三卷，第58页。

心丸"。他们感到共产党说话是算数的，中国政府是可以信赖的。随着特区行政长官的民主产生，绝大部分高级公务员的留任，港人的信心更是大增。去年，香港经济增长率呈现逐季加快的趋势。踏入 1997 年，港民的政治及经济信心指标承接 1996 年底的升势，又大幅向上攀升。港府政务科一项最新的民意调查显示，对香港持有信心的港人已达 73％，比 1996 年 11 月上升了 13％。早在两年前开始的移民回流近来达到高潮。面对祖国，港人难以排遣那种"绿叶对根的依恋"。

毋庸置疑，中国共产党人、中国政府做了一件上对得起祖宗、下无愧于子孙的事。香港问题的成功解决，其深远影响和重要意义还在于，它为解决澳门问题、台湾问题，完成祖国的和平统一大业提供了理想的模式和成功的范例。就在《中英联合声明》签署后不久，中国和葡萄牙两国政府经过四轮会谈，也按"一国两制"的原则圆满解决了澳门问题。中国政府将于 1999 年 12 月 20 日恢复对澳门行使主权。台湾问题虽然与港澳问题有所不同，但我们坚信，香港回归祖国必将对两岸的和平统一起到有力的推动作用。

（原载《理论参考》1997 年第 6 期）

毋忘国耻"九一八"

60年前的今天，日本军国主义以所谓南满铁路被炸为借口，采取突然袭击的手段，对中国北大营驻军和沈阳城发动闪电式进攻，制造了震惊中外的"九一八"事变。对于中国来说，那是一次奇耻大辱，因为当时日本关东军不过一万余人，中国东北军则有十五万之众，而结果却是侵略者在一夜之间占领沈阳，四个多月占领整个东北，使其变为殖民地。如今，中国落后挨打的时代已经一去不复返了，但是，当我们为中华民族的再度振兴而感到自豪时，切莫忘记60年前那屈辱的一幕——

一、侵略者贼喊捉贼

那是一个弯月高挂、疏星点点的夜晚——1931年9月18日。有个名叫河本末守的日军中尉，带领七八名部下，以巡视铁路为名，悄然来到沈阳城郊柳条湖附近。行至距中国东北军驻地北大营约800米处，河本末守把一包炸药迅速安放在铁轨下，随后拉了引火，约莫在10时20分，轰然一声巨响，一段铁轨炸弯了，几根枕木顿时变成碎块飞上空中……

这是日本关东军高级参谋板垣征四郎、作战参谋石原莞尔等人策划的一个阴谋。按他们事先拟定的步骤，几乎就在被炸枕木飞上空中的同时，河本末守一行向北大营开火，并用随身携带的电话机向上司报告："北大营的中国军队炸毁了铁路"，双方"正在激战中"。这真是血口喷人，贼喊捉贼。据柳条湖的居民回忆：9月19日清晨，日本军国主义还在肇事地点搞了一个假现场，把住在柳条湖附近的居民驱赶到爆炸地点，指着被炸毁的铁轨和枕木，恶狠狠地说：这就是你们中国人干的，今后谁问到这件事，你们就要这样说。

为了欺骗国际社会，日方又在现场摆了三具穿着中国士兵服装的尸体，说这就是"凶犯"，但是，人们是不会上当的。事发不久，一个名叫乔·毕·巴鲁的外国记者曾从上海赶赴沈阳调查，他在战后出席远东国际军事法庭作证时说："……越过高粱地来到现场，只见现场已经清扫完毕，换上了新路轨和两根新枕木。中国士兵的尸体放在离路轨约50码到100码处，用铁板围起来，他们的头部冲着爆炸的方向。同行中的一个伙伴调查了一具尸体，他见到的是一个没有血迹、被放置了相当长时间的尸体。"[1]当时，就连参观过现场的"奉天省日本邮政局局长"歧部与平也意识到尸体是在人死后扔到现场的，并认为这样做太愚蠢了。

二、蓄谋已久的野心

日本侵略者为什么要贼喊捉贼呢？

---

① 《东京审判》上卷，第325页。

原来，醉翁之意不在酒。他们的真正目的是要占领整个东北乃至全中国，而这一点则是蓄谋已久的。

历史老人这样记录着：

1868 年，日本天皇宣称要"开拓万里波涛，布国威于四方"。

1874 年，日本发兵侵扰我国宝岛台湾。

1894 年，日本发动侵华战争（即甲午战争），战后通过《马关条约》勒索 2 亿两白银的赔款，并使台湾及附属岛屿和澎湖列岛成为其殖民地。

1900 年，日本与英、法、美、俄、德、意、奥等国组成八国联军，再度入侵中国，战后攫得大量特权。

1915 年，日本当局向袁世凯政府提出旨在灭亡中国的"二十一条"。

1927 年夏，日本内阁召开"东方会议"，精心炮制了《对华政策纲领》，声称中国东北对日本的国防和国民的生存"有着重大的利害关系"。日本帝国主义者把中国的东北视为它的"生命线"。侵占全东北，进而征服全中国，称霸全世界，成为日本帝国主义者既定的国策。

正是受这种野心的驱使，日本历届政府疯狂扩军备战。据有关人士透露，第一次世界大战时，欧洲战场出现的坦克，日本报界无法翻译，陆军当局也不知坦克为何物，但到"九一八"事变前夕，日本已经造出大量轰炸机、坦克、装甲车、高射炮等新型武器。

1931 年 6 月间，日本参谋本部协同有关部门拟出一个"一年为期"解决满洲问题的方案。然而，关东军的板垣征四郎、石原莞尔等人感到"一年为期"太难等待了,遂制定了"1931年9月28日爆炸铁路"的计划。

按板垣、石原等人的判断,日本政府一定会赞赏他们的计划。没想到军部担心仓促行事会引起不良后果,遂派建川美次少将赴东北进行阻止。可是,建川美次也是一个狂热的军国主义分子,竟把自己的使命在启程前就泄露出来。于是,板垣得以先斩后奏,提前10天制造了"九一八"事变。事发不久,关东军得到天皇的嘉奖。

三、不抵抗政策断送了整个东北

就在炸毁铁轨后的几分钟,关东军高级参谋板垣征四郎便以代理司令官的身份,下令日军向北大营和沈阳城发动闪电式进攻。

然而,可悲的是,当日军突然袭来,炮弹落到营内一所库房被击中起火时,中国士兵才从梦中惊醒。有人迅速从床上爬起,准备抵抗,可手中却没有武器。不少士兵尚未弄清发生了什么事,就惨死在日军的炮火中。到19日凌晨,北大营和整个沈阳陷入日军之手。

中国的军队为何这般毫无戒备、不堪一击呢?原来,还在事变发生前,蒋介石就明确指示东北军:"无论日本军队此后如何在东北寻衅,我方应不予抵抗,力避冲突。"[1]事变发生后,东北军立即向南京请示对策,蒋介石的回电仍是:"日军此举不过寻常寻衅性质,为免除事件扩大起见,绝对抱不抵抗主义。"[2]

---

[1] 王芸生:《六十年来中国与日本》第8卷,第236页。

[2] 《民国日报》1931年9月27日。

正因为中国东北军奉命"不抵抗"，日本关东军得以在短短四个月内占领整个东北。在此后的 14 年间，东北三省近 400 万骨肉同胞，只得生活在日寇的铁蹄下。那里辽阔的土地，锦绣的河山，茂密的森林，富饶的物产，纵横交错的交通线，无穷无尽的地下宝藏，也尽为日本所霸占。据统计，日本占了东北，实际等于掠夺了当时中国 30％的煤产量，71％的铁产量，99％的石油产量，23％的发电量，37％的森林资源，41％的铁路线。日军当年这种如履坦途、任意探囊取物的做法，对中国而言，可谓一种奇耻大辱！

四、落后就要挨打

日本侵略者为什么敢如此欺凌中国呢？政府采取不抵抗政策，固然是一个极为重要的因素，但同时也应看到，旧中国积贫积弱，乃是造成中国被动挨打的根本原因。

就中日两国的关系而言，在漫长的古代交往中，中国总是在施惠于对方，扮演着老师的角色。日本现代著名学者井上靖曾这样说过，日本社会"恰如婴儿追求母乳般地贪婪地吸收了……中国的先进文明，于是从野蛮阶段进入到文明阶段"。然而，到了近代社会，彼此的位置发生了倾斜。

众所周知，步入近代社会之始，中日两国的情形基本相似，同样受到西方的挑战，同样面临着沦为半殖民地的厄运。在危急的关头，日本通过 1868 年有名的明治维新，迅速建成亚洲唯一的资本主义强国，到 19 世纪末叶，已经可以同英、法、德、美等国进行角逐，以求利益再分配了。反观中国，虽有无数仁人志士为寻求民族振兴之路不惧牺牲，上下求索，但终因中外反动势力的绞杀，而未竟革命之志。中华民族长期以来在半殖民地的深渊中苦苦挣扎。直到"九一八"事变前，小农经济仍占整个国民经济的90%以上，工业经济还不到10%。即使在10%的工业经济中，帝国主义各国的经济又占绝对优势。当时，中国有铁路14238.86公里，自办铁路仅占15.7%，其他则为各帝国主义国家直接经营和控制。重工业几乎等于零，1930年的铁产量只等于美国的10%；铜产量只及日本的1/60、美国的1/1200；煤产量只及欧美各国的1/20—1/30；石油只及日本的1/2500、美国的1/50000；机器制造业，只有一些装配零件的加工厂。其时，统治中国的蒋介石政权又窒息民主，消灭民权，毫不关心民众的死活。据载，从1928年至1931年，西北、南方各省水旱灾荒接连发生，仅1931年的水灾，即造成300万人死亡，真可谓哀鸿遍野，白骨成堆，如此落后、腐败、混乱的旧中国，能不被动挨打吗？日本侵略者正是看到了这一点，才乘虚而入，发动了旨在吞并东北的"九一八"事变。

五、中华民族是有凝聚力的

按照日本侵略者的如意算盘，吞并东北之后，下一步就是征服全中国，建立所谓"大东亚共荣圈"，为此，他们在1935年将侵略魔爪伸向中国的华北；在1937年7月7日又以同样"贼喊捉贼"的伎俩发动了全面侵华战争，短短的时间里将大半个中国践踏于铁蹄之下。但是，历史是公正的。有压迫就有反抗，压迫愈深反抗愈烈。中国从东北三省的局部抗战发展到全民族的抗战整整经历了 14 个年头，终于使日本企图充当"东洋霸主"的美梦破灭了。1945 年 8 月 15 日，日本天皇宣布无条件投降。

一个军力、经济力不如敌人的弱国是怎样战胜强大的对手的呢？说到底，中华民族是有凝聚力的。当日寇铁蹄踏遍大半个中国、中华民族濒临亡国的境地时，首先举起抗日大旗的是中国共产党及其领导的抗日武装力量。在中国共产党的倡导下，实现了第二次国共合作，形成包括各阶级、各阶层、各民族广泛的抗日民族统一战线。"抗日救亡"这一共同的使命将一盘散沙的中国凝聚成一个坚不可摧的整体。这样一来，日本侵略者的对手，再不是"九一八"时的国民党政府了，而是中国共产党发挥领导作用的整个中华民族，是全体中国人民。正像《义勇军进行曲》所激昂高歌的那样，"把我们的血肉筑成我们新的长城"，去抵挡敌军的炮火，挺身拼杀，终于战胜了不可一世的日本侵略者。

历史自此翻开了新的一页。中国人民第一次洗刷了百年来所蒙受的奇耻大辱。这以后，中国人民又推翻了三座大山，建立了新中国，走上社会主义道路，从而改变了整个东方乃至世界的格局，如今，我们虽已建成一个初步繁荣昌盛的社会主义国家，并正在向着新的目标迈进，但是，理应像电视片《莫忘八·二九》主题歌中说的那样："乌云虽已退去，退到那遥远的天边。但我怎能忘记，怎能忘记那阴冷的岁月……"

（原载《中国青年报》1991 年 9 月 18 日）

纪念中国抗日战争胜利 60 周年感言

能够参加中国出版集团召开的中国抗战胜利 60 周年座谈会，感到很受教育。首先，向在座的当年亲临抗战、从抗战中走过来的老革命、老前辈，表示深深的敬意。

在这个庄严的日子里，我谈两点感言：

第一，今年全国上上下下大规模有组织地开展纪念中国抗日战争胜利 60 周年的活动意义重大，很有必要。因为 60 年前的抗战胜利，改变了中国的命运，改变了中国人的命运，特别是改变了中国的国际地位。众所周知，一部中国近代史就是一部血泪史。据有的学者统计，从 1840 年鸦片战争到 1949 年中华人民共和国成立之前，清政府、国民党政府与外国签订过 1182 个条约，其中大部分是不平等条约。割地赔款，中国输得一塌糊涂。那时，外国人瞧不起中国人，称我们是"东亚病夫"。有的学者非常形象地指出，在西方列强的眼中，当然也包括我们的近邻日本，近代中国好似一个大西瓜，这个大西瓜有皮、有肉、有水、有籽，不管哪个列强国家都想咬它一口。对外战争，我们基本没打过胜仗，1884 年的中法战争虽打赢了，但在谈判桌上却照样签订不平等条约。只有 60 年前抗日战争的伟大胜利，才让中国人扬眉吐气，挺起脊梁，改变了外国人对中国人的看法。所以，抗日战争的胜利具有里程碑式的意义。对于这一扬国威、能够凝聚民族精神的重大事件，我们当然应该纪念，应该大力宣传，应该大力弘扬，不仅是逢五、逢十，每年的这个时刻，都应该宣传、都应该纪念。

第二，"以史为鉴"，一定下工夫出版好抗日战争史一类的图书。人民出版社虽出版过一些抗日战争史方面的书，比如《八路军抗战纪实》《新四军抗战纪实》《东北抗日联军抗战纪实》《日本731细菌部队》《第二次世界大战史》《南京大屠杀真相》，等等；也出过一些研究日本历史和现实的书，比如《战后日本政党政治》《战后日本新国家主义》《日本对东盟政策研究》《日本历史教科书风波的真相》《中日家族制度比较研究》，等等，但还远远不够。数量不够多，质量不够好，影响不够大。到目前为止，国人还没有看到一部满意的中国抗日战争史。无论是学术性的，还是普及性的，这都是不应该的。我认为，必须下工夫出版好抗日战争史一类的图书。显而易见的道理，至少有三条：

一是应当在整个第二次世界大战史中，为中国的抗日战争史找到应有的地位。今年是世界反法西斯战争胜利60周年。但在国外流行的第二次世界大战史图书中，中国的抗日战争没有地位。在现在美国主流学校的历史教科书中，亚洲抗日战争史依然是一片空白。西方教科书中把一切胜利都归结于美国的原子弹，以及由英、法、美等参加的诺曼底登陆，等等。这种以美、英、法为中心的做法，连俄罗斯总统普京也不满意，因为西方的中学生根本不知道有列宁格勒保卫战、莫斯科保卫战等。中国的14年抗战为世界反法西斯战争胜利作出了巨大的贡献，没地位是不公平的。中国的学者、中国的出版者应该为中国的抗日战争史争得应有的地位，应该把我们最好的著作推向世界。

二是帮助现在的日本人正视历史，对他们过去的侵略罪行进行深刻反省。在第二次世界大战期间，德国和日本犯下同样的罪行，态度却迥然不同。战后，德国的多任首脑以各种不同方式向犹太人、欧洲人和世界人民表达了谢罪、忏悔之情，如今和美、英、法等国一起举行纪念第二次世界大战的活动；现在的意大利政府对墨索里尼政权完全持批判态度。第二次世界大战期间，法国维希伪政权同希特勒勾结，大肆搜捕和迫害犹太人。对于这段不光彩的历史，法国的历史教科书也丝毫未加掩饰。日本在历史问题上与德国、意大利、法国的做法完全不同，日本从来没有正式承认它在战争期间对中国平民所犯下的罪行。而是以不断参拜靖国神社、修改教科书、美化侵略历史的举动在受害国的伤口上撒盐。日本不仅不对过去的侵略罪行进行深刻反省，反而攻击中国"煽动反日情绪"。日本的一些报纸甚至诬蔑亚洲国家"干涉日本内政"。这是值得深思和警惕的。日本的《新历史教科书》把近代日本与中国之间的历次战争都归咎于中国。比如：关于甲午战争爆发的原因、关于"九一八"事变、关于卢沟桥事变等，责任完全在中国，日本反而是受害者。这完全是胡说八道、颠倒黑白。而且不提"南京大屠杀"，单纯强调日本的损失，讲美国"在广岛和长崎投下了原子弹"。

前些日子连一些外电也纷纷称："二战已经结束 60 年了，日本始终没有承认历史错误，假如德国也拒绝承担历史责任的话，难以想象现在的欧洲会是什么样子。"美国一位退休老人在《洛杉矶时报》发表文章说："我今年70多岁了，以前从未听说日本强征慰安妇、篡改教科书等事情，只知道二战时日本人袭击了美国的珍珠港，给美国人民造成了巨大伤害。一个不能正视历史的民族，是不会得到其他民族尊重的。"

所以，我们的责任就是要真实再现历史，让日本正视历史，不让历史悲剧重演。

三是让青少年牢记这段历史。现在青少年的历史知识少得可怜，真的让人担忧。有媒体透露：广东的很多中学生不知道林则徐是谁？考试时有许多人答错了。2005年是林则徐诞辰220周年，每年6月26日的国际禁烟日是纪念他的。林则徐当年是在广东虎门销烟的。这些例子，我不认为是极端的例子。这些现象说明我们普及历史知识的任务是多么的艰巨和急迫。所以，我们一定要把讲述中国抗日战争史的精品力作奉献给读者，特别是青少年。

（2005年8月15日，在中国出版集团纪念中国
抗日战争胜利60周年座谈会上的发言）

人民出版社社史
是我党出版事业的一个缩影

（专访）

《新华月报》：人民出版社90周年社庆的相关活动很丰富，人民大会堂的纪念庆典、社史的出版、国博的大型展览、拍摄完成的纪录片，以及人民社全体员工分批赴上海进行"党的一大、二大会址寻根之旅"等等，可谓精彩纷呈，您怎么看这次社庆？

乔还田：这次90周年社庆活动的确很丰富、很精彩，就其规模和影响力而言，在人民出版社历史上是第一次。用"精彩纷呈"4个字来形容一点不为过。

最令我们感动和自豪的是党中央高度重视人民出版社创建90周年纪念活动。温家宝同志亲笔给我社题词："继承传统，开拓创新，多出好书，服务人民。"李长春同志接见出席纪念大会的代表时，要求我社"要以内部体制机制创新为重点，在探索公益性出版事业单位增强活力、改善服务方面取得新突破。在推进传播手段现代化方面实现新跨越，创优质、创品牌、创一流，不断提高影响力和竞争力"。习近平同志在贺信中希望我社"再接再厉、多出好书，当好党和人民出版事业的排头兵，为推进马克思主义中国化时代化大众化、发展社会主义先进文化和建设社会主义核心价值体系再立新功"。李克强同志在贺信中希望并相信我社"一定能够继承优良传统，不断开拓创新，更好地发挥国家出版社的作用"。刘云山同志在纪念大会的重要讲话中勉励我社要"继承优良传统，牢记光荣使命，发挥好文化引导社会、教育人民、推动发展的功能"。

显而易见，这次 90 周年社庆活动的规格如此之高，且能画上一个圆满的句号，与来自新闻出版总署的巨大支持和亲切关怀是分不开的。早在年初，人民出版社 90 周年纪念活动就被列为总署 2011 年的重大工作之一，并由新闻出版总署亲自主办了人民出版社创建 90 周年纪念大会。

2011 年 9 月 1 日，人民出版社创建 90 周年纪念大会的影响是巨大的。通过当天晚间中央电视台的"新闻联播"节目，全国人民都知道了人民出版社 90 周年的盛况。还有一部社史、一部文献纪录片和一次在国博举办的大型展览，从不同的方面、不同的视角生动再现了人民出版社从创建、发展并走向辉煌的历程。真真切切地告诉读者和观众，人民出版社从成立之日起就以传播马列主义为己任。人民出版社的历史是我党出版事业的一个缩影。

一句话，精彩纷呈的社庆活动，特别是中央领导同志的题词、讲话及贺信，他们的厚爱、支持、鼓励和期望进一步提升了人民出版社在整个出版行业的地位和影响力，对人民出版社未来的发展具有重要的指导意义。

《新华月报》：为什么要出版 1921—1950 年的社史？

乔还田：但凡具有中共党史或者说中国现代史常识的人都知

介绍人民出版社社史出版情况

道，1921 年 9 月，也就是中国共产党诞生后的一个多月，党中央就在上海创建了自己的第一个出版机构——人民出版社。其负责人是中央局宣传主任李达。是年，人民出版社在《新青年》杂志第 9 卷第 5 号上发布了一则关于出版物性质、出版任务的通告，并且列出计划出版的"马克思全书"（15 种）、"列宁全书"（14 种）、"康民尼斯特丛书"（11 种）等 49 种书目，旗帜鲜明地向世人宣布：本社是一个播火者，以宣传马列主义为己任。1950 年 12 月，作为"党和国家首要出版机关"的人民出版社在北京宣告正式成立。

《新华月报》：这两个前后相隔 29 年而名称完全相同的人民出版社，二者之间是怎样的关系呢？

乔还田：由于 1921 年创建的人民出版社于 1923 年合并于广州

新青年社，而 1950 年成立的人民出版社对自己的前身未作追溯和说明，所以，以往人们并未意识到两个出版社之间的承继关系。直到 20 世纪 80 年代人民社的老同志戴文葆、舒晨等先生根据有关史料提出应将人民出版社社史追溯到 1921 年。近年更有不少学者纷纷发表论文支持戴、舒两位先生的观点。人民出版社本届领导班子对此事十分重视，专门组织社史编写组进行深入的探讨和论证。我们无意高攀老字号，但也不能忘记光荣史。我们有责任还原历史，有责任把 1921 年至 1950 年这段社史真实地呈现出来。因为此间的人民出版社既参与和印证了建党伟业，也见证和续写了建国大业的辉煌篇章。

《新华月报》：编写组是如何搜集资料和请教专家的？

乔还田：显而易见，编写 1921—1950 年间的社史难点很多、难度很大，可谓一件开创性的工作。其中最棘手的问题是第一手资料很少。启动时，我们看的档案不是真正的档案，而是在公开出版物上刊载的材料，属于通告和宣传材料，还有一些是回忆文章中的简单介绍。当时共产党处于地下工作状态，也就是国民党统治的白色恐怖下，人民社不得不多次更换名称、变更社址，但始终在党的领导下。因此，要把相关的资料串联起来，呈现出一部清晰的组织机构沿革史是相当困难的。

为了解决第一手资料不足的问题，社领导果断地派人兵分多路，到上海、瑞金、武汉、延安、北京等地进行调研，走访了中央档案馆、上海一大、二大会址纪念馆、延安新闻纪念馆、瑞金中央苏区旧址纪念馆等单位以及与此相关的个人，从而获得了许多珍贵的文献资料和照片，基本摆脱了巧妇难为无米之炊的困境。

通过认真梳理，我们发现今天的人民出版社和90年前的人民出版社是一脉相承的。在人民出版社的整部历史中，虽然有一段不是以人民出版社的名字出现，但在组织归属、出版宗旨、干部队伍、设备资产乃至财产账目等方面，人民出版社与新青年社、新青年社与上海书店、上海书店与长江书店、长江书店与无产阶级书店、无产阶级书店与华兴书局和启阳书店、闽西列宁书局与瑞金中央出版局、瑞金中央出版局与延安解放社及新华书店编辑部、解放社与解放后的人民出版社之间，普遍存在着或隐或显的关联。尤其从组织系统看，1921年创建的人民出版社与今天的人民出版社都是在中国共产党领导下的首要出版机构，即由中共中央宣传部门及其中央出版领导机构直接创办和管理的。从出版任务看，重点都是马克思列宁主义及其哲学、政治经济学和科学社会主义理论著作，特别是出版马克思主义与中国革命具体实践相结合的思想著作及中国共产党在各个时期的政治经济与文化方面的路线、方针和政策。

初稿写就后，我们广泛征求社内外专家学者和老同志、老领导的意见，并专门召集党史专家、出版史专家反复审稿，获得了中共中央党史研究室、中共中央文献研究室、中共中央编译局、中央档案馆、中国出版科学研究院、北京大学信息管理学院、中共党史人物研究会、武汉大学出版学系等单位知名学者的大力支持和肯定。中央权威部门——中共中央党史研究室对《人民出版社社史（1921—1950）》的审定意见是："由人民出版社编写、送审的《人民出版社社史（1921—1950）》，以翔实的资料记录了人民出版社在新民主主义革命时期到 1950 年新的人民出版社成立各个不同历史阶段的发展变化，展现了党领导理论宣传文化思想战线的一个重要方面，反映了党为马克思列宁主义的中国化、时代化和大众化作出的历史性贡献，政治导向正确，重要史实准确，主要历史脉络清楚，见人见事见精神，可以出版。"

《新华月报》：在您看来，出版社史有什么重要意义？

乔还田：人民出版社在中国共产党的出版事业和新中国的出版事业中地位特殊。因此撰写人民出版社社史不仅对人民出版社自身而言意义重大，对整个党和国家的出版事业也有非凡意义。

这本 7 万余字的社史用事实说明：1921—1950 年间的人民出版社社史就是我党出版事业的一个缩影。新中国成立以前，中国共产党的出版历史就是以人民出版社为代表的历史。这本书真实地告诉读者，我们党的出版事业是怎样从小到大，克服了哪些困难，排除了哪些障碍，采取了哪些前瞻性的措施，一步一步地发展壮大起来的。作为党的理论宣传工作的重要组成部分，以人民出版社为代表的党的早期出版机构，在我们党为夺取政权而进行的 28 年革命斗争中，自觉地肩负起宣传马列主义和党在各个历史时期的路线方针政策的历史使命，为取得革命的胜利和马克思列宁主义的中国化、时代化、大众化作出了难以替代的贡献。1921 年 9 月创建的人民出版社与 1950 年重建的人民出版社，共同构成了党的人民出版事业 90 年辉煌的历史。以人民出版社为代表的党的早期出版机构创造的中国共产党的出版历史，将成为现代中国出版史的重要组成部分，永载史册。

《新华月报》：您在人民社工作已经快 37 年了，请问您心中的人民出版社是什么样的？对她的未来有什么期许？

乔还田：我以为在整个出版界，人民出版社是国家的名片。人民出版社的地位相当于报界的《人民日报》，新闻界的"新华社"，广播电视界的"中央电视台"和"中央人民广播电台"。有不少人戏称人民社是"皇家出版社"。2010 年 9 月，我参加《我们的父亲——朱光亚》一书的座谈会，中央军委委员、"神七"发射总指挥常万全上将亲口对我说："你们人民出版社是地地道道的皇家出版社，无愧于 001 的代号。"2011 年 4 月中旬，我随黄书元社长去英国参加《朱镕基答记者问》英文版首发式，牛津大学出版社的同行也说："你们是中国的皇家出版社。"这种"皇家出版社"的比喻我是认可的。

有一件事我记得很清楚：20 世纪 80 年代中期，人民出版社接待罗马尼亚的一个访问团。翻译向客人介绍说，这家出版社的门槛非常高，在中国是顶尖的，它有两个重要特点：一是出版代表官方的政治理论读物，特别是马恩列斯毛的著作；二是出版一流学者的著作，比如郭沫若、范文澜、冯友兰、艾思奇等人的著作。应该说，这个定位很准确。

建社 90 年来，特别是重建 60 多年来，人民出版社为社会、为读者提供了大量的精品书。尤其是近几年，人民社的政治理论读物，特别是马列著作，做得越来越好，影响越来越大，市场份额也越来越大。2010 年，新版的《马克思恩格斯文集》竟然发行了 2 万多套，连柳斌杰署长也感叹："这是一个奇迹！"

显而易见，我们人民出版社多年来一直追求为人民多出好书的理念，否则就出版不了那么多的好书。今后，我期许人民出版社仍然坚持这种出书理念，"再立新功"，为国家、为民族、为社会、为读者提供更多的有原创价值，并且能够穿越历史时空、有利于人类文化进步，既能让当代人喜欢又可以惠及后世的精品力作。

（原载《新华月报》2011 年增刊）

应当全面评价李鸿章

李鸿章是中国近代史上一个极为重要的人物。他在就任直隶总督兼北洋大臣期间，几乎处于左右朝局的地位。我国资产阶级历史学的创始人梁启超早在 70 年前就指出："四十年来，中国大事，几无一不与李鸿章有关系。……读中国近代史者势不得不曰李鸿章"①。《清史稿》也说他"独立国事数十年，内政外交，常以一人当其冲……近世所未有也"。但是，与李鸿章的地位和影响相比，史学界对他的研究是不够的。长期以来，人们只论及他对内如何镇压太平天国革命，对外如何签订不平等条约，而对他的其他活动或者避而不谈，或者语焉不详。因此，一提到李鸿章，人们自然要说他是刽子手和卖国贼。显然，这样评价历史人物是有失全面的。

毋庸置疑，对李鸿章镇压农民起义和经手签订一系列丧权辱国的不平等条约的劣迹，加以抨击和批判是理所当然的。但在抨击和批判的同时，也需进一步作出阶级的、历史的说明。必须指出，就镇压农民起义而言，这是他的阶级地位所决定的。许多历史事实告诉我们，在敌视人民这一点上，一切封建统治者是没有什么本质

---

① 梁启超：《四十年来中国大事记》绪论，岳麓书社 2010 年版。

区别的。被后人誉为民族英雄的岳飞和史可法，在阶级矛盾激化时，都曾主张执行镇压农民的政策。近代史上的林则徐，在鸦片战争中虽是个抗击外国侵略的英雄，但为了绞杀太平天国革命，他竟不顾病体之难，还以当年出戍时"苟利国家生死以，岂因祸福避趋之"的词句勉励自己，做了第一任"剿匪总司令"。提出"师夷长技以制夷"的著名思想家魏源，当太平军危及他的阶级利益时，也在江苏高邮举办团练，直接参与镇压活动。地主阶级士大夫是这样，资产阶级维新派代表人物何尝不是如此。马建忠百般仇视太平军，目之为"残忍嗜杀"的"流寇"。戊戌维新运动的领袖康有为，也时刻提醒统治者要防止农民揭竿而起，把自己置于农民起义的对立面。由此可见，不独李鸿章一人采取了与人民为敌的态度，包括那些曾在历史上有过功绩，而且被后人加以肯定的进步人物，在阶级矛盾激化时，统统都是站在劳动群众的对立面的。既然如此，对身为清朝大官僚的李鸿章的评价，何能因为他有过镇压革命的"政历问题"而一锤定音呢？

关于经手签订不平等条约之事，也应做出具体分析。不可否认，李鸿章代表清政府与外国列强签订了一系列的不平等条约，给中国带来了巨大的民族灾难。它"将中国生计一网打尽"，"自古取之国，无此酷毒者"（谭嗣同语）。"吾人积愤于国耻，痛恨于和议，而以怨毒集于李之一人"，是可以理解的。但义愤毕竟不能代替科学的历史分析。如若对当时的实际情形做些具体的考察，就会得出其责任并不专在李鸿章一人的结论。从签订《马关条约》来说，甲午战争时，恰逢西太后六旬大寿，这个抱定"宁赠外夷，不予家奴"的清廷主宰者即主张从速和解了事，以免影响她的庆典。事实表明，这种"议和"的主谋者是西太后。同时，还不应忽视这样的一个历史事实，那就是，这次"议和"是在清政府全面战败的情况下进行的。显而易见，在敌人炮口下的"议和"，清政府无论派谁为"议和"代表，都不可能改变战败受辱的地位。由此可见，《马关条约》的最后签订，李鸿章虽然有不可推卸的责任，但这笔烂账却不能统统算在他个人的头上。此后，经李鸿章之手签订的另一个重大的卖国条约《辛丑条约》，从清政府方面来说，更是由西太后一手造成的恶果。如果说，李鸿章一生的主要行迹仅仅局限于对内镇压太平天国革命和对外签订不平等条约，那么，他理所应当被钉在历史的耻辱柱上。但问题是，他一生有30多年时间从事于对中国近代社会产生过重大影响的洋务运动，而且他还是这一运动的创始人、组织者和领导者。因此，要全面地评价李鸿章，不探讨他在洋务运动中的作用是不行的。

洋务运动究竟是进步的还是反动的？史学界至今尚无定论。对于这个问题，笔者认为，尽管这次运动的出发点是给行将灭亡的清王朝"补苴"，但就它的某些措施而言，在客观上却是顺应历史潮流发展的。因而，作为这一运动的创始人、组织者和领导者的李鸿章也就充当了社会发展的不自觉的工具。

列宁指出："无产阶级敌视一切资产阶级和资产阶级制度的一切表现，但是这种敌视并没有解除它应对资产阶级人士在历史上的进步和反动加以区别的责任。"① 应该说，这种"责任"同样适用于

---

① 《列宁全集》第8卷，第34页。

我们对李鸿章的评价。如果只强调他反动的一面，而不提他进步的一面，其评价很难经得起时间的检验。

早在 1864 年，李鸿章就指出："中国欲自强，则莫如学外国利器，欲学外国利器，则莫如觅制器之器，师其法而不用其人。"[①]他为何要在此刻大言中国"自强"？而且还主张向外国学习呢？这岂不与传统的"用夏变夷"思想背道而驰吗？显然，这是由于他敢于正视现实所引起的。众所周知，鸦片战争以前的中国社会是封建的、闭关自守的。那时的中国人，"无论于泰西之国政民情，山川风土，茫乎未有所闻，即舆图之向背，道之远近，亦多有未明者"[②]。封建统治者盲目虚骄，在他们眼里，中国无疑是"天朝上国"，而别国都是"夷狄蛮貊"。但是，从 18 世纪下半叶相继进入资本主义社会的西方国家并不吃这一套，他们要"按照自己的面貌来为自己创造出一个世界"[③]。为了获得商品、原料的销售市场和资本输出场所，外国资产阶级猛烈地向外扩张。1840 年，英国侵略者首先用大炮轰开了中国的大门，从此，"天朝"的神话被打破了。时隔 16 年，英、法联军又发动了第二次鸦片战争，结果，仍以清政府的惨败告终。清政府对外是人为刀俎，我为鱼肉。那么，对内呢？起事于 1851 年的太平军，在短短两年多时间里横扫江南。在太平天国革命的影响下，各地的劳动人民又相继而起。日益高涨的革命形势，震撼了整个中国，动摇了几千年来封建统治的根基。清

---

① 《筹办夷务始末》同治朝，卷 25。
② 王韬：《弢园文录外编》卷 3，第 83 页。
③ 《马克思恩格斯全集》第 1 卷，第 275 页。

王朝如同一具腐烂的躯体，从里到外，从头到脚，百孔千疮，危在旦夕。面对这"外忧内患，至今已极"的可怕情形，李鸿章等人感到已经不能照抄"老谱"统治下去了。于是，他大声疾呼："事穷则变，变则通"，"变"的关键在于"资取洋人长技"①。

那么，向外国学什么？"资取洋人"的何种"长技"呢？对外战争使李鸿章"深以中国军器远逊外洋为耻"②，因此，他的"自强"之道，自然要从军事改革即学习西方的"船坚炮利"入手。他说："西洋军火，日新月异。不惜工费，而精利独绝，故能横行于数万里之外，中国若不认真取法，终无以自强。窃为士大夫留心经世者，皆当以此为身心性命之学，庶几学者众，而有一二杰出，足以强国而瞻军。"③ 在这里，李鸿章把"船坚炮利"视为"身心性命之学"。正因为如此，他不但着手从外国购置新式枪炮，而且还陆续创办了江南制造总局、金陵机器局等一批著名的军事工业。对于李鸿章的这些活动，有的论者认为纯属为了镇压人民革命，因而是反动的。依我看，这种观点是欠公允的。不错，说李鸿章军事改革的最初目的是镇压人民革命，是谁也否认不了的。太平军等不正是他伙同曾国藩、左宗棠等人利用洋枪洋炮绞杀的吗？但是，从刀矛剑戟到洋枪洋炮，清政府军事力量的加强，并不仅仅意味着对人民来说是一种灾难。无论怎么讲，从抵御外侮角度而言，在客观上也是符合中华民族利益的。比如，江南制造

---

① 《李文忠公全集》朋僚函稿，卷2。
② 《李文忠公全集》朋僚函稿，卷2。
③ 《李文忠公全集》奏稿，卷17。

总局在甲午战争期间加班加点，日夜生产，为前线提供弹药是人所熟知的事。考虑到后一种因素，李鸿章从事的军事工业活动是不能笼统加以否定的。

随着军事工业的兴起，李鸿章等人又逐步意识到"自强"与"求富"的连带关系。他逐渐感到只靠"船坚炮利"，还达不到"强"的目的，"必先富而后能强"[1]。于是，他又派员兴办了上海轮船招商局等民用性工矿企业。这些民用企业的出现，对当时的中国社会来说是值得庆幸的。因为，尽管这些企业都采取了"官督商办"的形式，但它仍为那些拥有大量资金，并渴望追逐高额利润，但又无奈外国资本主义和本国封建主义的重重阻力而不能独立经营的私人资本提供了投资的场所。1882年6月9日，《申报》曾就当时上海商人投资近代企业的景况指出："现在沪上股分风气大开，每一新公司起，千百人争购之，以得股为幸。"1883年1月22日，《字林西报》也说：凡开矿公司"一经禀准集股"，商人们"无不争先恐后，数十万巨款，一旦可齐"。这就清楚表明，商人们对"官督商办"企业一开始是抱欢迎态度的。"官督商办"企业在早期还是起到了促进民族资本发展的积极作用。其次，这些企业在一定程度上抵制了外国商品的输入和外国资本的扩张。李鸿章曾经自称他办的轮船招商局是振兴中国商务，以"商战"达到"俾外洋损一分之利，中国益一分之利"[2]。外国侵略者也说他的"目的是要从外国公司的

---

① 《李文忠公全集》奏稿，卷43。
② 《李文忠公全集》奏稿，卷39。

手中夺取势力日益增长的沿海贸易"，"把外国人从中国的沿海及内河贸易排斥出去"。① 而实际上，招商局的成立，的确多少打破了外轮垄断中国航运的局面。旗昌洋行就是被它挤垮的。从1872年至1880年，经过九载经营，使"华商运货水脚，少入洋人之手者，约二、三千万两"②。因此，难怪李鸿章极其兴奋地指出："从此中国轮船畅行……庶使我内江外海之利，不致为洋人占尽。"③他设立上海织布局，同样是为了"以华棉纺织洋布，酌轻成本，一抵敌产"④。因之，竭力反对洋商自运机器来华设立棉纺织厂，饬令海关"查明禁止"⑤。另外，外国侵略者还企图在我国架设电线，他更理直气壮地说："权利所在，军务、商务消息岂能别国操之"⑥。据此可以认为，我国的纺织、开矿等工业，直到甲午战前未被外国侵略者染指，李鸿章是有一份功劳的。

在兴办近代民用企业的同时，洋务派还将军事工业的重心从陆上移到筹建新式海防方面。如果说在初创军事工业期间，洋务派"御外侮"还强调"不露痕迹"，宜趁"剿发逆"之机，"洋人乐于见长之时，将外洋各种机利火器实力讲求，以期后窥其中之秘"⑦的话，那么到筹建海防时，这种对付外来侵略的意图，就日

---

① 《洋务运动》第8册，第400—401页。
② 《洋务运动》第6册，第60页。
③ 《洋务运动》第6册，第6页。
④ 《李文忠公全集》奏稿，卷77。
⑤ 《李文忠公全集》奏稿，卷78。
⑥ 《李文忠公全集》译署函稿，卷19。
⑦ 《洋务运动》第3册，第467页。

趋明朗化。所以会如此，一方面是太平军等农民起义到 19 世纪 70 年代中叶均已被镇压，清政府度过了它的内部危机；另一方面，外部危机却纷至沓来，清政府与外国资本主义的关系又尖锐起来。对于筹建海防一事，李鸿章极为热心，他指出："西人专恃其炮轮之精利，横行中土"①，"而我所以失事者，由于散漫海防……今议海防，则必鉴前辙"②。正是由于他的苦心经营，才把北洋舰队建成当时最大的一支海军。这支海军虽然后来败于日本之手，但它在对外反侵略战争中所起到的积极作用是抹杀不了的。

培养人才也是李鸿章提倡最力的。人所共知，在洋务运动初期，国内掌握近代科学技术的人才寥若晨星。但是，要"求强""求富"，没有掌握先进科学技术的人才怎么行呢?! 李鸿章首先看到了这个问题的严重性和必要性。他曾经再三强调："培养人才，实为自强根本"。结果，培养和造就了一批懂得物理、化学、电学、测量、地图绘制、机器与轮船制造及军事科学的新型技术人才。对于这些，恐怕谁也不能说是件坏事吧！

还值得一提的是，李鸿章的上述活动是在反对者群相毁谤的逆境中进行的。在顽固派眼里，凡"祖宗成法"中没有记载的东西，无疑是"离经叛道"。翰林院编修丁立钧曾说："唐虞患洪水，商季患戎狄、猛兽，春秋患乱臣贼子，今日之患未有如侈谈洋务之大者也。"③他的这番话颇能代表所有顽固派的心理。这样一来，李鸿章

---

① 《清史稿》，第 12016 页。

② 《中国近代史资料选编》筹议海防折，第 238 页。

③ 《洋务运动》第 1 册，第 251 页。

自然成为他们攻击的首要目标。面对此类非议，李鸿章非但没有退缩，反而讽讥这些浑浑噩噩的顽固分子说："外患之乘变幻如此，而我犹欲以成法制之，譬如医者疗疾不问何症，概投之以古方，诚未见其效也。""今日喜谈洋务乃圣之之时。人人怕谈厌谈，事至非张皇即卤莽谈、天下赖何术以支持耶？中国日弱，外人日骄，此岂一人一事之咎！过此以往，能自强者尽可自主，若不自强则事不可知。"① 一个封建大员敢如此斥守旧而不避人君，精神可谓难得。

那么，能否说李鸿章的洋务活动都值得称道呢？回答当然是否定的。首先，他搞洋务，并不是要发展中国的资本主义，而是意在给病入膏肓的封建残骸打强心针。其次，尽管在他的言行中充满了明显的抵御外侮的思想，但对于外国资本主义是存在幻想的。他不但承认它们侵略中国的现状，而且还试图得到它们的帮助。诸如此类的问题，是我们在评价李鸿章的洋务活动时必须指出并应加以谴责的。

列宁指出："判断历史的功绩，不是历史活动家有没有提供现代所要求的东西，而是根据他们比他们的前辈提供了新的东西。"② 综上所述，只要我们尊重历史事实，就不能不承认李鸿章的洋务活动"提供了"不少"新的东西"。因而，对这样一个复杂的人物，是不能轻易加以全面否定的。

（原载《北方论丛》1983 年第 3 期）

---

① 《李文忠公全集》朋僚函稿，卷 16。

② 列宁：《评经济浪漫主义》。

品评李鸿章

凡是有一点儿中国近代历史常识的人，恐怕没有不知道李鸿章的。近年内，随着一些反映近代中国重大事件题材的影视剧、历史小说——特别是那些属于"戏说"或"谋权文化"类作品的传播，李鸿章的名气越来越大，几乎成了一个家喻户晓的历史人物。

不错，李鸿章（1823—1901）确是中国近代史上一个极为重要的人物。有 20 余年的时间里，他以文华殿大学士任北洋大臣兼直隶总督，集军事、外交于一身，几乎左右了政局。我国资产阶级历史学的创始人梁启超早在 100 多年前，亦即李鸿章刚病逝后的两个月就发出过这样的感叹："四十年来，中国大事，几无一不与李鸿章有关系。……读中国近代史者势不得不曰李鸿章"。《清史稿》中也有类似的定位：李鸿章"独立国事数十年，内政外交，常以一人当其冲……近世所未有也"。

从李鸿章当时所处的地位和影响看，后人知道他并且能够记住他是不难理解的。

问题是，人们知道的记住的应当是一个真实的李鸿章，是那个历史上多重性格多种表现的李鸿章，而不是经过刻意修饰、打扮甚或任意拔高了的李鸿章。

公正的历史老人提示我们，近代中国大事虽"几无一不与李鸿章有关系"，但李鸿章一生所办大事主要涉足三个方面：一是对内镇压过太平军和捻军；二是办过洋务，创办了一批新式企业；三是对外签订过许多不平等条约。显而易见，要理性解读李鸿章，务必对其所办三方面的大事进行冷静的追忆和品评。如果偏废或避而不谈某一方面的大事，历史上的李鸿章都将走样和失真。

靠绞杀太平军和捻军起家

那是 1850 年初夏，登基只有三个多月的咸丰皇帝不断接到广西"会匪"大作的报告。不久，这位 19 岁的皇帝惊悉 38 岁的洪秀全已在广西金田起兵反清。那位失意的文人将平日里无所表达的百姓吸引到"大家有饭吃有田耕"的"上帝"的旗下。为了扑灭这支来势勇猛的起义军，咸丰皇帝曾派遣林则徐、李星沅、江忠源、乌兰泰、赛尚阿、向荣等名臣、勇将前去弹压，结果均未奏效。到 1853 年 3 月 20 日，太平军攻克了江南名城南京。洪秀全宣布自己也是一个皇帝——太平天国的天王；并改南京为天京，发誓与咸丰皇帝对抗。

若干年后，清朝政府能够度过危机，并将太平军镇压下去，靠的不是八旗兵和绿营兵，而是得力于汉臣曾国藩组建的湘军、李鸿章组建的淮军。

李鸿章屠杀太平军是出了名的。1863 年 12 月 6 日，他施展诱降阴谋夺取苏州后，一次下令仅在双塔寺院内就杀害了 3 万多名太平军。有的外国人 20 天后到了那里，还能"见到庭院地上浸透着人的鲜血！"并发现"抛满尸体的河道仍旧带红色"。他们"因亲眼目睹了人类屠杀的可怕证据而感到不寒而栗"。

12月12日攻陷无锡后，李鸿章统率的淮军照样滥杀6000余名无辜的居民。惨遭杀戮者的"唯一的罪名就是因为居住在太平军的城市里"。

对常州也进行了同样的烧杀抢掠。曾国藩的幕僚赵烈文是常州阳湖县人。他当时看到家乡的"残象"是：

> 城中情形，惨不可闻，尸骸遍地。渠到时为五月底，距城破已五十余日，尚未检拾，臭气四塞。房屋俱被兵占住或毁坏，莫敢一言……乡间弥望无烟，耕者万分无一。

在太仓，一位外国目击者这样记下了淮军"最精细地"对太平军俘虏施用的"残忍酷刑"：

> 他们的衣服全被剥光，每个人被绑在一根木桩上面……他们身体的各个部分全被刺入了箭簇，血流如注。这种酷刑还不能满足那些刑卒的魔鬼般的恶念，于是又换了另一种办法……从这些俘虏身上割下了，或者不如说是砍下了一片片的肉……这些肉挂着一点点的皮，令人不忍卒睹。……这些可怜的人们在数小时之内都一直痛苦地扭动着。大约在日落时分，他们被一个兽性的刽子手押到刑场上，这些家伙手里拿着刀，急欲把自己的双手染满鲜血，简直像个恶魔的化身。

他抓住这些不幸的牺牲者，威风凛凛地把他们拖到前面，嘲笑他们，侮辱他们，然后把他们乱剁乱砍，用刀来回锯着，最后才把他们的头砍断一大部分，总算结束了他们的痛苦。

据不完全统计，从1862年5月淮军与英法干涉军、常胜军会攻南桥开始到1864年5月淮军与常胜军攻陷常州为止，他们仅在苏南几次较大的战役中就杀害了太平天国军民10万余人。

戈登是常胜军的头目。这个曾经参加过焚烧圆明园的英国军官与李鸿章配合得很默契。他觉得李鸿章对付太平军富有智慧，是一个高明的战略家，还亲自写奏报称赞李鸿章是一个天才。

残酷镇压太平军的确改变了这个"天才"的命运。李鸿章本来是一个儒生。他于1847年中进士，朝考后改翰林院庶吉士。1850年散馆授编修。如果沿着传统的升官之路走下去，李鸿章晋升的速度肯定要慢得多。有一度，他发出了"昨梦封侯今已非"的感叹。"有军则有权"。正是靠着恩师曾国藩的训导、提携，李鸿章通过编练淮军，绞杀太平军，才得以迅速起家。1862年8月，练就6500名"李家军"（即淮军）的李鸿章踌躇满志地当上了江苏巡抚。在那些日子里，他始终以"不要钱，不怕死"六字"刻刻自省"，常常是"日处营中，自朝至夜，手不停披，口不息办，心不辍息"，使尽浑身解数思忖着怎样才能早日把太平军镇压下去。果然，随着李鸿章日后出色的"剿贼立功"表现，他得以进一步升官晋爵。1865年，年仅43岁的李鸿章奉命署两江总督。

到1866年底，李鸿章又肩负起督师绞杀捻军的重任。这位善于对付农民军的"天才",采用"划河圈地""以静制动"等方针,用了不到两年时间就把捻军投入血泊之中。清廷论功行赏,李鸿章赫然首位。1868年7月10日,这位"剿捻"功臣被赏加太子太保衔,同时荣升协办大学士。他得到的这种褒奖,连他的恩师曾国藩也有点儿眼红和嫉妒,因为曾国藩是个"剿捻败将",没有受到任何奖赏。

10月5日,李鸿章奉命抵京入觐。在北京,他着实风光了一把,因为他不仅拜谒了慈禧和同治皇帝,而且被赐予紫禁城内骑马如仪。

李鸿章是个孝子。就在这年岁末,他回合肥省亲扫墓。面对列祖列宗,李鸿章心里明白,他近年内得到的一连串惊喜,是拼命绞杀太平军、捻军带来的……

正是有了这一段不平常的经历,后人说李鸿章是一个刽子手。这种说法过分吗?冤枉他吗?一点儿不过分,更谈不上冤枉。李鸿章确实是一个镇压农民起义的刽子手。这是他的阶级地位所决定的。

第一流的洋务人才

就在李鸿章以儒生起家军旅,且在仕途上扶摇之时,华夏大地上兴起了名噪一时的洋务运动。热衷于此事的是一些王公贵族、军政大员、买办商人、地主士绅和新派知识分子。后人说他们是洋务派。在那些举足轻重的"洋务"大员中,军机大臣文祥和曾国藩死得早,张之洞到后期才崛起,恭亲王奕䜣既"柔软"又被慈禧长期置闲,只有李鸿章始终站在这股潮流的前端,是一面旗帜。

李鸿章的知己郭嵩焘曾说过：李鸿章办洋务"能见其大"。所谓"能见其大"，是指李鸿章能够识时局，知变计，敢于向"祖宗成法"挑战。郭嵩焘在英法给李鸿章写的信中，尊称李为"傅相"或"伯相"。在郭嵩焘的眼中，居古相国之位的李鸿章，是中国第一流的洋务人才。

郭嵩焘被后人目之为近代中国"孤独的先驱者"。他对李鸿章的看法很到位。的确，面对当时"外忧内患，至今已极"的可危情形，李鸿章深感大清帝国不能照"老谱"统治下去了。1865年，他提出了"千古变局"的命题，认为"识时务者当知所变计耳"，绝不应昏睡于"天朝上国"的迷梦之中。他在给恭亲王奕䜣等人的信中写道："事穷则变，变则通"；"我朝处数千年未有之奇局，自应建数千年未有之奇业"。在他看来，举办洋务，向西方学习，"借法自强"，是"处奇局建奇业"的必经之路。

"借师助剿"——与洋枪队、常胜军合作镇压太平军，包括对外战争使李鸿章"深以中国军器远逊外洋为耻"，因此他的"自强"之道，自然是从军事改革，也就是学习西方的"船坚炮利"入手。据说，他算过这么一笔账：一发英国的普通炮弹在市场上可以卖到30两银子，1万发铜帽子弹也要19两银子。中国只要有了"开花大炮""轮船"两样东西，就有了让西方人忌惮的法宝。

基于这种认识，他不但着手从外国购置了新式枪炮，而且还主持创办了一批著名的军事工业：

1863年（同治二年），他请精巧匠人，创设了中国第一个近代军工企业——上海"炸弹三局"。

1865 年（同治四年），他又相继建立起了江南制造总局（简称"沪局"）和金陵机器局（简称"宁局"）。

1870 年（同治九年），他控制了天津机器局（简称"津局"）。

沪局、宁局、津局虽然名曰机器局，但实际上都是专门制造武器装备的军工企业。

据统计，到 1894 年（同治四年至光绪二十年），洋务派合计创办了 22 个军工企业，投资总额约为 5000 万两，而李鸿章控制的沪、宁、津三局所耗的资金约占了投资总额的 50%。

对于李鸿章的这些活动，有人批评说是为了镇压人民革命，因此是反动的。然而，如能客观地审视一下当时的实际情形，就会发现这种批评似欠公允。因为李鸿章军事改革的初衷虽包含了镇压人民革命之意，而太平军、捻军等农民起义也正是他伙同曾国藩、左宗棠等人用洋枪洋炮绞杀的，但是，从刀矛剑戟到洋枪洋炮，清政府军事力量的加强，并不仅仅意味着对人民来说是一种灾难。无论怎么讲，从抵御外侮角度着眼，也是符合中华民族利益的。比如，江南制造总局在甲午战争期间加班加点，日夜生产，为前线提供弹药是人所熟知的事。考虑到后一种因素，李鸿章从事的军事工业活动显然不宜笼统地加以否定。

随着军事工业的兴起，李鸿章还逐步意识到"自强"与"求富"的连带关系。他感到只靠"船坚炮利"，难以达到"强"的目的，"必先富而后能强"。于是，从 1872 年起，他陆续派员兴办了上海轮船招商局、开平矿务局、上海机器织布局、天津电报局、平泉铜矿、中国铁路公司、华盛纺织总厂等一批民用性工矿企业。

据统计，洋务派先后创办了 47 个民用企业。到 1894 年甲午战争前，能够正常生产的 30 个企业合计资本约为 3900 万元。而其中李鸿章创办和控制的几个较大企业的资本，约占洋务派民用企业资本总数的 44% 以上。

这些民用企业的出现，为那些拥有大量资金，并渴望追逐高额利润，但又无奈外国资本主义和本国封建主义的重重阻力而不能独立经营的私人资本提供了投资的场所。据 1882 年 6 月 9 日《申报》报道："现在沪上股分风气大开，每一新公司起，千百人争购之，以得股为幸。"1883 年 1 月 22 日《字林西报》也说：凡开矿公司"一经禀准集股"，商人们"无不争先恐后，数十万巨款，一旦可齐"。

这些企业还在一定程度上抵制了外国商品的输入和外国资本的扩张。招商局的成立，多少打破了外轮垄断中国航运的局面。旗昌洋行就是被它挤垮的。据统计，从 1872 年至 1880 年，经过九载经营，使"华商运货水脚，少入洋人之手者，约二、三千万两"。因此，难怪李鸿章极其兴奋地说：从此中国轮船畅行，"庶使我内江外海之利，不致为洋人占尽"。

在兴办近代民用企业的同时，洋务派的大员们还将军事工业的重心从陆上移到筹建新式海防方面。

对于筹建海防一事，李鸿章极为热心。他毫不掩饰地袒露道："西人专恃其炮轮之精利，横行中土"，"而我所以失事者，由于散漫海防"，现在筹议海防，理应"必鉴前辙"。1879 年，他在天津设立水师营务处，负责处理海军的日常事务。1885 年，海军衙门设立后，他和庆亲王奕劻担任会办，协助总理海军事务的醇亲王奕譞（光绪皇帝的生父）工作。和这两位王爷相比，李鸿章是个实干家。他遂以整顿海防为名，加速北洋海军的建设。1888年，清政府批准《北洋海军章程》，任命丁汝昌为北洋海军提督，林泰曾为左翼总兵，刘步蟾为右翼总兵。正式成军的北洋海军，购进包括"定远""镇远"两艘铁甲舰在内的大小舰只20余艘，在旅顺口、大连湾、威海卫等地布置防务，修筑炮台，旅顺口和威海卫成为北洋海军的两个基地。北洋舰队成为当时最大的一支海军。而这一切，都是李鸿章苦心经营的结果。这支海军虽然后来败于日本之手，但它在对外反侵略战争中所起到的积极作用是抹杀不了的。

培养人才也是李鸿章提倡最力的。人所共知，在洋务运动初期，国内掌握近代科学技术的人才寥若晨星。但是，要"求强""求富"，没有掌握先进科学技术的人才怎么行呢！李鸿章首先看到了这个问题的严重性和必要性。他曾经再三强调："培养人才，实为自强根本"。在他的运作下，相继创办了天津水师学堂、天津武备学堂、威海水师学堂、旅顺鱼雷学堂、天津电报学堂、天津西医学堂等一批新式学校。他还力排众议，派人赴美、英、法等国出洋留学。结果，培养和造就了一批懂得物理、化学、电学、测量、地图绘制、机器与轮船制造及军事科学的新型技术人才。对于这些，恐怕谁也不能说是件坏事吧！

要知道，李鸿章的上述活动都是在反对者群相毁谤的逆境中进行的。在一些守旧者眼里，凡是"祖宗成法"中没有记载的东西，无疑是"离经叛道"。有一位名叫丁立钧的翰林院编修曾说："唐虞患洪水，商季患戎狄、猛兽，春秋患乱臣贼子，今日之患未有如侈谈洋务之大者也。"他的这番话颇能折射出当时守旧人士的心态。这样一来，李鸿章自然成为他们攻击的首要目标。当时，李鸿章几乎每干一件实事，都会遭到守旧人士的蜂窝弹劾。面对各种非议，李鸿章非但没有退缩，反而很自负地讽讥那些浑浑噩噩的毁谤者："外患之乘变幻如此，而我犹欲以成法制之，譬如医者疗疾不问何症，概投之以古方，诚未见其效也。"他写信告诉自己的朋友："今日喜谈洋务乃圣之之时。人人怕谈厌谈，事至非张皇即卤莽谈、天下赖何术以支持耶？中国日弱，外人日骄，此岂一人一事之咎！过此以往，能自强者尽可自主，若不自强则事不可知。"一个封建大员敢如此斥守旧而不避人君，精神可谓难得。

然而，李鸿章心中的富强梦，直到他 1901 年辞世，仍如水中月、镜中花。

他的悲剧在于：只关注富强而不究政教，只重器物"末技"而忽略风俗人心。他在兴办企业时选择的"官督商办"模式，曾被他自认是最好的方案，结果是弊端丛生。以轮船招商局为例：李鸿章起初任用漕帮中人管理招商局，后来改用怡和洋行的买办唐廷枢为招商局总办。改组后的船主大都成了经理人员，同时也接受朝廷的职封和俸禄。这些人又让亲朋好友在公司中担任职务，因此，它既不是官办企业，也不是现代意义上的私营企业，而是一种官商合办的谋利性四不像机构。结果，甲午一战，他的洋务事业只能走到"此路不通"的狭地。

应当怎样评价李鸿章的洋务活动呢？列宁说过："判断历史的

功绩，不是历史活动家有没有提供现代所要求的东西，而是根据他们比他们的前辈提供了新的东西。"如果用这个尺度来衡量李鸿章，就不得不承认他从事的洋务活动"提供了"不少"新的东西"。是他，创建了中国第一个新式军工企业；是他，创建了中国第一条铁路；是他，创建了中国第一个电报局；是他，创建了中国第一个新式纺织厂；是他，创建了中国第一个新式轮船公司；是他，创建了中国第一支近代化海军舰队。他的蓝缕之劳，当然也包括走过的弯路，后人理应铭记不忘。

一系列不平等条约的签订者

李鸿章为官 40 年，正是中国一步步沦为殖民地半殖民地的 40 年。中国沉沦的标志，是一系列丧权辱国条约的签订，如 1876 年的中英《烟台条约》、1885 年的《中法新约》、1894 年的中日《马关条约》、1896 年的《中俄密约》、1900 年的《辛丑条约》，等等。这些不平等条约使中国蒙受了割地赔款、开放通商口岸、片面最惠国待遇、允许列强划设租界、允许列强划分势力范围、允许外国在华驻军、允许洋人管理海关行政、允许贩卖鸦片等灾难性打击。用英国人赫德的话说，条约为他们在华取得了所要求的一切。饱尝屈辱之苦的中国人，把这些不平等条约喻为勒在炎黄子孙脖子上的绳索。而这些不平等条约的中方签字者大多是李鸿章。由此，一提到李鸿章，人们自然要说他是一个卖国贼。

李鸿章在外交上第一次扮演不光彩的角色是 1876 年。8 月 21 日，他作为清政府的首席代表自天津来到烟台，与英国驻华公使威妥玛开始了因马嘉理案引发的中英交涉。此前，威妥玛曾以撤使、绝交、用兵相威胁。为了进一步施压，英国军舰开进了烟台。其时，醇亲王奕谡主张与英国人决裂开战。李鸿章则认为大清国不能在外交上走老路，即事端一出，动辄开战，战则必败，败则议和，和则割地赔款。正是基于这种思路，作为全权代表的他，满足了英方提出的赔款、道歉、允许开放口岸等要求，于9月13日在《烟台条约》上签了字。尽管英国人事后说"这个文件既不明智也不实用，毫无意义，是一堆冗言赘语而已"；李鸿章也辩称经他"妥为商议"的条约，从此可以"驾驭"外人，"二十年内或不至生事耳"，但他还是招来了卖国的骂名。所谓"二十年内或不至生事耳"，更是痴人说梦，因为《烟台条约》签订不到10年，李鸿章又卷进了中法和战的旋涡。

1894年爆发的中日甲午之战使李鸿章受到了连续性的打击。其时，在前线作战的大部分是他的部属——淮军。到年末，由于淮军屡败，朝旨严责李鸿章"日久无功，命拔去三眼花翎，脱去黄马褂，并交部严加议处"。然而，当1895年2月17日日本联合舰队开进威海卫，堂堂大清国败于一个弹丸小国之后，清廷竟顾不得"天国颜面"，遂起用李鸿章去日本议和。于是，李鸿章作为清政府的全权代表于1895年4月17日在《马关条约》上签了字。根据这个条约，中国付出了割让辽东半岛（后以3000万两银赎回）、台湾全岛及所有附属各岛屿、澎湖列岛给日本；赔偿日本军费银2万万两；开放沙市、重庆、苏州、杭州为商埠；日本臣民可以在通商口岸设厂制造工业品，并免征一切杂税等沉重的代价。打这之后，中华民族进一步堕入半封建半殖民地的苦难深渊。

尽管李鸿章在日本谈判期间被一名刺客击中，子弹仍留在左眼下的骨头缝里，但国人没有同情这个差点丧命的外交官。他于1895年4月20日回国后，迎来的是一片痛骂声：朝廷斥责他办事不力，官员说他丧权辱国，民间暗示他拿了日本人的银子，更有人公开声言要杀掉他以雪"心头奇耻大辱"。由于遭到全国人民的强烈抗议和反对，李鸿章迅速从仕途的顶峰跌落下来，先后失去了直隶总督、北洋大臣的宝座，只得闲居在北京东安门外的贤良寺内。

然而，清廷还是离不开李鸿章。仅仅过了一年，他竟又东山再起。其缘由是：1896年5月，沙皇尼古拉二世将要举行加冕典礼，各国均派特使致贺，清政府拟派布政使王之春前往。俄国驻华公使喀西尼嫌王之春"人微言轻，不足当此责"，向清政府提出抗议。于是，清政府改派李鸿章为"钦差头等大臣"赴俄。当然，除了屈从于俄国的因素外，还有基于"联俄制日"的战略考虑。甲午战后，不断崛起的日本给中国造成威胁和大量的损失，清政府想利用日本和俄国在中国东北的矛盾，联合俄国来限制日本在中国的扩张。清廷希冀李鸿章完成这一使命。

1896年4月30日，李鸿章一到彼得堡，就和沙皇财政大臣维特进行会谈。谈判中，维特向李鸿章提出在中国境内"借地修路"，并把此举作为俄国"支持中国的完整性"的筹码来诱骗。结果，跌进俄方陷阱的李鸿章于6月3日在《中俄密约》上签了字。这一条约的签订，使沙皇俄国不仅骗取了在中国东北修筑过境铁路的特权，并为日后侵入中国打开了方便之门。据说，李鸿章情愿在"密约"上画押，与其接受重金贿赂有关。时任外交部副司长的沃尔夫在回忆录中这样写道："李鸿章带着这个签了字的条约和袋子里的200万卢布返回北京。在东方，良心是有它的价钱的。"不过，当事人维特从未提过李鸿章受贿之事。

1900年盛夏，大清帝国又到了毁灭的边缘。8月15日，八国联军攻陷了北京，慈禧太后带着光绪皇帝和部分大臣逃往西安。此刻，李鸿章再度成为"唯一必须起用的人"。朝廷的电报一封接一封地到达广州，要求时任两广总督的李鸿章北上与攻打这个国家的洋人议和。由是，李鸿章得以官复原职——被调任直隶总督兼北洋大臣。慈禧离京前的最后一纸任命是："着李鸿章为全权大臣"。外国联军也随即宣布：整个京城除了"两个小院落仍属于清国政府管辖"之外，均由各国军队分区占领。那两个小院落一个是李鸿章居住的贤良寺，一个是另一位议和代表庆亲王的府邸。11月初，联军照会李鸿章和庆亲王，提出议和谈判的六项原则：惩办祸首；禁止军火输入中国；索取赔款；使馆驻扎卫兵；拆毁大沽炮台；天津至大沽间驻扎洋兵，保障大沽与北京之间的交通安全自由。这六项严重侮辱国家主权的"原则"，让李鸿章意识到列强犹如"虎狼群"。尽管湖广总督张之洞联合南方的封疆大臣，力主不能在《议和大纲》上"画押"，但因联军没有将慈禧太后列为祸首，也未让她交出权力，于是朝廷给李鸿章回电："敬念宗庙社稷，关系至重，不得不委曲求全。"1901年1月15日，李鸿章和庆亲王代表大清国在《议和大纲》上签字。其中有一款规定：大清国赔款4亿5千万两白银，分39年还清，年息4厘。列强们说：4亿5千万中国人，"人均一两，以示侮辱"。9 月 7 日，李鸿章按照朝廷"应准照办"的指令，又与 11 国签订了屈辱的《辛丑条约》。这是加在中国人民身上的又一副沉重的枷锁。它使中国的主权丧失殆尽，中国完全沦为半封建半殖民地社会。

李鸿章是在签完《辛丑条约》整整两个月后的那一天离开人世的。据在场的人说，他临终时"两目炯炯不瞑"。李鸿章在弥留之际为什么忧思惶恐，不能安详地离去呢？惓念危局固然不假，但顾忌身后挨骂更让他难以"庶无遗憾"地合上眼睛。因为他最后完成的一项使命是把国家的财富和主权交给了洋人。

那么，应当怎样理性地看待李鸿章经办的"外事"活动呢？显而易见，也务必进行实事求是的具体分析。

不可否认，李鸿章代表清政府与外国列强签订了一系列的不平等条约，给中国带来了巨大的民族灾难。用谭嗣同的话说："吾人积愤于国耻，痛恨于和议，而以怨毒集于李之一人。"但义愤毕竟不能代替科学的历史分析。如若对当时的实际情形做些具体的考察，就会得出其责任并不专在李鸿章一人的结论。从签订《马关条约》来说，甲午战争时，恰逢西太后六旬大寿，这个抱定"宁赠友邦，不予家奴"的清廷主宰者竭力主张从速和解了事，以免影响她的庆典。据有人统计，这次万寿庆典共挥霍白银不下 1000 万两，而这些白银竟是挪自"边防经费"和"铁路经费"。慈禧过生日那天——1994 年 11 月 7 日，日军攻陷了大连，她却照样在禁宫升殿受贺，大宴群臣，并连续放假 3 天。如果没有这个说一不二的铁女人的首肯，李鸿章是不敢在条约上签字的。所以，应当说这次"议和"的决策者、拍板者是慈禧太后。

还有一个事实也不应忽视，那就是这次"议和"是在清政府全面战败的情况下进行的。李鸿章是战败国的使臣，战败国在战场上失去的东西，是很难在谈判桌上挽回的。李鸿章在谈判中几乎没有任何讨价还价的资本。尽管他使尽浑身解数，还是饱尝了屈辱的苦涩。显而易见，在敌人炮口下的"议和"，清政府无论派谁为"议和"代表，都不可能改变战败受辱的地位。更何况，清廷起初派遣的议和代表是张荫桓和邵友濂，张、邵已经赴日抵达谈判地点广岛，只因日方发现张、邵的全权证书中有"妥为一切事件"须"电达总理衙门转奏裁决"的限制，拒绝与其谈判，清廷才下令召回张、邵，改派李鸿章为全权代表。当时，中方头等参赞官伍廷芳有感于中国使节受的耻辱，不禁叹息道："我将卒苟能奋勇于疆场，不容其猖披，何致就彼而受此欺慢？欲消此恨，其在将与兵焉！和局易成与否，亦在战争之胜负判也！"

另外，近年来经过大量研究发现，李鸿章赴日与伊藤博文进行过 7 次谈判。但因日本情报机关早已破译了清朝驻日使馆发送电报的密码，日方对李鸿章和清廷之间的联系了如指掌，对光绪皇帝给李鸿章的赔款数——2 亿两白银的底线十分清楚，因此在谈判中寸步不让，最终获取了最高的利益。

由此可见，《马关条约》的最后签订，李鸿章虽然有不可推卸的责任，但这笔烂账却不能统统算在他个人的头上。

经李鸿章之手签订的另一个重大的卖国条约《辛丑条约》，从清政府方面来说，更是由慈禧太后一手造成的恶果。这个女人的对外态度是：量中华之物力，结与国之欢心。李鸿章是奉旨办事，是慈禧太后命令他"不得不委曲求全"的。

总之，签订这么多不平等条约不能说是李鸿章一个人的错误，其责任不应由他一个人全部承担。所谓"弱国无外交"，以当时清朝的实力，换作其他人去交涉，谈判结果恐怕差不多。只不过，李鸿章多次奉命充当了这种不光彩的角色，在近代外交领域留下了太多印记。他活着时，经常在正剧中坐庄，是那样的煊赫、那样的尊荣、那样的热闹，但内心的苦涩和悲凉，只能深藏在历史给他的躯壳中。

理性思维告诉我们，李鸿章应该是这样一个人：他是中国近代史上一个重量级的复杂人物。他不是一般的重臣，而是一个超级重臣。他靠绞杀太平军和捻军起家，是一个镇压农民革命的刽子手。他创办过一大批有利于中国近代社会发展的新式企业，是第一流的洋务人才。他代表清政府签订过许多丧权辱国的不平等条约，应承担重大责任，是一个误国者。如果你能这样认识和记住李鸿章，他就没有走样和失真。

（原载《人民论坛》2003 年第 8 期，
原标题为《李鸿章其人其事》）

李鸿章与签订《马关条约》

这是 19 世纪末震惊世界的一幕。

1895 年 3 月 24 日，日本广岛春帆楼附近。

这天下午 4 时 15 分，中国的全权议和代表李鸿章与日本首相伊藤博文、外务大臣陆奥宗光结束第三次谈判，自春帆楼乘轿返回寓所途中，亦即 4 时 30 分，一名暴徒突然冲到轿前，轿夫兼卫士尚未反应过来，"砰"的一声，一粒子弹击中了李鸿章的左颊。李鸿章顿时血流满面，一度不省人事。受害者虽然没有死，但不得不通知日方"不能出席定于次日召开的会议"。

一个外国使臣被所在国的国民刺伤，实在是一件丑闻。国际舆论为之哗然。日本政府也极为狼狈。外务大臣陆奥宗光最大的担心是："若李鸿章以此为借口，中途归国，对日本国民的行动痛加非难，巧诱欧美各国，要求他们再度居中周旋，至少不难博得欧洲二三强国的同情。"假如"引出欧洲列强的干涉，我国对中国的要求也将陷于不得不大为让步的地步"。

按理说，清朝政府和李鸿章本人应充分利用这一事件，争取外援，以"酿成国际异变"，可悲的是没有这样做。

在李鸿章受伤前，日本的策略是，一方面在谈判桌上，对清使进行恫吓和要挟；另一方面仍然派兵攻打中国的棚户，以加重谈判桌上的筹码。清廷恰恰害怕的就是战争继续打下去，因此迫切希望早日停战，一切回到谈判桌上来。行刺李鸿章的事件发生后，日本顾及其他列强干涉以退为进。首相和外交大臣亲临病榻慰问李鸿章于前，天皇降诏严惩凶手于后。尽管李鸿章看出日本的做法不过是"敷衍外面"，自己却压根儿没打算中途退出谈判，以示抗议。3月28日，当日本外交大臣陆奥宗光再次亲至李鸿章寓所，通知日方已允诺停战时，"绷带外面仅露一眼"的李鸿章，竟"露出十分高兴的神情"。

就这样，日本担心的一场风波，化险为夷了。

谈判继续进行。

4月1日，伊藤拿出合约的底稿。李鸿章看后为之愕然，他没有想到日方的贪婪竟这么苛刻："要求中国承认朝鲜独立自主"；要求中国割让奉天南部、台湾、澎湖列岛；要求中国赔偿日本军费银3万万两；要求缔结新的通商行船条约，开放重庆、杭州等7处为通商口岸；日本臣民可以在中国设厂从事各种制造，并能输入机器；等等。

尽管是全权大臣，李鸿章也不敢做主吞下这个苦果。他明白，签订后的条约不是李鸿章的条约而是皇帝的条约。为了使每一个字都让皇帝知道，李鸿章在即日傍晚即将条约稿电达北京。

日本首相伊藤等得不耐烦了。4月6日，他发出照会，催促李鸿章"勿再延缓"，尽快对日方条约稿做出明确答复。

李鸿章又电告北京："鸿断不敢擅允，惟求集思广益，指示遵行。"

其时，清廷决策层人士对日方条约稿，仍态度不一。

皇室要员，当时的外交机构——各国总理事务衙门的主管恭亲王奕䜣和军机大臣、兵部尚书孙毓汶主张割让台湾，保住奉天，尽快议和。

帝师翁同龢"立言台湾不可弃"，与礼亲王世铎、庆亲王奕劻发生龃龉。

光绪皇帝从感情上是倾向翁同龢的，但究竟采纳谁的意见一时做不出抉择。4月7日，只好让总理衙门电告李鸿章：奉天和台湾，"朝廷视为并重，非至不得已，极尽驳论而不能得，何忍轻言割弃？"

明眼人不难看出，这封语义含糊的电旨，暗寓"极尽驳论而不能得"时，可以弃地。

日方截获了这份密电，完全摸清了中国的底牌。

4月9日，李鸿章将和约修正案交给日方。

4月10日下午4时15分，中日全权代表又在春帆楼开始第五次谈判。

闲谈片刻后，伊藤拿出对中国修正案的复问，要求中国割让辽东半岛、台湾、澎湖，赔款白银2万万两，并蛮横地告诉李鸿章："日本已让至尽头"，中国"只有同意，不同意这两句话！"

李鸿章忍辱负重，哀声乞怜。

伊藤"悍然不顾"，进而威胁说，中国若不同意，日方决议再战，眼下广岛已有60只船舰做好了出征的准备。

会谈进行到 6 时 30 分结束。

回到寓所，李鸿章马上急电北京，说自己以"力竭计穷"，切盼皇帝降旨明示。

次日，伊藤又致函李鸿章，声称昨日所交谈合约条款"实为尽头"，"中国或同意或不同意，务于四日内告明。其四日限期，系从昨日算起"。

4 月 12 日，焦急中的李鸿章盼来了北京的回电。光绪皇帝指示他继续与伊藤"磋磨"，争取减少赔款，"允其割台之半"，但辽东半岛的"牛庄营口在所必争"，倘若实在无法商改，同意"即与定约"。

4 月 13 日，李鸿章连复三电，强调日方"词气极迫"，已没有回旋余地，要是不按时定约，京师难保。

到此刻，清廷彻底打消了讨价还价的念头。4 月 14 日，光绪皇帝回电李鸿章，说原希冀争得一分之算一分，现在既然难以商改，就遵旨与之定约吧。

大概是出于履行皇帝能"争得一分有一分益"指示的考虑吧，李鸿章在 15 日进行的第六次谈判中，又不惜费尽唇舌，向伊藤哀求将赔款减至 1.5 万万两，并希望以"少许之减额，赠作回国的旅费"。作为一个外交官，李鸿章的这种举动不免有点失态。

4 月 17 日上午 10 时整，中日和议第七次会谈，亦即最后一次会议又在春帆楼开始。实际上，这次会议"不过是举行一种签字仪式而已"（陆奥语）。11 时 40 分，当李鸿章和伊藤分别代表本国在合约上签完字时，伊藤的脸上露出了满意的笑容。根据这个合约，结果付出了如下的代价：

割让辽东半岛、台湾全岛及所有附属各岛屿、澎湖列岛给日本；赔偿日本军费银2万万两；开放沙市、重庆、苏州、杭州为商埠，日船可以沿内河驶入各口；日本臣民可以在通商口岸设厂制造工业品，并免征一切杂税……

这就是割我沃土、索我巨款、毁我经济的《马关条约》（又名《春帆楼条约》）。仅就赔款一项而言，就给父母之邦带来了沉重的负担。当时清政府的年收入不过7千万两，即使全部用于偿付赔款，也需要好几年。据日本前外务大臣井上馨透露："在这笔赔款以前，日本财政部门根本料想不到会有好几亿日元的收入。日本一年全部收入只有8千万日元。所以一想到现在有3.5亿日元滚滚而来，无论政府或私人顿觉无比的富裕。"

它是一个罪恶的里程碑！

打这以后，中华民族又进一步堕入半封建半殖民地的苦难深渊。

事到如此，李鸿章作何感想呢？他会认为这一灾难是由他个人造成的吗？他会自责吗？

还在东渡日本之前，他就意识到这是一项屈辱的使命，是一项"沉重而不得人心的任务，不但为全国人所咒骂，也许还要受到政府的公开谴责"。后来的事态发展果然证明，这次交涉确使李鸿章"一生事业，扫地无余"。当画押的消息传到北京时，内至宗室王公、部院、谏垣，外至直省督抚、一般士大夫，"莫不交章谏阻"，把一腔怨愤倾泄在李鸿章身上，形成一种"国人皆曰可杀，万口一词"的局面。

其实，人们的指责未必公平，时人的意气多于冷静的分析。李鸿章是战败国的使臣，战败国在战场上失去的东西，是很难在谈判桌上挽回的。李鸿章在谈判中几乎没有任何讨价还价的资本。尽管他使尽了浑身解数，到头来还是饱尝了种种屈辱的苦涩。他的屈辱就是战败国的屈辱。他是在争得皇帝的同意后，才被迫吞下这个苦果的。这个苦果早在李鸿章出使之前，日方就给准备好了。签字画押的罪名不是由李鸿章代清政府吞下，就会有另一个使臣来吞下，可历史老人，却偏偏安排李鸿章充当了这个不光彩的角色。

不是吗？

本来，清廷遇上一年8月1日对日宣战就是出于无奈。当时，恰逢慈禧太后的六旬大寿即将临近。还在两年前，他就指派首席军机大臣世铎"总办万寿庆典"。世铎把庆寿活动视为高于一切的头等大事，派出大批人马采办寿品。据记载，"万寿庆典"的耗资是相当惊人的。仅给慈禧备办龙袍、龙褂、氅衣、衬衣、各色蟒缎、大小卷缎绸等衣物面料一项就耗银23.2万两。为了粉饰太平，自颐和园到西华门，沿路还搭建了龙棚、龙楼、经棚、戏台、牌楼、亭座及点设景物等，耗银多达240万两。此外，备办玉册、玉宝、金辇、轿舆、宫廷点缀和修缮、筵宴、演乐、唱戏、赏用物品也耗去不少银两。据有人统计，这次"万寿庆典"，共挥霍白银不下1000万两，相当于清政府岁收入的六分之一，而这些银两有的竟是挪自"边防经费"和"铁路经费"。当战争打响后，慈禧虽也假惺惺地发布懿旨："自六月后，倭人肇衅变乱，藩封寻复，毁我舟船，不得以兴师致讨。可下，干戈未戢，征调频繁，两国生灵均罹锋镝，每一思及，悯悼何穷？……兹者庆辰将届，予以休心偓耳目之视，受台莱之祝耶？所有庆辰典礼，著仍在宫中举行，其颐和园受贺礼，宜即行停办。"但这仅仅是官样文章。事实上，"庆辰典礼"的活动仍在极其铺张地进行着。11月7日，即日军攻陷大连的当天，迎来了慈禧的六旬"整寿"。于是，一幕咄咄怪事出现了：当国土沦陷，人民遭难之际，慈禧却在禁宫中升殿受贺，大宴群臣，并连续放假3天赏戏。

"今日到南苑，明日到北海，何日再到古长安？叹黎民膏血全枯，只为一人歌庆有；五十割琉球，六十割台湾，而今又割东三省！痛赤县邦圻盖蹙，每逢万寿祝疆无。"章太炎的这则联语是当时慈禧太后奢靡生活的真实写照。

果然，当战争只进行了一个多月的时候，慈禧太后就急于求和。9月29日，她和光绪皇帝召见翁同龢，派翁赴天津去见李鸿章，命其托俄国驻华公使从中调停。10月初，军机大臣孙毓汶和徐用仪又把视线转向英国人赫德。赫德曾这样记述道：10月6日，"孙毓汶、徐用仪和我自下午4点钟谈到6点钟。他们俩人几乎痛哭流涕，愿意接受任何好的建议，答应今后办这样办那样"。当时，主持总理衙门工作的是庆亲王奕劻，不少枢臣感到他平庸无能，要求重新起用10年前被慈禧太后罢免的恭亲王奕䜣。按慈禧的本意，是不情愿起用这位小叔子的。她曾对人讲："我一听到他的名字就头痛。"但考虑到恭亲王的国际影响，只得批准让他再度出山，并使其得到军事和外交上的最高指挥权。不过，闲居了10年的恭亲王，早已失去了当年的锐气。他在给密友宝鋆的一首诗中写道："纸窗灯焰照残更，半砚冷云吟未成；往事岂堪容易想，光阴催老苦无情。风含远思翛翛晚，月桂虚弓霭霭明；千古是非输蝶梦，到头难与运相争。"更何况，奕䜣心里也明白，慈禧太后让他复出，并不是要他把战争继续打下去，而是旨在利用他的影响进行外交上的联合工作。所以，他一旦大权在握，便把全部精力用于寻求外交解决的途径，即使割地赔款也在所不惜。

当时，在前线作战的大部分是李鸿章的部属——淮军。因淮军屡败，声名狼藉，言官纷纷参劾李鸿章。翁同龢的谋士文廷式曾直言不讳地说李鸿章与日交战是出于无奈，"并非本意"，甚至妄说李鸿章在日本有存银数百万两，他的儿子李经方在日本开办了三所洋行。为了扭转前线颓势，奕䜣采纳了军务处建议，调湘军将领刘坤一主持战事，李鸿章遂被"拔去三眼花翎，褫去黄马褂"，遭到降职的处分。然而后来的事实表明，湘军和淮军没有什么两样，刘坤一也并非安邦定国之才。就连文廷式也失望地说：刘坤一坐镇山海关，某天有人造谣日本兵来了，"坤一惧而三徙，其怯谬如此。举国望湘军若岁，至是乃知其不足恃"。到1895年岁末，慈禧太后感到打了将近5个月的战争已威胁到王朝的安全，便作出了派遣张荫桓、邵友濂赴日乞和的决定。

然而，日本方面竟然又在议和代表的全权问题上大发淫威，故意侮辱中国。本来，按照国际惯例，交战国双方若开始和谈，就应实行休战。清政府也满以为和谈一开始，双方即可停战。可是日方却通知中方："停战时间须在两国全权委员会商后，始能明言"。对于日本这种违反国际惯例的做法，软弱的清政府竟屈辱地默认了。

紧接着，清政府要求日方提供谈判代表的名单，不料日本又我行我素，一口加以拒绝。此事连从中调停的美国驻华公使田贝也感到"未免过分"。

过分的举动仍在继续加剧。

1895年1月26日午夜，亦即旧历春节那天，张荫桓、邵友濂等一行怀着颓丧的心情乘船离开上海。经过两天两夜的漂泊，1月28日到达日本长崎。30日转神户，次日来到谈判地点广岛。

日本把广岛定为谈判地点也是经过精心策划的。按照美国人的说法，他们是想把中国的议和代表"孤立起来"。这是一座防御工事非常牢固，并且有重兵把守的城市。中国代表一到那里，"将被监禁起来"。

在张荫桓一行到来的前一天，亦即1月27日，日本大本营连忙召集当时在广岛的阁员及高级幕僚，就两国媾和问题举行内阁会议。刚刚上任的参谋总长陆军大将小松彰仁亲王、内阁总理大臣伊藤博文、陆军大臣山县有朋、海军大臣西乡从道、海军军令部部长桦山资纪、参谋本部次长川上操六等出席了会议。会议确定了"以此次中日两国开战主因之朝鲜独立、割让土地、赔偿军费及将来帝国臣民在中国通商沿海之利益等问题为重点"的和谈条约方案。明治天皇阅览后，立刻加以批准。31日，又任命伊藤和陆奥为日方全权代表。

正像美国人预料的那样，张荫桓一行在广岛的处境，果真恰似囚徒一般。中国书信往来，日人"先拆阅而后送"。首席代表张荫桓想往北京寄密电，日方不允许。清廷来旨，也扣押不送。中国使节提出交涉，日方竟蛮横地回答：中方代表要想给国内寄密电，必须先把密码书送交译日方看后，"方可接递"。中方头等参赞伍廷芳看到中国使节蒙此耻辱，不禁感叹道："我将卒苟能奋勇于疆场，不容其猖披，何致就彼而受此欺慢？欲消此恨，其在将与兵焉！和局易成与否，亦在战争之胜负判也！"

就在这种极不正常的气氛中，中日和谈拉开了序幕。

2月1日上午11时，中日两国代表会于广岛县厅。双方交换全权证书时，伊藤和陆奥"发现"张荫桓、邵友濂的全权证书中有"妥商一切事件"，须"电达总理衙门转奏裁决"的限制，遂断言清使无全权，拒绝进行会谈。其实，这种发难是没有道理的。所谓"全权"，伊藤和陆奥的证书也不完全。明治天皇颁给他们的证书中也有"所议定各条项，候朕亲加检阅，果真妥善，即便批准"的限制。可是，日本乐于过分扮演战争胜利者这一角色。在他们看来，随之而签订的一切条约必将是强迫的结果，先侮辱一下清使有什么不可呢？

日方拒绝了中国使节，但没有清廷的命令，张荫桓一行是不敢擅自回国的。然而日本又以屯兵为由，不准他们在广岛滞留。如此，张荫桓一行只得于2月4日沮丧地离开广岛，到长崎静候清廷的指示。

"战事屡败，使臣被逐"，"中国体面安在？"慈禧太后在2月6日对枢臣们发出了这样的感叹。但是，这个对内说一不二的铁女人，对外却怎么也硬不起来。考虑到所谓社稷大业，祖宗江山不致被毁掉，逆来顺受，继续忍受"挫辱"。于是，当日改国书，授予张荫桓、邵友濂具有签字的全权，并将"批准"二字也轻笔点出。

尽管如此，日本仍将张荫桓、邵友濂拒之门外。2月9日，日方通过美国人谭恩转电北京："虽允可再开商和议，总须中国派从前能办大事有名之员，给予十足全权责任，方可再行开办。"

在这种情况下，清廷只好下令召回张荫桓和邵友濂。

那么，改派谁为新的全权使臣呢？还在张荫桓离开广岛前，亦即2月2日，伊藤就对中方谈判随员伍廷芳透露：贵国何不派恭亲王奕䜣和李鸿章来日议和?！恰在2月17日，也就是日本占领刘公岛、中国北洋舰队覆没的当天，日方又毫不掩饰地告诉清廷：中国所派新大臣，必须有允偿兵匪、朝鲜"自主"、割让土地及与日本日后办理交涉能画押的全权。

正是屈服于日方的这些压力，担心失去王位的清廷重新起用了刚刚被撤职的李鸿章出任全权议和大臣。

2月22日，李鸿章从天津来到北京。当天，光绪皇帝郑重地在乾清宫召见他，在场的有军机处全体大臣。枢臣们就李鸿章东渡谈判中国能给予的条件展开了讨论。当提及外界议论中国有割地之说时，李鸿章声明"对割地之说不敢承担"，但又意识到日本必定会利用胜利者这一角色进行索地索款。孙毓汶和徐用仪率直地说，不割地便不能议和，恭亲王奕䜣没有表明态度。翁同龢强调"但得办到不割地"，可以多赔一些款。2月25日，慈禧太后和光绪皇帝要求各省将军督抚电陈割地赔款的意见。第二天，8个总督中有5

人，16个巡抚中有7人，21个布政使中有6人电陈主和主赔款，不割地。其余皆装聋作哑。由于实在找不到良策以对，总理衙门只得于当天通告日方：李鸿章具有割地及执行全权。3月3日，皇室要员奕劻等又公奏慈禧太后，直言不讳地说：日本重在割地，"若驳斥不允，则都城之危，即在指顾。以今日情势而论，宗社为重，边徼为轻，利害相悬，无烦数计"。由此可见，早在李鸿章赴日前，清廷已做好了割地的准备。3月4日，李鸿章单独晋见光绪皇帝，接受了全权敕书。10天之后，亦即李鸿章率团自天津乘船驶向日本。

和张荫桓那个代表团相比，李鸿章的阵容要大得多，张荫桓一行仅23人，李鸿章所带随员、随从加在一起共计135人。

这个庞大的代表团3月19日抵达日本马关后，次日便进行了第一次谈判。3月21日又进行了第二次谈判。3月24日刚结束第三次会谈，就发生了李鸿章被刺事件。

对于赴日谈判期间被刺一事，李鸿章本人好像早有预感似的。他于受伤的当晚告诉顾问科士达（美国人）：自己的"朋友曾警告他不要到日本，因为可能有人要暗杀他"，但美国驻华大使田贝和法国驻华公使向他保证那里没有危险。"可现在怎样了，科士达你看？"

日本人为什么要行刺中国的首席代表李鸿章呢？凶手小山丰太郎在公祠中宣称："日本放弃占领北京是意味着日本的耻辱，目前同中国签订和约为时尚早。"看来，他们行刺李鸿章，是旨在阻止和谈，使战争继续打下去。

小山丰太郎的这种歇斯底里症在日本决非孤例。当时，日本国内希望把战争继续打下去的人是相当多的。尤其是在军队内部，主战的空气甚浓，有人狂言非占领北京不可言和。在日本将领所写的诗中，"燕京从是几行程""何时轻骑入燕京"的诗句跃然纸上。2月21日，当李鸿章要求日方停战的要求被拒绝后，日本报纸马上反映出继续扩大战争的调子。诗人山田松堂写道："三军万里向天津，正是东风桃李辰。星使乞和和未就，燕京将属于中春！"

由此可见，即使在议和的日子里，日本仍被那种"须有瓜分四百余州的决心"的扩张主义流行病笼罩着……

1895年4月20日，当北方的冬天仍被黄尘风沙笼罩的时候，李鸿章回到了中国。他自大沽乘马车返回天津行辕途中，望着身后滚滚的黄尘和路旁被呼啸的北风吹得摇摇摆摆的柳树的刹那间，不禁百感交集。"误国之臣！""卖国贼！""内奸！"一想到这些不光彩的字眼，他下意识地打了一个寒战。他甚至不敢进京述职，只得让随从杨福同赴京送约本至总理衙门，并代他请了20天假。其时，外国驻京记者报道："京中市民仇视李鸿章，鸿章不敢进京陈述谈判经过。中国政府，仍在昏睡状态。"

按照国际惯例，李鸿章遂在《马关条约》上签了字，但正式生效，还需有清廷最后批准施行换约手续。对于要不要批准换约，清政府内部几位决策人士在御前会议上又争论了一番。软弱的光绪皇帝"因和约事徘徊不能决，天颜憔悴"。4月25日，他命大臣们向高高在上的西太后讨主意。没想到，为了推脱卖国的主要罪责，慈禧竟把球又踢给了光绪皇帝。她以患感冒为由，不仅不接见军机大臣，而且让太监传旨："一切请皇帝决断。"事到如今，连平时主战的翁同龢、王文韶、刘坤一等也开始退缩了。因实无良策，光绪遂派伍廷芳和联芳赴烟台完成批准换约手续。5月8日晚，当时钟指向10点时，伍廷芳和日方代表伊东在顺德饭店互换了条约文本。至此，一场生与死的搏斗以中国的屈辱降下了帷幕。

"生归困诿，威脱权劫。"这是李鸿章从日本议和归来后政治遭遇的真实写照。由于《马关条约》对中国来说是件"失民心，伤国体"的事，时人又不敢正视腐朽的封建制度是万恶之源，更不敢抨击真正的罪魁祸首慈禧一伙，便把一腔怨愤几乎都倾泄在李鸿章一人身上。于是，李鸿章失宠了。没过多久，他就失去了直隶总督、北洋大臣的宝座。他的门生故吏也纷纷离他而去。以往"一路扶摇"的李鸿章首次尝到了失势的苦涩味。

（原载《炎黄春秋》1992年第1期，
原标题为《〈马关条约〉签字内幕》）

品评林则徐

　　每当人们怀着崇敬的心情来到北京天安门广场瞻仰人民英雄纪念碑时，目光总会投向第一块巨型浮雕"虎门销烟"，并且立刻想起近代民族英雄、伟大的爱国者林则徐。

　　6月26日，是国际禁毒日。每逢每年的这一天，人们也会想起林则徐。因为他是国际禁毒先驱，由他领导的"虎门销烟"始于1839年6月3日，到6月25日结束。一个世纪后的1987年6月，联合国在奥地利首都召开有138个国家的部长级禁毒会议，与会代表一致同意将"虎门销烟"完成的翌日——6月26日定为"国际禁毒日"。

　　林则徐生于1785年8月30日，2005年是他诞辰220周年。

苟利国家生死以

　　2004年3月18日，温家宝总理在"答中外记者问"时深情地说道："在我当选以后，我心里总默念着林则徐的两句诗'苟利国家生死以，岂因祸福避趋之'。这就是我今后工作的态度。"

　　温家宝总理默念的这两句诗是林则徐1842年9月被清政府革职查办充军发配新疆伊犁，自西安启程时留别家人的。意思是只要有利于国家，哪怕是用生命去换取，也不会因灾祸而避开！它折射出林则徐以国家利益为重、不惜牺牲个人一切的精神境界。

林则徐（1785—1850），字元抚，又字少穆，侯官（今福州市）人。他的个头虽不高，却儒雅刚毅，人们眼中的林则徐是："风度庄严，表情肃然，有坚定的神态，身材壮硕，须黑而浓"。他一生的轨迹，是按传统封建仕途行进的。20 岁中举，27 岁金榜题名中进士（殿试二甲第四名）。后历任江西乡试副考官，云南乡试正考官，江南道监察御史，江苏按察使，湖北、河南布政使，江苏巡抚，湖广总督、陕甘总督、云贵总督等职，成为清朝最受重用的汉族大臣。1839 年，奉命为钦差大臣，赴广州查办禁烟事。1840 年夏，英军入侵后，道光皇帝认为是他惹的祸，将其革职后充军伊犁。后来，皇帝又念其忠心，于 1846 年重新起用，直至 1850 年病故。

林则徐虽居高位，但为政清廉，秉公执法，勤于职守，被老百姓誉为"林青天"。在江苏按察使任上，他在大堂上亲自书写"求通民情，愿闻己过"一联以自勉。当时，江苏几乎无年不灾，无灾不烈。林则徐勘灾、报灾、赈灾、防灾，甚至冒着惹怒龙颜的危险，单独署名上书皇帝，要求开官仓救济灾民。1832 年任江苏巡抚后，他把兴修水利作为治苏的根本大策，连年整治修浚了苏南、苏北的许多重要水道，使江苏农业得到恢复与发展。1836 年秋天，署理两江总督，为督防秋汛，他移驻清江浦。值时，他接到地方官送来准备兴修盐城皮大河水利工程的报告。因当时官场中欺上瞒下、假公济私之风甚盛，林则徐又不了解盐城情况，不免思虑重重，难下审批这项水利工程的决心。面对墙壁上自书的陆游名句

"纸上得来终觉浅，绝知此事要躬行"，他决定亲自到实地考察一番。由于他一直厌烦官场中的种种排场，也担心被地方官蒙骗而无法获得真实情况，所以只带了一名仆人，雇了一条民船轻舟微服，私访盐城。经过详细的调查询问与实地考察，林则徐终于对皮大河的历史、现状及疏浚工程有了透彻的了解。回到清江浦衙门，他就批准了皮大河水利工程。

在近花甲之年，林则徐被流放到伊犁。在流放期间，他拖着多病之躯，为新疆的发展呕心沥血。他曾行程二万多里，亲赴南疆库车、阿克苏、叶尔羌等地勘察。所到之处兴修水利，开荒屯田。他亲自设计修建的"林公渠"至今还在起着作用。刚到吐鲁番，林则徐在日记中写道："见沿途多土坑，询其名曰卡井……水从土中穿穴而行，诚不可思议之事。"于是，又极力提倡多挖坎儿井。《新疆图志》载明："林文忠公谪戍伊犁，在吐鲁番提倡坎儿井。其地为火洲，亘古无雨泽，文忠命于高原掘井而为沟，导井以灌田，遂变赤地为沃壤。"在林则徐的推动下，吐鲁番、鄯善、托克逊等地新挖坎儿井300多道。为了纪念林则徐推广坎儿井的功劳，当地群众把坎儿井称之为"林公井"，以表达自己的崇敬仰慕之情。直到今天"林公井"仍然造福百姓。

国际禁毒的先驱

167年前的一个夏天，正确地说是1839年6月3日，林则徐下令在广东虎门海滩当众销毁了从英美烟贩手中收缴来的19187箱又2119袋，总重量为2376254斤的鸦片。虎门销烟直至6月25日才结束，历时 23 天。

一个世纪后的 1987 年 6 月，联合国将"虎门销烟"完成的翌日——6 月 26 日定为"国际禁毒日"。

鸦片，对于中国人来说，纯粹是一种舶来品。它俗称"阿片""大烟"或"阿芙蓉"。它是由艳丽似锦的罂粟花的果实提炼而成的。其主要成分是吗啡，是一种强烈的麻醉剂。原为药用，用于止痛、镇定。其毒性大，极易成瘾，能造成人体衰弱，精神萎靡。有人说瘾君子吸食鸦片的情形是："始则精神焕发，头目清利，继之胸膈顿开，兴趣倍增，久之骨节欲酥，双眸倦豁，维时拂枕高卧，万念俱无，但觉梦境迷离，神魂驰宕，真极乐世界也。"

英国人向中国输入鸦片是极不人道的。17 世纪时，中国的茶叶、大黄、丝绸等深受英国欢迎，饮中国茶不仅成为一种时尚，甚至成为身份的标志。英商的银钱开始流入中国，中国对英贸易处于出超地位，于是英国开始向中国输入鸦片。当时，每箱印度鸦片的成本为 20 卢比，走私到中国后，售价在 2000 卢比至 3000 卢比。1767 年以前，每年输入中国的鸦片烟不超过 200 箱，到 1820 年时，每年输入 40000 多箱。英政府仅印度鸦片税一项税收就达到 422 万多元。

鸦片的大量输入，既严重损害吸食者的健康，造成白银外流，直接破坏社会生产；也使得清廷财政陷入困境，并使吏治日趋腐败，军队失去战斗力。1838 年，鸿胪寺卿黄爵滋奏请厉禁鸦片，严塞漏卮。时任湖广总督的林则徐也奏称：鸦片危害巨大，若不认真查禁，"数十年后，中原几无可以御敌之兵，且无可以充饷之银"。于是，道光皇帝连续 8 次召见林则徐，采纳他的禁烟意见，于 1838 年 12 月 31 日任命他为钦差大臣，赴广东查禁鸦片。

"若鸦片一日未绝，本大臣一日不回！誓与此事相始终，断无中止之理。"林则徐于 1839 年 3 月 10 日一抵广州就表示了这样的坚强决心。3 月 18 日，他以钦差大臣的名义连发了《谕洋商责令外商呈缴烟土稿》《谕各国商人呈缴烟土稿》两道谕令，严令外商缴出鸦片，并保证以后不再贩卖鸦片。24 日，英国驻华商务监督义律从澳门潜入广州洋馆，企图阻止外商交烟。林则徐一面派兵监视洋馆，封锁广州、澳门之间的交通线，一面晓谕英商，说明必须禁绝贩烟。28 日，义律向林则徐呈送了《义律遵谕呈单缴烟二万零二百八十三箱禀》。4 月 11 日，林则徐亲自监督收缴全过程，随后禀告道光皇帝，要求焚毁。于是，发生了 6 月 3 日至 25 日的虎门销烟壮举。

林则徐领导的虎门销烟有力地伸张了中华民族的浩然正气，充分表现了炎黄子孙严禁鸦片的决心和反抗外来侵略的坚强意志。新中国成立前，当年的销烟处立有一座高约一米的"林文忠公销烟处"纪念碑。新中国成立后，党和政府于 1957 年在销烟池旧址建立了林则徐纪念馆，并竖起了"林则徐纪念碑"。1989 年拆除原有的纪念碑，竖起了由林则徐铜像与花岗石卧碑像结合的"虎门销化鸦片纪念碑"。

诚如有人表示的那样："当今世界上，毒品存在一日，林则徐的名字就会受到普遍的尊敬。中华民族出了林则徐，全世界需要林则徐，历史上产生了林则徐，现实和未来也需要林则徐。"是的，现在全世界的吸毒人数已超过 5000 万，我国也有近百万，因吸毒而死亡的，世界上每年竟有 10 万人之多。所以，国际禁毒先驱林则徐永远是禁毒的榜样。

近代中国睁眼看世界的第一人

林则徐禁烟前，中国封建王朝仍以"天朝君临万国"的心态自居，国人对外部世界茫然无知，竟认为英国人吃的是牛羊肉磨成的粉，食之不化，离开中国的茶叶会因"大便不通而死"。有的官员甚至断定英国人的膝盖不能打弯，所以拜见中国皇帝无法下跪。林则徐刚到广州时，也误认为茶叶、大黄是"制夷之大权"，相信夷人膝盖伸展不便。

不过，林则徐和那些顽固官僚不同，他一旦接触到外部世界，便逐步发现和承认西方有许多长处值得国人学习借鉴。他虽然不懂外语，却注意"采访夷情"，派人专门收集外国人在澳门出版的报纸书刊，并把懂英文的人招入钦差行辕做翻译工作。他成立的中国近代史上第一个官属的"西书翻译小组"成员有亚孟、袁德辉、亚林、梁进德等人。其中亚林早年留学美国，先于号称"留学第一人"的容闳 20 年。翻译小组选译的最著名的书是瑞士法学家滑达尔的《各国律例》，内容涉及战争和敌对措施，如封锁、禁运等。他还组织翻译了 1836 年伦敦出版的由英国人慕瑞写的《世界地理大全》，定名为《四洲志》，成为近代中国第一部系统介绍世界自然地理、社会历史状况的译著。并把译成中文的《澳门月报》编辑为《论中国》《论茶叶》《论禁烟》《论用兵》《论各国夷情》等 5 辑。《夷氛纪闻》

一书引《澳门月报》的文章说："中国官府不知外国政事，又不询问考求，惟林总督行事全与相反。署中养有善译之处人，洋商、通事、引水等二三十位，四处打听，按月呈递。有他国讨好，将英国书卖与中国。"

译书活动不仅开阔了林则徐的眼界，也增长了他的见识。通过对翻译材料的比较分析，他可以较正确地判断时局变化，及时调整对外政策，为禁烟活动的初步胜利奠定了基础。他的这种对外开放思想还影响了后世。1841年，他被流放途经扬州时，遇到友人魏源，便把《四洲志》等有关资料交给魏源，魏源随后编出《海国图志》，书中概括的"师夷长技以制夷"的著名思想，正是源自林则徐学习西方先进技术以求富强御侮的爱国主张。姚莹也效仿林则徐、魏源，积极译"夷书"和"夷信"。左宗棠在林则徐的影响下引进了西方先进造船技术，创办了马尾船政学堂，为发展近代海军培养了不少人才。就连维新运动也受过林则徐不少启发，难怪变法主要人物康有为要说"暨道光二十年，林文忠始译洋报，为讲求外国情形始"。

林则徐是近代中国"睁眼看世界的第一人！"大学者范文澜的这一评语是很中肯的。

（原载《人民论坛》2005年第7期，
原标题为《国际禁毒先驱林则徐》）

薛福成"夺外利以润吾民"的思想

薛福成（1838—1894），字叔耘，号庸庵，江苏无锡人。

在他扬起生命风帆的第二年，中国紧闭的大门被打开了。从此，在欧风美雨的拍击下，多难之邦犹如一叶破损的扁舟，无力弄潮，被迅速推向半殖民地半封建的苦难深渊。堂堂中华遭此厄运，迫使众多的炎黄子孙惊醒，一些有识之士纷纷寻找兴邦、救国方略。生逢此时的薛福成，也开始了自己的探索和追求。

和一般的官僚士大夫相比，薛福成的社会经历有些与众不同。他自幼攻读孔孟经书，但到二十岁却决意摒弃科举仕途，讲求"经世致用"之学。他在曾国藩、李鸿章门下办了二十多年洋务，随后又出使英、法、意、比四国，成为清廷的外交大员。如此经历，决定了薛氏对国内外状况的了解较之他人更为深刻，其兴邦识见也具有独到之处。

中国为何会堕入民生凋敝、国势日下的地步？当时最流行的说法是"中国人口太多"。对此种怪论，薛福成很不以为然。他根据自己的观察指出，"今天下日趋于贫之故，一则是商务不盛，利输于外……一则是矿政不修，货弃于地"①。正是基于这种认识，他

---

① 薛福成：《筹洋刍议》。

提出了"夺外利以润吾民"的主张，并说"润吾民"的方法莫过于"自理其商务"，即发展民族资本主义。

怎样才能"振兴商务"？在薛福成看来有三种事业亟待发展。

首先是"制造之利"。他清醒地意识到，用落后的手工生产是无法与西方先进的机器生产匹敌的。要夺外人之利，必须采用先进的机器生产。"有机器，则人力不能造者机器能造之，十人百人之力能造者一人能造之。夫一人兼百人之工，则所成之货必多矣。然以一人所为百人之工，减作十之价"①，其价必廉。否则，因循蹈矩，不改变落后的生产方法，必然会出现舶来品因质良价廉"为人所争购"，而国产品因质差价昂，"非但不能售于各国，并不能售于本国"的可悲局面。他进一步指出，要是让外国商品在国内市场继续泛滥，利尽为洋人所占，那么，就犹如"水渐涸而禾自萎，膏渐销而火自灭，后患不堪言矣"。针对当时西洋进口货"纱布呢羽，几占总值之半"，"中国岁耗三四千万两，因洋布、洋纱畅销"造成大量入超的情况，他特别强调要发展棉纺织业，说"劝导商民仿洋法织布纺纱，尤为第一要务"，"果能多购纺纱织布机器……则呢羽绒，耗之利可渐收也"。②

其次是"艺植之利"。我国一向以茶丝两项为出口大宗，但到19世纪80年代由于日本、印度、意大利等国的竞争，出现了滞而不流的情况。对这种不景气现象，薛福成深为忧虑，警告"若此利

---

① 薛福成：《庸庵海外文编》卷三。
② 薛福成：《出使英法义比四国日记》。

源尽为所夺，中国将莫以自立"。所以他极力主张加以整顿，尽快夺回茶丝在国外市场的地位。为此，他通过调查研究，提出了改进种植、"减轻税收"、激励有成绩者的一系列建议。

第三是"贩运之利"。薛福成明白"制造之利"和"艺植之利"的实现，离不开近代交通运输业。他指出："今泰西诸国竞富争强，其兴勃焉，所恃者火车轮船耳"；近代交通业能使"遐者可迩，滞者可通，费者可省，散者可骤"①。有鉴于此，他在积极主张"招商股以开铁路"的同时，还要求重视轮船航运业。声言铁路一开，"二十行省之土货可以广销"，而开放航运，既可夺回内河航行之利，还可以开展海外航行，便利国外贸易。

薛福成的上述"兴利"主张，从今天的角度来看，似乎没有多少高明之处，但在当时还是难能可贵的。要知道，他的目的旨在古老的中华民族，重新焕发出青春的活力。他把发展本国资本主义生产与抵制外国资本主义经济侵略紧密联系在一起的识见，既是时代的要求，也是对昏聩无能的清王朝的愤懑。

薛福成一生留下不少文字，后人辑为《庸庵全集》。透过这些文字，我们将会全面看到他在政治、经济、文化等方面的主张，从而知道他以何种姿态活跃于晚清思想界，跻身于早期维新派的行列。

（原载《光明日报》1983 年 12 月 21 日）

---

① 薛福成：《庸庵海外文编》卷二。

品评刘铭传

1864 年 5 月 11 日，一名清军将领率部攻陷了太平军占领的常州。他旋即住进了陈坤书的护王府。一天夜里，院内突然传来金属的撞击声，这位将领担心有刺客，马上命令众亲兵搜索。搜来寻去，发现声音来自马厩，是马笼头的铁环撞击了马槽，因为马槽不是木料所制，而是一个铜盘。"用铜盘做马槽？"这位好奇的将领让士兵把铜盘清洗干净，当他看到底部刻有 110 个蝌蚪形文字时，立刻意识到这是一件国宝。他遂派遣士兵把这个铜盘悄悄运回自己的老家。后经考证，这个铜盘果然是一件超级国宝，全名叫"虢季子白盘"，是公元前 816 年周宣王时代的产物。它长 130.2 厘米，宽 82.7 厘米，高 41.3 厘米，是传世最大的西周青铜器。蝌蚪形文字叫籀文，也称大篆，系周宣王时太史籀所创。这位将领欣喜若狂，不仅在安徽老家盖了一座盘亭，还写了《盘亭小录》记叙此事。

俗话说得好：福兮祸所伏。"虢季子白盘"虽让这位将领狂喜过，但也给他本人及其后人带来许多意想不到的麻烦。先是，对古文物酷爱如命的光绪皇帝的师傅翁同龢托人说项，愿将自己的女儿下嫁给这位将领的儿子，并出重金购买"虢季子白盘"。由于这位将领不从，两人从此交恶。后来，又有美国人、法国人、日本人出高价想从这位将领的后人手中购得"虢季子白盘"，均未得逞。抗日战争时期，李品仙做了安徽省长，这个"古董迷"为了索得这件国宝，竟把这位将领的老宅掘土三尺，撬开所有房间的地板，结果也是大失所望。新中国成立后，这位将领的曾孙自动将这件国宝于1950年3月献给国家。如今，只要我们走进中国国家博物馆，虢季子白盘、毛公鼎、散氏盘，这三件西周青铜器的代表作就会映入眼帘。

这位当年喜获"虢季子白盘"的清军将领是谁呢？他就是做过台湾第一任巡抚的刘铭传。

刘铭传一生做过三件大事。一是跟随李鸿章镇压太平军和捻军，因功晋升为直隶提督。二是督办台湾军务，领导台湾军民英勇抗击法国入侵者。三是首任台湾巡抚，创办了一批新式企业，是台湾的"近代化之父"。

从刘铭传的影响看，炎黄子孙应当永远记住他。我们解读刘铭传时，理应对他所做的三件大事进行冷静的追忆和品评。如果偏废或避而不谈任何一件大事，历史上的刘铭传都将失真。

一、靠镇压太平军和捻军起家

刘铭传是安徽肥西人，生于1836年9月7日。因在兄弟中排行第六，幼时出天花脸上留下麻点，人称"刘六麻子"。11岁那年父亲病故，家境日趋艰辛，他不得不中断念私塾。据说年轻时的刘铭传就崇拜刘邦，曾登上家乡的大潜山仰天长叹："大丈夫当生有爵，死有谥！"对于家乡的这座大山，刘铭传充满了情感，成名后索性自号大潜山人。

　　刘铭传生逢的是一个乱世。此时的中国有两股力量在血拼。1850 年初夏，登基只有三个多月的咸丰皇帝不断接到广西"会匪"大作的报告。不久，就惊悉 38 岁的洪秀全在广西金田起兵反清。为了扑灭这支来势勇猛的起义军，咸丰皇帝曾派遣李星沅、乌兰泰、赛尚阿、向荣等名臣勇将前去弹压，结果均未奏效。到 1853 年 3 月 20 日，太平军攻克了江南名城南京。洪秀全宣布自己也是一个皇帝——太平天国的天王；并改南京为天京，发誓与咸丰皇帝对抗。从 1857 年 6 月起，太平军相继攻克了安徽的安庆、桐城、六安、庐州等地，安徽巡抚江忠源被击毙，安徽团练大臣吕贤基投水自尽。

　　面对如此强劲的太平军，在家乡占山为王的刘铭传一度想加入它的行列，只因祭旗时狂风吹断旗杆，众人认为是不祥之兆，才作罢。随后，刘铭传采取了坐山观虎斗的策略。1861 年，李鸿章回合肥为曾国藩募兵。刘铭传从心底佩服这位老乡，马上参加了李鸿章编练的淮军。1862 年，李鸿章率淮军援江苏，刘铭传的"铭字营"随至上海。由于刘铭传凶悍善战，深受李鸿章的器重和赏识，很快由都司经游击、参将，升至记名提督。

　　李鸿章屠杀太平军是出了名的。作为李鸿章的部下，刘铭传也不例外。1863 年 9 月攻陷江阴后，刘铭传指挥手下一口气屠杀了近 10 万太平军将士。1864 年 5 月攻占常州后，刘铭传竟下令将太平天国护王陈坤书分裂肢体，实施"磔刑"。凭其出色表现，清廷赏他穿黄马褂，晋升为直隶总督。

　　奉命攻打捻军，大小数十战，刘铭传也屡屡能立"首功"。清廷先是赐其三等轻车都尉世职，遂又封他为一等男爵，连祖上三代也受封为一品官爵。由此，肥西刘氏名扬乡里。

二、抗法保台的英雄

如果说镇压太平军和捻军，是刘铭传生命中的污点的话，那么，在抗法保台战中的杰出表现，则使刘铭传得以名垂千古、流芳百世。

那是1884年入夏后，法国加快了入侵中国的步伐。

6月底，法国海军中将孤拔率领远东舰队侵入中国东南沿海，台湾告急！

在这紧急时刻，刘铭传临危受命，以福建巡抚衔督办台湾防务。

7月16日，刘铭传率旧部134人抵达台湾的基隆港，从此揭开了台湾保卫战的序幕。

他抵台的当天，就到炮台巡视、布防。8月3日，利士比率法舰4艘进攻基隆。刘铭传亲自督战，命令守军开炮还击。法军登陆后，他又指挥守军分路出击，击毙法军官3人，擒斩1人，打死打伤法兵百余人，缴枪数十杆，帐篷10余架，军旗2面。残敌只得逃奔回舰。

10月1日，孤拔率法舰凭借强大火力再次进攻基隆。刘铭传权衡利弊，力排众议，采取"撤基援沪"战略，主动放弃了基隆。事后证明，法军得到的是一座空城，有的法国军官形容基隆是一个"悲惨堡垒"，是"一座巨大悲惨的坟场"。

10 月 8 日，8 艘法舰猛轰沪尾（今淡水）。由于守军严格执行了刘铭传制定的"四面埋伏，聚而歼之"的战术，来犯法军受到重创。据统计，这次战役毙伤法兵 300 多人，14 人当了俘虏，70 多人因溃退落水溺死。这就是著名的"沪尾大捷"（也称"淡水大捷"）。这次战役沉重地打击了法国侵略军的气焰。

从 8 月下旬开始，恼羞成怒到极点的法国政府命令 20 余艘法舰封锁了台湾海峡，妄图困死台湾。当时清守军的处境也确实很艰难。经过 2 个月的血战，"能战者不足三千人"，加上天热疫疠流行，"军士日有死亡"。但刘铭传决心战斗到底，表示一定要"同将士惟拼死守，保一日是一日"。为了抵御入侵，他组织将士筑长墙，挖巨洞，做好持久固守的准备。同时还激发当地绅士和民众的爱国热情，主动出钱出力，设法自救。结果，反倒使孤拔陷于进退维谷的困境。1885 年 3 月，法军在镇南关大败。随着战局的逆转，孤拔只得率法舰撤退。刘铭传成为抗法保台的英雄。

三、台湾的"近代化之父"

台湾原来隶属福建省，是福建省的一个道。1885 年 10 月 12 日，清政府根据几位大臣的"奏议"，下诏将台湾道改为中国的第二十个行省——台湾省。大臣们建议把"福建巡抚改为台湾巡抚"的理由是："台湾为南洋枢要，延袤千余里，民物繁富……宜有大员驻扎控制"。正值督办台湾军务且有福建巡抚头衔的刘铭传，遂被任命为第一任台湾省巡抚。尽管刘铭传在台湾建省时间上有自己独到的思考，认为应该"缓办"几年，但这个忠于职守的大员在台湾巡抚任上呕心沥血，一干就是 6 年，直到 1891 年因病退休回乡。

若干年后，人们用这样的言论来评价刘铭传在台湾的政绩：

——刘铭传是台湾近代化建设的先驱；

——刘铭传在台湾的一系列改革措施，奠定了台湾近代化的基础，他是"近代台湾资本主义开发的先驱者"。

——直到现在，海峡两岸的人民仍在怀念这位第一任台湾省巡抚，今天的台湾岛上还有许多刘铭传的纪念设施。

的确，刘铭传在任期间，为台湾做了许多好事。他是台湾的近代化之父。

刘铭传曾这样袒露道：要以"一隅之设施为全国之范，以一岛基国之富强"。他在台湾的近代化建设涉及政治、经济、军事、文化等各个方面。这些改革，使台湾的局面为之一新。

清初，台湾仅一府三县。刘铭传按照省的设置，在台湾设三府一州十一县五厅，将台湾分为南、中、北和后山四路。中路为台湾府，下设台湾、云林、苗栗、彰化四县及埔里社厅。南路为台南府，下设安平、嘉义、凤山、恒春四县及澎湖厅。北路设台北府，下设淡水、宜兰、新竹三县和基隆厅。后山设台东直隶州，下设卑南、花莲两厅。这一套行政设置，奠定了今日我国台湾地区行政区划的基础。

抗法保台的实践，使刘铭传深深意识到加强台湾防御能力的重要性。他在上奏朝廷的折子中这样写道："台湾为东南七省门户，各国无不垂涎，一有衅端，辄欲攘为根据。今大局虽云粗定，而前车可鉴，后患方殷。一切设防、练兵、抚番、清赋诸大端，均须次第筹办。"基于这种考虑,他在基隆、沪尾、澎湖等地修筑了 10 座"铁水泥"结构的新式炮台。同时向英国购买了阿马士顿后膛炮 31 尊和一批水雷,布设在海港入口处。还定制了几艘国外炮舰,并在台北创办了机器局、军械所、火药局,自己制造枪支弹药。

在军队建设上,刘铭传提出了"辟全台自有之利,养全台自守之兵"的思想。他很注意学习西方军事技术,要求部队做到"严肃营规,认真操练,挽回积习,以备捍乱保邦"。为此,他对全台国防军进行了整编,将原来 40 营兵整编为 35 营。所编士兵一律更新装备,练洋操,习洋枪,学习军事理论。所有这些,极大地提高了台湾的防御能力。

刘铭传上任时,台湾的财政入不敷出。原因是田赋紊乱,税收虚靡。为了减轻政府的负担,刘铭传大胆提出了"以台之财,供台之用"的主张。1887 年,他下令在台南、台北分设"清赋总局",由 30 名得力官兵,分赴各县,丈量土地。经过 3 年清丈,台湾田赋混乱的状况得以扭转。台湾田地面积从赋前 7 万余甲,增加了 4 倍,共约 30 万甲,税收也增加大约 3 倍。原来每年征收的田赋额银仅有 18 万两,清丈田地以后,年征银达到 67 万两。为了整顿税收,还在台北设立了"厘金总局",对各种厘金进行清理,竭力堵塞漏洞,以求涓滴归公。整顿以后,台湾全省年财政总收入从原来的 90 万两,激增到 300 万两,高时达到 450 万两。

刘铭传看到台湾资源丰富,可开发和利用的资源很多,于是"通商惠工",首先设立了煤务局,采用官督商办的方式,投资 40 余万两银,购买新式掘煤机,日产煤 100 余吨。到 1891 年,台湾煤产量达到 7.7 万吨。1886 年，又在台北设立磺务局，在沪尾开办硫磺厂。自 1886 年至 1890 年，共产硫磺 122 万斤，年收纯利约 4000 两白银。此外，还陆续设立了煤油局、伐木局、蚕桑局、抚垦总局、樟脑总局等一批新式企业。

早在 1880 年，刘铭传就上奏清廷，建议在国内修建铁路。因守旧者反对而未果。1887 年，经清廷批准，他在台北成立了铁路总局，到 1891 年建成了一条北起台北，南抵新竹，全长 68 公里的铁路。这条铁路的开通，不仅改善了台湾北部地区的交通状况，还极大地促进了北部地区的经济发展。这是我国自筹资金、享有主权的第一条铁路。

刘铭传还大力发展台湾的通信事业。1886 年，他在台北设立了电报总局，先后在省内架设陆地电报线 500 公里。当时的主要城市，如嘉义、台南、彰化、新竹、基隆等都设有电报分局。同时筹办铺设了两条海底电报线路，一条从沪尾到福州，全长 217 公里；一条从安平到澎湖，全长 98 公里。这样，台湾水陆电线衔接，不仅省内信息畅通无阻，而且与中国大陆的联系也极为便捷。1887 年底，刘铭传还撤除了旧式驿站，在台北创设邮政总局，总局下设 43 个分局，并自行设计台湾邮票，根据邮件轻重及远近收取邮费。

对于台湾的教育改革和人才培养，刘铭传也非常重视。执政期间，他举办了在台湾本岛进行的首次科举考试（乡试），为台湾培养和造就了大批人才。他下令创办的台北大稻埕六馆街西学堂，除教授中国经史文字外，还包括英、法、德文、史地、测算、数学等，这是台湾第一个新式学堂。他还进山"抚番"，安定民心，并单独为中部山区的少数民族山民办了学校。

可悲的是，刘铭传在台湾的一系列改革也招来一些顽固人士的非议。"内外臣工多所嫉忌，而台湾绅士亦肆为蜚语"。1891年，他被迫辞官还乡。甲午战争后，台湾据《马关条约》割让给日本，刘铭传闻讯悲愤至极。1896年1月12日凌晨，积郁沉疴的他停止了呼吸，享年60岁。

（原载《人民论坛》2004年第8期，
原标题为《刘铭传其人其事》）

张之洞与汉阳铁厂

我国的近代工业是在艰难中起步和发展的。在那充满坎坷的历程中，张之洞留下了较深的脚印。他是我国重工业的先行者。是他，创建了近代中国第一座系统完备的兵工厂；是他，创建了我国第一家现代化的钢铁联合企业。他的蓝缕之劳，当然包括走过的弯路，后人理应铭记不忘。

从"青牛角"到洋务派后起之秀

张之洞（1837—1909），字孝达，号香涛，晚年自号抱冰老人，因原籍直隶（今河北）南皮县，人又称张南皮。他于1837年9月2日（道光十七年八月初三日）降生在贵州兴义府——其父张瑛任所内。3岁时，因生母去世，遂由父妾魏氏抚养。张瑛教子甚严，常常礼聘远近名儒担任家庭教师。在兄弟6人中，行四的张之洞最为聪颖，"童时读书非获解不辍"，他亦自称"幼时读书好夜坐思之故"。12岁时，其文名已为全省学童之冠，并有《天香阁十二龄课草》诗文集在当地出版。

清末大名士李慈铭曾说过："近日科名之早者，盛推南皮张香涛。"这话一点儿也不假。张之洞确实是一位科举致仕的幸运儿。

他 13 岁参加童子试，便成秀才。15 岁时，中顺天府（今北京）第一名举人（称解元），"一时才名噪都"。25 岁那年，会试虽未中榜，但却得到主考官范鸣和的赏识。事隔一年，就如愿以偿，考中进士（中探花）。范鸣和有诗云："适来已自惊非分，再到居然为此人。"张之洞和诗道："心衔甄拔意，不唱感恩多。"这以后，张之洞便顺利步入仕途，始任翰林院编修，继外放浙江副考官、湖北学政、四川学政，再擢为山西巡抚、两广总督、湖广总督、两江总督，直至体仁阁大学士、军机大臣。真可谓官运亨通，春风伴其一生。

张之洞所生活的那个时代，正值中国疾迅地由一个独立、锁关的封建帝国，走上半殖民地半封建轨道，从而纳入近代世界范围的大动荡年代。在如何应付这种"世变之亟"的问题上，清政府最高决策层形成两个截然不同的派别。以奕䜣、曾国藩、左宗棠、李鸿章为首的洋务派要求适当地改弦更张，纷纷从西方资本主义国家引进先进的枪炮、机器和技术，借以给这个行将垮台的政权"补苴"。以倭仁为首的顽固派则坚持恪守祖宗之法，对外来事物"深闭固拒"。当时中国的铁女人、富于机诈的慈禧太后既要借助奕䜣、李鸿章办洋务以增强清廷军事和经济实力，又担心"内轻外重"，失去驾驭，于是玩弄"公论""清义"，以牵制炙手可热的洋务派。这样一来，就有清流派（或曰清流党）活跃于晚清朝野上下，而张之洞、张佩纶、陈宝琛、宝廷则是这一派别的四员干将。

张之洞加入清流派始于 1877 年初从四川返回京都。他首先与张佩纶订交，彼此唱和，并称"畿南两杰"。随后，张之洞便与陈宝琛、王懿荣等人聚在一起，起草奏疏，评议时政。当时京师士人

"呼李鸿藻为青牛（清流同音）头，张佩纶、张之洞为青牛角，用以触人；陈宝琛为青牛尾，宝廷为青牛鞭，王懿荣为青牛肚"。这批文学侍从之臣"连同一气"，形成一个颇具影响力的政治团体。当时京中士子对他们非常景仰，甚至达到亦步亦趋的程度，如张佩纶"喜着竹布衫，士大夫争效之"。

作为一个专门"触人"的"青牛角"，张之洞干得最出色的有两件事。一是1879年6月30日亲手草拟的为四川东乡（今宣汉县）农民呼冤的奏折，轰动京师，一时声名鹊起，连日人竹添光鸿来华游历，也慕名请求会见。二是1880年连上数十折，痛斥崇厚与沙俄订立卖国条约（《里瓦几亚条约》，又名《中俄条约十八条》），并批驳朝内苟安畏战情绪。为此，慈禧太后特加召见，许他廷议时可以列席，以备咨询；还可随时赴总理衙门陈献意见。由于清廷发现张之洞确实是个人才，遂于1881年任命他为山西巡抚。

出任山西巡抚，可谓张之洞人生旅途中的一个重大转折点。因为在京师论事专尚言论，而封疆大吏则注重实践。没过多久，张之洞果然也讲求起"洋务"来。尤其是由山西巡抚调任两广总督后，竟提出兴办一系列洋务的计划，诸如"延聘外洋教习"，设立水陆师学堂，向洋人购买军火，并要求设厂自造，等等。到湖广总督任上，更是全面实践其洋务事业，最终成为洋务派的后起之秀乃至晚期的最大代表。

创建湖北枪炮厂

19世纪80年代以前，中华大地上出现的大型新式军工企业有四个。它们分别是由曾国藩和李鸿章于 1865 年在上海创建的江南制造总局；由李鸿章于 1865 年在南京创建的金陵机器局；由左宗棠于 1866 年创建的福州船政局；由崇厚和李鸿章于 1867 年创建的天津机器局。从地理位置上看，这四个军工企业都处于沿海地区，而在中国腹地尚无一家大型军火工厂。

通过中法战争的启迪，有个叫朱一新的七品官（翰林院编修）向朝廷明确提出应在中华腹地设立枪炮厂。

张之洞作为一个亲身经历这场战争的封疆大吏，深知制造新式枪炮弹药的重要性和迫切性。中法战争一开仗，他奉命由山西巡抚调任两广总督，除主持广东防务外，还负责供应台湾和滇、桂等省前敌各军的饷械。其时全国沿海沿江一带同时告紧，沪、津等地局厂虽加工赶造，但生产的枪炮弹药仍远远不能满足各地的需求。张之洞只好派人向欧美各国及上海洋行采购，西方国家则纷纷声明"保守局外中立"，拒绝出售军火，而上海洋行则趁机哄抬价格，大肆进行敲诈。事后，他深有感触地告诉广西巡抚李秉衡："开战而后，购械十分艰难，种种吃亏，去年微幸为之，岂可为训？"中法战争刚结束，亦即 1886 年，张之洞就开始在广东进行设厂制械的活动。他把广东 70 年代建立的机器局和火药局加以合并，并扩大生产规模，同时还着手办了一座枪弹厂，能制造毛瑟、马梯呢、士乃得、云者士得等四种后膛枪弹。张之洞并不以此为满足，说这仅是"小试"而已。1888 年，又着手筹建一座规模较大的枪炮厂。

1888 年 7 月，他致电清朝驻德国公使洪钧，询问制造新式连枪及克虏伯 6 厘米至 10.5 厘米口径大炮的机器价格。经过反复电商，决定"枪机采用日产 50 杆者，炮机采用制造 7.5 厘米和 9 厘米口径大炮者"。张之洞要求洪钧速向德国厂商订购，交货日期"愈速愈妙"。

在订购机器的同时，张之洞还大力筹措建厂经费。他知道，当时清政府财政拮据，库帑空虚，要求直接拨款或动用海关关税是不可能的。于是，他采取了一个很不寻常的办法，向广东文武官绅及盐埠各商募集"捐款"，充作枪炮厂的购机建厂费用。

等订购机器、筹措经费等事已有眉目后，张之洞便把开办枪炮厂的打算电告海军衙门。然而，就在这个时候，清廷内部发生了一场修筑铁路的论争。另一位洋务大员李鸿章提出修筑津通（天津至通州）铁路，张之洞主张修卢（北京卢沟桥）汉（汉口）铁路，大学士徐会沣要求修德州至济宁路。由于权倾天下的李鸿章树敌太多，他的建议"举朝以为不可"。尚书翁同龢、奎润，御史余联沅、屠仁守等人说铁路将导致"资敌，扰民，失业"，"火轮驰骛于昆明，铁轨纵横于西苑"，不成体统。在这种情况下，主持朝政且与张之洞交好的醇亲王奕譞竭力扶植张之洞为湖广总督，主持从汉口往北修建铁路的工作。张之洞一走，广州修建炼铁厂的事，就留给了继任新督李鸿章之兄李瀚章。不料李瀚章是一位守旧的官僚，对经营新式企业缺乏兴趣，竟请求将枪炮厂移至其弟李鸿章控制的北洋。奕譞等清朝贵族，为了防止淮系势力过分膨胀，立即把李氏兄弟企图将枪炮厂移至北洋一事透露给张之洞。张之洞马上心领神会，立即出面要求将枪炮厂移至湖北。海军衙门对张之洞的意见深表赞赏，同意将枪炮厂迁至湖北。于是，酝酿已久的广东枪炮厂就成了湖北枪炮厂。张之洞将厂址设在汉阳大别山麓，由候补道蔡锡勇负责经办。蔡氏曾随陈兰彬赴美国充当译员，又随郑藻如驻日使馆当参赞，通晓洋务，在广东时任洋务局委员，深得张之洞器重，对后来湖北工厂企业的兴建作出不可磨灭的贡献。

1890年8月间，枪炮厂部分机器由德国起运来华。第二年3月至5月，张之洞与新任出使俄、德、奥、荷大臣许景澄往返电商，希望将连珠枪设备改为新式小口径枪机器，以适应新建汉阳铁厂所产钢料的性质。张之洞所要改换生产的新式小口径枪是德国1888年改进型步枪，口径为7.9厘米，这便是此后数十年间由湖北枪炮厂生产的汉阳式步枪（俗称"汉阳造"）。

1892年4月，张之洞又向德国增订炮架、炮弹、枪弹机器，5月湖北枪炮厂厂房正式破土动工。1894年6月枪炮厂落成。当年秋天，开始制造口径37厘米的山炮，继之制造口径53厘米及57厘米山炮，皆为格鲁森式。以后，又陆续扩建，添置炮架、炮弹、枪弹三厂。1895年冬开机，又添购压炮钢大汽锤，试枪炮钢拉力、试枪炮速率各机器。1898年复于汉阳府城外西北隅赫山地方添设炼罐子钢、制无烟药两厂，定名钢药厂。到1901年冬，钢药厂开始制造七九步枪圆头弹弹药。1904年，张之洞鉴于枪炮厂内分厂林立，厂各有名，非枪炮二字所能包括，奏请改名为湖北兵工厂。

按照张之洞的本意，原计划建立一个从原材料供应到枪炮弹药生产相连环的完备的兵工厂。但是，由于同时创建的汉阳铁厂的产品质量低劣，枪炮厂的钢铁材料完全依赖进口，张氏以汉阳铁厂产品供"制械之用"的计划只能成为泡影。

资金短缺，也是一件令张之洞大为头痛的事。据记载，该厂建成十余年，"计支用购买枪炮各机械价银 1721700 两；建筑厂屋，计银 458800 两；购买材料，计银 523 万两；经费 435500 两正"。而这些银两，大都由张之洞一人多方呼号得来。

据后来任湖广总督的陈夔龙于 1908 年 7 月 22 日报告：综计从开机制造以来，汉阳兵工厂"共造成步、马快枪 11 万余支，枪弹数千万颗，各种快炮 740 余门等，前膛钢炮 120 余门等，各种开花炮弹 63 万余颗，前膛炮弹 6 万余颗，枪、炮器具各种钢胚 446000 余磅，无烟枪、炮药 27 万余磅，硝镪水 200 数十万磅"。由此可见，张之洞创建的这家兵工厂，其生产能力较天津机器厂生产的武器"既逾数倍"，较上海江南制造局"亦复加多"，不失为近代中国规模最大、设备最新的军火企业。

创办中国第一个大型钢铁厂——汉阳铁厂

汉阳铁厂，是我国第一个大型钢铁厂。它是 1893 年建成的，比当时东方强国日本的第一个钢铁联合企业八幡制铁所还早了 8 年。

张之洞筹设炼铁厂，也可追溯到他两广总督任上。那是 1889 年 9 月 2 日，他向总理衙门上疏，阐述了开矿炼铁的迫切性。他说："今日自强之道，首在开辟利源，杜绝外耗，举凡武备所资，枪炮、军、轮船、台、火车、电线等项，以及民间日用农家工作之所需，无一不取之于铁。两广地方铁素多，而广东铁质优良，前因洋铁充斥，有碍土铁。"又说："铁之兴废，国之强弱贫富系焉。"张之洞所说，可谓肺腑之言。据《贸易总册》所载，其时洋铁入口量逐年递增：1886 年全国各省进口铁条、铁板、铁片、铁丝、生铁、熟铁、钢料等约值银 240 余万两，而中国出口钢、铁、锡、铅价值不及 1/20；1887 年进口值银 213 余万两，1888 年进口值银 280 余万两，而这两年竟无出口之土铁。由于洋铁入口日增，土铁熔铸欠精，且价格昂贵，国内土铁市场也逐渐被洋铁排挤。为扭转这种长期"以银易铁"，利源外耗的不利局面，张之洞决定在广州城外珠江南岸的凤凰岗建立炼铁厂，遂委托中国驻英国公使刘瑞芬代向英国厂商订购每日出铁 100 吨的全套机器设备。

然而，就在这个时候，清廷降旨调张之洞任湖广总督，主持修筑卢汉铁路。两广继任总督李瀚章无意接办，竟于 1889 年 12 月 5 日电告总理衙门，建议将炼铁厂"移设"湖北或直隶（今河北）。此意正合张之洞心思。因为，在他看来，修筑铁路对钢铁的需求量很大，自己设厂熔炼，还可免受洋商的勒索和剥削。

为了在湖北顺利办厂，张之洞在离粤赴鄂督任途中，还专门电邀盛宣怀在上海会晤。盛早在 1877 年就和英国矿师郭师敦勘得湖北大冶铁矿，并已用低价购买该处矿山。张之洞和盛宣怀会面后，"连日晤谈，详加考究"。由于张之洞得盛宣怀的指点颇多，答应铁厂投产后生产钢铁每吨提银二钱以酬劳盛宣怀。如以每年产 6 万吨计算，一年可就是 1.2 万两；如果年产 5 万吨以下，"即以岁提万金为断"。不过，这是张之洞开的一张空头支票，后来并没有兑现。

到达湖北以后，张之洞又马不停蹄地派员四处寻找、查勘铁矿资源，遂探明大冶铁砂含铁量丰富（高达64%），兴国州（今阳新县）产锰，认为具备办铁厂的条件。其时，刘瑞芬订购的机器设备全部运到，便在武昌宝武局公所设立铁政局，由候补道蔡锡勇总办局务，厂址择在大别山下。这块厂地长六百丈，广百余丈，宽绰有余；南枕大别山，东临长江，北濒汉水，与武昌、汉口隔水相望，鼎足而立，全势宏阔，运载方便。

建厂工程于1891年9月正式动工。经过三年左右繁杂而艰巨的努力，到1893年10月，中国第一个大型钢铁厂——汉阳铁厂终于竣工了。它的规模，当时不但在中国是空前的，而且在东亚也是首屈一指。全厂包括10个分厂（即车间）：炼生铁厂、炼贝色麻钢厂、炼西门士钢厂、造钢轨厂、造铁货厂、炼熟铁厂等6个大厂，机器厂、铸铁厂、打铁厂、造鱼片钩钉厂（制造铁轨结合处用的鱼尾片和钩头钉）等4个小厂。其中，有两座50吨炼铁炉，两座炼钢的酸性转炉，一座平炉，还有轧制铁轨的设备等等。有位日本人曾对铁厂的规模作了这样的描述：

> 登高下瞰，使人胆裂；烟囱凸起，矗立云霄；屋脊纵横，密如鳞甲；化铁炉之雄杰，碾轨床之森列，汽车隆隆，锤声丁丁，触于眼帘，轰于耳鼓者，是二十世纪中国之雄厂耶！

1894年2月15日，铁厂煅铁炉升火开炉。6月28日，生铁大炉也升火开炼，两天后（即30日）正式出铁。据张之洞本人透露，截至1895年10月，汉阳铁厂出生铁5660余吨，其中本厂用掉 2700 余吨，湖北枪炮厂等处用掉 200 余吨，外售 1100 余吨，存留 1600 余吨。此外，还炼成熟铁 110 吨，生产贝色麻钢料 940 余吨、马丁钢料 450 余吨。

1894 年 7 月 3 日，张之洞亲临铁厂巡视一周。看着"烟囱高过大别山"，"其机力之宏大，运动之灵巧，火力之猛烈迥非向来土炉人工所能到"之盛景，他实在按捺不住内心的激动，禁不住自豪地说道："鄂省奉旨设厂炼铁，实为中国创办之事……今日之轨，他日之械，皆本乎此。"

汉阳铁厂的建成在社会上也引起了强烈的反响，上海洋报馆刊发传单，发电通知全国。西方人甚至视铁厂出铁为中国觉醒的标志，惊呼"黄祸"来临：

> 汉阳铁厂之崛起于中国，大有振衣千仞一览众山之势，征诸领事之报告，吾人预知其不可量矣。中华铁市，将不胫而走各洋面，必与英美两邦，角胜于世界之商场，其关系非同毫发，英美当道，幸勿以么么祝之……呜呼，中国醒矣，此种之黄祸，较之强兵劲旅，蹂躏老羸之军队之其虑也。①

"布衣兴国，蓝缕开疆"

和冶炼业一样，纺织业不论西方还是中国，也是工业生产的

---

① 《论汉阳铁厂装运钢铁出口将为欧美二洲实在中国之黄祸》，见《东方杂志》第七期，1907 年 7 月出版。

主要部门。在西方，随着近代工业革命的发展、机器的采用，生产率成十成百倍地增长，而鸦片战争前夕中国的纺织业仍处在元、明水平。当时我国最先进的纺车是三锭脚车，日产纱不过10两，而1825年美国纱厂每个纺纱工人每天能看管200个锭子，生产1000绞纱。中西纺纱生产率可谓百倍之差。与纺纱相连的织布业，中国的手工操作自然也敌不过西欧的蒸汽织布机，二者的生产率相差16倍。更可悲的是，鸦片战争以后，西方列强利用不平等条约，将物美价廉的洋布、洋纱像潮水般销往中国，我国传统的土布生产日趋萎缩。郑观应形容当时的情况是："自洋纱、洋布进口，华人贪其价廉质美，相率购用，而南省纱布之利半为所夺。迄今通商大埠及内地市镇城乡，衣土布者十之二三，衣洋布者十之八九。呜呼！洋货销流日广，土产远售日艰，有心人能不惄然忧哉？"

面对此情此景，张之洞心急如焚。他于1887年冬就指出："洋布销流日多，年中以千余万计，大利所在，漏卮宜防。"稍后，他又说：洋布、洋纱的倾销，必将导致"耕织交病，民生日蹙，再过十年，何堪设想！今既不能禁其不来，惟有购置机器，纺花织布，自扩其工商之利，以保利权"。正是基于这种"以保利权"的考虑，张之洞于1889年决定在广州珠江南岸建立织布官局。他的这一抉择，得到了李鸿章的理解和通融。因为在此之前，李鸿章管辖的上海机器织布局曾在1882年获得十年专利权。若是李鸿章不松口，张之洞难以另行设局。为此，张之洞反复与李鸿章商议，最终如愿以偿。

紧接着，张之洞致电驻英公使刘瑞芬，嘱其订购布机1000张，并按比例配购纺织机，同时还寄去华棉和布样。根据当时广东市场的情况，张之洞要求刘瑞芬主要订购能织原色扣布，原色上等、次等布，白色上等、次等布，竹布，斜纹布和提花色布的布机。刘瑞芬遂代表两广总督与伦敦柏拉德公司（Platt，Bros & Co.）订立订购布机合同。合同规定：该公司"承办广东织布机器 1000 张，照广东所寄布样，订购纺织原色扣布机 200 张、斜纹布机 200 张、原色次等布机 200 张、原色上等布机 100 张、白色上等布机 100 张、白色次等布机 100 张、提花布机 24 张，添置原色扣布机 50 张，并原色次等布机 26 张，共符 1000 之数"。约定 1889 年 7 月起，分 5 批交货，共计英金 67112 镑 11 先令 5 便士。另外，刘瑞芬还向另一家公司订购了所需要的汽机、锅炉、机轴、旋华等附件，计英金 17276 镑 6 便士。两项费用共计 84388 镑 11 先令 11 便士。

本来，张之洞计划先由官方"筹款垫办"，等到规模初具后，再招集商股，但因两广财政拮据，"库帑支绌"，而购布机（包括运费）和修建厂房共需银 100 万两，"官本"难筹，只得采取向"闱姓"商人派捐来解决。

1890 年末，就在订购的机器设备将要运到广州之时，张之洞已调任湖广总督。眼看筹划的布厂将要留给继任经办，张之洞不免感到有点遗憾。不料，新任两广总督李瀚章认为"两粤不产棉"，不愿步前任后尘建棉纺织厂，张之洞又顺手牵羊，把织布局移建湖北。他将织布官局设于武昌文昌门外，招商集股，并在布局内楹联题写了"布衣兴国，蓝缕开疆"八个醒目的大字以自勉。

这以后，张之洞又屡屡为筹集资本大伤脑筋。由于两广总督李瀚章作梗，原广东"闱姓"派捐的 100 万两银，李瀚章答应只给

56 万两，其余 70 万两是通过东拼西凑，由山西省拨款，湖北善后局和枪炮局拨款，湖北官钱局借款才渡过难关的。

由于资本筹集过程太费周折，以致厂房建造一再拖延。直到 1893 年 1 月，湖北织布局才建成投产。据当年 3 月间的记载，织布局有纱锭 3 万枚，布机 1000 张，一昼夜可出布 2000 匹，其规模在国内名列前茅。到 9 月 29 日，《捷报》已有湖北、四川、湖南等省城镇居民争相购买湖北织布局产品的报道。翌年 10 月 13 日，《申报》又有该局产品"通行各省，购取者争先恐后"的说法。

布厂的初步成功，使张之洞大受鼓舞。同时，他还意识到生产棉纱利润更为优厚，遂增建纺纱厂。据他自称：建纱厂的目的是"协济铁厂之用"。因为当时汉阳铁厂的经费窘迫，"惟有扩充布局纱厂，以其盈余，添补铁厂经费一着"，才能既"辅佐布局之不逮"，又"可协助铁厂之需要"。他本拟增建南北两个纱厂，由官商合办，各出资本 30 万两，但后因资金困难，只于 1897 年建成北纱厂，即名湖北纺织局。南纱厂则流产了。

张之洞在织布纺纱之外又推广缫丝、织麻工厂。如人所知，湖北丘陵地带盛行养蚕，每年收获季节，外商前来收购蚕茧，缫丝织绸，赚取丰厚利润。此外，湖北所产苎麻，质地坚韧，宜于纺织，唯两者多系土法生产，"制造不精，销流不旺"。张之洞看到广东、上海业户仿照西法，用机器缫丝，较人工所缫，质量好，售价高，行销国外，市利数倍，非常羡慕。1894 年底，他在武昌望山门外购地设立缫丝厂，并派工匠去上海学习新技术。据日本驻汉口领事水野幸吉报告，该厂有"缫丝车 308 台，一台为五锭"，是华中地区最大的机器缫丝厂，其制品全部销往上海。1898 年，张之洞又委任道员王秉恩在武昌平湖门外购地创设制麻局。该局规模虽不大，只有织机 40 张及几张酌配梳麻机器，但却"为吾国机制麻业之滥觞"。在 1904 年以前，仅能生产麻丝。但到 1905 年以后，便能生产麻制品，增强了人们对土特产改用新法生产的信心。

张之洞所创办的布、纱、丝、麻四厂，不仅保护和开发了本省资源，而且抵制了洋货入侵。此外，张之洞还在湖北兴办了一批机械化程度较低的中小型官办民用工业，如湖北造纸厂、湖北针钉厂、武昌制革厂、湖北毡呢厂、湖北官砖厂等。

事业上的失误

张之洞兴办的几家近代企业，就规模和设备而言，当时在国内是第一流的。像汉阳铁厂所用高炉和贝色麻炼钢炉，其技术性能连工业强国日本的八幡制铁所也难以达到。然而，可悲的是，由于张之洞是一个在封建教育制度下培养出来的士大夫，不懂近代企业管理，不按经济规律办事，只凭热情和想当然下决断，因而在订购机器、确定厂址、选择煤矿、企业用人等方面都留下了不少沉痛的教训。

就拿为汉阳铁厂订购机器来说吧。按道理，给铁厂订购机器，应事先将铁厂拟用的"铁石煤焦"进行化验，"然后知煤铁之质地若何，可以炼何种之钢，即可以配何样之炉"。可张之洞对此一窍不通，也漠视他人的提醒，竟口出大言说："以中国之大，何所不有，岂必先觅煤铁而后购机炉？"他武断地命令采买者照英国所用机炉订购一套就行。结果，从英国购进的全套设备，尽管先进，炼出的钢却不符合轧制钢轨的要求。原来钢轨含磷量须在 0.08% 以下才不致脆裂，而所用大冶铁砂的含磷量却有 0.1%，炼成的生铁含磷量达 0.25% 左右，用所购酸法炉炼出的钢含磷 0.2%，用碱法炉生产也难以降低钢的含磷成分。

铁厂确定在远离原料基地的汉阳，也是由于张之洞主观决断铸成的。本来，李鸿章、盛宣怀及外国技师曾苦口婆心地建议将铁厂设在近煤、近铁矿区。李鸿章于 1890 年 5 月 3 日电称："铁矿运远煤，费用更巨。或谓西法多以铁石就煤，无运煤就铁者。炉厂似宜择煤矿近处安设。"岂料，张之洞将这位老资格的洋务大员的规劝当作耳旁风。同年 11 月 27 日，李鸿章又借转达盛宣怀的意见加以规劝："盛电道：'大冶江边煤铁锰矿与白石均在一起，天生美利，如在江边设厂，百世之功。惜在大别山下，转运费力，屡谏不从。将来迁徙不易。'"张之洞再次置之不理。未久，还有人提议把铁厂建在距大冶铁矿较近的黄石港，张之洞也嫌其"照料不便"，以"黄石港地平者洼，高者窄"，不能安装大炉为由，否定了这一方案。在张之洞看来，汉阳便于"督察"，遂在大别山下选定厂址。结果是，"差之毫厘，谬以千里"，由于炼铁厂距大冶 120 公里，大冶所产煤炭、铁矿石、锰矿石、石灰石等原料溯江长途运来，运费每吨需银数两，大大提高了生产成本。加上煤铁采掘失败，煤铁不能相辅为用，铁砂与钢炉酸碱不能相容，致使铁厂经常停产。此外，因汉阳地势低洼，为垫高厂址填筑地基费银达 100 多万两，也大大突破原定建造费指标。所有这些，都是由于张之洞刚愎自用、独断专行造成的。

在解决汉阳铁厂的燃料，亦即选择煤矿方面，张之洞同样缺乏周密的考虑。他所选中的两个煤矿大冶王三石煤矿和江夏马鞍山煤矿，是在未进行化验、未取得科学数据的前提下仓促上马采掘的。这两个煤矿虽耗费巨额投资，但令人失望的是前者在开采两年之后，因煤层忽然中断，冒出大水，无法生产而被弃置；后者出的煤则因磺多灰多，勉强炼成的焦根本不合用。在走投无路之时，只得以每吨高达规银 20 余两从法国购进焦炭，继之又以每吨 17 两银改用直隶开平焦炭。结果是得不偿失（当时每吨生铁市价才 20 两左右），炼出的钢铁又不合规格，铁厂被迫于 1894 年 11 月停产。在不足半年时间，汉阳铁厂一共只生产了 5000 余吨生铁和千余吨钢料，钢轨一根也未轧成。

众所周知，要管理好新式企业，必须具备有关的科学技术知识，还要懂得如何合理使用成本和怎样充分发挥人力、物力的作用等等。因此，企业管理人员的选用是一个至关重要的问题。但是，在张之洞办的企业中，各厂局的总办、提调人员大都由道员、知县衔的官吏担任，他们的身体虽然迈进了大机器工业，头脑却只有"官职升迁""出息若干"这一套升官发财、大刮地皮的老观念。这类人充斥厂局要津，官场中的裙带之风、贪污贿赂、靡费侵蚀、排场应酬等积弊便迅速弥漫开来。1896 年 12 月，汉阳铁厂文案钟天纬曾致函盛宣怀，以亲身闻见相告：张之洞办厂"每出一差，委员必十位、八位，爵秩相等，并驾齐驱，以致事权不一，互相观望，仰窥帅意"。一些来华欧洲人也尖锐指出，张之洞所办企业，"如果说有任何利益的话，不过仅仅是给官僚添上了挂名职位"。有个叫黄厚成的只因教过张之洞的子女，便以候补道官衔被委派为湖北针钉厂总办，他的才干显然"不宜于主持一个大制造工厂"，上任不久就使该厂亏空了 5 万余两银。一个英国商会访华团给本国的报告书中写道："这个纱厂（指湖北纱厂）最大的困难是派来大批无用的人做监督，这些人都被叫坐办公桌的人，因为他们坐在桌旁，无所事事。他们为了一点私利把训练好的工人开除了，雇用一些生手。"日本人写的材料中，也有武昌纺纱厂的监工"只会漠然袖手旁观，只会拿一个竹片，看见懒的，就苛毒地殴打"的记载。各厂局充斥着"无所事事""只会漠然袖手旁观"的"坐办公桌的人"，造成了"局面大，耗费多"的状况。像湖北枪炮厂"支销繁，计每年员司薪资一项，亦须 13 万余金"。在这些"坐办公桌的人"的管理下，各厂局生产程序一片混乱。湖北织布局经过半年筹办，到了开车前夕，竟发现送煤、通气、喷水、救火各机均不够用，随机雇来的洋匠也不敷分配，只得停机待匠。当时，著名沪商经元善来汉后，曾以新兴资产阶级的敏感觉察到湖北近代企业的"官气""甚于沪上"，而官气则"是商情所大忌"。这种情形，与同一时期日本企业"于理财之道尤竟竟致意极之"形成鲜明对照。

张之洞曾经说过，他在湖北办枪炮厂、炼铁厂和织布厂"通盘筹划"，志在"各都成功"。不幸的是，由于不懂近代企业管理，不按经济规律办事，所办企业生产一直不景气。随着时间的推移，又都面临着或停产倒闭或交商承办的困境。对张之洞来说，这是痛苦的。但有什么办法呢？到 1896 年，汉阳铁厂亏空难补，张之洞急于摆脱这个重累，遂改由直隶海关道盛宣怀招商承办。和张之洞相比，盛宣怀不愧为一个经营能手。他走马上任后，为解决燃料问题，四处查勘，终于发现江西萍乡的煤磺轻灰少，宜于炼焦；又把原来的机器设备相应更换，使生铁和钢材的产量逐年增加。此后数年中，铁厂为卢汉铁路提供了8万吨钢轨和1.6万吨零件，同时还为国内其他铁路供应了钢铁器材。到1908年，盛宣怀又奏准添招资本，定额24万元，将汉阳铁厂、大冶铁矿、萍乡煤矿合为汉冶萍煤铁厂矿公司。至辛亥革命前夕，该公司共有工人8000人左右，年产煤60万吨、铁砂50万吨、钢7万吨，是当时中国最大的钢铁联合企业。

布、纱、丝、麻四局本来是张之洞看好的企业，开机之初也确曾有过一番兴盛的气象，但也因经营不善，兼之挪款资助铁厂和枪炮厂，很快导致了亏空。从此，产量也逐年下降。据记载，1895年产布98000匹；1897年降为4万匹；1899年又降为14000匹；1900年再降为4700匹，基本处于半停产状态。到1902年，也只好招商承办。

所有的企业，停办的停办，改为商办的商办，这对张之洞个人事业而言，确是一个悲剧。但这种结局是符合历史辩证法的。试想：不根除封建的官僚政治，不按商品经济的价值法则办事，怎能办好近代化大机器工业？这是张之洞官办企业留给我们的深刻教训。

（原载《近代中国工商人物志》第1册，
中国文史出版社1996年版）

赫德是咱们的吗？

清末皇室要员、恭亲王奕䜣一谈到英国人赫德，总爱说这么一句口头禅："咱们的赫德"。赫德的确不同于一般的"洋员"，他在中国做官，竟做至海关总税务司，且稳坐45年之久。就连那位老佛爷（即慈禧）也敬他几分。赫德真是咱们的吗？当然不是。他代表的是帝国主义的利益，他带给中国的是种种屈辱。

——读史札记

1854年深秋的一个夜晚，一艘从香港驶往上海的鸦片飞箭船——"爱渥娜号"正在狂风恶浪中颠簸挣扎着。甲板上，一个19岁的青年，正用一双阴鸷深沉的眼睛，凝视着船尾的惊涛骇浪。面对这一切，还有那茫无边际的黑暗，他压根儿不觉得恐惧，相反，倒有几分兴奋感。

这位青年为何这般大胆呢？原来，他已盘算着天亮后就能踏上神秘的中国大陆——冒险家的乐园——上海。他曾发过誓：要来中国干一番大事业。

他是谁呢？这个被心中野火烧得难以平静的青年叫赫德，是

200

一个英国人。时隔不到 10 年，他果真由来时一位无足轻重的额外翻译擢为掌握中国海关大权的总税务司。

对于西方人而言，赫德的个子并不高，在 175 厘米左右。他于 1835 年 2 月 20 日出生在北爱尔兰阿尔马郡一个名叫波塔当的小镇子上。其父是个小酒商兼小农场主。赫德 15 岁时，便考入有名的贝尔法斯特学院。有人曾说过："敢作敢为，向外扩张，是贝尔法斯特类型的明显特征。"对于培养他的学院，赫德一直铭记不忘。他在 54 岁时曾对一位友人说："那里的一声、一息或一瞥，都使我回忆起摇篮的日子"。63 岁时，他在给一位大学同窗的信中又这样写道："当我在中国期间，凡是归功于我个人的每一项成绩，我都把它看作是学院的功劳，看作是对曾经和我在一起学习的青年的酬谢，看作是指定我到中国去的教授会的充分肯定。"在赫德去世的当年，其遗孀在给该校副校长的信中，也透露了赫德自己所表达的同样感情。她说："他热爱这所大学，对它深感兴趣，把它看作是仅次于他在中国的官方工作。他从那里获得生活的开端。当他取得一些成就时，他就为自己也曾经是前校长的一员而感到骄傲。"

当初，赫德是怎样离开故土，选择了来中国的呢？原来：1854 年初春，英国外交部为加快对中国的侵略部署，从赫德所在的学院招收驻华领事馆工作人员。正在攻读硕士学位的赫德仿佛看到一块肥沃的处女地，足以栽植他的野心之树。于是，毅然放弃学位，提出赴华申请。

临行前，他的父亲亨利曾塞给他一笔钱：50 英镑。对于年收入只有几百英镑的亨利来说，这无疑是一种厚意。但在雄心勃勃的儿子看来，这50英镑又算得了什么呢？别看他是一个涉世未深的书生，但已有一套殖民者的理论：他要去的国家曾被英国打败，在战败国赚钱还不是一件轻而易举的事？况且，他有更重要的"理想"——用已经学到的精明、圆滑、耐心和洞察力，为自己祖国的殖民事业服务。

在一块未开垦的处女地中最容易施展抱负，赫德在赴华前就萦绕在脑际的这一信念，果真很灵。他初到中国时，不过是一名额外翻译，但没多久就升为助理翻译，后又任广州领事馆第二助理，1859年5月转任广州关副税务司。时隔两年，便代理海关总税务司。到1863年11月正式攫得这一头衔，开始了对中国海关长达45年的统治。

《辞海》的"海关"条中赫然写着：海关是"根据国家法令，对进出国境的货物、邮递品、旅客行李、货币、证券和运输工具等进行监督检查、征收关税并执行查禁走私任务的国家行政管理机关"。当时中国的海关——这样一个保护本民族经济的门户，按照本国政府意图对过境商品征税的机构的行政大权，为什么会允许一个"洋人"来把持呢？这岂不是件令炎黄子孙汗颜的事吗？

某些西方殖民者曾表白："西人在华帮办税务，并非出于各国之要索，实由于中国之委托。"这当然是欺人之谈。无法否认的事实是：还在赫德来华的前一年，亦即1853年9月，西方列强便利用上海小刀会起义之际，开始插手和控制中国海关。到1858年，英国竟以"法"的形式，迫使清政府在《中英通商章程》第10款中规定：中国海关"任凭总理大臣邀请英人帮办税务"。这样一来，海关就成为"洋人"的天下。

赫德有过这样一句口头禅："尽可能为中国多办好事"。

真是这样吗？

且看他统治下的中国海关。

1864年6月21日，赫德曾以总税务司的身份给各口税务司发过一项通令。

这项通令称："我们必须毫不含糊地、经常地牢记：海关税务司署是一个中国的而不是外国的机构"，所有成员都是"中国政府仆人"。在涉及海关税务司和中国政府的关系时又规定：总税务司直接向中国政府负责，各口税务司作为总税务司的代表，处于协助各口中国海关监督的地位。

在清廷听来，这些话当然是顺耳的。但实际情况怎样呢？1867年，清政府要员——北洋三口通商大臣崇厚在给同治皇帝的一个奏章中愤愤不平地说道，自从赫德当了总税务司以后，将任用各口税务司之权，完全归于自己，中国方面委派的监督毫无决定权。因而造成各口税务司权力日重，洋商只知有税务司而不知有监督的局面。在天津海关，该口税务司德璀琳一人说了算，他对李鸿章的心腹、天津海关监督周馥干脆"牵着鼻子走"。周馥想不俯首帖耳也不行。

在1864年那个通令中，赫德还向全体海关人员宣布总税务司是唯一有权对各类海关人员进行录用或辞退、升职或降职以及从一个口岸调往另一口岸的人。为了防止外界的干预，他禁止所有海关人员对外谈论海关内情。他与自己的亲信金登干税务司的电讯往来，一直采用密码，只有他和金登干两人认得，从来秘不示人。在他与主管财务会计的稽核之间，也有一套密码。

赫德在海关的做法，正如他的部属所形容的那样："毫无疑问，他把所有真正的权力控制在自己手里。他的下属，不过是一群无足轻重的角色。人来人往，一个总文案接替另一个总文案，但是没有一个人对这位矮小、消瘦和严酷的独裁者而言，是必不可少的。"

有时，赫德也有一种危机感。但那绝不是来自清政府的干预，而是列强间对中国海关行政大权的争夺。因为总税务司这个位置，在入侵的西方国家之间，谁都看得眼红，试图一坐。"英国要求由英人继任，俄国人要求相同的位置，德国人提出候补人，法国在后面表演手势"，美国人也不会丝毫无动于衷。但在已经取得这一重要职任的赫德看来，中国国库的这把重要钥匙必须继续操在英国人手里。他于1885年曾直言不讳地说："最重要的是，它的领导权必须握在英国人手里。"

英国官方的确把赫德的地位看得很重要。该国驻华公使窦纳乐曾直截了当地宣称："鉴于英国对华贸易大大超过所有其他国家的总和，英国政府认为：海关总税务司，无论过去或将来，都应该是一名英国人。这对大英帝国的商业利益是极端重要的。"

在海关属员的心目中，赫德是有名的"天和地"。他70寿辰时，其下属的祝贺中有人称他为"尊敬的家长"。说赫德是海关的"家长"一点儿也不过分。在这个"家"里，他有绝对的权威。他不但亲自主持这个"家"，坚持自己说了算，而且还在这里传宗接代。

有的学者这样写道：赫德的兄弟姐妹、亲戚朋友之中，本来没

有什么显赫的人物,但若把他们和中国的海关联系起来,倒有一些值得着笔的地方:

有个叫赫政的,是赫德的胞弟。他是 1867 年进入中国海关的。当时,新进海关的人,至少要 8 至 10 年,乃至更长的时间才有可能升任税务司,而他不过 5 年就爬上了这个位置。当 1885 年赫德一度被人推荐为英国驻华公使时,赫政曾被内定为总税务司的继承人。准备一旦哥哥离开这个"家",弟弟就去接替"家长"的位置。显然,没有哥哥的提携,这个"缺乏他哥哥的天才和能力"的弟弟,是不会有这种幸运的。

裴式楷则是赫德的妻弟。他是 1873 年进入中国海关的。和赫政比较,他有更加幸运的境遇。他用不着像别人那样,一级一级地往上爬,而是一开始就安在税务司的级别中,位居 1800 名一般海关人员之上。他的这种殊遇,在当时的外籍海关人员中,也引起了普遍的议论。在以后的 20 多年中,他从中小口岸的芝罘、宁波关到大口岸的广州、汉口关,又到贸易总汇的上海关,历任各关税务司,地位节节上升,最后终于爬上仅次于赫德的副总税务司的位置。1908 年赫德告老引退,离开中国,代替总税务司的头衔,就由赫德亲手加在他的头上。但是,他不得人心,赫德心里是明白的。他既得不到海关外籍人员的拥护,也得不到英国本国政府的支持。因此,不过三年,这个由赫德精心安排的位置,不得不随赫德的逝世,终于让出。

第三个是赫德的儿子赫承。他出生于 1873 年,22 岁就当上了父亲的挂名秘书。人们常说,赫德在他的独子身上"有巨大的野心"。不言而喻，这个野心，就是让儿子继承总税务司的宝座。但是，使赫德失望的是，这个"又懒又任性"的独生子，既没有利用这个机会的愿望，也没有抓住这个机会的能力。因此，虽然赫德在离开中国的前一年，费尽心思为儿子取得了中国海关驻伦敦代理的关键职位，但当他死后不久，儿子到底没有能够保住它。

赫德的外甥一家也同中国海关结下了不解之缘。那个继赫德等人之后充任中国海关总税务司的梅乐和是赫德亲妹妹的儿子，他兄弟三人，都在中国海关待过。他本人在1891年来到中国，7年后就代理新开口岸江门海关的税务司。显而易见，没有赫德的提拔于前，梅乐和是不会飞黄腾达于后的。

赫德的亲戚朋友进入中国海关的，当然不止这些，像曾担任天津海关副税务司的法国人吴秉文，是他的另一个妹夫；曾担任赫德私人秘书和琼州、镇江、芜湖、牛庄、宜昌、烟台、汕头、上海等关税务司的裴式模，是他的另一位内弟；曾担任打狗关税务司的叶德加，是他的另一位表亲；曾担任汕头关税务司的一位高年帮办，也是他的远房亲戚。

其实，赫德的"家天下"范围并不局限于海关内。有人曾这样描述道：1861年1月20日，清政府设立了一个专门管理外交和通商事务的机构——总理各国事务衙门。那时，这个新生的机构"还没有经验，所以在一切国际问题上从商议一个条约到解决一个领土纠纷，都常听取在京的总税务司的意见，并要求他的帮助"。

赫德自己也承认："我所主持的工作虽然叫作海关，但其范围是广泛的……它确是改革各地海关管理制度及改善中国一切生产事业的一个适当核心组织……"

于是，又有人根据这种情形，绘制了一张其时中国的权力结构图：

帝国主义控制着海关；

总税务司操纵着总理衙门；

总理衙门左右着清政府。

说赫德操纵着总理衙门，真可谓一针见血。

如人所知，总理衙门的重点工作是处理外交事务。据统计，赫德从 1863 年正式担任海关总税务司之日起，通过他公开或幕后策划的中外不平等条约，就有 1863 年的中丹《天津条约》，1869 年的《中英新定条约》，1876 年的中英《烟台条约》，1885 年的中法《天津条约》，1886 年的《中英缅甸条款》，1887 年的《中葡会议草约》，1890 年的《中英藏印条约》，1901 年的《辛丑条约》，1902 年的《中外续议通商行船条约》，等等。

我们首先看看赫德是怎样在签订中英《烟台条约》时为他的祖国效劳的。

那是 1875 年 2 月 21 日，一个名叫马嘉理的英国人在中国云南蛮允附近被杀死了。英国政府马上训令驻华公使威妥玛利用此事，胁迫清政府屈服，进一步扩大在华权利。

威妥玛是个十分骄横的外交官。谈判一开始，这位公使就向总理衙门提出赔款、优待公使以及税则、通商方面的一系列无理要求。总理衙门的大臣们还未及答复，他就暴跳如雷，动辄以与中国断交相威胁。这一着，还真吓坏了与之交涉的中国大臣们，奕䜣连忙求助于"咱们的赫德"。赫德遂即向总理衙门呈上一份《关于改善商务关系的建议》，从而定下了谈判的基调。

对于"建议"中要求清政府作出的种种让步，诸如外商货物运抵通商口岸时，中国一次征收进口税和子口税，然后豁免全部内地税，以及增开重庆、宜昌、安庆、芜湖、温州等城市为新口岸乃至涉及司法、行政方面的改革等，连威妥玛也意识到赫德的"所望过奢"。

在 1876 年那个苦夏里，总理衙门的日子非常难熬。当恭亲王奕䜣与威妥玛的谈判因枝节问题处于僵局，而威妥玛又摆出一副诉诸武力的"虚声恫吓"架势时，赫德马上"转圜"，迅速提出改谈判地点为烟台、清方代表换成李鸿章、清政府必须"全面让步"的主张。接着，他还操着与威妥玛相同的腔调威胁道：大英帝国既能在西洋作主，何尝不可在东方继续用兵！

果然，清廷彻底屈服了。1876 年 9 月 13 日，李鸿章代表清政府与威妥玛签订了中英《烟台条约》。按照英国外交大臣的观点，该约"很令人满意"，一个名叫马士的美国人则特别赞扬了赫德，说"最大部分功劳归于赫德"。

根据这个条约，中国丧失的主要权益有：

为马嘉理被杀，中国赔银 20 万两，并派专使到英国道歉；

英国官员得在大理或云南其他地方驻留 5 年察看通商情形；

增开宜昌、芜湖、温州、上海为通商口岸，并指定长江沿岸六个城市准许外国轮船停泊；

对领事裁判权作了具体的规定。

倘若把涉及商务和司法部分的条款与赫德给总理衙门的那个"建议"加以对照,不难发现:二者相差无几。

在《烟台条约》的谈判过程中,李鸿章已亲自领教了赫德的圆滑与专横。9年后,当李再次代表清廷签订丧权辱国的《中法新约》时,他不得不发出:"查进和议者二赤,我不过随同画诺而已"的感叹。

所谓"二赤",指的就是赫德。按照李鸿章的说法,中国在1885年战胜法国的情况下,仍签订了屈辱的不平等条约,他自己不过是"随同画诺",而真正的导演则是"业余外交家"赫德。

李鸿章的说法当然有推卸责任的意思,但赫德操纵中法和谈是有目共睹的。

那是1884年八九月间,当中法战争还打得难分难解之时,各方面的"调停"活动就紧锣密鼓地活跃起来。翌年1月11日,赫德派其手下金登干赴巴黎见到了法国总理茹费理。茹费理对金登干的到来,心中暗喜,因为他意识到局势对法国不利。

其时,对外患有软骨病的清政府,对赫德的秘密调停也表示欢迎。赫德在1885年3月23日写给金登干的一封信中透露:"衙门——特别是新王爷(指奕䜣的继任奕𫍽)——在我们直接去找茹费理以后,坚决地支持了我。"

于是,在巴黎,赫德的手下金登干代表清廷与法方代表戈可当开展了实质性的和谈。而李鸿章与巴德诺在天津的和谈,仅是样子而已。当时,和谈的步骤是:条约草案由巴黎拟定,然后电告赫德,由其递交总理衙门;清政府若对草案有意见,再由赫德转告巴黎。每当双方就某些条款取得协议后，才由中法政府分别交给李鸿章和巴德诺，由他们就细节和文字加以核对。此间，赫德利用"中转"的地位操纵和谈。据说，身为清政府代表的李鸿章很想多了解一些内情，赫德竟指责他是"多管闲事"。

1885年3月29日，中国军队取得谅山大捷。那位不可一世的法国总理也由此而被迫下台。人们满以为清政府会利用这一时机停止向战败的法国出让利权，岂料苟安偷且的那拉氏一伙竟编造出"乘胜求和，极为体面"的论调。此刻，赫德急得像热锅上的蚂蚁，生怕清军的胜利扰乱了他的既定步骤，切盼由他操纵产生的中法停战草约早日签字。他曾担心地电告金登干："一个星期的耽延，也许会使我们三个月以来的不断的努力和耐心所取得的成就完全搁浅。"在赫德的催促下，4月4日下午4时，金登干代表大清国，毕乐代表法国，在巴黎正式签订了《中法议和草约》和《停战协定》。

"好极了！办得不错，我庆祝和感谢你！"当赫德听到签字的消息时，马上给金登干发去了一个电报。

时隔两个月，亦即6月9日，李鸿章与巴德诺又根据巴黎草约的蓝本，在天津订立《中法新约》（又称《越南条约》或《中法会订越南条约十款》）。根据这个不平等条约，中国同意在中越边界上开放两处通商处所，允许法国在此设立领事馆；法商贩运货物进出云南、广西一律减税；日后中国修筑铁路，自向法国人商办；等等。

消息传出后，国人纷纷责难李鸿章。李氏为了减轻责任，只好如实道出赫德是这出可耻"和平剧"的幕后导演。

"我不是一个精通写作的人，但我自信能够提供别人所无法提供的东西。"这是赫德 1900 年 9 月 12 日写给金登干信中的一句话。

原来，此时八国联军攻占了皇城北京，各列强正在为如何勒索中国争吵得不可开交。在这种情况下，赫德便以一种久居中国要职的优越感，一种利益攸关的责任感，一种在勒索中国条约签字前必须倾其所思的紧迫感，道出了自己的种种"高见"。

从 1900 年 11 月到 1901 年初夏，他连续在欧美各国杂志上发表了《中国及其外贸》《中国和重建》等一系列文章。

怎样处置中国呢？赫德说，可能实行的办法无非有三种：一是瓜分，二是改朝换代，三是维持现状。

对于瓜分，赫德写道：瓜分虽佳，却不是长远之计，在实际政治中也难以行通。"中国人的情感和中国人的愿望这类东西……永远无法根除，而且要永远在事物的深处生存下去，昂扬沸腾，并且发挥作用。""中国如被瓜分，全国就将协同一致来反对参与瓜分的那几个外国的统治者，这样，即使无政府状态不是绵延不断，平静或表面上的平静也只不过是不可避免的爆发前的一种准备，民族情感的存在及其力量迟早会通过在各地发生突然的叛乱而表现出来。"

对于改朝换代，赫德明确指出，眼下还找不到一个合适的人。退一步说，即使列强能够一致同意扶植一个新朝廷，这个新王朝"以后将永远带有软弱和耻辱的标记"，极不利于列强统治这个民族情感极浓的国家。

在赫德看来，唯一的良策是："把现有的王朝作为一个正在活动着的东西接受下来，并且一句话，竭力利用它"，使其作出"赔偿过去、保证未来"的承诺。

赫德的这一良策，为各国的勒索定下了一个基调。某些殖民者称"在关于中国的一切事情上，没有一个活着的人比赫德爵士更有权威"。

当议和谈判正式开始后，赫德更忙了。一方面，他是清廷代表奕劻和李鸿章的顾问；另一方面又给各国出谋划策。

严格说来，所谓谈判，已不是列强与清廷之间进行，而是各国就如何分赃进行的一场大争吵，当时，无论是奕劻还是李鸿章，都只是向逃至西安的慈禧转达帝国主义的要求，最后奉命在和约上签字。

1901年3月25日，赫德给北京公使团的赔款委员会递去一份意见书，分别就中国究竟有能力负担多少赔款、用什么方式支付以及如何监督等问题进行详细分析论证。

根据赫德的计算，当时清政府年收入8820万两白银，而岁出则达1.01亿两。他指出，按人口平均计算，中国百姓的负担"比谁都轻"，但由于生活水平低下，各地百姓仅能勉强维持生计，因此每年增税以2000万两为妥。

赫德提供的关于清政府财政情况的报告被各国公使视为最可靠的情报，他关于赔款及其担保办法的意见，绝大部分被采纳，成为《辛丑条约》第六款和附件12、13的主要依据。

事后，那位没被抛弃的慈禧太后，非常感激在"和议"中作出"贡献"的赫德。1902年2月23日，慈禧亲自接见了他。据赫德的亲侄女裴丽珠记载：对于赫德，慈禧"显示了她最柔的一面，全身融化在仁和慈祥和体谅关切之中，用她那轻柔如天鹅绒般的声音向他表示致意"。赫德自己也感到"这老妇人用一种甜蜜的女性声音，非常殷勤地恭维我"。

赫德甚至意识到，他日后在华能够发挥更大的作用。

除了把持、操纵中国的海关和外交两个阵地外，赫德还把自己的魔爪伸向中国的军事、政治、经济以至文化、教育等各个领域。

一个权威学者这样概述道：

赫德通过海关行政权的攫取，进一步侵夺中国港口的引水权。

赫德通过海关会审制度的建立，扩大海关税务司对海关案件的审判权。

赫德在扩大海关行政权的同时，还把中国的邮政权控制在海关税务司的手里，又企图通过海关两和金本位的联系，进一步改组中国的币制。

赫德还利用关税的抵押、担保，直接参与中国举借外债的活动。

赫德又利用总税务司和洋务派的联系，积极插手洋务派的军火购买、海军建置和其他工、矿、交通企业的活动，企图在总税务司和总邮政司之外，再加上总海防司（或海军司）、总矿务司、总铁道司和总盐务司的头衔，甚至发展成为参加中国内阁的最理想的候选者。

赫德还插手中国的文教事业。中国的第一所新式学校京师同文馆，经费来自海关税收，负责人也由总税务司推荐。

赫德甚至直接插手中国官场的人事活动。他上任不久，就私下排除李鸿章和戈登之间的纠纷，协调他们之间的关系。中国高级官员的人事更动，封疆大吏如总督任命，有时也要咨询和采纳他的意见。

这位在华享尽殊荣奇赏之尊的北爱尔兰小酒商的儿子是 1908 年 4 月 13 日上午离开北京回国的。当他决定离开中国的前夕，曾给密友金登干写过一封信。在信中他曾有意无意间摘引了古罗马诗人贺瑞斯的一句讽刺诗："你嬉戏已畅，你吃饱喝足，该是你离去的时候了。"他所引录的这行诗，恰恰成了他的自供状：他是在中国果腹饱囊而后离去的。在近代各色人物分脔享用中国的宴席上，赫德不愧为一位最出色的饕餮者！

（原载《华夏血泪》，山东教育出版社 1993 年版）

从《不忍》杂志看康有为民国初年的思想

剧烈动荡变革的近代中国社会造就了康有为这个人物，使他既成为历史的宠儿又成为历史的弃儿。他早期"趋时"，曾抱着振兴中华的大志，不避身家性命之危，奔走呼号，推行变法，成为近代中国开先风之气的杰出代表。但待到"时"趋了过去，他却像风信标那样，转来转去不离原地，随着历史巨轮的滚滚向前，竟进一步堕落成"拉车屁股向后"的最力者。尽管他"拉车屁股向后"的劣迹丝毫减低不了他"趋时"时的功绩，但要全面了解康氏其人，仅研究他亲自导演的维新活动以及他所精心描绘的虽属虚幻但却诱人的"大同"远景是不够的，还有必要详细探讨他是何以"拉车屁股向后"乃至种种具体表现。正是基于此种目的，本文试图通过《不忍》杂志，简略考察一下康氏民国初年的思想格局。

一

《不忍》杂志创刊于1913年2月，由上海广智书局发行，前后共刊出十期，其中1913年出版了一至八期，1917年续出九、十期（为合刊）。它分为"政论""说教""瀛淡""艺林""图画""文""诗"等几个栏目。文章几乎都出自康有为的手笔。

　　康有为之所以要在中华民国成立后的第二年主编这个杂志，并取名曰《不忍》是有过绝妙自白的。他曾在《不忍杂志序》中这样写道："凡与吾交亲之大地中国，乐者吾乐之，忧者我忧之，吾不能禁绝吾乐忧。而躬际中国之危难，于是不忍之心旁薄而相袭，触处而怒发，不能自恝焉。……睹民生之多艰，吾不能忍也；哀国土之沦丧，吾不能忍也；痛人心之堕落，吾不能忍也；嗟纪纲之亡绝，吾不能忍也；视政治之窳败，吾不能忍也；伤教化之陵夷，吾不能忍也；见法律之蹂躏，吾不能忍也；睹政党之争乱，吾不能忍也；慨国粹之丧失，吾不能忍也；惧国民之分亡，吾不能忍也。怵焉心厉也，怒焉陨涕也，凄凄焉悲撜袂也，逝将去之，莫能忘斯世也。愿言拯之，恻恻沈详予意也，此所以为《不忍》杂志耶？"（见第一期）正是基于这种"不能自恝"的"不忍之心"，康有为才"靡靡喋喋"，连篇累牍地在《不忍》杂志上发表了《救亡论》《议院政府无干预民俗说》《以孔教为国教配天仪》《保存中国名迹古器说》《问吾四万万国民得民权平等自由乎》《中国颠危误在全法欧美而尽弃国粹说》《中国还魂论》《共和平议》等一系列反动文章，即使1913 年 11 月袁世凯为点缀反动政权邀其赴北京"论道匡时"，他仍以母丧守孝，"加割疡未愈，衰病侵赢，寡姊病危，奄在旦暮"，"无心预闻政治"等为由搪塞不就，坚持置留上海继续为《不忍》撰述"怒发"之言。

二

　　如人所知，还在太平天国农民战争时期，马克思和恩格斯就曾预言，不久的将来，在中国这个最反动最保守的堡垒的大门上，说不定会出现"中华共和国"，"自由、平等、博爱"这样的字样①。而事实上，过了四十多年，当康有为等"公车上书"叩头请愿的同时，孙中山等就提出了"创立合众政府"的主张，并进而领导了广州起义。不过，那时在社会生活乃至思想界掀起巨大波澜的不是革命而是改良。在一般国人尤其是士大夫眼中，康有为、梁启超，还有那个毫无实际权柄的光绪帝是被目之为复兴中国的希望所在的，而孙中山等则曲高和寡，倍从较少，甚至被斥之为"江海大盗"和"乱臣贼子"。但康有为等改良思想的黄金时代毕竟太短了，仅仅推行了"百日新政"，慈禧太后的铁血政治便给他的进步性敲响了丧钟。进入 20 世纪的头几年，客观的现实生活更有效地教育了众多的人们，目睹帝国主义侵略的日益加深和清政府卖国本质的彻底暴露，人们清楚地意识到中华民族之所以落后、挨打、被奴役，其根本原因便是清王朝的腐朽统治，因此要挽救民族危机，振兴多难之邦，就必须首先推翻封建专制政府，建立"自由、平等、博爱"的民主共和国，于是乎，革命代替改良成为一种不可遏止的时代主流。"数年以来，革命论盛行于国中……其旗帜益鲜明，其壁垒益森严，其势力益磅礴而郁积。下至贩夫走卒，莫不口谈革命而身行破坏。……革命党指政府为集权，冒立宪为卖国，而人士之怀疑不决者，不敢党与立宪。遂致革命党者，公然为事实上之进行，立宪党者，不过为名义上之鼓吹，气为所慑，而口为所箝"，

① 《马克思恩格斯全集》第 7 卷，第 265 页。

这可谓当时改良思想日暮途穷的真实写照。然而面对如此颓势，康有为却执迷不悟，固执改良经不放。他把革命描绘成极为恐怖，犹如洪水猛兽般的危险行为。诽谤今日"日革命，日扑满，是以怨报德，以仇报恩也"。他"深惧革命之内乱"，以为"立宪可以避免革命之惨"。但历史又清楚表明了它的发展是不以康有为的主观愿望为转移的。尽管清政府于1907年演出了一幕"预备立宪"的假把戏，康氏等人也曾为之欢呼过，结果革命党人在四年后发动的武昌起义还是推翻了这个反动透顶的王朝。"若卷潮倒河"的骤变，当时就连一度积极追随康氏的梁启超也敏感到共和乃民心所向，公开表示："共和之局则既定矣，虽有俊杰，又定能于共和制之外别得活国之途？"①可众叛亲离、势穷力蹙的康有为仍不死心，这样一来，诋毁"共和"，攻击"民主"，便成为他《不忍》文章中的一项重要内容。

请看他是怎样"靡靡喋喋"地诽谤共和民主的："嗟乎！茫茫惨黯天欲冥，地欲裂，日若暗，日若灭，仰俯环顾，大昏迷雾，百忧沈沈阴阴，而来袭人，蘷然惊，蘷然喟曰：今何时哉，人间何世也，自吾之有生，忧患多矣，而未之见也。"（《忧问一》）"今自共和以来，举国骚然，民不聊生，农工商贾失业，群盗满山，暴民满野，各城邑变乱频仍，各省割据日争，政府坐视之，力不能统一，术不能理财，武不能安边，但缩首乞丐，坐酿大乱。其尤甚者，堕弃纪纲，扫绝礼教，上无道揆，下无法守，绝群神之祀，收文庙

---

① 《时报》1912年5月7日。

之田，乃至天坛不祀，上神不享，则神怒民怨，无人交恫，以此而祈祷于天，岂不大妄哉。"（《无祷》）这就是来自当时康有为笔端的一幅民初社会的图景。如果联系辛亥革命后由于帝国主义和封建主义的破坏，共和制很快徒具形式，造成举国商不敢贷，农不敢耕，工不敢制，军阀、官僚、政客行奸背誓，尔虞我诈等蓬蓬乱状，康氏所勾勒的这幅充满"惨黯""骚然""神怒""民怨"的图景不失为一种惟妙惟肖的佳作。然而问题在于，康有为颠倒是图，竟把这种种恶果统统算在了共和制度的头上，而未归咎于帝国主义和袁世凯之流的破坏使然。他左一个"共和而召大乱"，右一个革命之后民生惨状"令人心折骨惊"。在他看来，共和大义虽美，但中国数千年未行之，数万万人士未知之，众瞀论曰，冥行摘埴，其错行、颠堕是势所必然的。更可笑的是，他还以"冬裘夏葛，人之常服也，若五月披裘则喝死，十二月衣葛则寒侵"譬喻，说今吾国民误行民主共和，就是"五月披裘，当喝死矣，十二月衣葛，当冷死矣"。

按照马克思主义的观点，资产阶级共和制度下的自由平等虽多是纸上的东西，但它比起封建制度、中世纪制度、农奴制度来，仍是一个不小的进步。因此，对来自专制压迫下的自由平等的呼声以及为之付出巨大牺牲的行为理应加以赞扬。但康有为却不这样。他对共和制度下的自由平等学说也嗤之以鼻。首先，他认为中国在汉代就施行了自由平等，现在再提倡就是胡闹。他在《拟中华民国宪法草案发凡》和《中华救国论》中说："中国自汉世已去封建人人平等……听民之自由，人身自由，营业自由，所有权自由，集会言论出版信教自由，吾皆行之久矣。"故"今吾国欲再求自由，除非遇店饮酒，遇库支银，侵犯人而行劫掠……欲再求平等，则将放肆乱行"。其二，他以为自由平等导致了"国势必屈"。他在《问吾四万万国民得民权平等自由乎》一文中指出："凡言民权平等自由者，必伸个人之权利。夫个人之权利伸，则全全之势力弱，殆无可避之数也。"在他看来，今吾国人已到了唯权利之是慕，各竞其私，各恤其家而不知国的地步！其三，他断言自由之说不仅祸及国势，而且危及中华家庭。他曾在《中国颠危误在全法欧美而尽弃国粹说》中喟然叹道："顷闻有子以自由之说，而背其父者矣，谓欧、美之俗，我二十而自立，父不能约束我也，于是有执刀胁父而取金钱者矣，于是有执事在外，父自数千里外来见国，而摈不见者矣，谓我办国事，父乃家人，吾不能以家弃国也。其父饮泣而去，于是父子之道穷矣。又闻妇女以自由为说，而背其父者矣，一言不合，而反目闺阃，外遇有情，而别抱琵琶，其父饮泣衔恨，然熟视而不可如何也。……夫天下之至亲爱而至相关系者，岂有过于父子，夫妇者哉，抚育顾复之艰难，宜室宜家之好合，一旦逆子见背，爱妇生离，则饮恨寻仇，发狂为厉，恐将来吾国人不待战亡于外国，而忧伤杀死于家庭者，殆不止千万者。"毋庸讳言，康氏所说的这种情况在民初的确屡有发生，但究其根源恰是由受不了专制的痛苦造成的，何能归咎于自由平等之说呢？

就在恶意抨击自由平等的同时，康有为还对共和制度下的民主选举妄加非议。他曾不止一次地说，共和之美，洽于人心者，"莫不日得民意，发民权"，但所谓选举人人有权不过欺人而已。

因为按照他的逻辑，以中国之大，人民之多，按今之选举法，以八十万人选一人，"夫八十万人之多数，地兼数县，或者数府，壤隔千里，少亦数百里"，加之"道路不通，山川绝限，人民无识，交游未盛，选举不习，则八十万人之中，渺渺茫茫，既为大地选举例之所无。而曾谓八十万人者，能知其人而举之，其人又能达八十万人之意乎？"他甚至用嘲讽的口气讥诮道："我今质问四万万人，汝有何乎，所选举者，谁为汝意，议员所陈谁得汝心？"（《中国颠危误在全法欧美而尽弃国粹说》）如前所述，由于帝国主义和袁世凯之流的破坏，在民初的中国的确未曾实行过真正的"民主选举"，而且资产阶级的"民主选举""代议政体"本身就有着很大的局限性和虚伪性，但康有为压根儿反对这一标志社会进步的做法却再次暴露了他的反动面目。

为了进一步给自己"共和政体不能行于中国"以及若继续泥守共和制则"救中国之道已穷"，且将最终招致"亡国"的谬论寻找依据，"自堕污泥"的康有为又无耻地求助于帝国主义。他指出："今欧、美、日人，皆议中国近日之危乱，远过晚清，谓国愈纷而无力统一，国愈贫而无求理财，政府无权不能行治，旧制尽扫而乱状日出……皆谓中国不适于共和也。"（《中华以何方救危论》）"若伦敦、日本诸报，谓（中国）土地太大而不能行共和；谓人民程度太下而不能行共和；谓道涂太塞，交通未便而不能行共和；谓扫弃旧教太甚，人心不宜而不能行共和；谓骤无纲纪秩序而不能行共和。"（《忧问二》）把帝国主义欲使中国变成它的殖民地而不愿中国有民主改革的阴谋之言，引为同调，当作自己反对共和制度的理论根据，其丑恶之极简直令人作呕！

三

既然"共和政体不能行于中国"，而且若继续误行共和制将会招致"亡国"的危险，那么，这位持"不忍之心"的"南海先生"又持何术以"救国"呢？

且看他的妙方：

首先，他鼓吹"虚君共和"，妄说"共和不妨有君主"，而"立宪国之立君主实为奇妙之暗共和国"。他在《救亡论》中曾直言不讳地指出，中国积四千年君主之俗，欲一旦废之，甚非策也；只有立一"无权无用"如同"木偶"的君主才能安国"弭乱"。

康有为这个"虚君共和"的主张，其实质无非是旨在借假"共和"的招牌，以达封建复辟之目的。但为了使别人相信自己能安国、"弭乱"的鬼话，他就像布道师一样喋喋不休地告诉人们"虚君共和"的"绝妙"之处："夫虚君之国，犹有君臣之名，则有义以定之，君臣有天泽之分"，故虽为虚君，而群臣敬畏，不妄安叛，不敢狎侮，更何况立一如同"木偶"的君主，人不争之，这样，"国人只以心力财力运动政党，只以笔墨口舌争总理大臣"，而不会产生"易总统以生争乱之患"。据此，他还进一步断言，立一形同"木偶"的君主，不费一兵，不折一矢，不动声言，仅以笔舌而收大革命之功，君举其国归于民。所以，多此"木偶"，"于民无几微之损，而秩序能存，能弹压无政府之祸，岂不妙哉？"（《拟中华民国宪法草案发凡》）

其次，他要求亟定"孔教"为"国教"。他曾经不厌其烦地讲中国之魂就是"孔教"。孔子为中国改制之教主，为创教之神明圣王，孔子以前之道，他集其大成，孔子以后，中国人饮食男女坐作行持，政治教化，矫首顿足，无一不在孔子范围之中。要是一旦弃掉孔教，则"举国四万万人，徬徨无所从，行持无所措，怅怅惘惘，不知所之，若惊风骇浪，泛舟于大雾中，迷罔惶惑，不知所往"。（《复教育部书》）正是基于这种荒谬的逻辑，康有为对"不敬孔教灭弃之"急得惶惶不可终日。他认定，现在举国教化衰息，纪纲扫荡，道揆凌夷，法守隳斁，礼坏乐崩，人心变乱皆是由废孔教引起的。所以他大声疾呼，今欲救吾国人于洪水中，欲不亡中国乎，唯有尊孔教为国教。否则，"孔子有知，应无不悼心泣血"；而国因离魂，也会变得"丧心病狂"。

诚然，从今天的角度来看，对孔子一棍子打死确有点简单粗暴，但若从那时的政治需要——革命必然要引起社会骤变考虑，反孔是很有必要的。因为谁都明白，孔教所提倡的子孝、妇从、父慈、民顺、臣忠、君仁等伦理观念一直是整个封建社会的道德规范，它的一个显著特点就是保守性：一切都应符合古代圣贤所制定的"礼"。否则，任何可能发生的对原有状态的偏离都是大逆不道的罪孽，理应防患于未然，及早消除，而康有为竭力主张亟定"孔教"为"国教"，其弦外之音不正是意在重新支撑起封建主义的坏殿颓楼，让人们再回到旧秩序中去吗?!

再次，他叫嚷要"冒万死以力保旧俗"。何谓"旧俗"？对此，康有为的解释是汗漫无垠的，可以说凡封建社会的恶俗统统都在他

223

的保护范围。他曾在《议院政府无干预民俗说》《中国颠危误在全法欧美而尽弃国粹说》两文中特地指出五种不宜废除的"风俗"：一不应禁娼妓。他说，妓者，国人都以为欢，尤其是游客孤商，不能不乐，要禁之，则淫风更乱，如背者京中无厕所随地所至，更加污秽耳，更何况妓者又会先失财产生计。二不应破神道。他指出："焚膏炳萧香，求之于明，礼神之义也"，像禁城隍庙等，会使善男信女失掉幸福的依托。三不应禁旧历，倘若付诸实践，遍天之下将失其岁时庆典的乐趣。四不应禁纳妾，如果妄行，将妨碍他人的自由。五不应拆毁贞节牌坊等，否则，缙绅之家受到骚扰。康氏把这些腐朽的封建遗毒当作"风俗"来"力保"，而且还打着"为民请命"的旗号，真是衰颓没落到了极点。此外，他连今之书札"贸贸然书某某免冠鞠躬"，今之礼仪"舍揖拜而握手免冠鞠躬"也看不惯，说这种移风易俗"非雅不文"，"媚外已甚"。如此小事，竟也这般痛心疾首，大动干戈，可见其时康有为的想法与时代的脉搏多么不合拍！

四

还有一点必须指出的是，值时，在学习西方的问题上，康有为也表现出惊人的倒退。

众所周知，当康有为还作为充满活力的生气勃勃的维新志士的领袖时，曾对醉心于补苴罅漏，弥缝缺失的洋务派进行过很有说服力的针砭。那时，洋务派盛赞中国的政教文物风俗美不胜收，无一不优于他国，所不及者，唯枪炮、船舰、铁路、机器而已，只要学到这些舶来品，封建的坏殿颓楼就能免遭沉沦倾倒。而对这些舶来品，康有为却很不以为然，认为所学者皆是西人皮毛之皮毛，于是大胆提出了设议院于京师，开制度局于紫禁城等政治主张。他的这些"绝唱"，在当时说出了许多人想说而不敢说的话，几乎风靡了整个思想界。然而，具有讽刺意味的是，到民初，康氏却重蹈了洋务派的覆辙。

他曾在《孤愤语一》中悻悻地说："今吾国人睹人之共和也，亦共和焉；人之政党也，亦政党焉；人之国会也，责任内阁也，亦国会焉，责任内阁焉；人之选举也，亦选举焉；人之平等自由也，亦平等自由焉；人州自立也，亦割据自立焉……举国皆儿嬉也。"依康氏之见，如此采欧啜美，既"为异族之奴"，又"播为恶种"。值时，他对自己早年主张设议院进行了忏悔，说："追思戊戌时，鄙人创议立宪，实鄙人不察国之巨谬也。程度未至而超越为之，犹小儿未能行而学喻墙飞瓦也。"（《国会叹》）在他看来，欧美之富强，"以政治为轻"。也就是说，不在于它的政治制度进步，而关键是缘由物质精奇之故。"有此者谓之新世界富强文明国，无此者谓之旧世界野蛮闭塞国。"（《乱后罪言》）康氏的这种说法自然是本末倒置的。但正是基于这种倒退了的观点，他提出："我之所亟采于欧、美者……物质为最要……以其实物言之，则电化机器工程土木也；以其贯通言之，则物理及数学也；以文美言之，则画学着色学乐学也；以器言之，水压力、天然煤气、电线、海底电线、无线电、留声电、光线、电气灯、蒸汽槌、蒸汽唧筒、显微镜、千里镜之类也；以兵事言之，则速发枪炮、钢制大炮、炸药、汽船、汽球、飞船、兵舰、炮台之类是也；以农机器言之，凡夫芟草、刈稻、播种、起草、耕耘、纺织、缝、制、造玻璃、陶器，诸金塞门德士之类是也。……（吾国）若有此乎，则万里之大国，四万万之人，已富已强，不必平等自由，自治共和、政党、握手、鞠躬、免冠、易服也。若无此乎，则吾以万里之国，四万万之人，为人所弱，乃至巴拿巴个郎士数万人之国，亦能凌迫我焉，且浸危之焉，而自由自治、共和平等、政党、免冠、鞠躬、易服，盖并促助其危之而已。"（《中国颠危误在全法欧美而尽弃国粹说》）如此主张，不正是当年李鸿章、左宗棠、张之洞等洋务大僚们早已仿行，但最终证明不能够救中国的陈词滥调吗？而康有为重新拣来，稍加修饰，继续贩卖，真是智穷力竭，贻笑大方。殊不知，当年洋务派搞"船坚炮利"，仿行西方铁路、冶炼等还给落后的旧中国提供了些新东西，待到民初康氏又以此旧货再次兜售就纯属"不谅形势"，自然也就没有什么积极意义可言了。

也许有人会说，康有为在《废省议》等文中曾指出过西方资本主义政治制度的某些弊误，这是应该加以肯定的。然而问题并不那么简单。不错，他的确说过："吾国人徒外震于美之富强，以为其法尽美，而不知美民选吏治之害最甚也，吏员、议员通同作弊，营私自立，但工厂主与无赖能运动多数，即可长久把持一方，横行武断，良善受其鱼肉，无可控制，审判与律师受贿而不公，杀人可以无事。……政党肆行其压胁，非其党人受其凌迫，甚者杀人千百而无事……财政尤乱，支款冒盗公债妄行，即不至是而限地方。人才寡少，故多才识，几下心术败坏贻害，地方莫之振救，美国人苦之。"但切莫误解为这是康氏对西方资本主义社会丑恶面貌的揭露和批判，其曲笔之言乃是假西方资本主义社会的某些流弊，反对在中国实行民主共和制度。他的这种鞭挞是典型的转向开倒车，以保护中国的封建政教文物风俗。

综上所述，我们可以清楚看出，康有为在民初的思想是多么衰颓反动。他如此不遗余力地反对共和，提倡"以孔教为国教"，妄说"立宪国之立君主实为奇妙之暗共和国"，其弦外之音不外旨在重新支撑起封建主义的坏殿颓楼。"《不忍》杂志，不啻为筹安会导其先河"（《新青年》第二卷第二号），这是当时陈独秀一眼就看穿了的。然而，在民主主义思想、共和国的观念已经深入人心的情况下，拼命鼓吹复辟又有什么出路呢？有言道：任何一种妄想把历史纳入主观框框的思想，其结果总免不了要从历史的前进列车中远远地抛出去摔成一堆齑粉。康有为的下场便是这样。到1917年，就连他自己也不得不哀叹道："癸丑年，乃草《不忍》杂志八卷，聊竭吾笔恶之愚，以忠告吾国民，而国民不受也。"（《续撰不忍杂志自序》）由此可见，人民对已经堕落为封建余孽的康有为是多么无情。"历史潮流，浩浩荡荡，顺之者昌，逆之者亡"，这是一条永远颠扑不破的真理！

（原载《南开史学》1983年第3期）

严复与《天演论》

在 19 世纪末叶的最后几年里，有一部名曰《天演论》的书，受到所有进步人士的欢迎和赞赏。当时最负盛名的桐城派文学家吴汝纶在给该书译者的一封信中写道："得惠书并大著《天演论》，虽刘先生之得荆州，不足为喻。比经手录副本，秘于枕中。盖自中土翻译西书以来，无此宏制，匪直天演之学，在中国为初凿鸿蒙，亦缘自来译手，无此高文雄笔也。"

大名鼎鼎的康有为一向是目空一切的，但当他从梁启超处看到《天演论》时，也说该书"为中国西学第一者也"。

中国文化革命的主将鲁迅回忆他当时买了一本《天演论》，"一口气读下去"，尽管遭到本家一位老者的指责，但"仍然自己不觉得什么不对，一有空闲，就照例吃侉饼、花生米、辣椒，看《天演论》"。[1]

一部《天演论》竟能受到人们如此"厚遇"，这在当时除了康有为的万言书和梁启超的《时务报》以外，恐是不曾有过的。

随着该书的风行，它的译者——严复也就成了风靡一时、名满海内的新派人物。

---

[1] 《鲁迅全集》第 2 卷，第 405 页。

严复，福建侯官（今闽侯）人，生于 1854 年，乳名体乾，后改名宗光，字又陵，再改名复，字几道。由于家道比较困难，少时的严复虽也曾跟着"邑中宿儒"读过一些四书五经，但都没有像那些大地主、达官贵人家的阔少爷们一样读了书，再去考秀才、举人、进士……一步步爬上去做官，而是在十四岁考入了当地既免费又有补贴的洋务学堂（福州船政学堂）。严复的这一抉择，虽说是出于经济原因，但对他日后走上"西学"道路，却产生了重大影响。十九岁那年，他从福州船政学堂毕业了。这以后的五年，他一直在建威、扬武等军舰上实习和工作。

如人所知，在近代中国，19 世纪 60—90 年代是被称为"资取洋人长技"的时代。在洋务派中，林则徐之婿沈葆桢是很赏识严复的。他为了进一步培养严复，于 1877 年和李鸿章会奏，派遣严复偕同刘步蟾、方伯谦、林泰曾、林永升等人到英国留学。对严复来说，赴英学习海军，是他一生思想上发生重大变化的转折点。在英期间，这位从半封建半殖民地来的青年，除了认真攻读高等数学、化学、物理、海军战术、海战公法以外，还怀着虔诚的心情注视着这个西方社会。因为他很想知道这个日不落的大英帝国是怎样富强起来的。为此，他特地深入英国法庭"观其听狱"。不过，最使他倾服笃信的莫过于亚当·斯密、孟德斯鸠、卢梭、边沁、穆勒、达尔文、赫胥黎、斯宾塞等资产阶级思想家的学说，在这些人的著作中，他获得了较为系统的资产阶级哲学和社会政治学的知识。1879年，严复回到母校——福州船政学堂当教师。这期间，"西学"仍吸引着他，他继续孜孜不倦地研究着赫胥黎等人的理论，摸索着西方何以富强并能横行五洲的奥秘。

的确，要复兴中国，只作一些修葺补苴的改革是无济于事的。洋务派的某些改革虽给病入膏肓的封建肌体注入了一些新鲜血液，但已为时过晚了。随着甲午战争的惨败，中国的形势更加危急。面对帝国主义的肆意入侵、宰割和清朝统治当局的麻木不仁，凡是具有爱国热忱的人无不焦急万分。此刻，严复也感到再不能"闭门寡合"了，遂"欲致力于译述以警世"。

偌大的中国，译述什么样的书才能向人们敲响祖国危亡的警钟呢？严复坚信英国生物学家赫胥黎所著《天演论》可以起到这个作用。于是，就首先选译了这本书(原名应译为《进化论与伦理学》，但严复只译了其中的主要内容，所以用了《天演论》这个名)。

如人所知，在19世纪中叶，英国还有一个更出名的科学家叫达尔文。他一生研究确立的进化论说明，生物在自然界是发展进化的。赫胥黎正是根据达尔文的这个理论，用来解释人类社会的发展规律。他在《天演论》中指出：生物界是进化发展的，而支配生物发展的规律是"物竞天择""优胜劣败"。也就是说，各种生物为了自己的生存，都在互相竞争，在竞争中，又都要接受自然的选择，凡是适合环境条件的，就生存，就发展；否则，就衰退，就被淘汰。至于人类社会，也是属于"天演中一境"，因而也受到天演规律的支配，"世道必进，后胜于今"。严复完全信服赫胥黎这些精警的理论，并在翻译过程中，常根据当时中国的需要加按语发挥自己的见解。他一再强调，种族与种族之间也是一个大竞争的局面。在竞争中，谁最强横有力，谁就是优胜者，谁就能生存，反之就灭亡。他以为，当今欧洲国家所以能够侵略中国，原因就在于它们不断自强，不断提高"德、智、力"以争胜；而中国所以被他人蹂躏，不外是因为因循守旧、夜郎自大。按照"弱肉强食""优胜劣败"的规律，老顶着"天朝上国"的纸帽子、空谈夷夏的中国不要灭亡吗？对于这个问题，严复确也警告全国人士：中国正处于亡国灭种的严重关头，若继续抱残守缺，后果将不堪设想！然而，进化论还告诉人们，人的努力是可以"与天争胜"并能"胜天"的，只要人治日新，国家就可以永存，种族也不会灭亡。所以，他在按语中又大声疾呼，只要发愤，变法自强，中国仍旧可以得救，灭亡生存，其权仍旧操之于我！

把生物界"物竞天择""优胜劣败"的规律用来解释人类社会现象，不消说，是不科学的。但在马克思主义传播之前，谁能否认它所起的积极作用呢?！诚如严复所期望的那样，《天演论》译成出版后，确实起到一种"警世"的作用。有人曾在《民报》中指出："自严氏之书出，而物竞天择之理，厘然当于人心，中国民气为之一变。"在当时，《天演论》不仅煽起了人们的爱国热情，促使一些青年走上了革命道路，而且还给人们带来了一种对自然、生物、人类、社会以及个人等万事万物的总观点，亦即新的资产阶级世界观和人生态度。所有这些，无疑是严复一生中最大的功绩。

严复"欲致力于译述以警世"，并不止于翻译了一本《天演论》。由于他的着意耕耘，还结出了其他累累的译述硕果。

（原载《夜读》1984 年第 1 期）

杜月笙其人其事

"他身形瘦削、溜肩膀，两只长胳膊毫无目的地摆动着。身子上穿着一袭弄脏了有污点的蓝长袍；一双平脚踏着双邋遢的旧便鞋。长长的鸭蛋形的脑袋，剪得短短的头发，向后坡的前额，没有下巴颏，不过耳朵倒挺大，像蝙蝠的耳朵，两片冷酷残忍的嘴唇中间露出一排大黄牙，完全是一副吸毒者的病态……他拖着脚步走过来，不时无精打采地左右转动着头，看看是否有人跟在后面。……他把一只毫无生气的冰冷的手伸给我。这是一只瘦骨嶙峋的大手，有 5 个沾满鸦片烟迹的两英寸长的灰爪子。"——这是一位西方记者眼中的杜月笙。这段文字活灵活现地勾勒出了杜月笙 46 岁时与众不同的相貌。

杜月笙何止外貌与众不同，其经历也极为奇特。

走私鸦片牟暴利

杜月笙发迹之后曾对一位知己说过这样一段话："看看我们今朝的排场，像煞鲤鱼跳了龙门，化鱼为龙，身价百倍了。但是你要晓得，我跳龙门比你难得多。你好比是条鲤鱼，修满了 500 年道行就可以跳，我是河浜里的一只泥鳅，先要修 1000 年才能化身为鲤，再修500年才有跳龙门的资格。因此之故，我无论做任何事情，都是只可成功，不许失败的，譬如说我们两个同时垮下来，你不过还你的鲤鱼之身，我呢，我却又要变回一条泥鳅啰。"

杜月笙这段由泥鳅而化鲤为龙的自喻，似乎是心里话。当年，拜上海青帮头子黄金荣为师后，为了向上爬，仿佛变了一个人。他沉默机警，事事留神，平时除了奉公差遣，经常足不出户。嫖赌两门，在相当长的一段时间里，竟然未有涉足。他给人的印象是为人诚恳，头脑灵活。没多久，黄金荣夸他"绝顶聪明"，并将其视为自己的智囊和亲信。

当时，在黄金荣门下还有另一名得力助手张啸林。随着时间的推移，在上海滩青帮中逐渐形成了始为"黄、张、杜"，继变"黄、杜、张"，后为"杜、黄、张"的"三大亨"格局。

杜月笙发迹，一个重要"秘诀"是经营了肮脏的鸦片生意，获取暴利。1923年某日的《时报》曾用这样的文字记下了杜月笙一次半路劫夺"私土"的情况："有土贩由汉口夹带川土一万余两，分装两个大皮箱，及其他行李一件，附搭日清公司（日商）岳阳丸轮船来沪，停泊浦东张家浜码头。当由该处湖北人雷鸿见担任保价运送。不料事被当地土匪帮杜某（即杜月笙）得悉，向雷争夺保险未遂，突于是夜2时许纠集党徒十余人，各执斧棍，乘坐划船，在浦江守候。雷等未及预防，冒然登轮提土，再经运上划船，即被杜某等拦住，所有私土，悉遭劫夺无遗。雷以势力不敌，又无力赔偿，不得已于昨日向警厅告发，当经侦缉队长派队士吴荣福等渡捕，按名拘拿，若辈已杳然无踪迹，仅获划船夫一名带厅押候审讯。"

　　当时，杜月笙做鸦片生意有两个得力助手，一是自己的机要秘书徐采臣，一是金廷荪。金、徐手下又有楼银川和吴世宝等，负责从十六铺码头接运由江轮运到上海的鸦片，接着用汽车送到东新桥（今浙江南路）宝裕里和霞飞路（今淮海路）宝康里潮州、大埔人开设的土行，再由土行分销各处。金廷荪因贩卖鸦片发财，日后还为自己造了一座考究的大住宅。

　　到 1925 年 7 月，杜月笙筹组了垄断法租界烟土提运的"三鑫公司"。有了地位的杜月笙，再也用不着亲自出马经销鸦片，而只需坐地分赃便可腰缠万贯。从此，各土行除将一些特殊的大买卖抽出一笔"孝敬"杜以外，每逢一年三节——春节、端阳、中秋，也要给他一笔钱。

　　做鸦片生意虽能带来大把大把的钞票，可这是一种严重的违法行为，搞不好要入狱，甚至于掉脑袋。杜月笙为什么敢有恃无恐地做这种买卖呢？秘密就在于他有政府要人蒋介石、宋子文、孔祥熙、戴笠等人做后台。

　　杜月笙与蒋介石等人的特殊交情，始于 1927 年春天。那时蒋介石率北伐军抵沪不久，被帝国主义豢养的黄、张、杜等流氓帮派组织，就积极充当了国民党政权的政治打手：主动参加"四一二"政变，协助捕杀共产党人，镇压工潮，向工商金融界勒逼巨款，制服资本家的反抗，俨然是一支活跃于租界之内的蒋介石的别动队。用他们的话说，此乃"投袂奋起……甘作前驱"①。蒋介石则不遗余

————————
　　① 《申报》1927 年 4 月 8 日。

力地回赠流氓以体面的政治、社会地位——如誉其为"反共义士";委任黄、张、杜为总司令部少将参议、行政院参议;"党国要人"降尊纡贵,频频出席他们的宴会……正因为杜月笙等人与蒋介石有着这种特殊关系,国民党政府当局便对杜月笙走私鸦片的行径睁一只眼闭一只眼。况且,在国民党政府看来,尽管鸦片毒害民众,但它毕竟是一个巨大的、取之不竭的财源,因此采取了一种明禁暗不禁的做法。更为滑稽可笑的是,当政府迫于国际舆论于 1928 年 8 月 28 日成立"全国禁烟委员会"时,竟拉杜月笙做了其中的一位委员。

既然政府能为杜月笙做鸦片生意开暗灯,甚至加官晋爵,杜月笙对南京财政上的帮助自然也很慷慨。据透露,他多次花费巨资,一架接一架地购买美国飞机捐给蒋介石政府,有一次竟整整提供了一个中队的飞机。1936 年,为祝贺蒋介石 50 大寿,杜慷慨地向他赠送了一架飞机,飞机上醒目地漆着"上海禁烟局"字样。对于这事儿,上海英国人俱乐部里爱说笑话的人讥讽道:杜"终于找到一个办法让上海禁烟运动起飞了"。

有时,杜月笙也会跟国民党政府的某些要员闹些矛盾,他会审时度势,必要时使出杀手锏。一次,他刚付给宋子文 600 万元就反悔了,要求退回,宋子文却不还给他现金,而给他政府债券。对此,杜月笙颇为不快,因为他明白这些债券的实际价值。为了给宋一点颜色瞧瞧,他指使手下人进行了一起枪击宋的事件。1931 年 7 月 23 日《纽约时报》以《子弹没有击中宋》为题,刊登了宋子文本人对这次暗杀未遂事件的叙述:"我正往车站外面走,在我离出站口大约 15 英尺的时候,有人突然从我的两侧同时开枪。我意识到我是射击的目标，立即把在灰暗的车站里十分显眼的白色硬壳太阳帽甩掉，跑进人群，躲到一根柱后面。整个车站很快被刺客的左轮手枪发出的烟雾所笼罩，乱枪从四面八方打过来，我的卫兵则开枪还击。整整过了 5 分钟，车站的烟雾才消散，我的卫兵看见至少有四位未遂的刺客在开枪。当烟雾消散时，我们发现同我并肩走的我的秘书，肚子、臀部和胳膊都中了枪弹。子弹是从两侧打进他的身体的。我的帽子和公文袋弹痕累累，我却一点儿也没有伤着，简直是个奇迹。"显然，刺客们得到指示，决不能击中宋，只要把他吓得魂不附体就行了。

　　杜月笙从事鸦片走私，在国际上也是知名的。1934 年，一位名叫伊洛娜·拉尔夫·休斯的女士，很想了解杜与走私鸦片烟及中国禁烟的关系，遂从欧洲远道而来，采访了杜月笙。在杜月笙一生中，准许一个西方人采访，这似乎是唯一的一次。10 年以后，休斯女士以《鱼翅和小米》为题公开出版她那次专访杜月笙时写的日记。她是这样记述这位黑道人物的："他是中国显然最有权势的人物，连政府也不得不尊重他的权势……杜月笙在中国从事鸦片生产，整船整船地进口伊朗鸦片，出资从事毒品加工，而中国的几乎每一笔毒品交易，他都有一份利润。此外，他是势力强大的国际贩毒集团的中国合伙人，而这个集团的活动已经开始扩大到加拿大的太平洋沿岸、美国和拉丁美洲。"

跻身工商界

　　杜月笙发财之后，有人劝他集资办一点工商业，列名实业界，这样，名望会变得"正派"，地位也能更加巩固。杜对这一建议大加赞赏，随即张罗起来。他首先于1928年筹办了中汇银行，自任董事长，后又相继插足证券交易所、纱布交易所、纺织厂等。所办各项实业，或为单创，或为合营。1947年，他曾亲自填写了一份"履历表"，其中在实业界列名董事长、理事头衔者，有中华民国机制纺织工业同业公会理事长，国营招商局理事，中国银行、交通银行董事，中国通商银行董事长兼总经理，中汇银行、浦东银行、国际银行董事长，上海华商证券交易所董事长，华商电器公司董事长，沙市纱厂、荣丰纱厂、恒大纱厂、中国纺织公司董事长，西北毛纺织厂董事长，大中华橡胶公司董事长，上海鱼市场理事长，通济贸易公司董事长等。这些头衔自然是杜月笙本人看重的，至于某些次要的，像一般中小企业挂名董事、理事、监事等，连杜月笙自己也说不清有多少个。

那么，杜月笙是怎么当董事、理事、监事的呢？

话说1936年仲夏的一个晚上，上海面粉交易所的经纪人杨镜澄、王忠良、张松春、顾竹年及仓库主任黄炳权聚到一起，正为新近出现的业外巨户朱如山、钟可澄等大量囤积面粉，造成连日涨风，各经纪人开始不服帖的危势而愁急万分；倘若再涨下去，他们都将破产。经过一番筹商，黄炳权于翌日清晨找到了大达轮船公司和扬州面粉厂经理杨管北。黄对杨坦率地说："朱如山、钟可澄等常常出入杜公馆，你也是杜公馆的红客，倘若能借重一言，用杜名义在市场上抛出面粉数十万包，迫使当天跌到停板牌价，这样既可以压平涨风，解救许多经纪人的危急，还可以支持交易所，使之不受巨浪所倾覆。……所难者在于杜月笙是否愿被我们所利用。"杨管北意识到这一"良策"若能实现,对自己也有好处,即说:"此事大可做得。"于是,两人同去杜公馆,没想到杜竟爽快地回答:"你们如果'捏准谁',我也愿意帮忙。"①

后来,果然由于杜"帮忙",朱如山、钟可澄与杨镜澄、王忠良等达成若干"协议",面粉交易所才算度过了危机。但正如杨管北所说的那样,"杜先生要么不踏进来,如果踏了进来,他是不愿居于人下的"。上海面粉交易所的经纪人当然不敢亏待这种人,作为"酬谢",杜月笙被"选"为交易所的理事长。

据说,当杜接到当选理事长的公函时,佯装推辞不就,并将原函退回。该交易所只得派了几位代表赶赴杜公馆敦促就职。杜经力劝才接受了这番好意。杜还当场表白:"我原来是强盗扮的书生,所以人家都怕我,现在是曲蟮(即蚯蚓)修成了龙,在社会上有地位了,你们不要怕我,以后有啥事我一定帮忙。"②杜月笙遂又提出两个条件:"一不到所办公,二不拿薪水。"后来事实证明,"不到所办公"确是真的,而"不拿薪水",只是一种沽名钓誉的骗人把戏!

建"杜祠"与组织"恒社"

大概是为了荣宗耀祖吧,发迹之后的杜月笙于 1931 年在家乡

---

① 《旧上海的帮会》,第 294 页。
② 《旧上海的帮会》,第 299 页。

浦东高桥建造了一座富丽堂皇的杜氏家祠，国学大师章太炎受杜之托撰写了《高桥杜氏祠堂记》①。该祠五开三进，第二进为正厅，第三进为供奉杜氏列宗"神主"牌位之所，大门前则雄踞着两只盘弄绣球的狮子。"杜祠落成典礼"是杜月笙生平最引起轰动的杰作，其场面在上海只有清末大官僚、巨商盛宣怀的出丧及外国冒险家哈同的大吊丧可以相"媲美"。

典礼活动从 6 月 9 日正式开始。事前，蒋介石除以总司令名义送了一方"孝思不匮"的大匾额外，还以国民政府主席的名义送了一篇祝词，并派私人代表杨虎到场宣读。段祺瑞、吴佩孚、张学良、于右任、孔祥熙、班禅喇嘛等也送了匾。其他一些南京、上海的党、政、军、绅、商要人则亲自前来参加典礼；外国人中，有法租界的总领事、领事、法捕房总巡、日本总领事等。

据当时报载，庆祝活动一共进行了三天。由于来宾太多，"每日所开酒席，恒在千桌以上，然仍有多数来宾无法插足。车辆不敷分配，致宾客多徒步来往于浦东及高桥间，贵客眷属，亦多尝此况味"。《大陆报》断言："其盛况为上海多年来所罕观。"②杜月笙本人也未曾料到有如此大的场面，形容当时的场面是："宾朋联袂，车骑如云。"③

也许是吃够了幼时不能从学的苦头，平步青云的杜月笙对文人墨客、知识分子格外敬重。也正是因为他能礼谦文士，向有"一

---

① 《章太炎全集》第五卷，第 344 页。
② 《大陆报》1931 年 6 月 11 日。
③ 《旧上海的帮会》，第 225 页。

身傲骨、目空四海"的章士钊和洪宪要角"生平愿为帝王师"的杨度能和他倾心结交，上海一些报人，像王松年、赵君豪、唐世昌、余哲文、姚苏凤、朱庭筠、张志韩等竞相执弟子礼。和那些舞文弄墨的人相交，使杜月笙进一步积累了见识，丰富了应付人的经验。

到 1932 年，杜月笙开始注重外貌上和作风上的改变。他感到对人须"谦虚有礼"一些。于是在衣着方面，短衫裤外面加穿了长衫、马褂。过去一班同伙弟兄，短裤、拖鞋、拷绸衫，粗声暴气，阔步乱闯的人们看到他变了样子，也跟着仿效，同样长袍、马褂，佯装上流人的模样。杜月笙曾表示，要不是自己以身作则，这班朋友是不会接受的，所以即使到了大热天，他在客厅里也不脱长衫。

为了广结海内各路"豪杰"、贤士，杜月笙的智囊人物陈群、刘春圃、钱新之等向"杜老板"出谋划策，由杜的得力徒弟陆京士等于 1932 年 11 月发起，组建了一个团体——"恒社"，英文名曰"Constant Club"（永久俱乐部）。其宗旨是："进德修业，崇道尚义，互信互助，服务社会，效忠国家。"①

据说，社名是由陈群起的（也有说是章士钊提出的）。他引据自强不息如日月之有恒的典故，以"恒"字为社名。社徽系圆形，中间一个大笙，旁有斜月（寓"月笙"名字），周围十几个星星环绕，寓意"众星拱月"。而且强调"本社之创设与进步，为完全托

---

① 《旧上海的帮会》，第 300 页。

命于此中心作用……欲求本社垂之恒，则必须将此中心作用加以发扬"①。

在恒社初期，加入该组织的比较著名的有汪曼云、唐世昌、赵君豪、陆京士、傅德卫、张克昌、张石川、任矜苹、唐缵之、朱东山、邵子英、赵培鑫、孙兰亭、汪其俊、周祥生等上海市党、政、工商、新闻等界的要员和"头面人物"。

恒社社员大致可分为三类：第一类是杜月笙初期的弟子，多是些小流氓、包打听、巡捕和赌徒。第二类是当地富户殷商的子弟。这些人在租界里怕绑票，有时还想占便宜，于是走门路，送重礼，以进杜门寻求庇护。第三类是自己虽在社会上有活动能力，但有时不能畅所欲为，入杜门旨在以展个人"宏图"。

恒社的活动，在初期，有春秋的社员大会、彩排、聚餐，每年农历七月十五日为杜月笙祝寿送礼。杜家生了小孩，须送礼祝贺。平时常设赌局，大的小的都有，各找对象凑局，由厨房供饭。也有社员叫局带了妓女一同前来，花天酒地，纵情享乐。每逢新年，杜月笙命总管利用恒社大赌几天，借此抽头，捞进一笔外快。后来，渐渐有人觉得恒社也要有面子，不应如此放肆而不顾外界影响，于是取消了在社里吃饭、叫局和赌博，只允许进行票房活动和阅览图书，只可饮茶和吃点心。

据估计，恒社最初的社员只有几十人，以后发展到近2000人。杜月笙曾得意地说："学生子弟实在太多了，我也认不清楚。"对此，

---

① 《恒社月刊》第10、11期合编纪念号，第21页。

一些文人墨客慨叹颇多。曾当过黎元洪总统秘书长的饶汉祥专门撰赠杜月笙一副楹联，而杜也毫不客气地把它悬挂在住宅第一进的大厅。文曰：

> 春申门下三千客；
> 小杜城南尺五天。

做了一些利于抗日的事

1931年9月18日，日本军国主义以所谓南满铁路被炸为借口，制造了旨在吞并东北的"九一八"事变。一夜之间，日寇占领沈阳。4个月后，便将整个东北变成自己的殖民地。按照日本侵略者的如意算盘，下一步就是征服全中国，建立所谓"大东亚共荣圈"。当中华民族危在旦夕的关头，其时唯一的生路是：全国各阶层、各民族团结起来，一致对外，共同抗日救亡。

实事求是地说，杜月笙作为一个黑道人物，当时比起他的师兄张啸林来，要有骨气得多。他不但没有"落水"当汉奸，而且做了一些有利于抗日的事情。

那是1931年夏末，东北的隆隆炮声，唤起了上海民众的救国激情。为了支援东北同胞的抗日斗争，当地民众于9月22日成立了"抗日救国会"，杜月笙出任"抗日救国会"常委。他藐视上海军政当局取缔"越轨之行为"的威胁，亲自和王晓籁等爱国资本家一起组织人马，配合学生掀起声势浩大的抵制日货运动，并派人四处募捐，筹集物资，支援东北爱国将士的抗日武装斗争。他还参与并组织了东北难民救济游艺会，得款数十万元，一并汇到北方。

事隔不久，亦即1932年1月28日深夜，日军突然向上海发动进攻。我英勇的十九路军3万官兵，在蒋光鼐、蔡廷锴的率领下，奋起还击，和日本侵略军展开殊死搏战。日军依仗优势火力，用飞机、大炮、坦克向我仅持简陋武器的十九路军疯狂进攻，我中华英儿置生死于度外，成班、成排的战士，身捆手榴弹冲向敌人的坦克、装甲车，和日军同归于尽。激于民族义愤，上海各界人士自动聚会商讨援助十九路军抗击日军事宜，于1月31日共同组织了"上海市地方协会"，总负责支前任务。会议推举史量才任会长，王晓籁、杜月笙任副会长。杜月笙立即在学界和文艺界组织了战地服务团上前线慰问，并在上海工商界带头募捐。2月1日，闸北、虹口已是一片战火，杜月笙和王晓籁、黄炎培等十余人，冒着炮火，带了大批捐款、罐头、食物和生活用品，驱车来到十九路军军部，并主动向蔡廷锴建议，设置十九路军办事联络处，表示有什么需要尽管提出。从2月至4月，上海地方协会共为十九路军募集了900万大洋，使蔡廷锴不仅还清拖欠了9个月的军饷，还节存一大笔余款。5月5日，当国民党政府当局和日方达成淞沪停战协定，十九路军被迫退出上海之前，蔡廷锴设宴向上海各界鸣谢。宴会上，蔡廷锴动情地说："血战以来，十九路军将永远不会忘记一个人，这就是杜月笙先生。"并手持酒杯走到杜的面前为他敬酒，称杜为"支援一二八抗战的地方领袖"。

1937年7月7日，日本帝国主义又突然袭击卢沟桥，挑起了全面侵华战争。上海遂即成立了"抗敌后援会"，杜月笙名列主席团，并自荐担任筹募委员会会长。开始，后援会没有经费来源，杜月笙拍胸垫出。后来，上面拨来经费，后援会将垫款退给杜时，他又以常委会的名义捐了出去。

卢沟桥事变后，日本侵略军叫嚣"二十四小时占领上海"，于是，又爆发了"八一三"淞沪抗战。

还在"八一三"前夕，一度操纵日本内阁的海军军令部长永野修身大将，从日内瓦返国途中，特地转道上海，拜访了杜月笙。他以金钱为诱饵，提出由日本政府提供3000万日元，与杜月笙合资开办"中日建设银公司"，以期收买杜月笙。杜不为所动，回答道："我是一个中国老百姓，碍于国家民族大义，未敢从命。""八一三"淞沪抗战爆发后，上海军民再次奋起抗击日军，全市一致推行对日经济绝交。10月10日，"国民对日经济绝交委员会"成立，杜月笙为执行委员。杜几次到前线指挥所犒劳将士，替张治中、张发奎等将军出力帮忙，送去上海人民的捐款捐物。杜月笙自己也捐了一大笔钱，并在报刊、电台发表谈话，要求大家"毁家纾难""援助政府"。不久，他又响应政府阻援敌向我腹地深入的号召，率先将自己大达轮船公司的轮船，全部自沉于江阴要塞的长江航道中，使汉口附近的日本军舰一时寸步难行。日军占领上海后，派兵占领了杜氏家祠，其大本营特务部长土肥原亲自登临华格臬路（今宁海西路）杜公馆，公开对杜月笙宣布："你已失去离开上海的一切希望，唯一的办法就是彻底、无条件地与皇军合作。"进而还威胁杜说，如果不肯为皇军效力，将"施以严惩"。杜不愿当汉奸，经过再三筹思，遂于11月26日深夜，轻车简从，带了一名听差，直奔法租界码头，登上法国"阿拉密司号"邮船，与宋子文、钱新之、王晓籁等一同离沪赴港。

与蒋经国一场恶斗

"沦陷时上海无正义，胜利后上海无公道。"[1] 这是杜月笙在抗战胜利后对国民党不满情绪的又一流露。

杜月笙为什么会伤感到这般程度呢？原来，国民党当局总是在关键时刻"抛弃"他。

抗战胜利后，杜月笙渴望得到当局的奖赏，岂料蒋介石不仅不给他任何官职，连本是十拿九稳的其徒陆京士的上海市社会局局长一职也成泡影。而早已向他树起叛帜的门生吴绍澍则成为身兼六项要职的头号接收大员。杜月笙一回到上海，就遭到来自吴绍澍的正面攻击。1947年选举国大代表时，杜月笙本想抢个得票数第一，显示一下自己的能量，结果遭到国民党CC分子的全力压制，只得第三，面子失尽。

尤使杜月笙感到愤怒的是，尽管他在解放战争初期，积极为国民党的反共事业摇旗呐喊，但当国民党当局觉得地方势力干扰了他们的专制统治时，杜月笙竟成为他们宣泄淫威的靶子。

于是，杜月笙在忍无可忍的情况下，与蒋介石之子蒋经国展开了一场恶斗。

1948年夏，国民党崩溃之势已成，前线溃不成军，后方动荡

---

① 《旧上海的帮会》，第235页。

不安，通货无限地膨胀，物价无止境地上升。当时，法币的票面出现了 500 万元的赫赫大数，法币的发行额达到了天文数字；物价指数爬上了 700 万倍的高峰，这种恶性循环的波动，已经快把整个社会经济冲到崩溃的边缘。就在这种情势下，蒋介石于 8 月 19 日批准颁布了《财政经济紧急处分令》，其主要办法是停止法币的发行，改发金圆券，规定 1 元金圆券折合法币 300 万元；并规定同年 9 月 30 日以前，所有私人持有的法币、外币、黄金、白银，均须向中央银行兑换金圆券，同时在全国范围内实行经济管制。因为上海是经济管制中心之一，蒋介石遂派俞鸿钧为上海地区经济管制督导员，蒋经国为副督导员（蒋实主其事，俞仅是挂名而已）。蒋经国在 8 月 20 日的日记中写道："今日离京赴沪。今日政府公布改革币制的方案，此乃挽救当前经济危局的必要办法。"

蒋经国赴上海时，还带了一批旧部下和学生，其中最得力的是俞季虞和高理文。俞被任为督导员驻守处的秘书，高是向外发言的秘书，两位"台柱"都是蒋的留苏同学。在随行人员中，还有数百名武装特务，这些人将组成逮捕"不法"之徒的"打虎大队"，由王昇担任大队长。当时和蒋过从最密的人，除俞、高、王外，还有宣铁吾和王新衡。宣当时任上海市警察局长兼警备司令；王当时是保密局上海站站长、上海市政府参事。蒋走马上任后，一再宣称要镇压奸商，抑平物价，"宁使一家哭，不使一路哭"。蒋经国的行动，对杜月笙无异于当头一棒，因为杜对于金银外汇黑市、股票涨落和粮价升降等，是一只无形中的巨大黑手。

杜月笙的中汇银行，由三少爷杜维屏任经理。杜看到蒋经国来者不善，就拟将港币45万元私自套汇外流。此事被王新衡悉知，就报告了蒋经国。蒋大为震怒，立即下令逮捕了杜维屏，将其扣押在警察局看守所内。杜维屏被扣，马上震动了上海滩。当时各报以通栏标题加以报道，杜月笙威风扫地。

蒋经国的下马威，使杜月笙愤怒到了极点。杜维屏被捕后，"杜门"徒子徒孙建议"老师"给蒋经国点颜色看看。但杜月笙却不动声色，既不向主管方面求情，也不跟亲朋故旧诉苦，甚至一本正经地说："国法之前，人人平等，杜维屏果若有罪，我不可能也不应该去救他。怕什么，我有八个儿子，缺他一个，又有何妨。"其实，杜月笙哪会就此罢休，他表面上无动于衷，暗中却在窥测着反击的机会。

9月下旬的一天，蒋经国把各行业的巨头召到浦东大楼，准备对杜月笙施加新的压力。他唯恐杜不到会，特地去杜宅"相邀"；杜月笙明知是"皇太子"摆的"鸿门宴"，却不便"拒邀"。会议一开始，蒋经国即正色道："对这次币制改革，上海各界人士热烈赞助者很多，但有少数不明大义的人，投机倒把，囤积居奇，兴风作浪，影响国计民生。本人此次进行经济检查，若囤积物资逾期不报，一经查出，全部没收，并予法办。"

蒋经国的话显然是讲给杜月笙听的。岂料他的话音刚落，杜即起立发言："我儿子违反国家的规定，是我管教不严，我把他交给蒋先生依法惩办。不过我有一个要求，也可以说是今天到会各位的要求，就是请蒋先生派人到扬子公司的仓库去检查检查。扬子公司在囤积的货色方面，尽人皆知是上海首屈一指的。今天我的亲友的物资登记查封，也希望蒋先生能一视同仁，把扬子囤货同样予以查封，这样才服人心。"杜月笙还软中带硬地说："倘若蒋先生吃不准，我可以陪你去检查。闲话一句，我身体有病，不能多坐了。"说完离座而去。杜的发言如一颗重磅炸弹，语惊四座，工商界的巨头们不禁暗中佩服这位大亨。杜既然敢在老虎头上拍苍蝇，"皇太子"自然也不示弱，他立即表示，"扬子"如有犯法行为，决不宽恕。

顿时，"扬子囤货案"弄得满城风雨，街谈巷议，纷纷嘲讽蒋氏家族的丑闻。

扬子公司原是一家"皇亲国戚"公司，孔祥熙的大公子孔令侃是这家公司的董事长兼总经理。蒋经国到上海进行经济管制后，这家公司毫不收敛，依旧大囤货物，进行投机。孔令侃凭着他是蒋介石的外甥，根本不把"打虎大队"放在眼里。一次，他在遭到检查时竟拔出手枪拒检，强行冲过防区，扬长而去。蒋经国听后也无可奈何，只好睁一只眼闭一只眼。

现在，杜月笙先发制人，把扬子公司囤货案推到蒋经国的面前，使他左右为难。他想，如果按兵不动，杜月笙等奸商恶霸、工商巨子岂肯善罢甘休？如果彻查扬子公司，又会受到来自家族内部的巨大压力。蒋经国权衡再三，还是下决心令手下到扬子公司去搜查。结果于9月29日、10月1日在扬子公司的三处仓库中搜出西药、颜料、羊毛毯、钢精锅、玻璃、自行车、洋酒、化妆品、滴滴涕、细布等大量囤积货物。当时的热门货"龙头细布"，扬子公司囤积了数万匹，而市面上却一寸也买不到。

蒋经国接到报告后颇为难堪，遂下令查封。"扬子"三仓库被封后，孔令侃开始并不惊慌。他一面对外宣称，这些货物早已登记；一面继续提取被封物资，以高价抛售。几天以后，蒋经国亲临孔宅，要求他以党国利益为重，作个表率。但孔令侃并不买账，结果不欢而散。临走时，蒋经国坚决表示要依法办事，决不留情。

为了防止蒋经国真的采取这一手，孔令侃立即向姨妈宋美龄求援，哭诉蒋经国自刃手足的举止。宋美龄唯恐家丑外扬，两败俱伤，遂乘飞机飞往上海。据当时印度驻华大使潘迪华所记，那天南京官邸正在举行灯火辉煌的宴会，杯盘交错之际，上海突然来了紧急电话，神采飞扬的宋美龄接完电话，立即离开宴席，匆匆而去。

宋美龄抵沪后，把蒋经国、孔令侃召到孔宅进行调解，不料双方各执一端，越闹越僵。孔令侃冒出这样一句话："急了，狗也要跳墙。如果我走投无路，就向新闻界公布你们在美国的资产，大家同归于尽。"宋美龄听了，担心事情真的闹大，急忙给远在北平督战的蒋介石拍去加急电报，催他立即南下，处理这件大事。蒋介石于10月8日深夜到达上海，听到了原委后，不禁埋怨起儿子来，认为他毕竟出道不久，怎能假戏真做，打"虎"打到自己家族头上来了。结果，扬子一案不了了之。杜月笙的三公子也早在此事了结之前出了狱。蒋介石的"经济管制"迅即瓦解，蒋经国在一片嘲讽声中悄然离开了上海。

"老实说，在古今中外任何革命党都没有像我们今天这样的颓唐腐败；也没有像我们今天这样的没有精神，没有纪律，更没有是非标准,这样的党早就应该被消灭被淘汰了。"①这是来自蒋介石口中的一段话,时间是1948年1月。蒋曾坦露,他这样说的目的是想让国民党人猛醒,以便"转败为胜"。

然而,历史是无情的。

辽沈一役,蒋军几十万人马被解放军打得落花流水;紧接着,又有上百万蒋军在淮海、平津战役中被歼。于是,当共产党的军队步步逼近南京和上海时,国民党军政官员失魂落魄的逃窜愈演愈烈。特别是那些显赫的政界要人和富商大贾纷纷携带金钱和家眷夺路而去。仅仅在1948年11月的一个月内,就有5万人逃到香港,3.1万人逃到台湾。上海的不动产价格竟暴跌50%。

面对这种颓势,神魂不定的杜月笙也在想着自己的退路。作为一个黑道人物,他渴望维护原来的那个旧世道。所以当上海告急时,他本能地与潘公展一起在中汇大厦设宴招待英美在沪巨商及"各界领袖",提议参照万国商团的办法,组织"上海地方自卫队",以阻止人民军队进军上海。不过,他此刻对蒋介石的事业已失去了兴趣和热情,仅是敷衍而已。有一度,蒋介石曾"钦点"他出任"上海战防工事建筑委员会"主席一职,他却整天待在公寓里闭门不出。

恰在这个时候,中国共产党人也通过一些民主人士频频与杜月笙接触,劝他弃暗投明。②但杜月笙的反应,仅止于做一种感情

---

① 转引自〔美〕易劳逸:《蒋介石与蒋经国》,中国青年出版社1989年版,第262页。

② 《周恩来年谱(一八九八——一九四九)》,人民出版社、中央文献出版社1989年版,第814页。

游戏。因为按照他多年形成的黑社会观念，感到自己以往欠共产党的账太多，怎会一下子和平了结。因此，只保证说一定安分守己。

正当杜月笙神思不定时，人民解放军百万雄师饮马长江。这时，蒋介石示意杜月笙在"适当的时机"携带全家迁到台湾去；并表示，如果不走，共产党决不会放过他，而蒋本人也绝不允许任何人"变节投敌"。面对蒋介石的威胁，又自知罪孽深重的杜月笙，作出了最后的抉择：既不去台湾，也不留在上海，而是避居香港，以此脱离政治漩涡。

（原载《民国著名人物志》第 2 卷，中国青年出版社
1997 年版，原标题为《上海大亨杜月笙》）

历史上的成吉思汗

在中国历史上，有过这样一位叱咤风云的人物：

他戎马倥偬，征战了一生，不但统一了马背上的民族蒙古族各部，建立了第一个统一的蒙古汗国，同时又像恶魔一样洗劫了欧亚诸国；

有人说他是东方的战神；

有人说他是千年风云第一人；

有人把他与欧洲历史上的亚历山大、恺撒、拿破仑相提并论；

西方崇拜他的人赞美他是"全人类的帝王"，诅咒他的人把他说成是"黄祸"；

毛泽东称他为"一代天骄"；

美国《华盛顿邮报》1995 年评选的"千年之最"中，他名列榜首；

他的故事，800 年来在许多国家有无数书籍和文艺作品传扬，至今蒙古国和日本的联合考古队还在寻找他的神秘的地下寝陵。

这个吸引中外人士眼球、引古今无数英雄竞折腰的人物，就是中国史籍上被尊称为元太祖的成吉思汗。

靠满腹谋略和宽厚仁容起家

1162 年，成吉思汗降生在蒙古部乞颜孛儿只斤氏的一个贵族之家。其父也速该把阿秃儿是尼仑部落的酋长。母亲诃额仑原是篾儿乞惕部落酋长之弟赤列都的未婚妻，在娶亲的路上被他的父亲抢来。成吉思汗出生的那一天，正赶上父亲率部族攻打塔塔儿部落凯旋，为了炫耀生擒两个酋长和掠夺许多财物、牲畜的胜利，也速该把阿秃儿索性把其中一个酋长的名字——铁木真赐给了自己的儿子。铁木真，在蒙古语中是"精钢"的意思。

童年时代的铁木真是在动荡中度过的。其时的漠北大草原，部落林立，为了争夺草原、牧场、牲畜……各部落"互相苦斗，残杀"，就像《蒙古秘史》中描述的那样："有星的天空旋转着，诸部混战不已，睡眠无暇，到处劫夺，掳掠……愿望不能实现，只有奋勇拼战。躲避、退却无地，只有挺身作战。安乐无法享得，只有厮杀，混战。"

铁木真 6 岁那年，父亲被塔塔儿人用毒药害死。由于父亲的部属纷纷脱离家族，并将一部分百姓和牲畜强行带走，铁木真一家竟落得靠挖掘野菜充饥的地步。恶劣的生存环境在铁木真幼小的心灵中打下了深刻的烙印，同时也磨炼了他勇敢倔强、坚忍不拔的性格。

他的母亲经常用祖先的荣耀以及父亲在世时的财富、权势来教育他，并勉励他长大后一定要重振家业，报仇雪恨。就在铁木真渐渐出落成一个魁梧英俊少年时，有三次劫难却意外地降临到他的头上。

第一次是：脱离他们家族的泰赤乌部担心铁木真长大后报仇，于是就对铁木真家进行了突袭，并且计划将被捕的铁木真处死。幸好铁木真在一位好心老人的帮助下逃了出来。

第二次是：在一个风雪交加的夜晚，一帮盗贼把他家仅有的几匹马抢走。在与盗贼的搏斗中，铁木真被盗贼射中喉咙。危难之际，一个名叫博尔术的青年拔刀相助，赶跑了盗贼，夺回了马匹，铁木真得以幸免于难。

第三次是：篾儿乞惕部落的酋长脱黑脱阿，为报其弟的未婚妻诃额仑当年被铁木真的父亲所抢之仇，突袭了铁木真的营帐。在混战中，铁木真逃进了不儿罕山，他的妻子和异母却当了脱黑脱阿的俘虏。

然而，三次劫难并未击垮铁木真，反倒增强了他的复仇心理。他发誓要夺回家里失去的一切。铁木真深知，要想立足，必须拥有实力。于是，他把妻子嫁妆中最珍贵的黑貂皮献给了当时草原上实力最雄厚的部落统领王罕。利用王罕的势力，铁木真不仅收拢了他家离散的部族，还在王罕及幼时"安答"（义兄弟）札木合的帮助下，击败了篾儿乞惕部落，救出了妻子和异母。

击败篾儿乞惕后，铁木真的名声大振。不少人意识到他有"主君品性"，是个"帅才"，便纷纷投奔他。胸怀大志的铁木真也明白人心向背的重要性，格外注意笼络人心。如在打猎时，他经常把野兽赶到别人的猎场上，并把猎物主动分给邻近部落的人；每次征战取胜后，他允许参与者享受俘获的一份；"下民"和奴隶立了功，还可归到家臣之列；对于战败的部族，也不是简单地杀戮干净了之。这样一来，铁木真的宽厚仁容逐渐远近闻名，一批善治政事，勇于征战，严于宿卫，精于畜牧、司车、司厨的人才相继投奔到他的名下。他的影响和实力已经超过了他的父亲。

统一蒙古各部

对于铁木真来说，1189 年是个转折点。这一年，他被推举为几个部落的联合酋长——"合罕"。但他并不以此而满足。因为他懂得：要巩固并扩大自己的权力，要摆脱贵族们对他的控制，要防备其他部落的侵袭，必须有一支坚强的军队。于是，他着手组建了忠于自己的护卫军。

果然不出铁木真所料，他当上"合罕"不久，与他结为"安答"的札木合开始嫉恨他。1195 年，札木合以其弟弟被铁木真部下所杀为借口，纠集了 13 个部落 3 万余人，向铁木真发起进攻。铁木真也动员了部众十三翼（即 13 个部落）3 万人迎击。首战铁木真虽兵败退至斡难河畔哲列捏狭地，但万万没想到的是，获胜的札木合却失去了人心。因为他把落入自己手里的人全部处死。这种惨不忍睹的场面，连其部下也"多苦其主非法"，甚至担心起自己的命运来。相反，宽厚仁容的铁木真赢得了人心，那些担心自己命运的札木合的部下纷纷倒向铁木真。铁木真的部众一下子猛增了许多。

随着势力的不断壮大，铁木真主宰蒙古各部的欲望更加强烈了。于是，他开始了主动出击。

1196 年，他为报杀父之仇，与王罕相约，助金朝攻打塔塔儿部落，杀其酋长，大胜而归。

1197—1200 年，他战胜篾儿乞惕族人，杀了他们的首领撒察别乞和泰出。

1201 年，札木合被合答斤、朵儿边、翁吉剌等十一个部落推举为"古儿合罕"（天下共主），又谋袭铁木真和王罕。铁木真因事先得到情报并做了周密部署，札木合大败而归。稍后，铁木真又灭了泰赤乌部落。

1203 年，王罕眼看铁木真的势力要威胁到自己的利益，加之札木合从中挑拨，便主动举兵来侵铁木真。初战结果，王罕虽被击退，但铁木真的损失也相当大，其军队只剩下 2600 人。为了赢得喘息的时间，铁木真主动与王罕讲和。稍作休整后，又出其不意地袭击王罕的营帐，王罕父子在败逃中被乃蛮人杀死。

灭王罕后，铁木真又乘势征服了乃蛮人。札木合也被他的随从捉来献于铁木真。为绝后患，铁木真索性把这个幼年时的"安答"杀死。这样，草原上最后一股反抗他的势力荡平了，塞外纵横数千里草原上的所有部族都对他俯首称臣。

1206 年，44 岁的铁木真在斡难河边的帐前大宴群臣，在万马嘶鸣和群情欢呼下，接受了各部落贵族的参拜，被尊称为"成吉思汗"。至此，一个统一的蒙古汗国诞生了。

蒙古汗国建立后，成吉思汗为了巩固政权，立即着手完成了对军队、法制和文化等诸方面的组建与改革。

成吉思汗清楚地知道，要想长治久安，必须制定一部法律。他曾说："先是窃盗奸通之事甚多，子不从父教，弟不从兄教。夫疑其妻，妻忤其夫。富不济，下不敬上，而盗贼无罚，然至我统一此种民族与我治下以后，我首先着手之事，则在使之有秩序及争议。"他命令把一些提倡的风俗和禁止的恶习用法律的形式固定下来。这些规定都记录在"札合撒"里。

蒙古族原无文字。成吉思汗打败乃蛮人后，发现他们的文化较发达，就任用畏兀儿人掌印官塔塔统阿，还让他把畏兀儿文字教给贵族子弟们。从此，蒙古族有了自己的文字。

成吉思汗是靠武力统一了这个马背上的民族的，所以对于军队的组建，更是不遗余力。他在原"千户军"的基础上整编蒙古军，规定"合十夫（户）长九人，共隶于百夫长一人；九百夫长属一千夫长；九千夫长属一万夫长；君主之命令由其传令之军校达于万夫长，复由万夫长按次以达十夫长"。他还扩充了一支由他亲自指挥的一万人的护卫军。这支军队从人员的挑选，武器的配备，战术的训练都非常严格。

通过这些改革，这个游牧民族建立起来的政权，基本上剔除了氏族社会的残余，完成了封建制度化。

马蹄下的对外征服

完成政权的改革，成吉思汗立即开始了对外征服。

当时，他最想征服的是女真人建立的金王朝。它一直是蒙古的"上国"，长期以来对塞外的蒙古族采取一种欺压、屠杀的政策。成吉思汗的祖先俺巴孩汗就是被金所杀。尽管复仇、掠夺心切，但素有头脑的成吉思汗一点儿也不缺乏冷静。他明白，在进攻金朝之前，必须提防西夏的牵制，因为金朝和西夏有盟在先。所以，成吉思汗首先拿力量较弱的西夏开刀，在 1205 年至 1209 年间三次洗劫西夏，迫使对方答应每年纳贡给他。

待西夏称臣后，成吉思汗遂于 1211 年亲自督师伐金。金朝军队虽奋力抵抗，却抗不住蒙古军的铁骑。当时成吉思汗的军队只有 95 个"千户"即 10 万左右的骑兵，在野狐岭一仗却击溃了精锐的 30 万金兵。当中都（今北京）失守迫在眉睫时，金朝皇帝只好遣使求和，以其公主、金帛、童男童女各五百，马匹三千，才使成吉思汗同意班师北还。然而，此刻金朝统治者似惊弓之鸟，中都之围一解，便迅速迁都汴京（今河南开封）。成吉思汗闻讯后，立即回师攻占了中都。这样一来，一大片肥土沃地又落入成吉思汗手中。

把金朝打向河南一隅之地后不久，成吉思汗又出兵侵入高丽（朝鲜），使之称臣纳贡。

1218 年，花剌子模（都城在今乌兹别克斯坦撒马尔罕）杀害了蒙古 450 名商人，成吉思汗派去交涉的使臣也遭到了或被杀或割去胡须的侮辱。此事成为成吉思汗用兵亚欧诸国的导火索。从 1219 年起，他率军经波斯、伊拉克等地，绕过里海，越过高加索，击败札兰丁、古儿只、钦察和斡罗斯的军队，兵锋直抵克里木半岛。他曾说："大丈夫最大之欢乐，在于镇压反抗者及战胜敌人，将他们斩草除根，尽夺其所有。使其有夫之妇哀号，以泪洗面。"所以，他的远征十分残酷，铁蹄所至，不少繁华的城市遭到破坏，许多无辜的人被屠杀。

死因葬地之谜及其评说

1227 年初夏，成吉思汗在出征西夏途中，不慎坠马跌伤。未久，又得了一种热病。8 月 25 日，病逝于宁夏清水县，享年 66 岁。蒙古国官方史书《蒙古秘史》中这样写道：成吉思汗出征西夏前一年的身体状况就出了问题。一次打猎时，从马背上摔下受伤，并发起高烧。当时进攻西夏的计划已定，因身体不适，曾考虑退兵。但在与使臣交涉过程中，西夏将领阿沙敢不出言不逊，致使成吉思汗大怒道："他说如此大话，咱如何可回？虽死呵，也去问他。长生天知者！"于是抱病出征，最终病死军营里。

但也有另外几种传说：13 世纪 40 年代出使蒙古的罗马教廷使节普兰诺·加宾尼说成吉思汗是被雷电击中身亡；意大利著名东方旅行家马可·波罗则说成吉思汗是在攻城时中箭而死；清代成书的《蒙古源流》又称成吉思汗俘虏了美丽的西夏王妃古尔伯勒津郭斡哈屯，王妃侍寝时刺伤成吉思汗，然后投河自尽，成吉思汗也因伤重不治而亡。

成吉思汗死后葬在哪里？也成为一个千古之谜。流行的说法有 4 种：有说葬在蒙古国境内的肯特山之南；有说葬在鄂尔多斯草原；有说葬在千里山；还有说葬在阿尔泰山。

为什么会这样呢？原因是元朝皇家实行密葬制度，即帝王陵墓的埋葬地点不留坟冢、碑记一类的标志物，也不公布、不记录在案，所以至今未发现任何一座元代皇家陵墓。成吉思汗选择秘密藏身的方式更有自己的考虑：他清楚地知道，许多古代墓葬遭到破坏，不仅仅是为了盗取墓中的宝藏，而且还有政治上或民族仇视的因素；种族之间的报复行为往往使许多古代帝王的墓地遭到野蛮毁坏。成吉思汗不愿意自己身后遭此厄运，所以选择了秘密藏身的方式。

在4种说法中，人们认为葬在蒙古国境内肯特山之南的比较可靠。其依据是：有关史料记载，成吉思汗生前的某日，曾在肯特山上的一棵孤树下静坐长思，突然脱口对随从说道："这个地方做我的墓地倒挺合适！在这里做上个记号吧！"南宋文人的笔记中也记载，成吉思汗当年在宁夏病逝后，其遗体被运往漠北肯特山下某处，在地表挖深坑密葬。其遗体存放在一个独木棺里。独木棺下葬后，土回填，然后"万马踏平"。为了不让外人看出动土的痕迹，"万马踏平"后，还用帐篷将周围地区全部围起来，待到墓葬地面上的青草长出且与周围的青草无异时，才将帐篷撤走，这样墓葬的地点就再也找不到了。

如今坐落在内蒙古鄂尔多斯草原中部的伊金霍洛旗甘德刮草原上的成吉思汗陵，是个衣冠冢。这里牧草腾碧浪，羊群卷雪花。蓝天绿草之间，三座蒙古包式的大殿肃然矗立，明黄的墙壁、朱红的门窗、辉煌夺目的金黄琉璃宝顶，使这座帝陵显得格外庄严。陵园占地面积5万多平方米，主体建筑由三座蒙古包式的大殿和与之相连的廊房组成。

成吉思汗的一生充满了传奇色彩。观其一生，是在戎马征战中度过的，其功过也集中反映在武功之盛中。

他的功劳在于：统一了塞外草原诸部落，改变了蒙古族的落后状态，使一个被人轻视、事迹不传的部族震撼了当时的世界。他具有卓越的政治谋略和军事才能，是创造蒙古历史的伟人。蒙古帝国虽然灭亡了，但蒙古民族却从此保持了独立性而永存下来。他的灭西夏、伐金之战，在客观上为元朝的建立奠定了基础。1279年，他的孙子忽必烈灭掉南宋，完成了中国历史上第四次统一，建立了中国历史上疆域空前广大的封建帝国——元朝。忽必烈成为统一中国的第一位少数民族皇帝，成吉思汗被尊为元太祖。成吉思汗的业绩对于我国各民族的融合和现今版图的格局仍具有重要意义。

成吉思汗率蒙古军西征，虽然造成了巨大的经济破坏，但却打开了东西方文明交往的通道，中国四大发明中的三项——火药、印刷术、指南针是在此间传到欧洲的，从而为资产阶级文明的诞生准备了重要的物质基础。

成吉思汗的过错在于：远征亚欧诸国，压制了而且凌辱和摧残了已经成为他的牺牲品的那些民族的心灵，使其经济文化陷于长期衰落状态。

对于这样一个具有世界影响的风云人物，尽管人们的评价褒贬不一，但是有一点是公认的——他是世界上最伟大的成功者之一。成吉思汗是一个颇具魅力的人物，他不仅是蒙古族的英雄，也是中华民族的英雄。

（原载《人民论坛》2004年第10期）

客家人与客家文化漫谈

有人说：有太阳的地方就有中国人，有中国人的地方就有客家人。

还有人说：哪里有阳光，哪里就有客家人；哪里有一片土，客家人就在哪里聚族而居，艰苦创业，繁衍后代。

由于客家人行走天下，移民世界，且在海外商界不乏成功者，因此有"东方犹太人"之称。

在客家人里，流传着这样一首山歌：

> 你有心来俺有情喏，唔怕山高啊水又深呐，
> 山高自有人开路喔，水深还有哇造桥人呐！

这首耳熟能详的山歌，既唱出了客家人热爱生活的心声，也道出了客家人不畏艰辛的创业精神。细细品味这首山歌，人们的脑海中或许会浮现出客家人背井离乡来到客居地的一些场景；甚或，能勾起生活在他乡异国的客家儿女对故乡的情思。

客家人是迁徙到南方的汉人

说到客家人，人们马上会问：何谓"客家"？

"客家"一词，在客家语与汉语广东方言中均读作"哈嘎"（Hakka），含有"客户"之意。《辞海》中是这样解释的：相传在 4 世纪初（西晋末年），生活在黄河流域的一部分汉人因战乱南迁渡江，至 9 世纪末（唐朝末年）和 13 世纪初（南宋末年）又有大批汉人南迁粤、闽、赣、川……即现在的广东、福建、广西、江西、湖南、台湾等省区以及海外。为了与当地原居土著居民加以区别，这些外来移民自称是"客户"，是"客家"，是"客家人"。

由此可见，客家人的祖先源自中原，是从中原迁徙到南方，是汉民族在我国南方的一个分支。客家人的主要聚集地在赣南、闽西、粤东，那里有 29 个县是"纯客县"。在宋末以前，宁化是客家人南迁的集散中心；在明末清初，嘉应州（现梅州市）是客家人的集散中心。客家人以此为轴心向我国南方逐渐扩展并形成了一个独特的民系——客家民系，成为汉民族八大民系中重要的一支。

据考证，客家人的先民，有过 6 次大规模的南迁：

第一次南迁是在秦始皇时代。公元前 221 年秦始皇统一中国后，为了政治和军事的需要，派兵 60 万人"南征百越"。南下的秦军，从闽粤赣边入抵揭岭（即揭阳山，今揭阳市北 150 里），直抵兴宁、海丰二县界。公元前 214 年，秦始皇再派 50 万兵丁"南戍五岭"(今两广地区)。这些兵丁长期"戍五岭，与越杂处"。秦亡后，两批南下的秦兵都留在当地，成为首批客家人。

第二次南迁是在东晋"五胡乱华"时期。当时，为了避难，一部分中原居民辗转迁入闽粤赣边区。稍后，由于南北对峙，又有大约96万中原人民南迁至长江中游两岸。其中一部分人口流入赣南，一部分经宁都、石城进入闽粤地区。

第三次南迁是在唐末黄巢起义时期。先是唐代安史之乱，给百姓带来巨大灾难，迫使大量中原汉人南逃。唐末黄巢起义，又有大批中原汉人逃入闽粤赣区。如宗室李孟，由长安迁汴梁，继迁福建宁化古壁乡。固始人王绪、王潮响应黄巢起义，率光、寿二州农民起义军五千下江西，致使闽赣边一带人口激增。

第四次南迁是在宋南渡及宋末时期。金人入侵，建炎南渡，一部分官吏士民流移太湖流域一带。另一部分士民或南渡大庾岭，入南雄、始兴、韶州；或沿走洪、吉、虔州，而后由虔州入汀州；或滞留赣南各县。南宋末年，元军大举南下，又有大量江浙及江西宋民，从蒲田逃亡广东沿海潮汕至海南岛。

第五次南迁是在明末清初时期。其时，生活在赣南、粤东、粤北的客家人因人口繁衍，而居处又山多地少，遂向川、湘、桂、台诸地以及粤中和粤西一带迁徙。这次大规模的迁徙，在客家移民史上被称作"西进运动"。四川的客家基本上来源于这次"西进运动"。当时四川人口因战乱、瘟疫及自然灾害锐减，清政府特别鼓励移民由"湖广填四川"。

第六次南迁是在19世纪中叶太平天国时期。当时为避战乱，有一部分客家人迁徙到南亚，有的被诱为契约劳工，被押往马来西亚、美国、巴拿马、巴西等地。

除以上 6 次大规模的南迁外，中原汉人也有因旱灾水患逃荒而南迁者，另有历代官宦、贬谪、经商、游学而定居闽粤赣边地区的，但并不是所有南迁的汉人都称为客家人，他们中只有闽粤赣系和源自这一系的人，才被称为客家人。

据统计，现在生活在我国的客家人，主要分布在广东、江西、福建、四川、湖南、湖北、贵州、台湾、香港、澳门等地区，总人口达 5000 万以上，占汉族人口的 5%。在国外，客家人主要分布在东南亚的泰国、马来西亚、印度尼西亚、新加坡，东亚的日本、朝鲜，美洲的美国、加拿大、巴西，欧洲的英国、法国、荷兰、比利时、卢森堡、德国和奥地利等 80 多个国家和地区，有 3000 万之众。

独特的客家文化

历史清楚表明，客家人的迁徙，大多是由人口稠密、文化经济比较发达的中原地区向人烟稀少、经济落后的偏远荒蛮地区转移的。这些来自中原汉族的客家先民们，在辛勤耕耘创立新的家园的过程中，不断与南方的百越族（主要是畲、黎、瑶等族）融合，不仅形成了一个稳定的社会群体，而且创造出了独具特色的客家文化。一方面，他们保留了中原文化主流特征，始终崇尚华夏正统文化，崇尚诗礼传家，极为注重对传统、文化、语言、习俗的完整保存，并以共同的生活样式、习俗、信仰和观念将自己紧密团结在一起；另一方面，他们又善于从当地少数民族中汲取养分，容纳了所在地民族的文化精华。客家文化的最鲜明特色在于：

崇尚华夏正统文化。如果你有机会翻开客家人的族谱，或者观赏客家民居的门联，会发现各家各户都有着中原的郡望。如陈姓出于颍川，李姓出于陇西，王姓出于太原或琅琊，谢姓出于陈郡或陈留，何姓出于庐江，黄姓出于江夏，杨姓出于弘农，等等。这类家谱的记载有的虽经不起推敲，但却说明客家人从心底深处以来自中原而感到自豪。在迁移和开发的过程中，一代又一代的客家人正是靠着"崇正"精神，战胜了各种艰难困苦，建成了自己的新家园。以台湾客家新移民为例，他们一方面依赖与弘扬客家原乡文化，如"宁卖祖宗田，不卖祖宗言"，顽强地沿用方言乡音；并按原乡的家族和宗族形式重新组织家族和宗族，民居建筑也仿效原乡的形式。另一方面他们恪守中华文化共有的礼乐教化，弘扬爱国家爱民族的优良传统。当荷兰、法国、日本侵犯台湾时，他们坚持民族大义，高举爱国保种的旗帜，与入侵者展开拼死抗争，涌现了如刘永福、丘逢甲、吴汤兴、徐骧、姜绍祖等一大批仁人志士，为客家人增了光，为中华民族增了光！现在，许多创业有成的客籍华侨，在总结自己何以成功时，也觉得是得益于客家崇正精神。为了让子孙后代永远接受和发扬客家崇正精神，他们一次次携儿带孙回到大陆原乡祖籍地乃至中原发祥地寻根认祖，并发起一次次公祭客籍母亲河的活动。

崇文重教，耕读传家。客家人特别看重读书人，有"茅寮出状元"之谚。在客家人看来，要想改变境遇，唯一的办法就是晴耕雨读，金榜题名，走仕途之路。只有通过读书实现"朝为田舍郎，暮登天子堂"的梦想，跻身于官宦行列，才能实现其修身、齐家、治国、平天下的理想。所以，家境再困难，即使是讨饭也要供子弟读书。作为客家人的朱德在《回忆我的母亲》中这样写道："我家是佃农，祖籍广东韶州，客籍人……本来是没有钱读书的……学费东挪西借来的，总共用了 200 多块钱，直到后来我当护国军旅长时才还清。"为了望子成龙，光耀门楣，客家人往往集中全家族、全宗族的力量来培养子弟读书。到过客家地区的人一定会发现，在其家族祠堂前立有许多石旗杆，那便是客家人崇文重教的明证。那些石旗杆是族中子弟中举人、中进士的标志，有多少石旗杆，就说明族中有多少人获得了举人、进士之类的功名。

守望相助，崇尚节俭。客家人讲究一个"义"字，即有福同享，有难同当。他们认为，要想在新的客居地立足，必须面对重重困难，团结互助显得尤为重要。所以，他们提倡"天下客家是一家"，要求客居他乡的同族人或同宗人精诚团结。而且信奉"一个好汉三个帮，一人值得十人当"，"帮来帮去，石头变豆豉"。由于客家人崇尚团结，直到今天，在客家人的婚丧红白帖中还保留了用"帮"字的古风。客家人很能吃苦，"一条扁担走天下"是其坚韧顽强精神的真实写照。客家人还有崇尚节俭的美德。有这样一条谚语："山精山角落，新衫底下着"，说的是客家人把旧衣服套在新衣服上穿，以旧衣保护新衣。由此可见，客家人的生活是多么的节俭。

独特的语言。中国在语言方面主要分为五大语系：汉藏语系、阿尔泰语系、南岛语系、南亚语系及印欧语系。其中，汉藏语系中包含了我国主要的语言：汉语。至于客家话是属于哪一个语系，看法不一。有人认为它属于汉语十一支系（方言）之一，因为它具有汉语的语言特点。章太炎在《客方言·字》中从语言学的角度，证明客家话源于中原，保留河南中州音韵，是河南的官话，也是土话。但是，也有人认为它起源于原始阿尔泰民族的"通古斯语"。但是，无论它属于哪一个语系，有一点可以肯定的是：它来源于最远古的中原的语言，因为时至今日，在客家话中仍能找到很多古音。在语音、词汇、词法上，客家话自成体系，有24个声母，60个韵母，6个声调，与普通话大相径庭。如客家话读"中午"为"昼边"，读"下雨"为"落水"，读"太阳"为"日头"。

善于用山歌抒发思想感情。客家人通称民歌和民谣为"山歌"。在客家人看来，山歌既是他们的心情，也是他们的历史；既是他们的往昔，也是他们对未来的希望和憧憬。客家山歌自诗而来：以七言四句的歌词为骨架，填入装饰字做灵肉。山歌的格式似诗、吟咏的宽度似词，而装饰字的用法似曲，多用比喻、暗喻、引申等方法表达客家人对人、对土地、对生命的丰富情感。客家山歌曲调丰富，素有"九腔十八调"之称。依曲调的特性，大体可分为老山歌、山歌仔、平板"三大调"及其他小调。勤劳勇敢的客家人，无论是上山采茶或撒网捕鱼，还是青年男女表达热烈爱情或夫妻之间交流真挚情感，都会唱上一段抒发内心思想感情的即兴小曲。如今，许多生活在大都市的客家人可能已经不再像他们的老辈那样会唱山歌了，但是，当他们听到那熟悉的旋律时，总是会为之感动，因为山歌已经成为客家人生活和人生的一部分，已经融化在他们的血液中。近年来，由刘湲创作、郑小瑛指挥演奏的以闽西山歌素材为音乐基调的交响诗《土楼回响》(共分五个乐章：劳动号子、海上之舟、土楼夜语、硕斧开天和客家之歌)，在海内外引起了轰动。乐曲再现了客家人被迫迁徙的苦难经历和在客居地齐心协力建新家的生活历程，同时也把客家儿女怀念故乡土楼的情思表现得淋漓尽致。

客家骄子

客家人对男人的评判标准，就是创大业，谋大事。有作为的好男儿，人人敬仰。客家人常常以那些英才男儿为榜样，启发教育儿孙，向功勋事业有成的前辈们学习。

说到客家名人和客家骄子，人们会不假思索地想到这些人的名字：

在政界和军界的有：中国民主革命先驱孙中山，太平天国天王洪秀全，中华人民共和国元帅朱德、叶剑英，中共中央总书记胡耀邦，全国人大常委会副委员长卢嘉锡，全国政协副主席杨成武，新四军军长叶挺，中国人民解放军空军总司令刘亚楼，中国人民志愿军司令员杨勇；以及南宋丞相、民族英雄文天祥，抗金明军统帅袁崇焕，近代洋务运动先驱丁日昌，清代爱国诗人、外交家黄遵宪，清代抗日保台义军副统帅丘逢甲，首任驻日本国公使何如璋，民主革命家廖仲恺，辛亥革命广东北伐军总司令姚雨平……

在文化界和科学界的有：唐代诗人、文学家张九龄，北宋文学家曾巩，宋代赣南第一位状元郑獬，清代画坛"扬州八怪"之一黄慎，中国现代史学大师陈寅恪，现代杰出文学家郭沫若，现代艺术大师林风眠，语言学家王力，中国科学院院士、数学家李国平，中国科学院学部委员、病理学家梁伯强，中国科学院学部委员、物理化学家黄子卿，两院院士、桥梁专家李国豪，中国科学院院士、生物学家黎尚豪，中国工程院院士汪懋华，中国科学院院士王伟松，国际著名化学家潘毓刚……

在海外的有：新加坡首任总理李光耀、现任总理李显龙，泰国现任总理他信，泰国客属总会创始人伍佐南，印尼华族领袖吴能彬，香港著名实业家曾宪梓，香港著名实业家田家炳，张裕葡萄酿酒公司的创始人张弼士，等等。

客家女中豪杰有：中国人民解放军第一位女将军李贞、世界速滑全能冠军叶乔波、戏曲表演艺术家黄婉秋、英籍华人作家韩素音等。

这些优秀的客家儿女为国家为民族为世界的发展作出了卓越的贡献，他们是客家人的骄傲。

对于这些客家骄子，不独客家人效为榜样，所有炎黄子孙也会铭记在心。

（原载《人民论坛》2006 年第 1 期）

寻觅与守望

——史学编辑学耕耘录

【下册】

乔还田◎著

人民出版社

2011 年，人民出版社社委会成员合影

在北京朝内大街 166 号办公室内

与历史编辑室同事合影

与哲学编辑室同事合影

与著名画家吴冠中夫妇合影

与戴文葆合影

2008 年 5 月 30 日，向美国国会图书馆捐赠 6 卷本《中国民俗史》

2009 年 5 月 21 日，参加香港书展

走访牛津大学出版社，手捧秀珍版《牛津宝典》

2019 年 12 月 18 日，主持中国编辑学会第五届理事会暨第二十届年会

主持中国编辑学会成立 30 周年座谈会

2023 年 8 月 28 日，在辽宁师范大学出版社演讲

与《中国编辑》部分成员合影

2024 年 6 月 11 日，主持《中国编辑》编前会

签发《中国编辑》出刊

目录
CONTENTS

（下 册）

编 辑 学 篇

寻觅与守望
史学编辑学耕耘录

书 评 篇

编辑学篇

出版精品是这样打造的

——基于编辑工作视角的思考

我特别喜欢两位名人的一段对话，一位是著名的诺贝尔物理学奖得主、美籍华人李政道，另一位是上海科学技术出版社原社长、韬奋出版奖获得者吴智仁。2003 年，上海科学技术出版社出版了李政道的一本书。座谈时，李政道问吴智仁："你知道我国唐朝时谁最有钱？"吴智仁回答："不清楚。"李政道又问："你知道唐朝哪些人最有学问？"吴智仁回答："那可多了。"接着，李政道语重心长地说："所以，你们不要把赚钱看得太重了，还是要留下一些好书给后代。"这段对话意味深长。是的，历史、后人是记不住富人和有钱人的；而对那些有学问的人、大诗人会永远记住。所以，出版社理应多给后人留下一些好书。"书籍是思想的航船，在时代的波涛中破浪前进。它满载贵重的货物，运送给一代又一代。"培根的这句名言，更真切道出了精品力作的价值所在。我打心底崇尚李政道、培根提倡的理念，多少年一直追求这种出书境界。凡是意识到当代人喜欢，并且有可能留给后人的书就毫不犹豫地打造。如果不是广大读者需要、不能产生正能量的书稿，即便有好的经济效益也坚决不出。

那么，怎么才能打造出传之久远的精品力作呢？

显而易见，出版精品是一项系统工程。许多业内人士已形成这样一种共识：就像流水线上的任何一个环节一样，打造精品书的每一个环节——选题的策划、作者的选择、书稿的审读，以及校对、装帧设计和印制等等，均需一丝不苟，认真对待。无论哪一个环节出了问题，都会前功尽弃。在所有环节中，编辑工作可谓重中之重，故从这一视角作一些思考。

一、务必看重编辑的地位

编辑究竟是干什么的？以往有一种普遍的说法：编辑是为他人作嫁衣裳。这是对编辑奉献精神的一种赞扬。但在 21 世纪的今天，这种简单的定位已经不符合社会发展的需要了。

有位朋友说：在美国，编辑的地位很高。如果知道你是做编辑的，很多人会对你肃然起敬，不管你穿得怎么样、有多少钱。因为他觉得你能驾驭那么多文化，影响那么多人，别人驾驭不了，影响不了。而编辑能驾驭一篇文章、一本刊物、一本书，很了不起。过安检时，安检员发现你是编辑，会高看你一眼。在美国，编辑比官员体面，比官员有地位。

但在我们的现实生活中，就连编辑自己，一些人也不清楚如何给自己定位了。尽管政策引导一直强调"社会效益第一"，但因没有硬指标，未加量化，所以大部分出版单位把主要精力放在有具体指标的经济效益上。难怪业内有人忧心忡忡地指出，当下的编辑，很多人已沦为市场的奴隶了。在经济指标的压力下，淡化了社会效益，很难策划、编辑出高雅的、能够传世的精品力作。甚至出现这样一种现象：在一些出版单位，经济效益做得好、创利大户、畅销书做得好的编辑很吃香，受到重用；而学术书做得好的编辑，只在社外叫好，在社内影响倒没有那么大。

难道谁能赚钱，谁做畅销书做得好就是好编辑吗？回答当然是否定的。

编辑绝不能整天为完成经济指标而奔忙，更不可沦为市场的奴隶。编辑切莫"一切向钱看"，不能让"孔方兄"驱走打造精品力作的胆识。编辑作为文化产品内容的选择者、策划者、加工者、过滤者、把关者、推荐者，甚至是创造者，是出版单位文化责任的主要承载者和担当者。这部分人是出版单位的"龙头"，"是出版社的核心资产"，是出版社繁荣发展的基石。一个优秀编辑，一个骨干编辑，对一个出版社的生存和发展是非常重要的。只有看重编辑的地位和作用，着力培养出一大批有崇高文化追求、有高度职业道德精神的编辑，才能不断提升文化创新力、制造力和传播力，才能有更多的精品力作问世，才能更好地为出版繁荣、文化繁荣和社会主义文化强国建设服务。

原国家新闻出版广电总局副局长吴尚之在中国编辑学会第 16 届年会开幕式上的讲话中说得到位且精彩："编辑人才是编辑出版事业发展的基础力量。没有一流的编辑人才，就没有一流的出版物，更谈不上一流的出版社。编辑培育精品，精品成就人才。归根结底，精品力作来源于编辑的发掘和加工，编辑的眼光和水平决定着出版物的品质。无论时代如何变化，无论出版物载体和介质如何转换，无论是传统出版还是新兴媒体，都离不开编辑的创造性劳动。""要建立健全对编辑人员科学的评价考核机制。要加强对编辑人员在出版物社会效益、社会价值、文化价值、产品质量方面的考核和评价，让编辑人员安其岗、得其所、留得下，引导编辑人员多出精品力作。"

二、务必具备精品意识

我最欣赏一位外国同行说的这句话："印在纸上的文字是一种有生命的神圣的东西。"按我的理解，所谓"有生命的神圣的东西"，就是指那些有原创价值、有特色、有个性，能经得起时间的检验，能穿越历史时空的有利于人类文化进步的书。这些通过超越时间和空间而存在，而生长，而增值，成为人类永久的教师、宠儿、伴侣的书就是精品书、经典书。

多年的实践告诉我，真正意义上的精品书至少应具备这样几个条件：在思想价值上，是人类进步思想的前卫；在学术上，具备了科学性和独创性，体现了国内一流水平；在流派上，属于个性化的研究成果；在艺术上，具有教育功能和欣赏功能，能培养人们健康向上的情趣；在知识性上，正确无误；在编辑加工上，属于精编精校；在装帧设计上，做到了内容与形式的完美结合。

然而，打造"有生命的神圣的东西"谈何容易。2014年10月15日，习近平总书记在文艺工作座谈会上曾针对文艺创作中存在的问题和现象，有12字评语：有数量，缺质量；有"高原"，缺"高峰"。若用图书的二八定律审视，2014年出版的40多万种图书中，

主讲"编辑要有精品意识"

至少应有 8 万种属于精品。但仔细搜寻，真找不出这么多的精品来，其中相当多的是平庸的、重复的、注水的、跟风的、模仿的、炒作的以及机械化生产的作品。2015 年 3 月 31 日，国家新闻出版广电总局公布了"出版物质量专项年"第四批编校不合格图书，有 21 种图书"上榜"，18 家出版单位受到警告的行政处罚。2015 年 11 月 24 日，国家新闻出版广电总局公布了 2015 年少儿类和文艺类编校质量不合格图书 24 种，有 23 家出版单位受到警告的行政处罚。

为什么会产生这么多不合格的图书？原因虽多，但编辑缺乏精品意识是一个重要因素。

新中国成立之初，时任人民出版社社长胡绳曾这样说："一个国家的出版要有门槛，如果我们把门槛放低，学术风气会变坏。"用今天的话来解读，胡绳强调的门槛，就是精品意识。不是精品，就别让它迈进出版社的门槛。多少年来，人民出版社不仅始终坚守这一"门槛"理念，而且在继承的基础上又有所创新和发展。现任社长黄书元明确提出精品立社、精品强社、精品优社的理念。

正是基于这种强烈的精品意识，该社出版了一大批有影响的精品力作。比如：入选"人民文库"的庄福龄主编《马克思主义史》，艾思奇著《大众哲学》，薛暮桥著《中国社会主义经济问题研究》，冯友兰著《中国哲学史新编》，侯外庐著《中国思想通史》，费孝通著《乡土中国》，范文澜、蔡美彪等著《中国通史》，朱光潜著《诗论》等，都取得了双佳效益，并已成为该社标志性的出版物。这些初版于不同年代和时期的论著，曾经引领了当时的思想、理论、学术潮流，一版再版，不仅在当时享誉图书界，即使在当下仍具有重要影响力。入选"人民文库"的每一部作品，恰似一颗颗闪光的珍珠，原来就价格不菲，如今串成了一条精美的项链，更是点石成金，价值连城。被串起来的每一颗珍珠或多或少都能留有时代"辙印"。透过这条精美的项链，人们可以清晰地看到我国思想界、学术界、出版界 60 多年来变化发展的重要轨迹。

近十年来，人民出版社有 20 多次获得"五个一工程"奖、国家图书奖（中国政府出版奖）、中国图书奖（中华优秀出版物奖）等国家级图书奖励；在学术影响力方面，位列《中国人文社会科学图书学术影响力报告》第一名，社会科学著作总被引次数一直居全国各出版社之首。在"全国图书阅读调查"活动中，连续五次获得"读者最喜爱的出版社"第一名。

显而易见，该社的编辑如果不具备精品意识，不自设"门槛"

抵挡垃圾，就难以打造出那么多思想精深、艺术精湛、制作精良的"三精"作品。

三、务必重视选题策划

有人从出版企业竞争和核心竞争力的角度算过一笔账，认为"在整个图书利润总额中，选题策划的利润贡献率一般在50%左右，有时甚至高于50%"。这种说法虽未免太绝对化，但选题的好坏的确能决定一个出版社的命运。而且可以肯定地说，假如选题很糟糕，即便是一流的编校、最好的设计，再加上高效率的生产，加班加点、抢时间，以及强有力的营销手段，等等，都无法取得预期的效果。分析利润贡献率是这样，预估社会效益也是同理。俗话说得好，种瓜得瓜，种豆得豆。图书能否成为精品或品牌，确与选题的含金量大小有着密切关系，所以，只有重视并善于策划选题，才有可能培育出精品图书，并不断推出各种品牌图书。如果不重视选题策划，搞不出优秀的选题，要出精品力作只能是缘木求鱼。

在保证选题质量这个环节上，人民出版社采取的是在社内局域网上进行"双盲投票"的做法，不失为一种好的选题论证制度。该社成立了一个21人的选题论证委员会，其成员都是各方面的专家，是有实战经验的老同志。投票全部在社内局域网上进行。专家投票时不知道选题的责任编辑，这样避免了"人情稿"和"关系稿"；专家投票后，选题的责任编辑也不知道是谁投的票，这样避免了专家得罪人等问题。有的选题，专家"盲投"时出现了分歧，就提交社选题论证委员会进行面对面的讨论。社选题论证委员会一般情况下一个月开一次会，集中讨论那些拿不定主意或有人提出反对意见的选题。

网上"双盲投票"选题论证制度有两个好处：第一，大大提高选题论证效率。现在有些选题要求当天就作出决策，有些选题要求几天或几个星期作出决策。在网上投票，选题不要求全票通过，只要得到三分之二的票数就自动通过了，选题论证效率大大提高。第二，较好保证了选题质量。专家觉得该否定的就否定，有什么进一步要求就直接提出来。这样能如实反映专家的想法，使选题的质量得到了确保。

对于作者来说，道理也一样。好的选题是成功的一半，选题好，不仅使研究有一个良好开端，也可清晰地展示出一个通过努力便可达到的理想结果。一个知识储备丰厚的学者，如果选题不当，有时也会写出平庸的作品；而一个入道未久的新锐，如果选题好，也能取得可喜成果。

我非常赞同这一理念：选题必须创新。"新"可以分为两个层面：一个层面是创新；另一个层面是翻新。"人无我有"，是创新；"人有我优"，是翻新。现在图书市场上为什么经常会出现选题雷同、跟风热炒的现象？一个重要因素就是大多数编辑只会跟风，不会创新。而凡是被读者认可的，市场份额大的、影响大的图书，最根本的一点，就是做到了选题创新。出色的编辑自己能够营造出市场热点，让别人跟风，自己则在适时开溜，再去制造一个新的热点。次一点的是，反应快，跟风快，也能产生一定的正面影响和正能量。最忌讳的是，既缺乏想象力，反应又慢，一跟风就是高手们开溜之时，结果做出来的书读者不买账，变成了垃圾。所以，编辑一定要进行创造性思维，切忌模仿，切忌千篇一律，进行机械化生产。

在选题策划这个环节，有一点颇为重要，就是选题应对现实有启迪和借鉴意义。如果你策划的书稿离现实很远，又味同嚼蜡，谁都不愿意看，那么，国家为什么要支持你，为什么要把真金白银交给你作为出版经费？当然，具有现实意义的选题，绝不是简单地作时代精神的号筒，对现行政策进行概念性的图解；也不是生吞活剥、拾人牙慧，或者重抄一些传统思想的片段，以故弄玄虚，哗众取宠，糊弄读者。而应当以现代意识深刻地了解现实，溶解、升华和发展传统，前瞻未来，给读者以警策、启悟和鼓舞，对现实生活有所推动。

还有，一定要提前策划好主题出版的选题。可以说，唱响时代主旋律，倡导主题出版是中国出版业的一个特色、一道亮丽的风景线。主题出版在传播正能量、巩固主流意识形态、宣传普及党和国家大政方针政策方面发挥了巨大的作用。人民出版社的主题出版一直都处于领先状态。每逢党和国家有重大的活动、重大的节日、重要的节点，都会推出一批高质量的主题出版图书。其成功的经验在于：一是始终坚持正确的导向；二是不搞应景之作，努力打造精品；三是精心遴选作者；四是务必提前策划，一般都是今年研究明年、后年甚至是几年后主题活动的重点选题。

四、务必精心遴选作者

"作者是衣食父母"，这是 20 世纪五六十年代，出版同仁私下对作者的定位。"文化大革命"严厉批判了这一定位。逻辑很荒唐：能够舞文弄墨的作者都是知识分子，知识分子是"臭老九"，"臭老九"怎能成为"衣食父母"?! 现在，虽没有明确的定位，但作者对出版社的重要性越来越明显。道理很简单：作者水平的高下决定了图书的质量。要想打造有创意、有特色、有保留价值、有生命力的精品力作，必须物色到成功的写作者，否则，创意再好的选题，也只能是平庸之作。有一句话说：血管里流出来的是血，水管里流出来的是水。可想而知，要让三四流甚至是不入流的作者，写出一流的作品，是绝对不可能的。

何况，在商海大潮的冲击下，近年来浮躁之气也遍布学术界。有不少学者失去了往日的定力，难以静下心来作学术研究，老琢磨着如何编撰赚钱的书稿。由是，原创的书稿少了，取而代之的是选编、汇编、大全等东拼西凑、重复雷同、昙花一现的东西。难怪一些资深编辑交流时要发出这样的感叹：以前审读那些老学者的书稿，感觉稿中能提供许多新的信息和知识，如新观点、新材料、新方法、新视角、新形式等等，是真正的原创，或超越前人，或填补空白，或独树一帜，是在著书立说。其写作也很规范，便于编辑加工。而现在，有相当一部分作者做学问不踏实不严谨，连起码的规范也做不到。尤其是一些博士论文，几年写出一本书，缺乏创新，在原地打转转，引用的资料也会发生错误。有的正文中出现了注码，篇末却找不到注文；有的篇末出现了注文，正文中却找不到注码。这样的人真不配做学问！

由此可见，要打造精品力作，精心遴选作者是多么的重要。

精品需要十年磨一剑，精品需要甘坐冷板凳的精神。所以，在确定某种精品论著的作者时，做编辑的理应做到对学术界的研究状况及发展趋向有全面的了解；应当不断地去寻访专家学者——以求比较其学术论点、写作风格，从而进行准确的筛选，让名副其实的一流学者对号入座。

像人民出版社出版的"中国历代帝王传记"成功的关键在于：编辑通过大量的调查研究，反复的筛选，物色到了既有学术水平又有文采的作者。在作者的笔下，这些帝王个个形象鲜明，栩栩如生。他们的经历、思想、品德、意志、才能、性格、作风、爱好以及功过是非跃然纸上。而且，传记通过传主还折射出了他所生活的那个时代的真实风貌。到目前为止，这套丛书已有 26 种与读者见面。每出版一种，短期内即告售罄，不得不屡屡重印，而且都被台湾出版商相中，相继购去了版权。有相当一部分，对韩国也输出了版权。可以说，这是一套标准的双效益的常销书。

精心遴选作者不仅要做到优中选优，与一流学者合作，而且这一过程还可起到保证导向正确的作用。比如，该社 2011 年制定纪念辛亥革命 100 周年重大主题出版计划时，就是以高度的政治责任感和严谨的学术态度来对待这项工程的。因为辛亥革命史研究领域与其他研究领域不同，在这一领域内出现过一些极其错误的观点。比如：有人说改良比革命好，应当"告别革命"；有人吹捧袁世凯，贬低孙中山，说辛亥首义与孙中山无关；有人说辛亥革命没有什么了不起的东西，它是此后几十年动乱的开始。像类似的说法流传甚广，贻害无穷。正是本着导向正确、能够体现最新研究成果、留下信史的原则，该社精心选择了著名学者金冲及、张磊以及一批年富力强、治学严谨，且有独到见解的学者作为这项重大主题出版工程的作者，从而推出了《辛亥革命全景录》系列丛书、《孙中山传》等一批受到中宣部、统战部、原新闻出版总署领导以及学术界和广大读者肯定、赞扬、欢迎的精品力作。

五、务必坚持"三审制度"

实践使我意识到，编辑工作是一种"细活"。做编辑的要有守门意识，要把各个环节"踢"来的差错——包括政治性的、学术性的、知识性的、技术性的一律"拒之门外"。责任编辑就像足球场上的守门员一样，不能让对方的球进入自家的大门。被踢进了，就是失职行为。所以，审稿决不能马虎大意。马虎了要闹笑话，大意了要出纰漏。只有细读、精读、反复读，才能把好书稿质量关。

在审稿环节，务必严格实行"三审制"，即责任编辑一审；主任、副主任或主任、副主任委托副编审以上人员复审；社长、总编辑、副总编辑终审。这是出版管理条例的明确规定。"三审制"既是一种制度，也是经验和教训的总结。每一"审"都不能少，少了就是违规，少了就会出问题。

然而，个别出版单位的做法已经超越了底线。据报道，有关方面去某家出版社进行检查和调研，发现"三审单"上，从责任编辑初审到复审再到终审的三级签字，居然都在一天里。难怪有人戏言：效率够高！胆子够大！于是，有人发问：作为一个编辑，对一部作品，其付出还有多少？打个不恰当的比喻：一个好的编辑应该是一个好的厨师长，或者起码也是个不错的大厨，但在一些出版社，当下已沦为一个洗菜的，涮涮泥冲冲水就万事大吉了，有的甚至连泥也没洗尽就交差了。如此"三审制"，不出事才怪！

据说2013年业内一位参评正编审职称的人士，在其提供的参评材料中，写明自己一年审读加工了1500万字的书稿。"这个数据是真的吗?"有的评委禁不住这样发问。因为如果一年看1500万字，那么一年365天，每天都工作，一天也不休息，一天就得审读4万字的书稿。可能吗？不可能。所以，要么这个数据有假，要么就是一目十行，压根儿没有认真审读过书稿。如此审稿，何以保证和提高审稿质量？这是对编辑工作的渎职！此例虽是极端个案，但必须引以为戒。

在审读这个环节，理应做到切莫迷信权威。千万不要因为是专家、权威写的书稿，就忽略或放松了审读。要是这般，就无法打造出精品力作。

其实，真正有学问的作者，非常欢迎编辑给其作品挑毛病。在这部分学者看来，编辑的职业病——挑毛病是一种美德。距今30年前，我做《刘大年史学论文选集》的责编时，就书稿的内容分类、篇目取舍以及某些论点的科学表述等提出9点意见。因刘大年先生是国内著名学者，是研究中国近代史的权威，当时的复审和终审意见都觉得"木已成舟""初审意见只能作为个人想法，向作者进行请教"。没想到，请教时，大年先生对我提的意见，大部分予以接受，并一再表示"有水平""像个人民出版社的编辑"。该书出版后，学界评价很高。作者在给我的赠书上还写道："编检多劳，酬谢荒落，迟奉此册，幸箧吾过。"我当时还是个年轻编辑，对这种褒奖很在意、很自豪。

20 年前审读中央文献研究室编的 3 卷本《毛泽东年谱（1893—1949）》时，我从年代、地名、人名、错别字等方面，发现 100 多处疏漏。发现这些差错的办法只有一个，而且是最笨的办法，查工具书，查第一手资料书。办法虽笨，但行之有效，让对方心服口服。时任中央文献室主任的逢先知，对我大加赞赏。该书现已成为研究伟人毛泽东的权威著作。

几十年来，人民出版社不但始终坚持"三审制"，而且有所创新，对一些重点书稿实行的是四审制、五审制。比如国家领导人的著作，内容涉及面会比较广，既可能谈政治、谈哲学，也可能谈财经、谈历史，还可能谈法律、谈军事、谈教育。凡接手这类书稿，就会从各个专业编辑室抽调一些经验丰富的编辑，组成专门项目组来做好审读加工工作。在具体的编辑过程中，也不是专业编辑只看专业内容，而是项目组成员轮流看、反复看。像四卷本《朱镕基讲话实录》项目组，有八个人参与了具体的编辑工作。第一轮，每两个人看同一卷；到第二轮，在第一轮中看第一卷的两个人去看第二卷；到第三轮，看第一卷的两个人去看第三卷；到第四轮，看第一卷的两个人再去看第四卷。大家转着看，就确保了出版物质量不会有问题。经过以上四轮"初审"，才进入复审和终审。这种重要领导人著作项目制是该社的一种特色出版制度。对一些重大出版项目、重要学术著作，也会组成一个专门项目组来完成。

在严格坚持"三审制"的过程中，还把规范化、标准化作为硬指标来执行。例如：为进一步提高学术出版质量，该社根据多年积累的经验和做法，参照国内外相关出版标准，于 2012 年制订和实施了《人民出版社学术著作出版规范》，对学术著作的基本体例、文本、图表、引文、注释、参考文献、索引、附录等方面的规范作了详细的说明和例示。编辑自觉把《规范》的每一项具体要求落实到加工书稿上，从而使书稿质量得到了保证和进一步提高。

原国家新闻出版总署署长柳斌杰说得好："书跟别的东西不同，做饭臭了是一顿，做书臭了是一世，书是永久的消费品。浮躁、轻率、一夜成名的思想是要不得的。"编辑工作是整个出版工作的中心环节，编辑工作的最高追求就是打造传世之作、打造永久的消费品。编辑的使命很神圣，让我们强化担当意识，增强出版精品力作的责任感、紧迫感，扎扎实实做好这个中心环节的工作。

（原载《中国编辑》2016 年第 1 期，
《新华文摘》2016 年第 7 期全文转载）

再谈出版精品是这样打造的

——基于编辑工作视角的思考

2014 年 10 月 15 日，习近平总书记针对国内文艺创作的现状指出："改革开放以来，我国文艺创作迎来了新的春天，产生了大量脍炙人口的优秀作品。同时，也不能否认，在文艺创作方面，也存在着有数量缺质量、有'高原'缺'高峰'的现象，存在着抄袭模仿、千篇一律的问题，存在着机械化生产、快餐式消费的问题。"[1]

2016 年 5 月 17 日，习近平总书记又针对哲学社会科学领域存在的问题批评道："当前，哲学社会科学领域存在一些不良风气，学术浮夸、学术不端、学术腐败现象不同程度存在，有的急功近利、东拼西凑、粗制滥造，有的逃避现实、闭门造车、坐而论道，有的剽窃他人成果甚至篡改文献、捏造数据。有的同志比较激烈地说，现在是著作等'身'者不少、著作等'心'者不多。"[2]

习近平总书记号召"广大文艺工作者要把创作生产优秀作品

---

[1] 习近平:《在文艺工作座谈会上的讲话》，人民出版社 2015 年版，第 8—9 页。

[2] 习近平:《在哲学社会科学工作座谈会上的讲话》，人民出版社 2016 年版，第 28—29 页。

作为中心环节，不断推进文艺创新、提高文艺创作质量，努力为人民创造文化杰作、为人类贡献不朽作品"①。他要求"一切有理想、有抱负的哲学社会科学工作者都应该立时代之潮头、通古今之变化、发思想之先声，积极为党和人民述学立论、建言献策，担负起历史赋予的光荣使命"②。"要有'板凳要坐十年冷，文章不写一句空'的执着坚守，耐得住寂寞，经得起诱惑，守得住底线，立志做大学问、做真学问。"③

习近平总书记指出："优秀作品反映着一个国家、一个民族文化创新创造的能力和水平。"④哲学社会科学的"发展水平反映了一个民族的思维能力、精神品格、文明素质，体现了一个国家的综合国力和国际竞争力"⑤。所以，出版更多的习近平总书记倡导的"思想精深，艺术精湛，制作精良"的"三精"作品，是当代编辑义不容辞的责任和使命。一年前，笔者从务必看重编辑的地位、务必具备精品意识、务必重视选题策划、务必精心遴选作者、务必坚持"三审制度"等五个方面，谈了着力打造精品的体会和看法。本文

---

① 习近平:《在中国文联十大、中国作协九大开幕式上发表重要讲话》,《人民日报》2016 年 12 月 1 日。

② 习近平:《在哲学社会科学工作座谈会上的讲话》,人民出版社 2016 年版，第 8 页。

③ 习近平:《在哲学社会科学工作座谈会上的讲话》,人民出版社 2016 年版，第 29 页。

④ 习近平:《在中国文联十大、中国作协九大开幕式上发表重要讲话》,《人民日报》2016 年 12 月 1 日。

⑤ 习近平:《在哲学社会科学工作座谈会上的讲话》,人民出版社 2016 年版，第 2 页。

拟从编辑工作的另外五个视角，即必须倡导工匠精神、务必写好审读报告、应当具备品牌意识、努力做学者型编辑、做套书必须注意的问题再作一些思考。

一、必须倡导工匠精神

2016 年，李克强总理在政府工作报告中提出"培育精益求精的工匠精神"后，引起了社会各界的广泛关注。

言及"工匠精神"，笔者自然会联想到我国古时的鲁班、张衡、黄道婆等人均是这方面出色的典范。近代同仁堂倡导的"炮制虽繁必不敢省人工，品味虽贵必不敢减物力"，也充分体现了"工匠精神"。近年来，新闻媒体经常宣传当今的大国工匠。2015 年"五一"劳动节开始，中央电视台播出 8 集电视片《大国工匠》；2016 年、2017 年"五一"期间，中央电视台综合频道和新闻频道继续推出系列报道《大国工匠》。这些工匠都是"国宝"级的人物，他们中有人能把密封精度控制到头发丝的五十分之一，有人能在牛皮纸一样薄的钢板上焊接而不出现一丝漏点，还有人检测手感堪比 X 光那般精准。2017 年 3 月 30 日，中宣部又向全社会发布了"以国为重的大国工匠"徐立平的先进事迹，授予徐立平"时代楷模"荣誉称号。徐立平是中国航天科技集团公司第四研究院 7416 厂航天发动机固体燃料药面整形组组长，国家高级技师、航天特级技师，他用堪称完美的产品为我国的航天事业发展作出自己的贡献。徐立平曾荣获"全国五一劳动奖章""中华技能大奖"，当选"感动中国 2015 年度人物"，被誉为"以国为重的大国工匠"。

我们在审读加工书稿这个环节上，也必须倡导和践行"工匠精神"。因为只有对书稿进行认真的打磨，做到精益求精、精雕细刻，才能打造出优质的精品力作。

在我们编辑行当里，有一些践行工匠精神的楷模值得同仁学习和效仿。比如：周振甫在编辑舞台上足足干了68个春秋。他始终坚持为读者负责的编辑宗旨，编辑了《辞通》《二十五史》《明史》《鲁迅全集》等大量经典作品。他将满腹的才识倾注于这些中国古典文史书稿的编校整理和审读加工等细琐的工作中。在编辑钱锺书《谈艺录》《管锥编》等书稿的过程中，与这位国学大师结下了深厚的友谊。《谈艺录》出版后，钱锺书亲笔赠言周振甫："校书者如观世音之具千手千眼不可。此作蒙振甫兄雠勘，得免于大舛错，得赐多矣。"周振甫先生兢兢业业、精益求精的编辑精神受到了同仁的高度赞誉。1981年，中华书局和中国出版工作者协会特意联袂为周振甫从事编辑工作50周年举办庆祝茶话会。

中国轻工业出版社原副总编辑马静，也是践行工匠精神的一位楷模。她策划编辑的《中国茶叶大辞典》填补了我国这一领域的出版空白和学术空白。我们业界的前辈、著名出版家陈原先生说过这么一句话："编词典的事不是人干的，但它是圣人干的！"在西方早有这种说法：如果文化人犯了罪，就让他去编词典。意大利语言学家斯卡利格的原话是："十恶不赦的罪犯，不应判处死刑，也不要判强制劳动，而应判他去做辞典，因为这项工作中包含着一切折磨和痛苦。"

为什么编词典是一件苦差事？因为它的周期长、投入大、难度高、效益慢。仅以周期为例，大家熟悉的《牛津词典》编了70年，《德语词典》编了106年，中国的《现代汉语词典》做了50多年。马静为了保证《中国茶叶大辞典》的质量，制定出60多道工序进行把关。全书共有20个分部，每个分部的工序都是如此，整部图书做下来共计1200多道工序。全书曾进行了八次校对，责编七次编辑加工，作者五轮退改，并进行了37项专项检查，做了300多个造字，进行了412项的查重，制作三套索引。仅清样就出了六次。《中国茶叶大辞典》2001年面世后，以其高质量高水平，先后获得国家辞书奖、国家优秀图书奖。如今《中国茶叶大辞典》已经是第9次印刷，显示出强大的生命力。

二、务必写好审读报告

审读报告是编辑职业素养的直接载体，它显示出编辑的认知能力、鉴赏水平。审读报告的规范与否、水平高低，也是衡量一个出版单位出版水平的重要指标。

笔者认为，但凡是一本有价值的书稿，责任编辑一定要从政治角度、学术价值、材料取舍、写作体系、文字水平等方面对其作出准确的评估。审读报告不但要符合标准和规范，而且必须有学术含量、思想含量、文化含量、理论含量、科技含量，包括文采含量。

从审读中形成想法到变成文字，写出一份有分析、有内容的审读报告，可谓一段苦旅，是一个升华过程，但这一过程对提高编辑自身的业务水平、写作能力有极大的好处。现在，业界对审读报告越来越重视，认为认真研究现阶段审读报告的特点，完善创新，已成为提升图书质量、打造精品力作的重要抓手。

从 2014 年 12 月 26 日到 2016 年 11 月 1 日，由中国新闻出版研究院主办，国家新闻出版广电总局出版管理司和中国编辑学会等作为指导单位的"全国优秀审读报告评选活动"已经连续举办了三届。经过严格的初评、中评、复评三个环节，每年评选出一等奖、二等奖、三等奖、优秀奖若干名。通过展示优秀的审读报告和优秀的编辑加工，起到了标杆作用和示范作用。这一评选活动得到了各出版单位的肯定与响应。

但令人担忧的是，现在的不少审读报告写得太简单，以至于看了这种报告无法判断出书稿的优劣，更难看出书稿具有的特色。难怪有人戏言：几十个字的审读报告，简直有点像上级领导的批示"此稿可用"。

为什么会这样？除了缺少责任心外，一个重要原因是由工作量过大而造成的。现在一个编辑每年审稿达二三百万字，撰写详细的审读报告确实很辛苦。再从作者方面看，现在做学问比较浮躁。以前一些老专家的书稿，很规范、很认真。这样的书稿不仅容易加工，审读报告也比较好写，因为它提供了许多新的信息和知识，比如新的观点、新的材料、新的方法、新的视角、新的形式等等，是真正的原创，或超越前人，或填补空白，或独树一帜，是在著书立说。而现在，不少作者缺少了那种坐冷板凳的精神，做学问不那么踏实和严谨了，有的连起码的规范也做不到，书稿平庸且乱，编辑加工这种稿子，真的很累，有时甚至很恼火。但不管何种理由，责任编辑都应写出详细的审读报告。

审读报告应当包括哪些内容呢？"全国优秀审读报告评选活动"提出的五点要求值得借鉴和推广：

第一，在形式上，审读报告要素齐全完整，不仅要有书稿内容、书稿结构、作者简介特别是学术简介，还要指出书稿的学术价值和文化价值，尤其是一些独到的见解，最好能与同行学者作些比较。此外，要阐述书稿的出版意义和必要性。

第二，在内容上，审读报告要从导向性（政治、民族、宗教、外交等）、思想性（社会视角和学术角度）、科学性、创造性等方面对书稿应有全面、中立的判断和认定。也应从经济价值的角度作一些预测。

第三，审读报告要翔实地记录责任编辑对书稿审核、修改以及与作者交流的内容。特别是能够直接提升书稿质量的修改建议。

第四，对书稿中存在的重要问题或自己无法准确把握的修改意见要一一加以指出，并对复审、终审有提示作用。

第五，对书稿进行的技术性编辑加工，要尽量写实，写具体。比如，对全稿的格式统一——数字、年代、注释等的统一加工。改正了哪些错别字，尤其是涉及人名、地名、国名、职官名称、计量单位等的改动。

做到了这五点，就是一份有血有肉、有内容，可以让复审、终审满意的审读报告。

审读报告写好了，再修改一下，提炼一下，将其变成一篇书评美文。书评发表后，不仅可使自己责编的图书扩大影响，起到宣传和广告效应，而且责任编辑也能逐渐地扬名，让本单位同行、读书界朋友、学术界朋友知道你的水平和能力，从而认可你。所以，千万别小瞧书评效应，别把书评视为"小儿科"，好的书评的影响力甚至比一篇论文、一本书还要大。中国顶级的权威刊物《中国社会科学》屡屡把精彩的书评放在首篇。为什么？因为被评论的那本书的水准虽然高，而书评人的水平更高，视野更宽更广，其点评、导读更令读者折服。

三、应当具备品牌意识

当今社会，各行各业都把树立品牌形象、争创优质品牌作为增强企业活力、开拓产品市场的战略举措。微软、苹果、奔驰、波音、可口可乐等国际知名品牌，为什么仅冠名就值几十亿美元，原因就在于这些品牌经过精心呵护已成为深入人心的知名品牌，在消费者心目中树立了良好的品牌形象，企业从中可获得巨大的经济效益。"可口可乐之父"罗伯特·伍德鲁夫曾自豪地说过，即使一夜之间所有工厂都在大火中化为灰烬，但只要品牌还在，那么可口可乐第二天就能东山再起。

我们的同行，美国著名出版家小赫伯特·史密斯·贝利在《图书出版的艺术和科学》一书中指出："出版社并不因它经营管理的才能出名，而是因它所出版的书出名。"毫无疑问，贝利所言能使出版社出名的书，就是那些已经行世的能够代表其形象的品牌图书。换句话说，品牌图书就是那些能够鲜明、系统、集中地体现出版社品牌特色的图书，它是一个出版社的标志和品牌的象征。优秀的品牌书不仅代表了出版社的形象，而且能为出版社赢得良好的社会声望和信誉，为出版社带来丰厚的回报。一个出版社如果没有品牌图书，早晚会被市场淘汰出局。

有人研究过，图书品牌的形成，呈现出四个阶梯，即单本（或单套）书品牌→丛书品牌→类别书品牌→出版社整体品牌。从一本一本精心打磨品牌书，到一套一套成为品牌书，再到一类书形成品牌，直至整个出版社成为品牌社，可谓一条社以书传、因书社显的必经之路。

国外、国内，这方面成功的案例不胜枚举。比如：国外的企鹅、兰登、阿歇特、哈珀·柯林斯、西蒙·舒斯特等公认的五大大众出版集团，旗下的诸多出版社拥有很多图书品牌。仅兰登书屋当下就有200多个图书品牌，驰名的有"现代文库""佳酿丛书""铁锚书系"等。

国内公认的单本品牌书，如人民出版社出版的艾思奇著《大众哲学》。艾思奇是中国哲学大众化的第一人。他的《大众哲学》首版于1936年。

李公朴、蔡尚思等大学问家，宋平、马文瑞等党的高级干部称赞这本书从世界观、认识论到方法论，都有浅显易懂的解说。有许多青年是在《大众哲学》的启蒙教育下，走上了革命道路的。毛泽东特别喜欢这本书。1936年10月22日，他给叶剑英写信，要他"买一批通俗的社会科学、自然科学及哲学书籍"，特别提到《大众哲学》。1941年1月31日，毛泽东托人给在苏联的两个儿子送去一批文学、历史、哲学书籍，《大众哲学》也在其列。1959年10月23日，毛泽东外出要带一批书，《大众哲学》又赫然在目。这本"常青的"品牌书直到今天，人民出版社仍在重印。商务印书馆一本小小的《新华字典》，几十年畅销不衰，截至2016年7月，总印数已达5.67亿册。"有中文书的地方，就有《新华字典》。"2016年，吉尼斯世界纪录机构宣布，《新华字典》获得"最受欢迎的字典"和"最畅销的书（定期修订）"两项吉尼斯世界纪录。"飞思"，是电子工业出版社的一个品牌。《Java与模式》《高质量程序设计指南——C/C++语言》《精通EJB》等无论从内容、编校和装帧，处处体现出计算机图书的高品质，从而建立了消费者对电子工业出版社计算机图书品牌的忠诚度。三联书店的"三联·哈佛燕京学术丛书"，从立项、遴选、签约到编校、出版和发行，都非常严格，均按国际学术惯例进行运作。20余年间，已经推出百余种学术专著，受到了出版界、学术界和读者的一致好评，成为代表高水准学术研究的品牌书。

显而易见，品牌图书是编辑人员精心打造在读者心中的口碑，是从业人员辛勤劳动的真诚回报，更是出版部门将作者和读者吸引在一起的温情纽带。品牌的影响力、吸引力是长久的。对编辑来讲，可以说是受益无穷。一个优秀的编辑不仅要有品牌意识，更应创造出属于自己的品牌书。

四、努力做学者型编辑

实践证明，一个编辑如果没有真才实学，很难提出有价值的选题，很难对书稿作出准确的判断，更谈不上进一步提高书稿的学术质量，充其量只是统一一下全书的格式，改几个错别字而已。曾经发生这样的笑话：有的编辑面对一部学术价值"含金量极高"的书稿，觉得平淡无奇，以致把精华当作糟粕删掉；反之，本是一部没有任何创意，且是学术上的"二道贩子"的书稿，竟以为发现了"新大陆"，佩服得五体投地。难怪资深编辑要这么说：如果编辑和作者在学问方面找不到共同语言，无法对话，那么，必然会给交流书稿意见带来诸多不便，甚至被作者瞧不起。

由此可见，切莫做草包编辑，努力步入学者型编辑的行列，从而真正做到肚子里有点"真货"、有"两把刷子"是多么的重要。编辑学者化既是现实的要求，也是未来多出精品力作的呼唤。学者化中的"学"，是编辑学之学、杂家之学和专业科学之学；"化"则是达到编辑家化和专业学者化的双重内涵。

大量事实表明，那些有成就的编辑多是学者型编辑。以笔者工作过的人民出版社为例。

迄今为止代表国内研究水平最高的 6 卷本《美国通史》的策划者、组织者、责任编辑邓蜀生就是一位学者型编辑。他用 24 年的执着、坚持、智慧以及个人魅力，成就了这一里程碑式的巨著。美国史知名教授黄安年说：邓是"一位德高望重、有口皆碑的美国史研究专家"，他虽不在大学任教、不是研究生导师，也不领衔教育部或社科院重大课题项目，但"在组织、出版美国史著作方面发挥了其他美国史专家无可替代的作用，是近半个世纪以来我国组织出版美国史著作的'第一人'"。邓先生写作颇丰，著有《伍德罗·威尔逊》《罗斯福》《美国与移民——历史·现实·未来》《美国历史与美国人》等，是公认的美国史研究专家。

林穗芳编审懂 13 国文字，他在《毛泽东选集》的对外翻译和传播、兄弟党和国家重要著作出版方面作出了突出贡献。林先生非常注重编辑工作经验的总结与理论研究，他撰写的《列宁和编辑出版工作》一书荣获首届全国编辑出版理论优秀图书奖，《图书编辑工作的本质、规律及其他》《电子编辑和电子出版物：概念、起源和早期发展》分别获全国出版科学研究优秀论文奖和中国编辑学会科研成果一等奖。他撰写的《标点符号学习与应用》，至今仍是新编辑入职后经常查看的工具书。

戴文葆先生更是一位公认的学者型编辑大家。他擅长编辑难度大、涉及范围广的书稿。他组织翻译过尼赫鲁的《印度的发现》，协助范长江编辑了《韬奋文集》，为吴晗整理了《朝鲜李朝实录中的中国史料》，改编与校勘了《谭嗣同全集》，编辑了中英文对照的《长城》文物图集，等等。结合自己几十年的编辑工作体会，戴先生先后出版了《新颖的课题》和《寻觅与审视》两部论著。他撰写的《编辑家列传》，揭示了从孔子到章学诚等 30 多位圣贤在学术研究和编辑工作中的成就和局限。他主编的《编辑工作基础教程》，是我国编辑学的首批教材之一。

榜样的力量是无穷的。这些学者型前辈理应成为年轻编辑的楷模！

五、做套书必须注意的问题

搞丛书、套书、系列性文库，决不能像办报纸那样，一味抢时间，追求所谓轰动效应。整套、成批推出的声势固然大，但短期内搞出的急就章，必然会成为速朽的东西。为了搞出有生命力的东西，我们理应保持一种惨淡经营的从容和气度，严把质量关，成熟一本出一本。

做套书、丛书、多卷本的图书，应当做到以下五点：

第一，要写出具体的、周密的策划方案。策划方案的内容至少应包括：重要意义、编辑宗旨、丛书特色（一定要说明同类书的出版情况）、写作要求、出版规模等等。以笔者 1996 年策划的"中国文化新论丛书"为例，启动之初就明确提出 8 点定位和要求：（1）本丛书探究的中华传统文化，是那些在今天仍留有"辙印"，并能展示以往社会历史氤氲流转，且对未来社会发展有益尤其是对社会主义精神文明建设具有启迪作用的文化现象，是中华传统文化中最优秀的部分。（2）要多角度地论述主题。每一种书对主题应尽量作全面、系统的论述。切忌拘泥于一隅，力求多层次、多角度地加以论述。（3）不按朝代顺序叙述。一律按主题涉及的方方面面来揭示其与中国文化的关系。（4）必须具备学术性。要求作者提出独到的见解，同时提倡吸取他人的最新研究成果和引用新发掘的材料。"新论丛书"必须突出一个"新"字，作者一定要发他人未发之言。不能仅仅停留在解读古人文化的层面，"切忌照着说，要接着说、自己说"。每一本书力求具有开拓性和原创价值，最好能代表该领域的最新研究成果，甚或是填补空白之作。（5）要兼有可读性。文辞力求典雅，富有文学色彩。杜绝教科书式的枯燥行文，同时避免资料与数据的堆砌。（6）要配有精美的图片，以使形式表现得多元、活泼。有些图片应是第一手资料，不但能够再现历史场景和文化特征，还可以让读者看到文字难以准确描述出的"庐山真面目"。所用插图必须以能表现文意为佳，或是能延伸其意。(7)本丛书的封面设计要有整体感。力求典雅、庄重。在"雅"中体现民族特点。要有文化品位。正文版式设计也要力求新颖。(8)出版规模：本丛书在30种左右。成熟一本出一本，10年内出齐；每一种书30万—40万字；每一种的印数不低于5000册，如果发行部不承诺5000册以上的印数，就不列入选题。

第二，做套书，一定要让主编真正地负起责任来。不要主而不编，仅仅做挂名主编。获第二届国家图书奖的10卷本《中国通史》的主编蔡美彪先生就是一个负责任的主编。他从书稿的结构、内容、学术观点、文字，一统到底。全书的注释、年代、人名等，他也一条一条地核对。挂名主编、不负责任的主编，有百卷本《中国全史》和《中国近代史通览》的主编。这两套书主编都是大家、名家，但因其主而不编，出版后有人撰文严厉批评硬伤太多，影响极坏。所以，搞丛书、套书，务必要物色一个既有学问又负责任的主编。

第三，做套书，一定要有一个指导思想，要有自己的学术体系，不能搞拼盘，变成杂烩菜。以国内两部影响比较大的中国通史为例，有学者评论道：范文澜、蔡美彪等著的10卷本《中国通史》，其观点可能传统一点，但整套书有一个学术体系，前后不打架、不矛盾，连文风都一致。而白寿彝主编的12卷本《中国通史》，虽然引用一些新的材料，有一些新观点，但最大的缺憾是没有学术体系，是一个拼盘，是断代史的堆砌，重复的内容太多。

第四，体例一定要统一。比如，究竟设几级标题，一定要统一，包括注释的格式，数字、年代的书写也要统一。这些虽然都是技术问题，但作为一部严肃的学术著作，不能模糊对待。一般情况是，做套书、丛书、系列性的书，由于参加的人多，分头执笔，来稿时体例很难做到统一。所以，一定要细心地审读加工。

第五，为了编辑加工时方便，应向作者提供详细的写作凡例。按照凡例写，编辑加工时会很方便。否则，五花八门，很难成为精品书。凡例的内容，必须以国家新闻出版广电总局出台的《学术著作出版规范》为准，出版规范对学术著作的基本体例、文本、图表、引文、注释、参考文献、索引、附录等提出了具体的要求。当下，尤应强调一定做好索引，因为我们的学术著作很难走出去，一个重要原因就是大部分图书没有做索引，外国人无法快速地检索，难以利用。连让别人看的基本条件都不具备，我们的话语权、我们的价值观怎能影响别人。所以，要与世界接轨，必须做好图书的索引。有了索引，就方便了外国学者看中国学者的论著，我们的话语权、我们的价值观才能逐渐地影响别人，才能有国际地位。

以上是笔者对编辑如何用心打磨"三精"的精品力作的一些再思考。有人曾用这样的语言来形容传世佳作："一本好书，就是一道迷人的风景。如果我们能够在屠格涅夫的草原上狩猎，在海明威的大海里捕鱼；因红楼梦断、春江流水而动容感怀，因三国英雄、梁山好汉而荡气回肠……如此这般，便是读者的福祉。"经典之作是通过超越时间和空间而存在、生长、增值，甚至与人类相始终，成为人类永久的教师、宠儿、伴侣。编辑工作的最高追求就是打造能经得起时间检验、能穿越历史时空的传世之作。编辑的使命很神圣，让我们强化担当意识，增强责任感，脚踏实地地工作，在从出版大国走向出版强国的进程中，为读者、为社会、为国家、为民族打造更多的精品力作。

（原载《中国编辑》2017 年第 5 期，
《新华文摘》2017 年第 17 期全文转载）

三谈出版精品是这样打造的

——品牌图书是强社之本

按照著名经济学家巴莱多的品牌法则：20%的强势品牌会占有80%的市场份额。而且，第一品牌的市场占有率比第二品牌高出一倍以上，是创造行业价值最大的品牌。由于品牌反映了企业和消费者之间的一种信任，折射出消费者所期望的质量和价值，当今社会各行各业都把树立品牌形象作为增强企业影响力的战略举措和重要抓手，并认定在日益激烈的市场竞争中，品牌是赢取持久竞争优势的强大利器。国内联想、华为、海尔、同仁堂、茅台等知名品牌仅商标名字就值几十亿元人民币，其原因就在于这些品牌已经深入人心，有口皆碑，在消费者心中有极好的信誉度。品牌的影响力和作用可以穿透到任何一个角落！难怪国际知名品牌"可口可乐之父"罗伯特·伍德鲁夫要豪言：即使一夜之间所有工厂都在大火中化为灰烬，但只要品牌还在，那么可口可乐第二天就能东山再起。

一、"强社之本"在于打造品牌图书

图书虽是一种特殊商品，但多数出版社也一直重视"塑造品牌"，进行"品牌化经营"。业界流行着这样一句话："睹书思社。"

美国著名出版家小赫伯特·史密斯·贝利通过综合分析，在《图书出版的艺术和科学》一书中写道："出版社并不因它经营管理的才能出名，而是因它所出版的书出名。"可见，那些能让出版社出名、进而引发读者"睹书思社"的书，就是那些能够体现出版社品位的特色品牌书。品牌图书可谓出版社的立社之本、强社之本、优社之本。一个出版社如果没有品牌产品，早晚会被市场淘汰出局。

实践证明，品牌图书不是专家们投票评出来的，更不是出版社刻意贴标签自封的，而是在图书市场中形成的，是通过时间之窗、时间隧道过滤、积淀的结果，是读者心中的口碑。

无论是国外还是国内，但凡称得上是强社和知名出版社，都有品牌图书作支撑、作招牌、作标志。

世界公认的五大大众出版集团之一的英国企鹅出版集团打磨出四个享誉全球的品牌图书："企鹅经典"和"企鹅现代经典"品牌主要是文学价值较高的严肃文学作品；"鹈鹕"品牌是当代社会问题的非虚构作品；"海雀"品牌定位于出版儿童图画书。可以说，企鹅的每一个品牌的出版范围、目标受众都十分明确。

美国的兰登书屋出版了许多引领世界思想文化潮流的精品著作。其中最著名的图书品牌是"现代文库""佳酿丛书""铁锚书系"。1925年，其创始人贝内特·瑟夫以20万美元从贺拉斯·利弗莱特出版社买下"现代文库"品牌以及拥有的经典文学作品重印版权。当时贺拉斯·利弗莱特因为经营不善负债累累，瑟夫趁势将其重要出版资产一举收入囊中，从而奠定了兰登在世界范围内的文学出版领头羊地位。利弗莱特出售"现代文库"这一品牌时，其他高管坚决反对，但迫于资金压力，利弗莱特不得不忍痛割爱，将其出手。瑟夫后来说，在20世纪30年代世界性经济大萧条中，如果利弗莱特一直拥有"现代文库"这一品牌资产，会安全度过经济危机。瑟夫购入"现代文库"后，对这一品牌进行了完善与提升，在剔除原文库中不符合经典标准图书的同时，着力增加了一些优秀作家的作品，并且优化了图书的装帧设计，使这一图书品牌从内容到形式有所创新，大大提升了品牌价值。

国内的商务印书馆以出版工具书和学术名著在国内出版界独占鳌头，赢得"工具书王国"和"学术出版重镇"的美誉。一本小小的《新华字典》，1953年行世以来受到全国各阶层读者的广泛欢迎，截至2016年7月全球发行量共达5.67亿册，是全世界销量最大的书。有人风趣地点赞："有中文书的地方，就有《新华字典》。"2016年4月，吉尼斯世界纪录机构宣布：《新华字典》获得"最受欢迎的字典"和"最畅销的书"两项吉尼斯世界纪录[1]。被喻为"书有魂，或感动，或震撼，或淡然而恒久"的《现代汉语词典》，迄今发行了5000余万册。这两本品牌工具书给商务印书馆带来了巨大的社会效益和经济效益，被戏称是"两部印钞机"。早年推出的"万有文库"，以及新中国诞生后出版的"汉译世界名著丛书"也是商务印书馆的品牌图书。这些承载深厚大国文化和世界进步思想的招牌书、品牌书铸就了商务印书馆的历史荣光。

---

[1] 《〈新华字典〉获得两项吉尼斯世界纪录》，《新华每日电讯》2016年4月14日。

"出精品、育品牌"是电子工业出版社坚守的出版理念。该社正是因精心打造的"飞思"品牌赢得了消费者对该社计算机图书的忠诚度。他们出版的《高质量程序设计指南——C/C++语言》《Java与模式》《精通EJB》等书，从内容、装帧到编校都达到了计算机图书的高品质标准。更可贵的是，该社还拓展了对"飞思"品牌的开发。他们延伸设计的"飞思科技"是最新技术和最专业信息技术的图书出版物，"飞思电漫"是动漫优秀多媒体图书，"飞思教育"是优秀计算机教育图书，"飞思数码"是图形图像设计领域的品牌，"飞思"网站则专门传播如何设计计算机专业技术。①从而全方位体现了"飞扬科技，思索未来"的理念，最终形成知名度极高的"飞思"系列品牌形象，使该社居于全国出版界计算机图书的制高点。

二、注重打造原创性品牌图书

据统计，我国2015年、2016年、2017年分别出版图书47.58万种、49.99万种、52.8万种，是一个地地道道的出版大国，但还不是出版强国，精品力作特别是原创性的作品并不多。

习近平总书记意味深长地指出："理论的生命力在于创新。创新是哲学社会科学发展的永恒主题，也是社会发展、实践深化、历史前进对哲学社会科学的必然要求。""如果不能及时研究、提出、运用新思想、新理念、新办法，理论就会苍白无力，哲学社会科学

---

① 黄光虹：《出版社的品牌建设》，《出版科学》2006年第5期。

就会'肌无力'。"①在党的十九大报告中，习近平总书记讲到宣传思想文化工作时 8 次提到"创新"、7 次提到"创造"，强调"没有高度的文化自信，没有文化的繁荣兴盛，就没有中华民族伟大复兴"。可见，只有勇于创新创造，激发全民族文化创新创造活力，才能向社会主义文化强国迈进。所以，新时代的编辑务必将增强文化自信落实到出版自信上来，把精心打造思想精深、艺术精湛、制作精良的作品视为自己的职责和使命。

言及勇于创新创造，不能不提到苹果公司之父史蒂夫·乔布斯。一次，他在斯坦福大学演讲时被一个年轻人问道："我怎么能像你一样？我怎么能成为你那样的人？"乔布斯作出了堪称经典的回答："另类思维。"所谓"另类思维"，就是不囿于传统思维，敢于挑战权威，不让陈旧观点的聒噪声淹没自己脑海里萌发、涌动的新思想、新理念、新见解。所以，新时代的编辑只有静下心来，耐得住寂寞，和作者共同使用"另类思维"，才能打造出更多"惊骇世俗"的、可以经得起时间检验的原创性品牌图书。

可以肯定地说，范文澜于 20 世纪 40 年代初撰写的《中国通史简编》就是一部"惊世骇俗"之作，直到现在仍受到读者的青睐。和旧史书相比，范书的明显区别有四点。第一，书中肯定了劳动人民是历史的主人，旧史书则把帝王将相视为主人。第二，按照一般社会发展规律，划分出中国历史演进的阶段，并揭示出各个阶段的

---

① 习近平:《在哲学社会科学工作座谈会上的讲话》，人民出版社 2016 年版，第 20 页。

特征，即差异化。第三，书中写阶级斗争，着重讲腐化残暴的统治阶级如何压迫农民以及农民如何被迫起义；对外来的民族侵入，重点展示了民族英雄和人民群众的英勇抵抗。第四，注意收集生产斗争的材料，对古代科学发明以及有关农业、手工业的知识着墨不少。正因为该书打破了旧的王朝体系，宣传了阶级斗争，热情讴歌了劳动人民，是国内第一部运用马克思主义观点分析、介绍中华文明史的著作，所以1941年一问世，就遭到国民党政府的通令禁止。新中国成立后，范文澜对该书多次进行修订，成为人民出版社的品牌书和标志性出版物。范文澜特别主张通过"百家争鸣"推陈出新。他强调，凡以学有专长而"争鸣"就好，凡长于教条"争鸣"就坏。照教条写出的东西，无非人云亦云，东抄抄，西扯扯，终日言，如不言。这种情形，鸣则鸣矣，争则争矣，不过只能叫作"潦岁蛙鸣"，和"百家争鸣"不可同日而语。尽人皆知，他与郭沫若关于中国封建制度始于何时，见解不同。范文澜主张西周说，郭沫若主张春秋战国说。两位学问大家不仅在刊物上专门撰文进行商榷、交流，而且各自将自己的观点写进了《中国通史》和《中国史稿》。《中国通史》的创新点还表现在没有把一些无谓的烦琐细节提供给读者，而是坚持自己的选择和理论思维与学术体系。书中对中国古代哲人的精魂——关心社稷、爱祖国，以及"为天地立心，为生民立命"的优良传统，大加赞扬。而且揭示出：与其他文明古国相比，中国古代文明的连续性在政治实体的存在方面尤为引人注目。

三联书店的"三联·哈佛燕京学术丛书"的品质明确定位于国内中青年学者的原创性著作。其所追求的境界是：只求有利于学术，不求闻达于世间。他们以推动学术进步为目的，严格评选，鼓励创新，提倡开放。明确要求：交稿时，除与稿件和作者相关的资料外，还需提交两份本学科专家的推荐书；来稿若被采用，专家的推荐意见会在新书封底摘要刊出，以便公众监督。丛书从立项、遴选、签约到编校、出版和发行，非常严格，均按国际学术惯例进行运作。① 自 1994 年出版以来，24 年间共推出百余种学术专著，受到各界学者的点赞，已成为代表高水准原创性学术研究的一个品牌。

再以德国苏尔坎普出版社的"彩虹系列"为例。众所周知，第二次世界大战结束后，德国被盟军占领并分为两半。面对满目疮痍的绝境，昔日高傲的德国人颓废、绝望、空虚、麻木，精神受到了极大的创伤。为扭转这种颓势，以翁泽尔德为社长的苏尔坎普出版人在 1959 年推出"苏尔坎普图书系列"（因封皮采用赤橙黄绿青蓝紫七种颜色作标识，故又称"彩虹系列"），着力为新一代德国人提供世界的和本国的先进文化，重建德国思想文化的大厦。以推出第一本书——布莱希特的《伽利略传》为标志，一大批在文学、哲学、社会学、政治学、心理学等方面阐述新思想、新认识、新精神的作品陆续问世，迅速打破了德国思想沉寂、精神彷徨的局面。对于"彩虹系列"在思想文化方面的引领作用，荷兰的《德国图书报》这样评论道："联邦德国思想界哪怕是细微的变化，都可以说是苏

---

① 《"三联·哈佛燕京学术丛书"出版 20 年成绩斐然》，2014 年 10 月 21 日，http://book.sinacom.cn/news/c2014—10—21/1127681720.shtm1。

尔坎普出版社某些书籍直接影响的产物；反过来，在德语文化中，似乎没有任何一个具有重要意义的理论不是受到'彩虹系列'的'赐福'才有所作为的。"① 来自德国的一位名叫克吕格尔的同行对翁泽尔德也表示由衷的敬佩："一个出版人不仅不必追随任何时尚，而且他自己可以按照自己的意愿制造时尚。"显而易见，苏尔坎普出版社的原创性品牌书"彩虹系列"蕴藏着巨大的创造力，它引领了二战后德国文化的重建，提升了整个德意志民族的思想水准，不仅惠及当下，而且恩泽后人。

三、以工匠精神打磨品牌图书

"书比人长寿"——这是 20 世纪 80 年代美国著名学者费正清写给我国编辑家赵家璧回信中的一句箴言。当代编辑理应有这种追求。但令人堪忧的是，现在大量的平庸之作充斥市场，有的甚至是垃圾书。因此，难怪有人批评当下许多新书极为短命，出得快，扔得快，有些图书恰是奶制品，比鲜奶保鲜的时间稍微长一点，比酸奶的保鲜时间还要短一点。

何以出现这种让人汗颜、堪忧的局面？原因虽多，但编校人员缺乏工匠精神是一个重要因素。

何谓工匠精神？"心诚则志专而气足，千磨百折而不改其常度，终有顺理成章之一日"。这是以"钝拙"自居的曾国藩对工匠

① 马文韬：《翁泽尔德——世纪出版家》，贺圣遂、姜华主编：《出版的品质》，复旦大学出版社 2012 年版。

精神的精准阐释。若将这种止于至善、精益求精、执着专一、着力
追求完美与极致的精神融于日常的编辑工作，就要对文字报以敬畏
之心，如履薄冰，始终坚守文化价值的底气，树立文化自觉的意
识；既有耐心又有耐力，能够经年累月坚持一丝不苟，做到多一分
精心、少一分粗心，多一分专注、少一分浮躁；在把握文化品质、
思想内涵、学术价值、语句规范、知识准确等方面，力求做到字斟
句酌，如切如磋，如琢如磨，反复推敲，精准定位。

　　古往今来，我们的先贤哲人执着专一地践行工匠精神的事例
不胜枚举。战国末年，吕不韦主持编纂《吕氏春秋》，为达到尽善
尽美的程度，让人把全书誊抄一遍，悬挂于咸阳城门，"延诸侯游
士宾客有能增损一字者予千金"。此种纠谬纠错法即为"一字千金"
典故的来历。西汉年间，刘向、刘歆父子组织编辑整理皇家藏书时
提出"一人读书，校其上下得谬误，为校；一人持本，一人读书，
若怨家相对，为雠"的校雠法，一直为后世点赞、沿用。当代编辑
名家叶圣陶感悟道："加工之事，良非易为，必反复讽诵，熟谙作
者之思路，深味作者之意旨，然后能辩其所长所短，然后能具其所
长所短而加工矣。"[1]这三个经典的编书故事，对工匠精神施于打造
文化精品作了最好的诠释。

　　实践证明，精品力作都是通过精益求精、精雕细琢而成，品
牌图书的打磨更是如此。在当今出版这个行业里，有一些不显山不

---

　　[1]　转引自聂震宁：《工匠精神乃务本之道》，《中国新闻出版广电报》2016
年6月6日。

露水不张扬，情愿"为他人作嫁衣裳"的编辑，堪称践行工匠精神的楷模，值得敬慕和效仿。如人民文学出版社编辑过《鲁迅全集》《茅盾全集》《巴金全集》《巴金译文集》等品牌书的王仰晨。1992年11月21日，当26卷本、合计960万字的《巴金全集》最后一卷发稿时，巴金致信王仰晨，饱含深情地说："你为我的书带病工作了这些年，一个字一个字地、仔细地编写、校读，忍住腰痛，坚持坐在书桌前，或者腿架在凳子上，为了我的《全集》你花费了多少时间，多少心血，多少精力——我的书橱里有不少朋友的信件，其中有一大沓上面用圆珠笔写满蓝色小字，字越写越小，读起来很费力，但也很亲切。不用说这是你的来信，我生活忙乱，常常把信分放在几个地方。这不是什么幻想，这闪光是存在的。我明白了。它正是我多年追求而没有达到的目标：生命的开花。是你默默地在给我引路。不管留给我的日子还有多少，不管我能不能再活一次，你默默地献给我最后的一切，让我的生命再开一次花。"在长期的交往中，巴金给王仰晨写过数百封信。1997年11月，文汇出版社出版了《巴金书简——致王仰晨》，已经94岁高龄且在病中的巴金在口述的"小序"中动情地写道："我生活，我写作，总离不开朋友，树基（即王仰晨）是其中的一位，可以说，我的不少书都有他的心血，特别是我的两个《全集》，他更是花费了大量的精力。我没有感谢他，但我记住了他为我做的一切。现在，我把这本书献给他。这是一本友情的书。半个世纪以来，我们互相关心，互相勉励，友情始终温暖着我们的心。"

人民出版社有份编号为"1980年155"的书稿档案清楚地记录

了责任编辑邓蜀生为《美国简明史》一书付出的心血。该书作者系北京大学著名教授黄绍湘，初版于 1953 年，是新中国成立后国内学者撰写的第一部全面论述美国历史的著作。学界对这部专著评价极高，直到 1979 年，国内其他同类专著都无法超越它。在那份手写的总计 78 页的审读意见中，邓蜀生写道："作者虽然花了相当大气力来修改这本书，比起 1953 年版，充实了许多材料，但基本骨架差不多。在编辑过程中，发现了不少问题。""作者的观点还停留在 50 年代，受 50 年代美共观点影响比较深，引用了不少福斯特的话。对于从来没有在美国政治生活中起过领导作用、政治影响有限的美国共产党估价过高，特别是对 1929 年至 1933 年大危机期间美国共产党的活动吹得太过分了。"对罗斯福"新政"的评价，作者基本采取了美共的观点——认为"新政"是半法西斯的东西，又说罗斯福"本人有强烈的军国主义思想"，等等。对美中关系，作者多次提到历史上"美国是侵华主角"，把许多账都算在美国头上。"这不合事实，违反历史。因为从侵华的时间来看，美国迟于英国和沙俄；从占有我国领土来说，又不若沙俄；从对中国人民的屠杀残害来说，更不如日本军国主义。它的主角地位表现在哪里？美国对中国的控制，是在 1937 年以后确立的。"邓蜀生还发现了原稿中的一些重要史实错误，如原稿写道："1820 年至 1850 年大米产量增加了三倍以上，达到 2 亿 1 千 5 百万吨。"邓先生指出："这个数字大了几百倍。1900 年美国大米产量只有 70 万吨左右，1976 年为 500 万吨。"原稿写道："共和党利用内战的胜利——连续执政达 28 年之久。"邓先生指出："按：从 1861 年林肯当选到 1884 年共和党的阿瑟下台，一共是23年，不是28年。"又指出："老罗斯福发表'大棒'演说是1903年，不是1900年。1900年老罗斯福还没有上台。"原稿中的一些译文也有疏漏。如"众议院发言人应该译为众议院议长（Speaker of the House）"；"公务员服役法"原文为"Tenure of Office Act"，可译为"任职法"。邓蜀生还率直地写道："该版本的一个最大的特点是引用了几百条马恩列斯和毛主席的话，经与作者商量，去掉了一些，还有三百多条。这种抄语录的方式，实在应该改变。以后在约稿时，应该向作者讲清楚，除了非引用经典著作不足以说明问题者外，作者应该用自己的话来表达自己的思想，不要动不动把导师们请出来代自己说话。"对邓蜀生指出的问题，提出的修改建议，所作的删节、改动、订正，黄绍湘教授大部分予以接受，并在"序言"中感谢道："书稿编审时，邓蜀生同志提出了宝贵修正、补充意见。"

《辞海》是上海辞书出版社出版的原创性精品文化工程。2016年12月29日，为庆贺《辞海》出版80周年，习近平总书记发贺信称赞道：《辞海》"全面反映了人类文明优秀成果，系统展现了中华文明丰硕成就，为丰富人民精神世界、增强人民力量作出了积极贡献"。辞书界前辈巢峰撰文指出：任何出版物的生产都离不开编辑。由于出版物的种类不同，编辑发挥的作用也就不同。和学术著作、小说相比较，《辞海》的编辑工作量要大得多。可以说，各学科交稿后，从作者方面来看已经百分之百完成任务，但从编辑方面来看，这些稿仅仅是未经雕琢的"璞玉"。巢峰透露，编纂第五版时，所有审稿者以严肃的态度认真把关，提出了详细的审稿意见：

某个收 400 余个条目的学科，终审意见有 21 页（16 开纸）；某个收 900 余个条目的学科，终审意见有 22 页；某个收 1700 余个条目的学科，复审意见有 99 页。条目合并后的编辑工作要进行三次通读和八种专项检查。[①] 正是基于这种层层设防、严格把关的一丝不苟、字斟句酌的"《辞海》精神"，使得《辞海》在读者心目中的地位越来越高，其品牌价值和市场影响力也越来越大。

商务印书馆的《新华字典》历经 10 次修订，现在市场上销售的是第 11 版。据报道：为了这本六七十万字的字典不出一个错，第 11 版从初稿到最终付印成书，经过 15 次审读加工和 16 个校次。责任编辑坦露道：从某种意义讲，修订版比原创更难，因为既要领会原版的本义，还要参考前面的版本；由于词典编辑工作的特殊性，认真谨慎、小心翼翼、如履薄冰已成为一种习惯。[②] 唯其如此，才打造了一本经得起时间检验的品牌书。

四、遴选优秀作者著述品牌图书

显而易见，作者水平的高下决定了图书的质量。要想打造有创意、有特色、有保留价值、有生命力的精品力作，并使其成为品牌图书，务必物色到"对路"的写作者，否则，创意再好的选题，也只能是平庸之作。很难想象，一个三四流甚至是不入流的作者，

---

① 巢峰、徐庆凯：《〈辞海〉编纂过程诠释了"书匠"精神，应该成为编辑的必修课》，《出版与印刷》2017 年第 2 期。

② 李婧璇、王坤宁：《商务印书馆〈新华字典〉：以工匠精神打磨一本书》，《中国新闻出版广电报》2015 年 4 月 13 日。

能够写出一流的作品。

以人民出版社出版的"中国历代帝王传记"为例。

1983 年策划时就明确两点定位：一是入选这套学术性传记的帝王必须是在中国历史上起过重要作用者，读者看到的不仅仅是一个孤立的皇帝，而应是皇帝经历的一些重要事件，以及一个朝代和一个时代；二是必须具有可读性，每一位作者，要从简单化、脸谱化的"围城"文化中突围出来，不仅要探究传主的文治武功，考察他们在政治、经济、军事、文化等各领域做过的大事，还要多角度、多侧面揭示他们的性格特点、心理、爱好、情感及其对历史发展的微妙影响和作用。截至 2012 年，已有《秦始皇传》《汉武帝传》《唐太宗传》《雍正传》等 26 种帝王传记与读者见面。这些传记，每出版一种，短期内即告售罄，不得不屡屡重印，而且被海外出版商相继购去版权。

"中国历代帝王传记"为什么会成为一个品牌，受到市场的认可、读者的欢迎？一些参与组稿的编辑总结得好：绝不是因为这类选题策划得好——从某种意义上讲，这类选题是用不着策划的，因为连不懂历史的人也能随口说出该为哪个皇帝立传。其成功的关键在于：参与这套丛书的编辑通过大量的调查研究，反复的筛选，物色到了既有学术水平又有文采的作者。在作者的笔下，这些帝王个个形象鲜明、栩栩如生。他们的经历、思想、品德、意志、才能、性格、作风、爱好以及功过是非跃然纸上，从而使这套丛书成为既可读也可收藏，还能作为礼品馈赠友朋的品牌书。

再以英国剑桥大学出版社为例。这家享誉世界的出版社拥有近 2.5 万名世界一流的学术作者资源，出版了许多影响世界文化走向和科学走向的品牌图书。就拿中国社会科学出版社 20 世纪末翻译引进的 11 卷本《剑桥中国史》来说，该书之所以能"在一定程度上代表了西方中国史研究的水平和动向"，成为世界上最具影响的国外研究中国历史的权威著作，竟至"在英语世界中，剑桥历史丛书自本世纪起已为多卷本的历史著作树立了样板"，就是因为《剑桥中国史》聚集了西方研究中国史的顶级知名学者：主编是美国著名中国问题资深专家、哈佛大学教授费正清和普林斯顿大学名誉教授崔瑞德，各卷由美国宾夕法尼亚大学教授卜德、美国哥伦比亚大学教授毕汉斯、法国法兰西学院教授戴密微等一批在各专题领域研究有素的专家撰写。剑桥大学出版社自 1534 年创建以来，始终不懈地追求高品质学术化出版。而打造高品质学术化品牌图书的"命门"就是依靠一批又一批、一代又一代的优秀作者。像达尔文、牛顿、爱因斯坦、威廉·哈维等曾对人类的认知产生过革命性改变，以及剑桥大学内 81 位诺贝尔奖得主都是该社的供稿者。而这些超豪华的各界精英、优秀作者群，有相当一部分是由优秀的编辑发现并培育起来的。这些优秀的编辑有着"伯乐识马"的眼光，知道"谁是最资深的教授和谁是在该领域里最有前途的年轻学者"，进而达到"几乎所有的资深教授的大门始终向剑桥的编辑们敞开着"的佳境。这些"最资深的教授"和"最有前途的年轻学者"便是剑桥大学出版社的底蕴所在。

德国苏尔坎普出版社"彩虹系列"的深厚底蕴也来自作者的支撑。这家出版社的编辑信守这样一种理念："我们不出版书，我们出版作者"。也就是说，如果出版社与一位优秀的作者签约，就会出版其所有作品。像黑塞、阿多诺、布洛赫、普莱斯纳、霍克海默、哈贝马斯等德国大师级作家和学者都是"彩虹系列"的供稿者。正是这些签约作者，成就了苏尔坎普出版社在德国乃至世界出版界的地位，使其将 20 世纪德语文学与理论中的经典著作、哲学和社会学中的代表性图书以及世界现代经典书目尽数囊括其中。

显而易见，精心打造品牌图书是一项系统工程，必须进行全方位的理性思维。许多案例告诉我们，一个出版社在读者心目中的形象、地位和影响力，是由其品牌出版物决定的。品牌图书既是一个出版社的文化符号，也是一个出版社实力的象征，更是一个出版社发展壮大的最佳通行证。所以，新时代的编辑必须肩负起神圣的出版使命，树立高度的文化自觉意识，为增强我国的文化软实力，打造更多的优质品牌图书。

（原载《中国编辑》2018 年第 10 期，
《新华文摘》2019 年第 1 期全文转载）

关于出版学术精品书的思考

据统计，"精品"二字恐怕是近年来出版界使用频率最高的词语之一。这一现象清楚表明，人们呼唤精品书的意识是何等的迫切。

这是一个严峻的挑战。如果我们推不出一定数量的精品书，那么，必将愧对国家、愧对社会、愧对 21 世纪。

问题是，我们将推出什么样的精品书。有人指出，精品书就是豪华本；有人说，精品书就是大部头或成套书；还有人说，精品书就是获奖书。窃以为这些定位都是误区，因为它忽略了文化积累，很容易让人联想到短视行为和那些押宝式的游戏。还是这样的提法经得起推敲：要以优质的图书满足我国经济文化建设和广大人民群众日益增长的多层次的需要。这里所说的优质，是指"内优"与"外优"的统一：在思想价值上，应当是人类进步思想的前卫；在学术上，必定具备科学性和独创性；在流派上，应当是"一种主调，多种声音"，符合"双百"方针；在科学技术上，应当具有国内一流水平，或在国际上居于领先水平；在艺术上，应当具有教育功能、欣赏功能、欢愉功能，能培养人们健康向上的情趣；在知识性上，应当正确无误；在编辑加工上，应当精编精校，质量符合国家的法定标准；在装帧设计上，应做到内容与形式的完美结合。像这样的出版物，才是真正意义上的精品书。

从理性的眼光审视，精品书又可分为三种类型或者说三个层次，即学术类、实用类和娱乐类。因为就其具体标准而言，它们各自的内涵是不尽相同的。本文拟就如何出好学术精品书谈点不成熟的看法。

一、如果没有学术精品书不断问世，要想跻身于科学技术大国之林是不可能的

时下，常常听到这样一种含蓄的抱怨：不能只出那些内容深奥的高质量的学术精品书。言下之意，学术精品书出多了。有人甚至毫不客气地反问道：精品书只出现在高层次读者的视野里，可在广大读者群中高层次的究竟能占多大比例呢？在这部分人看来，出版学术精品书似乎是孤芳自赏，在玩玄妙之学。尽管类似的抱怨、批评，其出发点是渴望精品书能出现在中低层次读者的书架上，但对学术精品书采取"杀鸡取蛋"的做法是不足取的。因为实际情况表明，为人称道的学术精品书不是太多了，恰恰相反，是少得可怜。

不可否认，我国自改革开放以来，特别是在80年代中，曾集中出版过一批有价值、高品位的学术精品书，其中有些论著在某一学科或门类中居于整体领先水平，有些论著堪称某一领域的权威之作，但令人遗憾的是，随着时间的推移，尤其是进入90年代，这种势头减弱了。这些年来，在商海大潮的冲击下，浮躁之气遍布学林和出版界。有不少学者失去了往日的耐心，难以静下心来进行学

术研究，老琢磨着如何编撰赚钱的稿子。某些出版者同样没有了定力，渴望急功近利，一心只抓当年就能见经济效益的书，不愿意出当年亏本、但却有再版价值的书。结果出现了"三多三少"的现象：汇编的书多，著作的书少；东拼西凑、重复雷同的书多，有创见、有个性、有特色的书少；昙花一现、无生命力的书多，有保留价值、有生命力的书少。此期间，虽也有一些不甘流俗的特立独行者苦心经营着固有的阵地，也曾出版了一些有分量的学术精品书，但其数量比起那些平庸之作来，简直微不足道。此期间，名目繁多的学术著作的评奖活动虽年年进行，但能从历史老人那里领到"绿卡"的图书却寥若晨星。因此，难怪有人要发出这样的感叹：中国的出版界怎么啦？莫非"一切向钱看"，"孔方兄"真的驱走了他们出版学术论著的胆识与魄力？

这种近乎可悲的现象不应继续下去了。毕竟，出版业除了赢利以外，更重要的是肩负着推动社会发展的文化使命。况且辩证法还告诉我们，如果一个国家的经济增长了，文化科学萎缩了，那么经济的增长也是不会长久的。因此，编辑出版工作者要有一种战略眼光，应多从提高和繁荣我国的文化科学水平来思考问题，或者说至少要明白这样一个道理：如果没有高水平的学术著作不断问世，要想跻身于当今科学技术大国之林是不可能的，要想建立一个独立、富强、民主、繁荣的国家也是不可能的。

在此，我愿重复一遍美国兰多姆出版社著名编辑萨克斯·康明斯说过的一句话："让那些经济决定论者永远喊利润动力高于一切吧！可我仍坚持，印在纸上的文字是一种有生命的、神圣的东西。"萨克斯所言"有生命的、神圣的东西",就是指那些只有后代才能明白的、能够穿越历史时空的有利于人类文化进步，有利于科学繁荣的学术论著。某些以营利为宗旨的西方著名出版社尚且能把物色到优秀的学术论著视为自己的光荣义务，即使赔钱也要出版，那么，我们理应比他们更有眼光，做得更好。

二、务必寻访成功的写作者，否则，创意再好的选题，也只能是平庸之作

怎么才能搞出有特色的学术精品书呢？从某种意义上讲，这也是一项系统工程。许多圈内人似已形成这样一种共识：就像流水线上的任何一环不能大意一样，组织出版学术精品书的每个环节——诸如选题的策划、作者的选择、书稿的审读，以及校对、装帧设计和印制等等，均须一丝不苟，马虎不得。

毋庸置疑，这种说法是有道理的。但事情又不是我们想象的那样简单。在人们的愿望与认识、认识与实践、实践与效果之间，并不是一个等号画到底的。更何况，组织出版学术精品书是一项系统工程，圈内人虽然形成了共识，但对每个环节的重视程度却有所不同。有的重策划，说选题是"魂"；有的重审读，说那是质量"把关"；还有的重装帧设计，说那是美的象征；如此等等。真是婆说婆有理，公说公有理。而事实上，"婆说"确实有理，"公说"也确实有理，不过——依我看，何必要非此即彼呢？彼此的位置、作用应该恰如形成一条锁链的环，少了哪一环都不行。

某些出版社为使自己出版的学术论著成为精品，且能独步市场，

行销天下，并流芳百世，名垂青史，着实费力不小，投入不少，可就是难以取得预期的效果。为什么呢？在我看来，很重要的一环被人们忽略了：一定要寻访到成功的写作者。因为学术论著不同于普通读物。要出学术精品书，务必慎于作者的选择。在确定一些学术论著的作者时，做编辑的理应像在大海里捞针一样，不停地翻阅书报杂志——以求做到对学术界的研究状况及发展趋向有全面的了解；理应不断地去访问专家学者——以求比较其学术特点、写作风格，从而进行准确的筛选。倘若找不到理想的作者，创意再好的选题，也只能是平庸之作。诚如鲁迅先生所说的那样，血管里流出来的是血，水管里流出来的是水。试想，你物色到的是三流、四流甚至是不入流的作者，要求人家写出一流学术精品书，岂不是缘木求鱼？

显而易见，这个被人们忽略了的环节是极为重要的。它对编辑来讲，又具有一定的挑战意味。因为它要求编辑与作者打交道时，不再是简单的调侃、沟通，而应是在学术的话题上找到共同语言。否则，面对一部学术价值"含金量极高"的书稿，反而会觉得平淡无奇，甚或面对一个学术上的"二道贩子"，反而会以为发现了"新大陆"，以至被对方折服得五体投地。

三、祖宗的饭不能不吃，但要适度，而且要力戒缺乏想象力的恣意模仿以及盲目地追求轰动效应

最近，听到这样一则消息：一家有魄力的民办公司组织了国内2700位有名望的文化专家，拟从先秦到光绪的历代典籍中，精选有深远影响的第一流名著1000种，以《传世藏书》行世。声称将

用20世纪的学术智慧进行细密、严谨的整理，用新式的版式、标点使它们直面当代与后代，成为20世纪馈赠给21世纪的文化厚礼。

读着《传世藏书》宣传画册上诱人的解说词以及某些学者的赞美词，我不禁联想到近年来争出文化典籍的热潮。

尽管主编者和出版者把自己的"事业"吹得天花乱坠，但我忍不住要发问：难道这就是人们渴望的学术精品书吗？

不错，大部分历史文化典籍不失为学术精品，但说到底，它只能反映古人的成果，丝毫不能代表当代人的研究水平。严格地讲，精选古典名著恰似在一个有限的地盘上玩"碰碰车"，算不上是一种真正的创造性劳动。更何况，这类出版热中又普遍存在着缺乏想象力的恣意模仿。例如，一旦发现某家出版社的某本书取得了良好的效益，其他出版社便一哄而上，直至倒了读者的胃口为止；有的同一个作者、同一个书名的文化典籍，竟出现在一些大同小异的丛书之中。

这不也是一种可悲的现象吗？须知，一个时代文化的价值，重心在于创造。像春秋时代百家争鸣、五四新文化运动中群星灿烂，都是以创造文化光耀天地的。那些时代对前代文化虽也有承传，但历史首先记住的，不是承传，而是创新。所以，祖宗的饭不能不吃，但要适度，而且一定要开拓思路，谨防"撞车"。积极的做法当是：无论是学者还是出版家，都应把搞学术精品书的重点放在反映当代人的研究成果上，而不可老盯着古人不放。

（原载《党校学员优秀论文选》，
中国书籍出版社1997年版）

如何弘扬中华文化学术精品

2003 年初的北京图书订货会给了我极大的启示，看到倾注着自己心血的 10 卷本《中国通史》、6 卷本《美国通史》、18 种"中国历代帝王传记"、14 种"中国文化新论丛书"摆在显著位置并受到人们的关注时，感到异常振奋。这些"看家书"配摆在那个位置。我极为欣赏近代思想启蒙大师、学术大师梁启超说过的一句名言："以不变应万变"。出高品位的学术书的思路不能变，因为读者永远需要学术精品书；但出何种精品书及其他内容一定要有时代感，即既要有原创价值，对现实也要有启迪意义，这叫"应万变"。

在未来相当长的一段时间内，有战略眼光的出版家，理应把打造弘扬中华文化学术精品书的工作放在重要的位置。如果推不出一定数量的弘扬中华文化的学术精品书，当代出版人就将愧对读者、愧对社会、愧对国家、愧对民族、愧对祖宗、愧对 21 世纪。未来加大力度出版弘扬中华文化学术精品书的必要性及其保证在于以下几个方面。

一、如果没有高水平的学术著作不断问世，要想跻身于当今科学技术大国之林是不可能的

诚然，出版家应当有利润意识。但是，出版业除了营利以外，

更重要的理应肩负起推动社会发展的文化使命。况且辩证法还告诉我们，如果一个国家的经济增长了，文化科学萎缩了，那么经济的增长也不会长久的。因此，编辑出版工作者要有战略眼光，应多从繁荣中国的文化科学水平来思考问题，或者说至少要明白这样一个道理：如果没有高水平、有创意、有特色，能经得起时间检验，能穿越历史时空的有利于人类文化进步，有利于科学繁荣的高品位的学术著作不断问世，要想跻身于当今科学技术大国之林是不可能的，要想建立一个独立富强、民主、繁荣的国家也是不可能的。

二、弘扬中华文化是当代学人和出版家的共同责任

实践证明，中华文化是哺养炎黄子孙的真正源泉。它不但可以激发我们的民族自豪感，还可以增强民族凝聚力和爱国情感。况且，作为一种文化，越是带有民族特色的越容易走向世界，也越具有生命力。所以，理性地清理我们的文化遗产，审视它的真实面貌，阐扬它的优秀传统，评价它的千秋功过，便成为一项严肃而又富有魅力的历史使命。

不过，对传统文化的审视阐扬一定要有选择。因为中华文化太博大太精深了。要对它进行系统的、全方位的深入研究几乎是不可能的。再说，也不是任何一种传统文化都具备让人追怀或不断反思的价值。所以，值得我们重视的中国传统文化，应当是那些在今天仍留有"辙印"，并能展示以往社会历史氤氲流转，且对未来社会发展有益，具有启迪作用的文化现象。"我看到昨天，我知道明天。"只有从感悟、体认、昭示的角度着眼，才能开发出既带有民

族特色，又具有学术价值、文化价值、现实意义的精品书。

三、寻访成功的写作者

出版有创意、有个性、有特色、有保留价值、有生命力的弘扬中华文化的学术精品书是一项系统工程。诸如选题的策划、作者的选择、书稿的审读，以及校对、装帧设计和印刷等各个环节，都应一丝不苟，马虎不得。但寻访到成功的写作者这一环节尤为重要。因为学术论著不同于普通读物。要出学术精品书，务必慎于作者的选择，对学术界的研究状况及发展趋向有全面的了解。否则，出精品书只能是一句空话。我主持的"中国历代帝王传记""中国文化新论丛书"之所以受到读者的欢迎，有的多次重印并输出了版权，关键在于通过大量的调查研究，反复的筛选，物色到了既有学术水平又有文采的作者。实践证明，如果找不到第一流的作者，创意再好的选题，也只能是平庸之作；要让三四流甚至是不入流的作者，写出一流的精品书，不啻是缘木求鱼。

四、现代学术精品书必须增添图像等新内容

我国古有"左图右文"之说。原指藏书丰富、博览群籍，后申发为著书兼及文字和图录，使图文比照、相得益彰。的确，图片可以使人耳目一新，给人以历史的现实感，并能生发出理解古人、同情古人之心。可以说，从图像中获得的现实感是当代读者拜访古人登堂入室的门径。所以，现代学术精品书一定要增添图片等新的内容，要用珍贵、精致的图画、地图、照片，生动形象地再现中国历

史和中国文化，而近几年出土的大量文献可谓一笔宝贵财富。如果能够做到这一点，不但可以进一步开掘中国文化蕴含的深刻意义，而且还能使学术精品书真正地走向大众。

总之，出版弘扬中华文化的学术精品书是一项系统工程，哪一个环节搞得不好都会前功尽弃。我们务必要从战略的高度来认识它的价值和深远意义。只要当代学人和出版家齐心协力，奋发进取，埋头苦干，讲求实效，就一定能搞出大批的学术精品书来。

（原载《出版参考》2003 年第 3 期）

打造主题出版高地的思考

一、做好主题出版是新时代编辑的神圣使命

倡导主题出版是中国出版业的一个特色。

主题出版的内容究竟包括哪些？我很赞同原国家新闻出版广电总局副局长周慧琳的归纳，他说：主题出版是围绕党和国家的工作大局、中央重大决策部署，就一些重大活动、重大事件、重大题材、重大理论问题等主题进行的选题策划和出版活动。

由于多年来主题出版扮演着回应时代与社会新命题、承载国家核心价值观的角色，在弘扬主旋律、传播正能量、巩固主流意识形态、宣传普及党和国家大政方针政策方面发挥了巨大的作用，所以，业界从不同视角、不同层面点赞主题出版。

有人说：主题出版反映时代的最强音。但凡与时代同呼吸、与国家共命运、与民族前途心连心的内容，都是主题出版的场域。

有人说：主题出版既是我国成功出版企业的天命，也是成功出版企业必须正视的一座富矿，已经成为很多出版社新的经济增长点。

有人说：主题出版是出版管理机关调控指挥出版、出版社制定

在广西人民出版社主讲"如何做好主题出版工作"

选题的一个重要"抓手"。

从 2017 年至 2019 年全国图书选题综合分析看，各单位自觉增强"四个意识"，坚定"四个自信"，在出版工作中明确政治方向和出版导向，一直将主题出版的选题策划放在首要位置，报送了不少特色鲜明，有助于铭记历史、讴歌时代、弘扬主旋律、传播正能量的优秀选题。

2017 年的主题出版选题以迎接党的十九大为重点，集中体现在总结党的十八大以来取得的辉煌成就、深化党中央治国理政新理念新思想新战略、深入学习习近平总书记系列重要讲话精神、深化理想信念教育、深度阐释社会主义核心价值观、庆祝建军 90 周年、迎接香港回归 20 周年等方面。或侧重与学院理论成果的对接，或讲好地方故事、地方经验，或做好主题出版的对外宣传等，具有导向鲜明、题材丰富等特色。

2018 年的主题出版选题共计 2800 余种，优质选题集中反映在深入宣传阐释习近平新时代中国特色社会主义思想、深入宣传阐释党的十九大精神、深化理想信念教育和深度阐释社会主义核心价值观、庆祝改革开放 40 周年等方面。这些选题导向准确、特色鲜明，力求实现社会效益与经济效益的高度统一。

2019 年的主题出版选题总数仍达 2800 余种，紧扣庆祝新中国成立 70 周年这条主线，解读和宣传习近平新时代中国特色社会主义思想的图书有 263 种，庆祝新中国成立 70 周年主题的图书有 1025 种，宣传阐释社会主义核心价值观的图书有 221 种，纪念五四运动 100 周年的图书有 66 种，涉及庆祝澳门回归 20 周年的图书有 31 种，涉及"一带一路"倡议的图书有 836 种，涉及"不忘初心、牢记使命"主题教育、反腐倡廉等党建类主题的图书有 241 种。

近年来，中宣部办公厅每年都会下发做好主题出版工作的通知。在 2020 年 2 月 21 日下发的通知中，明确提出六方面的选题重点：一是着眼为党和国家立心，加强习近平新时代中国特色社会主义思想的研究阐释；二是聚焦聚力工作主线，营造全面建成小康社会、打赢脱贫攻坚战的浓厚氛围；三是大力弘扬科学精神，普及科学知识，加强健康安全和生态保护教育，培育公民文明习惯；四是紧紧围绕宣传阐释党中央精神和决策部署，唱响中国经济光明论；五是立足培养担当民族复兴大任的时代新人，深化社会主义核心价值观宣传阐释；六是提早谋划、提前启动，认真组织做好庆祝中国共产党成立 100 周年选题编写出版工作。通知要求各出版单位务必加强组织领导，明确路线图、时间表；强化导向把关，加强选题、内容把关，加强作品整体基调、格调、品位把关；提高出版质量，严格执行"三审三校"制度，加强各环节质量控制；着力开拓创新，提高原创能力，积极探索新载体新路数；严守出版纪律，认真落实重大选题备案工作规定，严禁违规出版。

由此可见，主题出版是新时代的一个重大课题。对新时代的编辑来说，做强做大主题出版不仅是一项任务，更应当成一种自觉、一种使命、一种责任与担当。新时代的编辑必须理直气壮、责无旁贷地做好主题出版，自觉地履行举旗帜、聚民心、育新人、兴文化、展形象的使命任务，强化主题出版的政治担当、历史担当和文化担当。

二、主题出版编辑应具备的核心素质和能力

第一，要具备过硬的政治素养，要始终坚持正确的导向。政治素养包括对国家大政方针、政治局势、经济形势的认知，对党的路线、方针、政策的认识，以及历史使命感与社会责任感的建立。正确的导向包括正确的政策导向、内容导向、价值导向、文化导向。这两点是做好主题出版的先决条件。

显而易见，"一个编辑如果分不清政治是非，就有可能出大问题。作为编辑，政治素养既是一种态度，也是一种能力。并不是喊空洞的口号、搞苍白的表态、做无用的虚功就是政治素养高，而是

要扎扎实实地把政治意识落实在选题和书稿里。没有脱离事业的政治，也没有脱离政治的事业。一本书如果在文字上出了一些问题，尚可补救，而一旦在政治上出了问题，对党和国家的危害是巨大的，对一个出版社来说，有可能是灭顶之灾。因此我们说编辑无小事，事事连政治。时刻绷紧政治之弦，把讲政治摆在首位，就不会背离宗旨、走偏走邪，人生就不会迷失方向"①。

编辑要做一个政治上的明白人，就必须提升自身的理论素养、政治素养和政策水平。因为只有理论上清醒，才能保证政治上清醒；只有理论上坚定，才能做到政治上坚定。只有理论与实践相结合，才能练就一双政治慧眼，逐步提高解决实际问题的能力。如果没有较高的理论素养、政治素养和政策水平，就很难有政治上的敏锐性和鉴别力，就难以通过事物的表面现象看到问题的本质，难以把握事物的内部联系和客观规律，就有可能迷失政治方向，在政治问题和原则是非面前缺乏辨别力，从而犯政治性错误！

由此可见，具备过硬的政治素质，对于新时代的编辑是何等的重要！从事主题出版的编辑，唯有以习近平新时代中国特色社会主义思想为指导，准确理解、吃透中央的精神，才能避免对中央精神错误、歪曲的解读、阐释和传递；唯有不忘初心、牢记使命，始终保持对国家发展的忠诚、对国家思想文化建设的忠诚，才不会在操作主题出版读物时，因外在一时的喧嚣而混乱、因一时的冷遇而沮

---

① 黄书元：《编辑如何提高政治素养》，《中国新闻出版广电报》2020 年 3 月 23 日。

丧；唯有严格执行党和国家有关出版管理的规定，严格履行"双重大"立项和重大选题备案、审批程序，才能确保正确的政治方向、舆论导向、价值取向；唯有牢记自己的使命担当，始终坚持把社会效益放在首位，才能成为理想信念的塑造者和道德观念的引领者，才能成为中国先进文化的引领者和践行者以及中华优秀传统文化的传承者和弘扬者；唯有具备了这些"硬件"素质，才能不断推出讴歌党、讴歌祖国、讴歌人民的原创之作、经典之作，才能打造出标注时代与历史的里程碑式的精品力作，从而为国家立心、为民族立魂！

第二，应具备较强的学术文化素养。编辑的核心能力应是选择能力或者说鉴赏能力，这个能力离不开学术文化素养的支撑。出版社出什么，不出什么，多出什么，少出什么，其选择过程反映出编辑的气魄、眼光、学力和人文情怀，反映出编辑的文化素养、市场把握能力。选题确定下来以后，对作者的选择，对作者书稿的编辑处理，对作品呈现方式的选择，对出版工艺的选择，都离不开编辑的学术文化素养。只有具备相当的学术文化素养，才可能具备清晰的逻辑分析能力，才有可能具有灵活的头脑，才可以产生源源不断的编辑创意想象。

第三，要有很强的学习能力。主题出版图书有其独特的个性，必须凸显其鲜明的政治性、时政性、时效性、时代性、原创性、知识性、可读性。这就需要编辑认真学习原典，进行调查研究，做深度思考。不学习，思想会僵化，跟不上时代的节拍。只有准确理解、吃透中央精神，才能避免造成对中央精神错误的解读、错误的阐释和传递。

　　我非常赞同这种主张，主题出版策划编辑的必修课是：认真学习历次党代会、中央全会报告、公报、决议、决定等能反映会议主旨和精神的重要文件，时刻关注全国人大和国务院以及国家部委等颁布的法律、行政法规和部门规章，紧密追踪全国"两会"上最能反映民意期待的焦点提案。选修课是：平时应该留意央视《新闻联播》《人民日报》、新华社、人民网等主流媒体发布的各种政策信息和有关时政新闻。不做好这两门功课，打造主题出版高地就会成为一句空话。

　　单纯学习还不够，必须进行深入的研究。做好主题出版，研究是基石。只有在研究问题的基础上，才能把中央精神和现实中的问题结合到一起，将严肃重大的主题出版与读者关注的现实问题结合起来，通过策划，转化为上至中央下至基层都关心、关注的选题，然后把选题当课题，进而与作者围绕选题，深入思考，写出思想内涵深刻、旗帜鲜明，能够反映亮点、解析难点、引导热点，围绕一些针对性很强的共同点、共鸣点、交汇点进行准确的解疑释惑，从而打磨出内容鲜活生动、引人入胜、感染力强、接地气的书稿来。

　　第四，要有创新能力。十几年前，我去一家书城考察，发现庆祝新中国成立 60 周年的主题图书陈列了许多，但销售人员说 70% 的书无人问津。为什么会出现这么尴尬的局面呢？因为书名雷同、内容雷同，跟风制作的现象太严重。须知主题出版不仅是政治任务也是市场的需求；主题出版反映的是国家之需、民族之需和时代之需；要让普通老百姓成为主题出版的读者，就要按一般读者需求开发产品。所以，主题出版最忌跟风和简单模仿。如果一个选题有市场，但别人已经做了，这就要求编辑跳出原有的思路和模式，树立全新理念，做深度开发，从不同角度进行思考，拓宽选题范围，做到内容和形式的创新，满足不同读者的需求。实践证明，出色的编辑能够营造出市场热点，让别人跟风。次一点的是，反应快，跟风快，也能造成一定的正能量，创造一定的经济效益。最忌讳的就是，既缺乏想象力，反应又慢，一跟风就砸锅，编出来的书，读者不买账，只好化纸浆。

习近平总书记指出："理论的生命力在于创新。创新是哲学社会科学发展的永恒主题，也是社会发展、实践深化、历史前进对哲学社会科学的必然要求……如果不能及时研究、提出、运用新思想、新理念、新办法，理论就会苍白无力，哲学社会科学就会'肌无力'。"① 在党的十九大报告中，他讲到宣传思想文化工作时 8 次提到"创新"、7 次提到"创造"。

主题出版图书也必须按照"思想精深、艺术精湛、制作精良"的标准，保证和不断提高书稿的思想内涵、学术价值、格调品位、艺术境界。主题出版图书也应力求在原创性方面出彩，避免重复或人云亦云，做到人无我有、人有我特、人特我优，在创新内容、创新话语、创新传播方式别具一格，着力打造出质量较高、影响较大、效益较好的精品力作来。

第五，具备较强的社交能力。须知，一个优秀的编辑应是一

① 习近平：《在哲学社会科学工作座谈会上的讲话》，人民出版社 2016 年版，第 20 页。

个好的社会活动家。现在，稳坐办公室的编辑，即便通过电脑、手机、互联网等现代设备，也不可能及时获得第一手信息和稿源，更不可能建立自己的作者队伍。要想策划出优质选题，组约到高水准的书稿，就得深入社会，了解读者，物色作者，开展广泛的社交活动。通过广泛的社交活动提高自己的交际能力，以有效地履行编辑的职责。学会和作者打交道尤为重要。以往有一种说法：作者是出版社的衣食父母，意思是说出版社有了好的作者队伍就可以过上"衣食无忧"的生活。的确，作者水平的高下决定了图书的质量。主题出版的优秀作者资源稀缺，导致主题出版物的质量水平呈现明显的层次感。我国虽然拥有一支数量庞大的思想理论队伍，但优秀的作者数量却并不多，这就导致了名家被大出版社拥有，小出版社很难找到权威作者。况且，有些知名作者"揽活"太多，治学态度又没那么严谨，同样题材的书一年能编好几本，内容东拼西凑、重复雷同，难以提供新的信息和知识，更谈不上原创性，或填补空白，或独树一帜。所以，编辑通过自己的社交能力，甚至采取正当的"挖墙脚"的手段，遴选到真正的专家学者担纲主编和撰稿人，以保证出版物的思想内涵、学术价值、格调品位、艺术境界和权威性，就显得尤为重要。

利用出色的社交能力精选作者不仅可以做到优中选优，而且还能起到保证导向正确的作用。如 17 家人民出版社制订纪念辛亥革命 100 周年重大主题出版计划时，就是以高度的政治责任感和严谨的学术态度来对待这项重点主题出版项目的。因为辛亥革命史研究领域与其他研究领域不同，在这一领域内出现过一些极其错误的观点。正是本着导向正确、能够体现最新研究成果、留下信史的原则，17家人民出版社精心选择了一批治学严谨，且有独到见解的学者作为这项重大主题出版项目的作者，从而保证了书稿的高水准质量。

三、精心打造凸显主题出版图书特色的扛鼎之作

近年来，主题出版已成为各出版单位，特别是以党政类图书为主的出版社，提升社会影响力和经济增长点的重要抓手。但是，如何打磨既叫好又叫座的主题出版图书，绝非一件易事。因为主题出版图书独特的"个性"，必须做到时政性、时效性、时代性、原创性、学术性、可读性的完美结合。时政性、时效性、时代性、准确性、可读性是主题出版图书的必然属性。原创性和学术性则是主题出版图书能够经得起时间检验，且得以传之久远的必备条件。与学术类图书相比，主题出版图书在表现形式方面更注重于党政干部和老百姓的阅读兴趣，力求做到文字流畅，语言活泼；与大众畅销书相比，主题出版图书旨在服务于党和国家的大局，是宣传国家大政方针的有力抓手，政治倾向极为鲜明。所以，要做强做亮主题出版，就必须精准把握这类图书的属性和特色，需要依据其内容的思想高度、理论高度、出版价值，划分成不同层次，否则，便无法打磨出"双效益"的精品力作，更谈不上夯实主题出版的高地。

第一，要凸显时政性。从狭义上讲，主题出版图书就是时政类主题出版图书。所以，时政性是主题出版图书的最大特色。所谓时政性，就是要体现当前党和国家大政方针政策，体现党和国家每

年举办的重大节庆纪念活动，体现党和国家最新关注和重视的重要人物、重大事件等。因此，主题出版图书的策划，务必凸显其时政性。要以思想引领选题及其内容，做好时代的思想生产。众所周知，2018 年是中国改革开放 40 周年、2019 年是中华人民共和国成立 70 周年，出版界围绕这两件国家级大事，分别策划出版了一大批高质量的时政类主题出版图书，收到很好的效果。自 2020 年初以来，党和国家关注的重大时政类事件是湖北武汉暴发进而波及全国的新冠疫情。面对严重疫情，以习近平同志为核心的党中央高度重视，习近平总书记亲自指挥、亲自部署，领导全党全国人民奋力抗击新冠疫情。这就是当前最大的时政。因此按照党中央最新政策和精神，及时策划出版一批针对新冠疫情防控、心理疏导的权威普及读物，一批加强健康理念和传染病防控知识教育的科普读物，一批宣扬生态保护理念、革除滥食野生动物陋习、倡导健康文明生活方式的大众读物，一批讴歌一线医护人员和科研人员、展现广大党员干部和社会各界万众一心抗击疫情的图书，就能体现主题出版图书的时政性。2020 年是全面建成小康社会决胜之年、2021 年是中国共产党成立 100 周年，出版界应紧紧围绕这两条主线策划一些重大选题，力争打磨出一批有思想深度、文化厚度、情感温度的优秀作品来。

第二，要凸显时效性。时效性是主题出版图书的又一个属性和鲜明特色。有些主题出版图书只有在相关时期内，才会产生较大需求与影响。比如，党的代表大会学习辅导读本、各种法律法规辅导读本、党和国家政治文件单行本、政府白皮书等。在那些相关的时间段里，既有一般读者需求，又有团体购买，媒体也会主动关注。倘若一个主题学习活动已经启动，相关图书还没有跟上，那就难以收到预期的效果。要始终清楚，主题学习活动启动阶段是最需要读本的时候，也是各出版社竞争最激烈的时刻，哪家出版社抢了先机，它就占领了销售的主阵地，它就掌握了主题出版的主动权。所以，策划主题出版图书，出版时间上必须"适时"，要兑现一个"快"字，切忌一个"慢"字。所以，出版单位务必未雨绸缪，对某一时期的时政热点和特定主题要保持高度敏感，选准选题策划切入点和切入时机，及时推出高质量的产品。如人所知，每年的3月5日是全国"学习雷锋日"。新华出版社于2012年敏锐地意识到这是一次打造相关主题出版读物的好时机。于是，全社上下通力合作，从编辑校对、图片下载、排版制作、封面设计到书号办理、印刷装订、图书审读等各个环节实现了无缝连接；总编室、制作部、发行中心、新媒体中心、储运中心等部门与新闻、时政、画册三个编辑室密切配合，加班加点，在"学习雷锋日"到来之前，推出了《雷锋精神学习读本》《"当代雷锋"郭明义》《永恒的召唤——雷锋精神世纪交响曲》等各具特色的系列图书，有的单本书发行量超过10万册，取得了良好的社会效益和经济效益。重庆出版集团也是抓住弘扬红岩精神的好时机，邀请名家深入挖掘红岩历史，适时推出主题出版物《忠诚与背叛——告诉你一个真实的红岩》，畅销40多万册，荣获了中央宣传部"五个一工程"奖。

第三，要凸显时代性。主题出版图书的策划必须体现时代感，要紧扣党和国家新时代主题主线，唱响时代主旋律，准确把握时代脉搏，弘扬社会正能量。当前主题出版图书策划就是要唱响新时代主旋律，全方位深刻阐释习近平新时代中国特色社会主义思想，彰显新时代在以习近平同志为核心的党中央坚强领导下进行马克思主义中国化的伟大理论和实践创造。自 1994 年开展以来，人民出版社与其他单位共同策划主办了"中华魂"主题教育活动，每年根据党的中心工作推出一个主题，编写一本活动用书。26 年来，这项主题教育活动始终坚持"以爱国主义为主旨，以读书育人为主要形式"，已有 1 亿多读者受益，成为一个响当当的公益品牌。从已经出版的 26 个读本看，具有极强的时代印记，时代感扑面而来。中宣部理论局从 2003 年开始策划编撰的"理论热点面对面"系列图书更是精准地体现了主题出版图书的时代性。该系列图书，每年围绕党和国家关注的重大理论热点问题进行解读。如《新中国发展面对面：理论热点面对面·2019》从中国道路、理论、制度、文化四个维度，从经济、政治、社会、文化、生态文明等方面，大跨度、多角度呈现了新中国 70 年波澜壮阔的发展历程。

第四，要凸显创新性。习近平总书记在《我的文学情缘》中曾感叹道："当前存在一种'羊群效应'，这边搞个征婚节目，所有的地方都在搞谈恋爱、找对象的节目。看着有几十个台，但换来换去都是大同小异，感觉有点江郎才尽了。还是要搞点有质量、有特色的东西。"①主题出版图书要出彩，要达到高水准，没有强烈的竞争意识，没有创新的方式方法是不行的。中国方正出版社出版的"学

---

① 《习近平自述：我的文学情缘》，人民网，2016 年 10 月 13 日。

习党章系列丛书"就是创新的结晶。策划编辑通过市场调研发现，解读党章类的读物虽浩如烟海，但以理论性、学术性作品为主，适合普通党员干部阅读的甚少；且单本图书居多，多角度成套系研读解读党章的极少。于是，就形成了以套系形式解读党章系列通俗理论读物的思路。该丛书将党的一大党纲到党的十八大党章作为一个整体加以研究，勾勒出党章文本不断丰富、完善的发展脉络，详细揭示了每次党章修改完善的历史背景、主要特色，其中又必然涉及党的政治纲领、组织原则、制度设计、纪律建设等党史党建的各个方面，因此堪称一部党章发展史，甚至是一部中共党史。该丛书既有对党章本身深度的解读，又有对党章脉络系统的梳理，既阐释党建理论，又讲述党史故事，以其多样的题材和丰富的内容，满足了读者多样化的阅读需求，实现了内容上的创新。在形式上秉持理论通俗化、读者大众化的原则，舍弃以往常用的宏大叙事方法和理论阐释风格，以大众的语言为传导，以生动的故事为支撑，通过历史细节展现党章发展演变及党的奋斗历程，贴近读者，贴近生活，给广大党员干部带来思想启迪和心灵洗礼，使其强化党章意识和党的观念，以党章修身、以党章律己，将党章内化于心、外化于行。中华书局出版的《马背上的共和国》，截取了1931年中华苏维埃共和国成立的这段历史，视角新颖，纪实性与文学性兼具，栩栩如生，大开大阖，扣人心弦。新华出版社推出的《改革时代人物志》，以人物故事的角度切入宏大的改革议题，探寻从党的十一届三中全会到十八届三中全会35年间的35位风云人物，通过"微视角"，立体式地展现了改革时代人物的奋斗历程；还有《聚焦中国新改革》，为增强图书的可读性，采取了形式丰富多样的编排，既有部委访谈，又有媒体评论和专家解读，并有以问题解答形式呈现的改革的主要内容、精神实质和重大意义。

第五，要凸显可读性。要是没有可读性，就会遭遇库存化浆的命运，即使依靠行政手段推动发行也无法取得预期的阅读效果，读者买了也会成为书架上的摆设。所以，对于重大主题的表达，一定要避免出现生硬、概念化，要杜绝简单说教、空洞无物、高高在上的文风；要生动活泼，"硬话软说、长话短说、空话不说"，娓娓道来，"接地气"，让读者愿意看，能够吸引人、感染人。如人民出版社出版的《习近平讲故事》一书，精选了能够体现习近平总书记治国理政新理念新思想新战略的 109 则故事，每则故事在引用原文之外，还配有"延伸阅读"，用以丰富故事细节，还原故事语境，让读者更好地体悟故事背后的改革发展之道、大国外交之道、修身为人之道。又如东方出版社出版的《马克思靠谱》一书，用走心、妥帖且青春的表述方式讲述了马克思的一生及思想理论精髓，让年轻读者们穿越时空，与一个有血有肉有灵、与"90后"的心灵足迹无比契合的马克思相遇，有趣、有料、有识，再现了马克思真实的个人形象和魅力，凸显了马克思主义在当下的积极现实意义。再如中国人民大学出版社推出的"全面建成小康社会系列丛书"，在保证权威性的同时，非常讲究深入浅出的语言，从而保证了图书的通俗性。这种简明易懂且又富有思想性的作品，既满足了普通群众的阅读需求，又符合当下大众阅读市场的文化趋势。可见，只有凸显其可读性，讲好故事，尝试一些灵动鲜活的表现元素，使时尚元素与主旋律产生新的化学效应，做到让"内行不觉浅，外行不觉深"，重大主题蕴含的正能量才能真正融入百姓的血液。

第六，要凸显学术性。主题出版不可凑一时之热闹，不能浅尝辄止、浮光掠影，仅仅停留在应景之作或"急就章"层面。也不能狭隘地理解主题出版，一说到主题出版就定位于解读政府工作报告或领导讲话精神，而应该从国家发展、时代变迁、社会和文明的演进多角度挖掘资源。要把内容的深刻性作为主题出版物的一种追求。中国的主题出版应该升华为独特的知识体系，要让这种独特的知识体系成为中国社会前进的精神动力和智力推手，也成为人类文明的一个重要组成部分，向世界文化贡献中国智慧和中国文化。事实上，有一些主题出版图书的专业性是很强的。而专业性强的主题出版图书就必须依赖于严谨的学术架构和学科分类，只有具备较强学术功底的作者才能打磨出有生命力的文字。尤其是要让更多的优秀作品走向世界，且能有效传播代表中国高度的学术声音，能够以学术标准弘扬中国主题文化，讲究学术性是必需的。这方面已有一些成功的案例值得借鉴：2012年人民出版社和当代中国出版社联合出版的《中华人民共和国史稿》是一部向党的十八大的献礼之作，是国内第一部经中央审定、批准出版的新中国历史著作。该书坚持以第一手档案资料为基本依据，力求以翔实的史料、客观的分析、科学的总结自1949年10月成立到1984年10月党的十二届三中全会召开的中华人民共和国35年的历史。由于该书在历史线索勾勒、重要事件记述、重大问题把握、历史经验总结等方面作出了学术性的权威论述，自出版以来受到广大读者的欢迎和好评，荣获第五届中华优秀出版物奖图书提名奖。商务印书馆 2016 年入选"主题出版重点出版物选题"名录的图书《供给侧改革：理论、实践与思考》，由著名学者贾康编著，在经济学界产生了很大影响。林毅夫认为，谁如果能对中国近些年巨大经济成就的原因进行系统化解释并提炼成规范的理论，就有足够的资格获得诺贝尔经济学奖。何况，中国的成功不仅仅是经济学层面的，也为政治学、哲学、社会学、文化学、军事学、科技学等学术领域留下了丰富的实践，在了解和研究中国问题方面，中国学术界有更多的优势，因而，向世界解释当代中国，既是当代中国学者的学术使命，也是新时代主题出版的历史使命。

古语说得何等的精辟："不谋万世者，不足谋一时；不谋全局者，不足谋一域。"新时代的主题出版是篇大文章。新时代的编辑务必从战略思维出发，不断深化对主题出版的认识，精准把握主题出版图书的属性和特色，厚植其内容，创新其形式，探索其融合发展之道，做强做亮主题出版，夯实主题出版的高地，打磨出更多的优质的"双效益"的精品力作。

（原载《分享七十年出版荣光　共创新时代编辑界辉煌
——中国编辑学会第 20 届年会获奖论文
（2019 年）》，人民出版社 2020 年版）

规划引领出版精品

——"十三五"国家重点出版物出版规划执行情况透视

2020年是"十三五"国家重点出版物出版规划的收官之年。"十三五"期间，出版作为党的宣传思想工作的重要组成部分，紧紧围绕举旗帜、聚民心、育新人、兴文化、展形象的使命任务，服务于国家经济、政治、文化、社会和生态文明建设，为增强国家文化软实力提供了有力支撑。特别是面对错综变化的国内外局势、新冠疫情的持续影响，出版业稳中有进，坚持把社会效益放在首位，锐意改革创新，自觉投身多媒体融合发展，实现了从数量型增长向质量型提高的转变，完成了"十三五"出版规划的目标任务，推出了一批精品力作。

认真总结规划实施的宝贵经验，积极展现规划项目的丰硕成果，既为科学编制、高效实施"十四五"国家重点出版物出版规划提供有力支持，也为进一步完善精品出版长效机制，推动出版业高质量发展，建设社会主义文化强国奠定坚实基础。

一、组织有序，实施得力

（一）"十三五"出版规划基本完成

"十三五"国家重点图书、音像、电子出版物出版规划由 573 家出版单位承担，自 2016 年发布以来，历经四次调整共列入项目 2959 种，整体执行率为 88.3%，已推出 2612 个精品项目成果，规划实施工作成效显著。

"十三五"出版规划中设有三个专项规划，即"少数民族语言文字出版规划""2011—2020 年国家古籍整理出版规划""2013—2025 年国家辞书编纂出版规划"。后两者的执行期分别为 10 年和 13 年，跨越多个五年规划。在这三个专项规划中，"民文规划"经四次调整，共列入项目 184 个，执行率为 81.5%；"古籍规划"经七次调整，共列入项目 472 个，执行率为 84.3%；"辞书规划"经五次调整，共列入项目 208 个，执行率为 61.1%，目前仍在稳步推进，争取早日进入结项阶段。

（二）坚持把社会效益放在首位，努力实现社会效益和经济效益相统一

从规划项目获奖、推优、获国家级基金资助等数据统计情况看，"十三五"出版规划有 116 个项目获"五个一工程"奖、中国出版政府奖、中华优秀出版物奖等国家级重大出版奖项；近 200 个项目入选全国性优秀出版物推荐；1471 个项目获得国家哲学社会科学基金、国家自然科学基金、国家出版基金、古籍整理出版专项经费资助、民族文学专项资金的支持。此外，有 168 个规划项目、

318 种出版物伴随我国出版业"走出去"的步伐，实现了版权输出。

（三）促实效、重落实，积极推动规划组织实施

"十三五"出版规划的顺利实施，离不开出版管理部门的统筹协调，也得益于出版单位的勇挑重任，展现了出版业高度的社会责任感和文化使命感。在规划实施过程中，一些重点地区、重点出版单位优势突出，显示出较强的出版实力和专业水准。在承担规划项目数量较多的地区中，上海、广东、浙江、湖南分别承担了 338 个、104 个、110 个、124 个项目，任务虽重，因执行力度大，取得了优异成绩。

在 573 家项目承担单位中，图书出版单位 470 家，占全国图书出版社的 80%，其中有 209 家单位的规划项目已全部完成。如，化学工业出版社承担项目 34 个，执行率达 100%。科学出版社、北京大学出版社、中国人民大学出版社、社会科学文献出版社、北京大学医学出版社、中国水利水电出版社、高等教育出版社、中国建筑工业出版社等单位执行工作也很出色，完成率较高。

在重点地区、重点出版单位的带动下，各地各出版单位为出版规划的顺利实施作出了积极贡献，推出一大批精品力作，展示了出众的重点项目策划能力和出版实绩。

二、成果丰硕，精品迭出

"十三五"国家重点出版物出版规划已推出 2612 个精品项目成果。这些重点出版物围绕党和国家工作大局，以社会主义核心价值观引领文化建设，积极回应时代课题与社会发展新命题，紧密与

国家重点领域发展目标相衔接，传承发展中华优秀传统文化，以高质量出版物增强人民群众文化获得感幸福感。主要体现在以下几个方面：

（一）主题出版物：导向正确，特色鲜明

"十三五"期间，主题出版物在深入宣传阐释习近平新时代中国特色社会主义思想、展现马列主义研究的最新成果，做好围绕重要时间节点的宣传工作等方面成绩突出，起到了筑牢理论根基、反映时代精神的作用。

其一，深入宣传阐释习近平新时代中国特色社会主义思想的重点出版物。"十三五"期间，出版了习近平总书记的一系列重要著作，也陆续策划出版了各类学习宣传贯彻习近平新时代中国特色社会主义思想的理论读物，产生了巨大的影响。如，外文出版社《习近平谈治国理政》（多文种版）第二卷、第三卷，全面系统回答了新的历史条件下中国发展的重大理论和现实问题，集中展示了中国新一届中央领导集体的治国理念和执政方略。目前，第二卷已翻译出版 12 个语种，第三卷出版 2 个语种，与第一卷出版 33 个语种珠联璧合，发行遍及 170 多个国家和地区，成为改革开放以来翻译出版语种最多、发行量最大、覆盖面最广的领导人著作。学习出版社、人民出版社《习近平总书记系列重要讲话读本（2016 年版）》《习近平新时代中国特色社会主义思想学习纲要》分专题全面、系统、深入阐释了习近平新时代中国特色社会主义思想的重大意义、科学体系、基本内容、基本观点、精神实质、实践要求，妙语名句迭出，是学习领会习近平新时代中国特色社会主义思想的重要辅助读物。

其二，反映马列主义研究最新进展的重点出版物。既有马列主义理论原典的最新修订版，也有代表了国内外马克思主义理论研究的前沿著作。如，人民出版社《列宁全集》（第二版增订版）对新发现的列宁文献按照《列宁全集》的收文原则进行增补，根据新译文对列宁引用的马恩论述进行必要的统一，依据新的研究成果对各卷注释、索引等进一步修改完善，进一步充实了马列主义经典著作的版本体系。中国人民大学出版社《20世纪马克思主义发展史》、重庆出版社《当代国外马克思主义研究丛书》、中央编译出版社《马克思主义在中国的编译口述史》、科学出版社《马藏》等深度梳理了马克思主义发展路径，精准剖析了马克思主义在中国的传播历史进程与规律，对进一步推动马克思主义中国化时代化大众化，具有指导意义。

其三，围绕重要时间节点，配合重大纪念活动的重点出版物。其中，再现党史、新中国史、改革开放史、社会主义发展史的出版物题材广泛、形式灵活，有的以广度、力度见长，予以宏观性的盘点提炼；有的以深度、角度取胜，用小切口反映大事件，折射出行业和领域的成就与经验。如，人民出版社"纪念红军长征胜利80周年"的《长征回忆选》澄清了一些历史谜案，提供了第一手历史资料和鲜为人知的历史细节。人民出版社联合全国各地方人民出版社出版的《中国改革开放全景录》（32卷），全景式反映全国各地40年改革开放的历程与历史经验，具有很高的史料价值。在"庆祝新中国成立70周年"的出版物中，中国统计出版社《新中国统计70年》、河北人民出版社《中华人民共和国纪事》、中国摄影出版社《口述影像历史——与共和国同行》等图书，别有新意，以翔实的数据、图表，简洁的编年纪事，真实的影像资料，全方位展示了新中国成立70年来各个领域的奋斗业绩、伟大实践和巨大成就，对于总结历史、开拓奋进，实现中华民族伟大复兴的中国梦具有重要意义。

（二）社科出版物：立足本土，固本开新

"十三五"期间，围绕构建中国特色哲学社会科学的学科体系、学术体系、话语体系，立足中国现实，回应时代关切，推出了一批体现中国特色、中国风格、中国气派，反映重大基础理论研究，推动学术理论创新的重点出版物。

其一，密切关注时代主题和社会需求，将学术理论转化为社会建设智力资源。这类图书针对具体的实践问题进行学理性思考，进而将其与重大学术问题、重大哲学理论融会贯通，为社会建设提供理论支撑，具有极大的实践价值。如，中国财政经济出版社《农地制度改革与流转研究丛书》、中国建筑工业出版社《中国城市群的类型和布局》、科学技术文献出版社《国家创新调查制度系列报告》、社会科学文献出版社《中国减贫研究书系》、中国地图出版社《中华人民共和国地理国情普查成果地图集》等。

其二，体现中国哲学社会科学最新研究成果，标志性推进了创新体系理论建设。特别是一批学术品质、学理意识俱佳的通史、断代史、专题史类著作相继面世，搭建起中国特色社会主义学术话语体系。如，上海人民出版社《中国美学全史》、人民出版社《中国道教通史》、格致出版社《中国财政制度史》、中华书局《重写晚明史》、广西师范大学出版社《广西通史》、云南民族出版社《中国白族通史》等。这些研究性著作多是国内推出的"第一部"，具有重要的文化价值和学术价值。

其三，深沉厚重，精益求精，滋养人文情怀，蕴含精神力量的高质量出版物。如，上海辞书出版社《辞海》（第七版）总字数约 2350 万字、总条目近 13 万条、图片 18000 余幅，新增条目（含义项）11000 余条，75% 以上的条目有程度不同的修订或更新，让百年老辞典焕发了青春；商务印书馆"汉译世界学术名著丛书"继承与创新相结合，遵循"哲学、政治、经济学、历史地理学、语言学"五大分类旧制的同时，注重学科的拓展与体系的完备，整体呈现了西学的学术传统和思想流派；中国地图出版社"中国国家人文地理丛书"以雅俗共赏的方式将各地人文地理的精华呈现给社会大众。

（三）科技出版物：对接前沿，深耕普及

"十三五"期间，科技出版物紧随我国科技发展趋势，积极融入国家科技发展布局，主动对接国家科技前沿的战略需求，致力于提升全民族科学文化素养。其中，一批反映我国重要科技领域最新研究成果的著作和介绍科普知识的读物堪称两大亮点。

其一，总结、反映我国自然科学、工程技术等重要领域的关键性、标志性研究成果。这些出版物，或关注专业领域的纵深脉络体系，注重科学技术的应用性转化，如高等教育出版社《中国高分辨率对地观测系统数据处理与应用》、华中科技大学出版社《国产数控系统应用技术丛书》等，对接"国家科技重大专项"的研究进展；或集中反映我国在关键技术应用与新兴行业的技术积累和市场转化趋势，如清华大学出版社《自动驾驶技术系列丛书》、科学出版社《5G 关键技术与应用丛书》、化学工业出版社《膜分离》等；或围绕社会关注度高的卫生健康领域推出学理性强的填补空白之作，如上海科学技术出版社张伯礼院士主编的《百年中医史》，首次系统论述了国内外中医药各领域的事业发展和学术进步。

其二，以深入浅出、喜闻乐见的形式，做好科学知识与科学方法的普及推广，满足人民对美好生活的向往。如中国轻工业出版社《胡大一医生浅谈心脏健康》将权威精深的心血管知识讲得通俗易懂，介绍了维护心脏健康的重要意义、普及心血管病的防治知识；上海科学技术出版社《现代数学丛书（第三辑)》、中国科学技术出版社《中国古代重要科技发明创造》扎实、系统地进行基础理论、科技发明的溯源与梳理；四川科学技术出版社《太空日记：景海鹏、陈冬太空全纪实》展示了我国航天事业的伟大成就，激发了广大青少年理解航天梦、感悟科学梦、实现中国梦。

（四）文艺出版物：讲好故事，凝心聚力

深入生活、扎根人民，展现时代风貌、抒写国家记忆、推动当代文艺经典化是"十三五"文艺类出版物的突出特点。

其一，与时代同步伐，反映时代的历史巨变，描绘时代的精神图谱，讲述国家建设各条战线的成就与进展，刻画中华民族伟大复兴路上奋力逐梦的故事。比如，作家出版社徐剑《大国重器》梳理了火箭军的历史，刻画了几代国家领导人、科学家、军队负责人从战略部队筹建、初见规模、发展壮大等不同阶段的擘画决策、呕心沥血的历程；江苏凤凰教育出版社沈国凡《情系大三线》致敬大三线建设中涌现的英雄人物和事迹，留下一份难忘的历史记忆和精神财富；上海文艺出版社何建明《浦东史诗》以沾泥土、冒热气、带露珠的浦东建设者们的动人故事，书写浦东开发开放30年间取得的伟大成就；河南文艺出版社的报告文学三部曲《命脉》全面展示南水北调中线工程艰巨辉煌的建设历程。

其二，在时代进程中观照人民的生活、情感、命运，表达人民的心愿、心情、心声。像中国青年出版社梁晓声《人世间》以北方某省城生活区为背景，全景展示了20世纪六七十年代至改革开放后中国社会的发展进程；北京十月文艺出版社阿来《云中记》是作家酝酿十年，献给汶川地震十周年的长篇小说，被认为是近年来现实题材书写的精品之作；长江文艺出版社党益民《雪祭》讴歌了两代西藏军人的使命担当与情感追求；江苏凤凰文艺出版社石钟山《守望》讲述了打工者在城市、故乡，面对生存、爱情、婚姻等所作的各种选择及境遇。

其三，以文学形式回望历史，再现国家记忆，铭记历史、歌唱祖国、礼赞英雄，激发民族自豪感和国家荣誉感。长江文艺出版社徐贵祥《对阵》讲述了抗战期间，发生在驻守渤海湾的八路军清河支队与国民党琅琊独立旅之间一系列可歌可泣的故事；重庆出版社范稳《重庆之眼》再现了日本侵略者对重庆长达5年半的战略轰炸，以及重庆人民的坚韧与不屈；天地出版社野果子《红雪》通过众多人物塑造，勾勒了川陕苏区人民为中国革命所作的巨大贡献与

牺牲，表现了革命先烈以生命坚守信念的崇高精神；北京十月文艺出版社徐则臣《北上》以20世纪初和21世纪初的运河为线索，探讨大运河对中国的政治经济以及世道人心的变换所起到的重要作用。此外，还注重以总集、丛书等形式归纳总结文学艺术成就，推动当代文艺经典化。像北京十月文艺出版社《中华人民共和国成立70周年优秀文学作品精选》、人民音乐出版社《嘹亮军歌——中国人民解放军建军90周年优秀歌曲集》等，记录了较长时间内的创作历史和文艺亮点。

（五）未成年人出版物：立德树人，培根铸魂

未成年人出版物一直是市场关注的热点和焦点，"十三五"重点出版物，注重突出原创性，加大融合性，减量提质增效趋势明显。

其一，把社会主义核心价值观教育融入祖国大好河山，讲好党史、国史、社会发展等中国故事，培养文化自信。像中国少年儿童出版社"美丽中国·从家乡出发"系列图书共35本，涵盖了总说和34个省级行政区，立体式展现各地的地理、景观和人文，让一个古老又年轻、传统又现代的中国跃然纸上；《伟大也要有人懂：小目标　大目标　中国共产党一路走来》讲述了中国共产党人在一次又一次的挫折中如何把党的事业引向胜利的不凡历程；接力出版社"中华先锋人物故事汇"讲好先进楷模的故事，用时代先锋铸造国魂；明天出版社《雪山上的达娃》为孩子们深情讲述军人和军犬用生命守护西藏雪域圣地的感人故事。

其二，将儿童阅读需求与冒险探索、考古博物、科技发明、

社会文化、民俗传统等"垂直领域"深度交融，品类趋向细分深化、内容更加丰富多元。二十一世纪出版社《少年与自然》以文学语言讲述了自然生态和动植物科普知识，兼具知识性、文学性和趣味性；河北少年儿童出版社《彭绪洛科学探索书系》讲述了作者徒步穿越雅丹龙城、神农架和古蜀道等神秘之地的实地探险经历；辽宁少年儿童出版社《AR全景看·国之重器》用巨幅图片凸显细节，展现多元的科技主题，并引入AR技术，使孩子们具有身临其境感；外语教学与研究出版社《青少年法治文库》围绕与青少年生活、学习密切相关的话题，系统地提供富有营养的法治教育内容。

其三，关注留守儿童、打工子弟、欠发达地区儿童生活，持续探索如何为青少年读者拓展关怀视野和培养人文情怀。海燕出版社《花儿与歌声》作品通过对留守儿童范大强身边师生、同学、家人之间发生的一件件小事的描写，反映了目前农村孩子的生存状态和心理行为；接力出版社"郑春华小露珠"系列小说关注农民工子弟、离婚家庭子女、智障儿童等特殊儿童生活和心灵成长，用温情的笔触、鲜活的细节、积极的态度讲述了这些孩子对家、对亲情、对爱、对友谊、对平等的渴望，以及对生命的特殊感悟。

（六）古籍出版物：厚重笃实，视野开阔

"十三五"期间，随着古籍整理手段的丰富和整理技术的提升，古籍整理出版的范围进一步扩大，经典古籍持续推进，一些有别于传统古籍样貌的新型古籍出版项目也不断涌现。

其一，具有典范意义的基础性古籍书目整理成果不断面世，如中华书局"点校本二十四史"修订本陆续推出了《辽史》《魏书》

《南齐书》《宋书》《隋书》《金史》《梁书》7 种；北京大学出版社《儒藏》取得阶段性成果，精华编出版百册；国家图书馆出版社《古本戏曲丛刊（第六、七、八集）》重新整理出版。这些重大项目的出版展现了"如切如磋，如琢如磨"的治学功力、出版功夫，体现了古籍整理出版领域的出版能力与出版水平，也彰显了坚守文化自信的底气与实力。

其二，系统出版海外存藏中国古籍文献、整理出版出土文献和社会档案文献，拓展了原有古籍出版物的出版边界，持续为学界提供鲜活生动的研究素材。像全国古籍整理出版规划领导小组主持并委托中华书局承担的《海外中文古籍总目》已推出了多批重要成果，日本国立国会图书馆、日本国立公文书馆、美国哈佛燕京图书馆等海外著名存藏机构的一大批珍稀古籍得到"再生性"回归；北京科学技术出版社"海外汉文古医籍精选丛书"、中西书局《长沙五一广场东汉简牍》、上海古籍出版社《中国社会科学院历史研究所藏甲骨墨拓珍本丛编》、中山大学出版社"明清实录藏族史料类编丛书"、贵州人民出版社《贵州清水江文书》等次第出版，对展示古代文化、弘扬民族精神、促进文化传承、加强国际交流有着重要意义。

此外，一些重点古籍数字化项目经过长期研发、投入，规模初成，面世后获得了一定程度的认可。像古联（北京）公司的"中华经典古籍库"，所收书目全部为经过整理的点校本，汇集了大量专家的研究成果；国家图书馆出版社"中国历史人物传记资源数据库"汇集历史上的人物 50 余万人、7450 余种传记文献资源，具备对人物、时代、地域、诗文、小传、文献实现检索的功能。

（七）少数民族语言文字出版物：传承经典，彰显特色

"十三五"规划推出了一批展现民族文化独特魅力、促进民族交流交融、服务少数民族生产生活、增强中华民族凝聚力和向心力的重点出版物。

其一，具有较高文化积累和传承价值，蕴含了中华优秀传统文化思想精华和道德精髓的作品。如，上海古籍出版社《格萨尔文库》、四川民族出版社《彝族民间故事》、延边教育出版社《中国朝鲜族非物质文化遗产》等。这些作品或精选少数民族地区广为流传的真善美故事，或专注于村落人文、地理、民俗、风景的展现，既可充实少数民族文化的积累，也能扩宽读者的视野，加深对少数民族文化的认识。

其二，藏文化成为规划中的一个亮点。西藏人民出版社《藏族十明学文本集》、四川美术出版社《雪域精工——藏族手工艺全集》《藏文书法大典》、青海民族出版社"新时代藏文原创文学系列"等，从介绍、阐述诸如手工艺技法、书法艺术、唐卡技艺、格言、壁画、当代文学等的发展源流、技艺特征、文化价值和社会责任感，从而折射出藏族文化独特的创造力，以及新时代藏族群众的现实生活和精神状态。一些作品则专门服务于藏区群众的生产生活和文化教育，旨在提高其法治意识、科学文化素质，增强其自我发展能力和创新能力。如人民法院出版社《汉藏双语刑事诉讼法、民事诉讼法、行政诉讼法辞典》、天地出版社《实用生产技术》、四川民族出版社《藏汉双语常用药物指南》等。

其三，反映少数民族医药文化的出版物持续发力。新疆人民卫生出版社《医药学古籍精选》、云南科技出版社《彝族医药古籍文献总目提要》、民族出版社《蒙医药大典》、云南大学出版社《云南民族医药系列丛书》、广西科学技术出版社《中国壮药原色鉴别图谱》等，以药典、图鉴等形式介绍各民族草药的形态特征、地理分布、药用价值，展现少数民族医药文化的多样性、丰富性和独特性。

精品力作是一个时代文化繁荣发展的根本标志，是中华民族伟大复兴征程上最耀眼的文化印记。近年来，习近平总书记用文化杰作，优秀作品，精品力作，有骨气、有个性、有神采的作品等颇为精准且接地气的说法，要求作家、学者打造更多的能够留得住、传得开、叫得响的思想精深、艺术精湛、制作精良的传世佳作。五年前，"十三五"国家重点出版物出版规划首次将国家重大出版工程作为文化精品创作工程的重要内容。从已推出的2612个精品项目成果看，的确起到了引领精品出版导向、催生精品力作问世的重要作用，为增强国家文化软实力提供了有力支撑。其中有四点，效果尤为明显。一是主题出版物是一道亮丽的风景线。二是推出了一批具有较高理论水平、学术水平、文化价值，对学科建设和社会发展具有推动作用的原创性著作。三是催生了一批内容创新、形式创新、表现方式创新的能够满足群众需求的优秀图书。四是在编辑出版过程中强化了质量第一的观念，通过建立质量保障体系，确保精品力作高质量行世。

全方位透视"十三五"国家重点出版物出版规划的执行情况，

总结其经验与教训，对推动出版业高质量发展，对繁荣发展社会主义文化具有重要意义。"十四五"时期是在全面建成小康社会基础上开启全面建设社会主义现代化国家新征程的第一个五年，我国将进入新发展阶段。面对新时代新发展阶段高质量发展的新任务，面对推出更多满足人民文化需求和增强人民精神力量相统一的优秀出版物的新要求，我们必须以习近平新时代中国特色社会主义思想为指导，紧紧围绕党和国家中心工作，坚持把社会效益放在首位、社会效益和经济效益相统一，科学编制"十四五"国家重点出版物出版规划，进一步提高原创出版和精品出版能力，夯实社会主义文化强国建设之基。

（本文与边远合撰，原载《新业态　新挑战　新思维
——中国编辑学会第 21 届年会获奖论文（2020 年)》，
人民出版社 2020 年版）

红色出版的记忆与启示

2021年6月25日，在庆祝中国共产党成立100周年前夕，中共中央政治局就用好红色资源、赓续红色血脉进行了第三十一次集体学习。习近平总书记在主持学习时强调，红色资源是我们党艰辛而辉煌奋斗历程的见证，是最宝贵的精神财富。

10月26日，习近平总书记在致人民出版社成立100周年的贺信中提出了"三个始终""三个着力"。其中第一个"始终"、第一个"着力"就是：希望人民出版社赓续红色血脉，始终紧跟中国特色社会主义发展步伐，着力传播马克思主义和党的创新理论。

由此可见，用好红色资源，传承红色基因，赓续红色血脉，是中国共产党人为中国人民打下的红色江山能够世世代代传下去的精神密码。

我认为，红色资源中最重要的是红色文化。

什么是红色文化呢？

红色文化是指：革命战争年代由中国共产党人、先进分子和人民群众共同创造并极具中国特色的先进文化，蕴含着丰富的革命精神和厚重的历史文化内涵。

红色文化是中国共产党以马克思主义为指导，吸收中外优秀文化创造的先进文化，代表了中国共产党人和广大人民群众的优良品格，不仅是中国人民价值观念体系中的重要组成部分，更是凝聚国家力量和社会共识的重要精神动力。

红色文化包括：红色书籍、红色报纸、红色刊物、红色文物、红色书信、红色革命遗址等等。红色文化是一种重要资源，包括物质文化和非物质文化。它有别于其他文化的根本点在于红色，红色代表了权威、勇气、革命等意义。红色文化是在中国地面上生长出来的，深深植根于广大人民群众的心中，具有强大的生命力。

红色出版则是红色文化的一部分。红色出版只限定在红色书籍、红色报纸、红色刊物三个层面。

早在 1941 年 6 月，中共中央宣传部发出《关于党的宣传鼓动工作提纲》，明确提出"报纸、刊物、书籍是宣传鼓动工作最锐利的武器，党要善于利用这些武器。办报、办刊物、出书籍应当成为宣传鼓动工作中的最重要的任务"。

同年夏天，刘少奇高度肯定了出版工作的重要性。他说"我们共产党搞革命，一靠武装斗争，二靠宣传；就是毛主席说的有文武两个战线，而要搞宣传，首先要做好印刷出版工作"。

显而易见，红色出版是一笔宝贵的精神财富，用好红色资源、赓续红色血脉是新时代编辑的职责和使命。

一、党的早期领袖人物与红色出版

我非常赞同这样一种说法：推动历史前进和社会发展的，既有政治伟人和科学巨匠，也有编辑家。政治家通过叱咤风云的运动

在青岛科技大学主讲"红色出版的记忆与启示"的海报

弃旧迎新，科学家借助伟大发明改变世界，编辑家则往往站在潮头，洞察风云，引导文化走向，牵领时代航船。

2021年7月1日是中国共产党成立100周年，通过学习党史，特别是红色出版史，更觉得这一说法有道理。编辑朋友们想必知道：我党早期的多位领导人都是笔杆子，都做过编辑：李大钊曾任《晨报》总编辑，并与陈独秀一起创办《每周评论》，陈独秀主编过《新青年》，毛泽东创办了《湘江评论》，陈潭秋参与创办《武汉星期评论》，李汉俊参与创办《劳动界》周刊并编辑过《星期评论》，邓恩铭和王尽美编辑过《励新》半月刊，刘仁静与邓中夏创办了《先驱》，李达是《共产党》月刊的主编并创办了人民出版社，周恩来主编了《觉悟》杂志。这些期刊和出版社在当时产生了重要的影响，起到了时代导航者的作用。

1919 年，21 岁的周恩来提前结束日本留学生活返回天津，随即投身五四爱国运动洪流。在他提议之下，20 名青年男女冲破封建观念束缚成立觉悟社，成为天津学生爱国运动的领导核心。为体现男女平等，男女社员各 10 人。觉悟社成立仅三个月，北京《晨报》报道中，称其是"天津的小明星"。

1920 年 1 月 20 日，由周恩来主编的《觉悟》创刊号正式出版。遗憾的是，《觉悟》杂志出版 9 天即经历停刊，仅存一期。在觉悟社领导的一·二九爱国学生游行请愿活动中，周恩来和几位社员被捕了。半年失去自由的磨炼，让周恩来重新思考了许多中国社会问题，他后来袒露，"思想是颤动于狱中"。入狱前，他是关心国家命运、积极投身爱国运动的学生；出狱后，他就走上了职业革命家的道路。

翻译《共产党宣言》的陈望道应陈独秀之邀，也做过《新青年》的编辑。1920 年 8 月，他翻译的《共产党宣言》在上海正式出版。许多革命青年从《共产党宣言》中汲取信仰之力，为共产主义事业义无反顾、奋斗终身，成为一代代共产党人的共同选择。

毛泽东一生中读的遍数最多、最熟、时间最长的一本书就是《共产党宣言》。从 1920 年到 1976 年，从青年到晚年，一直到生命的最后岁月，他对《共产党宣言》始终爱不释手。1939 年年底，他说"《共产党宣言》读了不下一百遍"。

邓小平曾说过："我的入门老师是《共产党宣言》和《共产主

义 ABC》。"100 年前，在法国勤工俭学的赵世炎、周恩来、蔡和森、王若飞、刘伯坚、李富春、邓小平、陈毅、李立三、聂荣臻、向警予、蔡畅、陈延年、陈乔年等是一群热血的爱国青年，学习新思想、新知识、新理念，拜马克思、恩格斯为革命导师，在《共产党宣言》的指导下，在法国组建中国共产党旅欧支部和旅欧中国少年共产党。

2014 年，在庆祝中华人民共和国成立 65 周年前夕，人民出版社出版了一套"中国共产党先驱领袖文库"。先驱领袖，是指在新中国成立前就义或逝世的无产阶级革命家。他们均为中国共产党早期革命运动领袖，或为党的创始人，或为工人、农民、青年、妇女等运动的杰出领导人，他们都做过编辑，创办过期刊和报纸，或为主笔或为主编。他们与毛泽东、周恩来、刘少奇、朱德等一道共同组成了中国共产党早期领袖群体。他们是陈独秀、李大钊、瞿秋白、王尽美、邓恩铭、陈潭秋、高君宇、张太雷、赵世炎、罗亦农、向警予、苏兆征、彭湃、恽代英、蔡和森、林育南、邓中夏、方志敏、刘志丹、王若飞等人。"中国共产党先驱领袖文库"所收著作分文集与全集两种，共计 20 种、46 卷，约 1700 万字。有专家认为，文库的出版在中共党史研究与文献出版方面具有里程碑意义。这些作品都属于红色出版，或发表在当时的期刊、报纸上，或在革命年代出版过。这次成套出版，既是对先烈的告慰，也填补了诸多党的文献领域中的空白，极大地丰富了中国共产党的历史文献和精神宝库，对于深入推进马克思主义中国化、时代化、大众化，培育和践行社会主义核心价值观，坚定不移地走中国特色社会主义道路具有十分重要的意义。

中国共产党在成立之初，就非常重视出版工作。党的一大决议指出："一切书籍、日报、标语和传单的出版工作，均应受中央执行委员会或临时中央执行委员会的监督。每个地方组织均有权出版地方通报、日报、周报、传单和通告。一切出版物，不论属于中央的或地方的，均应在党员的领导下出版。任何出版物，无论是中央的或地方的，都不得刊登违背党的原则、政策和决议的文章。"

二、红色出版概述

（一）红色书籍的出版

为了贯彻和落实这一决议，负责宣传工作的李达，在编辑《新青年》和《共产党》月刊的同时，着手创办党中央直接领导的第一个出版机构——人民出版社。

1921年9月1日，《新青年》杂志第9卷第5号上公开发布了人民出版社第一个通告，标志着人民出版社的成立。在这篇《通告》中，介绍了人民出版社的创社宗旨与任务："近年来新主义新学说盛行，研究的人渐渐多了，本社同人为供给此项要求起见，特刊行各种重要书籍，以资同志诸君之研究。本社出版品的性质，在指示新潮底趋向，测定潮势底迟速，一面为信仰不坚者祛除根本上的疑惑，一面和海内外同志图谋精神上的团结。"

通告还列出了计划出版和已经出版的图书书目，其中《马克思全书》15种，《列宁全书》14种，《康民尼斯特丛书》（即《共产主义者丛书》）11种，其他书籍9种，一共是49种。

关于给党中央直属的第一个出版机构起名"人民出版社",应该说是一个创新。其一,以"人民"二字命名自己的出版单位,体现了党的出版机构为人民服务的宗旨。其二,以"出版社"命名出版单位实为开先河之举。近代出版机构多以"书局""书社""印书馆"等命名(如中华书局),受其影响,此后的出版单位多以出版社命名。

为便于工作,更是为了隐蔽,李达把人民出版社设在上海南成都路辅德里 625 号(现老成都北路 7 弄 30 号)自己的家里。他把自己的卧室当作办公室。在木楼梯下,有一块 6 平方米的地方,放着一张书桌,让协助他的同志在这里办公。经费不够,李达就靠给商务印书馆写稿挣的稿费作为补贴。

1921 年 11 月,陈独秀签发中国共产党成立后的第一个通告中,明确提出"中央局宣传部在明年七月以前,必须出书(关于纯粹的共产主义者)二十种以上"。这是党的中央局对刚刚创办的人民出版社下达的第一项具体的工作任务。

自 1921 年 9 月到 1922 年 6 月底的近一年间,人民出版社出版新书 12 种,如:马克思全书两种:《共产党宣言》《工钱劳动与资本》,列宁全书五种:《列宁传》《劳农会之建设》《讨论进行计划书》《劳农政府之成功与困难》《共产党礼拜六》,《康民尼斯特丛书》五种:《共产党计划》《俄国共产党党纲》《国际劳动运动中之重要时事问题》《第三国际主义案及宣言》《俄国革命纪实》。此外,为了纪念马克思诞辰 104 周年,人民出版社于 1922 年 5 月编辑出版了《马克思纪念册》,以及《李卜克内西纪念册》《五一特刊》等宣传性质的图书。

人民出版社的出版工作始终都是在秘密状态下进行的。为了迷惑反动派，李达故意在书的封面和版权页上，把人民出版社的社名刊印为"广州人民出版社"，社址是"广州昌兴马路26号"，这是广州新青年社的地址。当时的新青年社，主要以出版《新青年》杂志为主。

建党之初的人民出版社虽然只存在了短短的两年，但党的出版事业并没有终止。在党中央的领导下，人民出版社的事业被随后陆续开办的上海书店、长江书店、华兴书局等出版机构所继承。随着党的革命事业在波澜起伏中日益壮大，党的出版事业也逐步走向成熟，为马克思主义的中国化和中国人民的解放事业作出了不可磨灭的贡献。

在创办党的出版事业的过程中，还留下了许多可歌可泣的感人故事。

1925年冬，正在广州农民运动讲习所学习的毛泽东的弟弟毛泽民接到党的指示，担任上海书店的负责人。毛泽民根据地下斗争的需要，化名杨杰，以印刷公司老板身份为掩护，时而穿长衫马褂，时而是西装革履，忙于出入申城的一些报馆、书店、发行所和印刷所联系业务。党组织经过研究，把上海杨浦怡和纱厂工会骨干、中共党员钱希均派到中共中央出版发行部，做他的助手，并假扮夫妻作掩护。两人在共同的学习和工作中互相关心体贴，翌年两人结婚。据钱希均回忆，1925年12月至1927年4月，这对革命伉俪一直寓居大通里（今大田路）。1926年11月，毛泽东担任中共中央农委书记，来沪主持制定《目前农运计划》时，也住他们家。

在毛泽民的领导下，上海书店的机构规模、出版成果、发行业绩均首屈一指。当年的上海书店已实现编、印、发"一条龙"，既编辑琳琅满目的书籍，也出版多种有影响的期刊，还设立专门的发行机构和印刷所，并有实力代销其他知名书店的一些质量较好的出版物。书店出版物品种丰富，除了革命书刊、学术专著，还有文艺作品、通俗读物，党内同志和普通群众皆能从中挑选所需要的阅读内容。书店经营管理方面有独到之处，不仅在全国 20 多个城市筹建分销处，还在海外设分支机构，既出色地完成党赋予的政治任务，也取得了一定的经济效益。

我党瑞金时期中央出版局局长兼印刷局局长张人亚，他为党保存过大量的珍贵历史文献，被誉为"党章守护人"。

1927 年冬，大革命失败，上海笼罩在白色恐怖之中。已是一名党员的张人亚因放心不下手上的一批党内文件书刊，就将这些资料秘密带到宁波老家，托父亲张爵谦代为保管。

父亲在长山岗上修了墓穴，将这些重要的文件资料存于这个衣冠冢里。为了掩人耳目，还特意在墓碑上少刻了一个"静"字，对外则佯称"儿子在外亡故"。直到 20 世纪 50 年代，其父自感时日无多便将"衣冠冢"这个秘密告诉了三儿子张静茂，并嘱咐他将资料交还给国家。秘藏的文物分别由中共一大会址纪念馆、中央档案馆、国家博物馆珍藏，其中一级文物 21 件，二级文物 4 件，三级文物 9 件。有《共产党宣言》《共产党》月刊等。《共产党》月刊自 1920 年 11 月创办，到 1921 年 7 月被迫停刊，总共出版 6 期，张人亚完整保存了六期。

众所周知，关于主题出版的命题，正式见于 2003 年新闻出版署的一个文件。其实在我看来，从 1921 年 9 月建立的人民出版社，至今一直从事主题出版工作。

2021 年 10 月 26 日，召开了"繁荣党的出版事业暨人民出版社成立 100 周年座谈会"。有人高度评价道：一百年来，人民出版社始终牢记党的嘱托，紧紧围绕党和人民事业履行使命，大力发扬忠诚于党、服务于人民、严谨细致、精益求精的光荣传统，出版了一大批马克思主义经典著作、党和国家重要文献，推出了许多高水平的哲学社会科学著作，为推动马克思主义中国化时代化大众化、繁荣社会主义文化作出了重要贡献。可以说，人民出版社的 100 年是以出版的力量播撒思想火种、传播科学真理的 100 年，是以文明的薪火促进学术繁荣，推动社会进步的 100 年，是以精神的食粮满足人民文化需求、构筑民族精神高地的 100 年。人民出版社的一代代出版工作者，以对党和人民事业的忠诚和执着，以对出版工作极端认真负责的态度和作风，在党的出版事业发展史上书写了百年华章、树起了一座丰碑。

（二）创办红色期刊

比较重要的有《新青年》《湘江评论》《共产党》月刊、《向导》周刊、《中国青年》等。

1920 年中国共产党上海发起组成立后，为了加强马克思学说和建党思想的宣传，将《新青年》从第 8 卷第 1 号起改为上海发起组的机关刊物。

1920 年 11 月 7 日，又在上海创办《共产党》月刊。《共产党》

月刊明确"我们共产党在中国有二大使命，一是经济的使命，一是政治的使命"。1921 年 1 月 21 日，毛泽东在写给蔡和森的信中，高度赞扬《共产党》月刊"颇不愧'旗帜鲜明'四个字"。

1922 年 9 月 13 日，《向导》在上海创刊，刊名"向导"二字由陈独秀题写，蔡和森、彭述之、瞿秋白先后担任主编。高君宇、张太雷、向警予、罗章龙、郑超麟等任编辑。这是中共中央第一个公开发行的机关刊物。集中宣传党的民主革命纲领和统一战线政策，明确民主革命方向，被誉为"黑暗中的中国社会的一盏明灯"。

《中国青年》的前身是《先驱》杂志，1923 年 10 月 20 日成为中国社会主义青年团机关刊物。恽代英、萧楚女、蔡和森等担任过主编。主要撰稿人有陈独秀、董必武、李达、邓中夏等。该刊曾多次停刊，并改用《无产青年》《列宁青年》等名称秘密出版过。新中国诞生后，一直是团中央的机关刊物。2023 年迎来创刊100 周年。

1939 年 10 月，中国共产党在延安创办党内理论刊物《共产党人》月刊，负责人洛甫（张闻天），编辑罗迈（李维汉）。其任务是以党的建设为中心开展工作，"帮助建设一个全国的、广大群众性的、思想上政治上组织上完全巩固的布尔什维克化的中国共产党"。

《红旗》《劳动界》《劳动者》《劳动音》《劳动与妇女》《红色中华》《斗争》《解放》周刊、《八路军军政杂志》《中国青年》《中国妇女》《中国工人》等，也各具特色。其内容涉及政治、经济、军事、文化、艺术、教育以及新闻业务等各个方面。

（三）创办红色报纸

重要的有《热血日报》《红旗日报》《红色中华》《解放日报》。

中国共产党历来重视运用报刊媒介宣传自己的思想和主张，自成立后不断加强党报工作，在参与并忠实报道一系列重大历史事件的同时，宣传马克思主义思想，始终忠于党的纲领路线，根据报刊工作实际，配合中国革命形势，开展了卓有成效的政党形象传播工作。

1925年五卅运动中，中共中央为配合当时革命运动形势，更好地领导人民的反帝斗争，决定出版一张日报。当年6月4日，《热血日报》创办于上海，是为中共中央创办的第一份日报，由瞿秋白任主编，郑超麟、沈泽民、何公超等参与编辑工作。该报以新闻报道为主，具有强烈的政治鼓动性和鲜明的革命态度。1925年6月28日被强行查封。

1930年8月15日，中共中央在《红旗》三日刊和《上海报》基础上创办了《红旗日报》，第一任主编为李求实，主要撰稿人有李立三、关向应、张闻天、周恩来、瞿秋白等。在创刊号刊登《〈红旗日报〉发刊词——我们的任务》一文中提出："报纸是一种阶级斗争的工具"，"本报是中国共产党的机关报，同时在目前革命阶段中必然要成为全国广大工农群众之反帝国主义与反国民党的喉舌"，"将要高举着自己之红色的大旗，与全国工农劳苦群众共同的热烈的冲向前去"；"本报出版的任务，不仅是要登载每日的全国的政治事变，传达各地的革命活动，并且根据着马克思列宁主义的原则，发布中国共产党对革命斗争中各个问题的观点与主张"。

大革命失败后，中国共产党决定创建工农红军，开辟革命根据地。《红色中华》就是党在中央根据地创办的机关报。周以栗、项英、王观澜、杨尚昆、梁柏台、李一氓、沙可夫、任质斌、谢然之等先后主持编辑工作。周恩来、任弼时、陈潭秋、张闻天、秦邦宪、项英等中共中央和中华苏维埃临时中央政府各部门负责人为该报社论撰稿。1937年1月29日，改名为《新中华报》，编辑部随党中央迁到延安。

1941年5月15日，《新中华报》改名为《解放日报》。首任社长秦邦宪，总编辑先后为杨松、陆定一。毛泽东题写报头并撰写发刊词，提出《解放日报》的根本任务是宣传党的总路线以及关于内政外交政策的主张，该报后成为具有党性、群众性、战斗性、组织性的"真正的党报"，在宣传战线上为民族解放和人民民主革命的胜利作出了贡献，积累了典型人物报道等一系列宝贵的党报业务经验。

中国共产党在加强中央报刊的同时，还创办了一些省级报刊。第一国共合作时期，我党陆续创办的一批省级报刊有：北京地委的《政治生活》周刊，创刊于1924年4月27日，赵世炎主编。

中国共产党在不断加强党报工作的过程中，积累了丰富的党报经验与传统，形成了以党性原则、全党办报、新闻定义、新闻本源、新闻真实性、新闻文风、新闻工作者修养等为主要内容的一套中国化的马克思主义的党报理论。

中国共产党成立以来的党报实践，以党的纲领路线作为编辑依据，以人民群众作为中心受众群的新闻编辑理念，重视社论、图文并茂的编辑形式，以及广泛使用编者按、专题组合的版面编排等等编辑业务创新，对今天的报纸编辑工作仍具有极其重要的借鉴意义。

三、红色出版给我们的启示

（一）炽热的爱国之情跃然纸上

邓小平说："我荣幸地从中华民族一员的资格，而成为世界公民。我是中国人民的儿子。我深情地爱着我的祖国和人民。"

巴金说："我爱我的祖国，爱我的人民，离开了它，离开了他们，我就无法生存，更无法写作。"

红色出版中留下的文字，真实反映了先驱者们报效祖国，维护祖国利益，对祖国应承担的责任，其思想深处充满了对一个病态的中国的哀伤和强烈的忧国忧民意识。他们或忧国家之衰败，或忧民族之危亡，或忧黎民之困苦。其所忧所患，不是一种坐而论道的消极思想，而是把对祖国的深切忧患之情付之于为国家民族利益的变革行动中，为了复兴中华虽死犹荣。

方志敏在《可爱的中国》中写下这样的文字："中国是生育我们的母亲！这位母亲蛮可爱蛮可爱！""我们相信，中国一定有个可赞美的光明前途。……到那时，到处都是活跃的创造，到处都是日新月异的进步，欢歌将代替了悲叹，笑脸将代替了哭脸，富裕将代替了贫穷，康健将代替了疾苦，智慧将代替了愚昧，友爱将代替了仇杀，生之快乐将代替了死之悲哀，明媚的花园，将代替了凄凉的荒地！我们民族就可以无愧色地立在人类的面前，而生育我们的母亲，也会最美丽地装饰起来，与世界上各位母亲平等地携手了。""我的心总是日夜祷祝着中国民族在帝国主义羁绊之下解放出来之早日成功！"

在国民党的狱中，方志敏面对敌人的百般诱降和严刑逼供，正气凛然，断然表示，为革命而死，虽死犹荣。他在《死！——共产主义的殉道者的论述》里写道："敌人只能砍下我们的头颅，决不能动摇我们的信仰！因为我们信仰的主义，乃是宇宙的真理！"

在复兴中华伟业的征途上，中华儿女更加思念中国共产党的主要创始人李大钊同志。101 年前初冬的一天，以李大钊为核心的北京共产主义小组在他的办公室成立。此后，他多次和陈独秀通信，明确提出以"共产党"为名建立全国性组织。早在 1916 年 8 月 15 日，李大钊就在《晨钟报》创刊号上发表《"晨钟"之使命》，第一次向国人阐述了其理想主张——创造青春之中华，号召青年冲破旧势力的束缚，为"索我理想之中华"而斗争。在其他文章中，他进一步呼吁："吾族今后之能否立足于世界，不在白首中国之苟延残喘，而在青春中国之投胎复活。""为世界进文明，为人类造幸福，以青春之我，创建青春之家庭，青春之国家，青春之民族，青春之人类，青春之地球，青春之宇宙，资以乐其无涯之生。""青年之文明，奋斗之文明也，与境遇奋斗，与时代奋斗，与经验奋斗。故青年者，人生之王，人生之春，人生之华也。"1918 年，李大钊在《新青年》发表著名的《青春》一文，强调中华民族在人类历史上巍然屹立了几千年，创造了罕有的人类文明，这是历史事实，是不容否认的。但到了今天，它"衰老"了，"僵化"了，被以前的文明所束缚，背上了包袱。他号召青年勇往奋进，与旧传统割裂，去创造理想的中华。他明确提出，青年应沿着青春之道，加以努力，进前而勿顾后，背黑暗而向光明，为世界进文明，为人类造幸福，以青春之我，创建青春之家庭、青春之国家、青春之民族、青春之人类、青春之地球、青春之宇宙。

李大钊一生只有短暂的 38 年。1927 年 4 月 6 日，在奉系军阀张作霖的授意下，李大钊被捕。在狱中，他忍受酷刑，坚守党的秘密。4 月 28 日，敌人将李大钊绞杀。临刑前，他视死如归，大义凛然，从容不迫，缓步登上刑台发表最后一次演说："我们宣传的马克思主义，已经培养了许多革命同志，如同红花的种子撒遍全国各地。这种子需要用鲜血浇灌，他们会开出艳丽的花。我深信：共产主义必将得到光荣的胜利，将来的环球，必定是赤旗的世界！"他用自己短暂的生命，在中国革命史上谱写了壮丽的篇章。在那个风雨飘摇的年代，他毫不犹豫地成为"铁肩担道义，妙手著文章"的斗士，其大无畏的献身精神永远是一切革命者的光辉典范。他炽热的爱国情怀、坚定的马克思主义信念、为实现理想而不避艰险百折不挠的顽强意志、俭朴做人无私奉献的崇高精神，是中华儿女永远的财富。

瞿秋白，一个才华横溢的人。他有文才、画才、医才、翻译之才。他是中国共产党的早期领袖之一，以一柔弱书生之身当领袖之任，犯过"左"倾盲动的错误，遭到过排挤冷落，其曲折的心路历程在《多余的话》中有真诚的表达。红军决定长征后，他虽多次要求随军长征，但被留在即将沦陷的瑞金。他没有逃过劫难。在转移途中，于福建省长汀县被俘，关入监狱。由于叛徒指认，身份被识破。1935年6月18日，他写完绝笔诗后，从容就义。1950年12月31日，毛泽东为《瞿秋白文集》题词，高度赞扬瞿秋白："在革命困难的年月里坚持了英雄的立场，宁愿向刽子手的屠刀走去，不愿屈服。他的这种为人民工作的精神，这种临难不屈的意志和他在文字中保存下来的思想，将永远活着，不会死去。"

祖国，是生于斯、长于斯的故乡的放大，是自己生命系列的源头。对于在祖国怀抱里的孩子，祖国是哺乳自己长大的母亲；对于流寓异国他乡的游子，祖国是他魂牵梦萦的牵挂。热爱自己的祖国，应是每一个中华儿女的共同心声；期盼祖国繁荣昌盛，应是每一个热爱祖国儿女的共同心愿。

（二）不懈探索马克思主义中国化

马克思在《〈黑格尔法哲学批判〉导言》中指出："理论在一个国家实现的程度，总是决定于理论满足这个国家的需要的程度。"任何一种理论或者主义，要在异国他乡发生影响被大多数人所认同、所掌握，必有其深刻的社会历史原因和相应的主客观条件。

中国共产党一直把马克思主义作为自己的指导思想。但马克思主义的基本原理与中国的具体实际结合有一个历史过程。马克思主义中国化的提出，经历了一个由浅到深、由感性到理性的认识过程，一个由少数人认识到形成全党共识的发展过程。

陈独秀与李大钊同为中国早期马克思主义的思想巨匠。

李大钊是第一次对马克思主义作系统介绍的人。他注重理论研究，力图全面阐述马克思主义理论，把一个完整的马克思主

义呈现给中国人民。1919年5月，李大钊为《新青年》主编了
《马克思主义研究专号》，并亲自撰写了《我的马克思主义观》一文，
对马克思主义的三个组成部分——政治经济学、科学社会主义和唯
物史观的基本观点作了系统介绍。他强调，一个社会主义者必须要
研究怎样可以把他的理想尽量应用于环绕着他的实境。

陈独秀在马克思主义中国化方面，注重马克思主义的实用性，
提倡要多做实际工作。他说："道理真实的名词，固然可以做群众
运动的共同指针；但若是离开实际行动，口头上的名词说得如何好
听，如何彻底，试问有什么用处？"陈独秀认为中国人"最缺乏"的，
不是马克思主义的理论，而是马克思主义的"实际研究的精神"和
"实际活动的精神"。

蔡和森在建党之前就从学术层面探索了马克思主义理论学说
中国化的问题，以及将列宁主义理论与中国革命实际相结合而建
立"中国共产党"的问题并独立地提出系统的建党思想。在中国
共产党成立之后，他提出将马克思主义理论和中国革命实际相结
合并形成中国共产党"自己的理论"的历史任务，要在自己的争
斗中把列宁主义形成自己的理论武器，即以马克思列宁主义的精
神来定出适合客观情形的策略和组织才行。而且初步总结了党在
这一探索过程中的经验教训，对马克思主义中国化有着独到的理
论贡献。

恽代英在1920年说过：我们的任务，在寻求一个适合国情，
而又适合于共产主义的方针来。他在武汉创办《中国青年》，在青
年学生中积极宣传马列主义，号召广大青年学生深入实际，将马列

主义与中国革命具体情况结合起来。

瞿秋白一直"致力于马克思主义中国化",力求用马克思主义的武器来解决中国的问题,坚持"革命的理论永不能和革命的实践相离"。他率先提出开创"中国革命新道路"及其基本内涵。

1928年初,瞿秋白明确提出了"工农武装割据"和"以农村包围城市"的重要思想。他在给共产国际的报告中还指出:中国革命不可能通过一次中心城市起义就取得全国胜利,而"开始于一省或几省夺取政权是可能的"。这些重要思想的提出,标志着马克思主义中国化在当时历史条件下的最高水平,在全党处于领先地位。

李达早在中国共产党成立之前,就先后翻译出版了《唯物史观解说》《马克思经济学说》和《社会问题总览》等三书,第一次比较全面系统地介绍了马克思主义的三个组成部分。大革命失败后,在国民党反动统治的险恶环境中,他坚守马克思列宁主义的理论阵地,成为卓有建树的马克思主义理论家。1937年5月他在上海出版《社会学大纲》,被毛泽东誉为"中国人自己写的第一本马列主义哲学教科书",并号召党的高级干部学习此书。毛泽东还在一次小型干部会议上提到李达1936年出版的《经济学大纲》时说:"李达寄我一本《经济学大纲》,我现在已经读了三遍半,也准备读它十遍。"由此可见毛泽东对李达学术成果的重视和推崇。

毛泽东在《反对本本主义》中指出:"马克思主义的'本本'是要学习的,但是必须同我国的实践相结合。我们需要'本本',

但是一定要纠正脱离实际情况的本本主义。"在 1935 年召开的遵义会议上，中国共产党第一次独立自主地提出和解决了中国革命的路线、方针和政策，会议通过的决议，就是马克思主义结合中国实际的产物。1938 年，毛泽东在党的六届六中全会上所作的题为《论新阶段》的政治报告中第一次明确提出了"马克思主义中国化"这个命题，并初步阐述了这个命题的思想内涵。马克思主义中国化命题的提出，既是毛泽东作为党的核心领袖人物认识水平的反映，也是中国共产党集体智慧的结晶。

毛泽东思想是马克思列宁主义在中国的运用和发展，是被实践证明了的关于中国革命的正确的理论原则和经验总结，是中国共产党集体智慧的结晶。毛泽东同志是毛泽东思想的主要创立者，党的许多卓越领导人对它的形成和发展作出了重要贡献，毛泽东的科学著作是它的集中概括。

毛泽东思想这一科学概念的形成，也经历了一个过程。1941 年 3 月，党的理论工作者张如心用了"毛泽东同志的思想"的提法。同年 6 月，中共中央北方局、八路军野战政治部指示：要宣传"我党领袖毛泽东同志发展了马列主义的关于中国革命的各项学说和主张"。9 月，中央政治局扩大会议进一步肯定了毛泽东关于中国革命的理论。1943 年 7 月 5 日，王稼祥在《中国共产党与中国民族解放的道路》一文中，首先使用了"毛泽东思想"这个概念，明确提出："毛泽东思想就是中国的马克思列宁主义"。

毛泽东思想这一科学概念提出后，很快被全党同志所接受。在此前后，朱德、刘少奇、周恩来、陈毅、邓小平等同志纷纷发表文章或演说，论述毛泽东同志的思想。1945 年 4 月，党的扩大的六届七中全会通过了《关于若干历史问题的决议》，充分肯定和高度评价了毛泽东的理论贡献，指出："中国共产党自 1921 年产生以来，就以马克思列宁主义的普遍真理和中国革命的具体实践相结合为自己一切工作的指针，毛泽东同志关于中国革命的理论和实践便是此种结合的代表。"

中国共产党第七次全国代表大会于 1945 年 4 月 23 日至 6 月 11 日在延安举行。党的七大一个重大历史性贡献是，确立了以毛泽东思想为党的指导思想并写入党章。

中国革命的历史和实践充分证明，毛泽东思想是以毛泽东同志为主要代表的中国共产党人，根据马克思列宁主义的基本原理，经过 20 多年的艰苦探索，把中国革命实践中的一系列独创性经验进行理论概括，创造性地发展了马克思列宁主义，形成的适合中国国情的科学指导思想。

（三）坚守信仰，坚定信念

中国共产党成立后，中国共产党人选择了自己的信仰——马克思主义，继而转化为革命的强劲动力。

俄国十月革命后，李大钊发表《庶民的胜利》和《布尔什维克的胜利》两篇光辉著作，在中国大地上高高举起了马克思列宁主义的旗帜。

陈独秀发动新文化运动，创办《新青年》，勉励广大青年尤其是在心理上要有新鲜之信仰，这个新鲜之信仰就是马列主义。他说："二十世纪之新青年，头脑中必斩尽涤绝彼老者壮者及比诸老者壮者腐败堕落青年之做官发财思想，精神上别构真实新鲜之信仰，始得谓为新青年而非旧青年，始得谓为真青年而非伪青年。"

高君宇指出：人不可无一种主义，是无疑的。强调了主义的重要性。

恽代英认为，主义的教育非常重要。他在谈到革命军的建设时说，主义的教育，比军事教育还重要。认为信仰能引人向上，其功用能使怯者勇，弱者强，散漫者精进，躁乱者恬静……惟信仰固有如此之功用，而除信仰外，尚不乏有此同一之功用者。为此，他号召广大青年一定要树立对马列主义的信仰。

红色出版留下的文字说明，先辈们不仅用笔，在书籍、报刊上积极宣传主义，同时也积极践行，演绎出许多令人心潮澎湃、可歌可泣的信仰故事。

蔡和森和向警予的结合给后人留下了一段共产党人践行信仰的佳话：1920 年 5 月，他们在法国蒙达尼结成"向蔡同盟"，两人捧着《资本论》拍了结婚照。

农民大王彭湃在宣传马列主义信仰上独出心裁。为传播马列主义，他给农民写的诗深入浅出；他画的马克思、列宁等思想家肖像和一些漫画，活灵活现，画风独特；他为农会设计的会旗、给祖母设计的墓碑，风格时尚简约。

有些先驱者还把监狱作为宣传信仰的特殊场合，践行了对信仰的坚定追求。赵世炎在狱中的 17 天，受尽严刑拷打，尝遍各种苦头，却始终坚贞不屈，让敌人大失所望。他把监狱和法庭当成讲坛，大义凛然地宣传党的主张和共产主义理想，揭露反对派的罪行。

方志敏有一首著名的诗叫《死！——共产主义的殉道者的记述》。他写道："敌人只能砍下我们的头颅，决不能动摇我们的信仰！因为我们信仰的主义，乃是宇宙的真理！为了共产主义牺牲，为了苏维埃流血，那是我们十分情愿的啊！"

夏明翰被捕后，当敌执行官问夏明翰还有什么话要说时，他大声说："有，给我拿纸笔来！"写下了大义凛然、脍炙人口的就义诗："砍头不要紧，只要主义真。杀了夏明翰，还有后来人。"

赵世炎却对革命胜利充满了信心，就义前，他慷慨激昂地说："志士不辞牺牲，革命种子已经遍布大江南北，一定会茁壮成长起来，共产党必将取得胜利。"

向警予在就义前慷慨激昂地说："我是中国共产党党员向警予，为解放工农大众革命奋斗，流血牺牲！反动派要杀死我，可革命是杀不完的！无产阶级团结起来，反动派的日子不会太长了！"

恽代英在《主义》一文中写道："主义真是一个有力量的东西。人每每因为一种革命的主义能解决自己与社会的苦痛，不惜牺牲一切为主义奋斗。多少被压迫者集合在这种主义的旗帜之下，多少革命的志士为了主义流血啊！""我们吃尽苦中苦，而我们的后一代则可享到福中福。为了我们崇高的理想，我们是舍得付出代价的。"

为了一份信仰，为了一份坚守，更为了广大劳苦大众得解放，先烈们的死是何等的壮烈，何等的伟大，何等的值得，可谓惊天地，泣鬼神，这也源自信仰的伟大力量。

先辈们的血没有白流，他们树立的坚定的马克思主义信仰以及为信仰不惜牺牲宝贵生命的高贵品质，为后来共产党人树立了光辉的榜样，并转化为革命者的强大精神力量。

正是在这种主义、信仰、信念的感召下，一批又一批的爱国青年和仁人志士历尽千辛、奔向延安，为的就是追求中国社会的光明前景，实现自己的人生理想。他们以"打断骨头连着筋，爬也爬到延安城"的勇气和毅力，冒着生命危险，闯过重重关卡来到延安的陕北公学、抗日军政大学、鲁迅艺术学院等，完成精神洗礼，为中华民族、为中国人民的解放事业作出了巨大贡献。

2021年10月26日，习近平总书记在致人民出版社成立100周年的贺信中写道：

> 100年来，人民出版社出版了一大批马克思主义经典著作、党和国家重要文献和高水平哲学社会科学著作，为推动马克思主义中国化时代化、传播党的创新理论、繁荣社会主义文化作出了重要贡献。希望人民出版社赓续红色血脉，始终紧跟中国特色社会主义发展步伐，着力传播马克思主义和党的创新理论；始终坚持为人民出好书理念，着力展现党和国家发展历程、丰富人民群众精神文化生活；始终坚持高质量发展，着力深化改革创新，为推动社会主义文化繁荣发展、建设社会主义文化强国作出新的更大的贡献！

习近平总书记的贺信，充分体现了习近平总书记和党中央对出版工作的高度重视和亲切关怀，为全国出版战线指明了前进方向，提供了根本遵循。每一位出版工作者都要认真学习宣传贯彻习近平总书记的贺信精神，牢记总书记的殷切嘱托，努力做到"三个始终""三个着力"，为推进社会主义文化繁荣发展、建设社会主义文化强国作出新的更大的贡献。

（2021 年 12 月 6 日，在中国编辑学会主办的
编辑业务培训班上的演讲）

锻造高素质编辑队伍的思考

习近平总书记在党的二十大报告中，站在时代和全局的高度，明确提出"推进文化自信自强，铸就社会主义文化新辉煌"，首次将文化自强写入党的代表大会报告中。强调全面建设社会主义现代化国家，必须坚持中国特色社会主义文化发展道路，增强文化自信，围绕举旗帜、聚民心、育新人、兴文化、展形象建设社会主义文化强国，发展面向现代化、面向世界、面向未来的，民族的科学的大众的社会主义文化，激发全民族文化创新创造活力，增强实现中华民族伟大复兴的精神力量。党的二十大报告还指出，"人才是第一资源""全面提高人才自主培养质量，着力造就拔尖创新人才，聚天下英才而用之""深入实施人才强国战略""把各方面优秀人才集聚到党和人民事业中来"。

出版是党和人民的事业，始终同国家命运和时代发展紧密相连。出版要在"推进文化自信自强，铸就社会主义文化新辉煌"中发挥重要作用并出彩，必须按照"人才是第一资源"，编辑是出版单位的核心资源的理念，着力锻造一支政治素质、理论涵养、党性修养、思想修养、专业本领皆佳，能够适应新时代要求的高素质编辑队伍。否则，就无法打造出更多的传播科学思想、传承中华文明、提高国民素质、服务社会发展的精品力作。

一、新时代赋予编辑的使命

众所周知，编辑从事的工作是给人以教化、教人以高尚、育人以无私，必须拥有坚持对党和国家负责、对社会负责、对作者负责、对读者负责的强烈责任感。党的十八大以来，中国特色社会主义进入了新时代。这个伟大的时代既为创作和生产精品力作提供了丰厚的土壤和良好的基础，也呼唤着反映和总结伟大成就的伟大作品。应当说，生逢新时代的编辑，责任重大，使命光荣。

2019年3月4日，习近平总书记在看望参加全国政协十三届二次会议的文化艺术界、社会科学界委员时强调，要坚持以精品奉献人民。他"希望大家立足中国现实，植根中国大地，把当代中国发展进步和当代中国人精彩生活表现好展示好，把中国精神、中国价值、中国力量阐释好"。要推出从内容上弘扬主旋律、传播正能量，既有神采，又有鲜明的中国风格、中国气派，同时还有影响力、传播力的精品力作。在著名的"5·17"讲话中，习近平总书记要求"广大哲学社会科学工作者成为先进思想的倡导者、学术研究的开拓者、社会风尚的引领者、党执政的坚定支持者"。党的二十大为未来五年乃至更长时期的文化建设设计了新方案、细化了新部署、擘画了新蓝图。强调要坚持以人民为中心的创作导向，推出更多增强人民精神力量的优秀作品；要提炼展示中华文明的精神标识和文化精髓，讲好中国故事、传播好中国声音。近十年来，习近平总书记高度重视编辑出版工作，多次作出重要指示批示。对

《辞海》《中国大百科全书》《永乐大典》等重大出版项目，对《求是》杂志、读者出版集团、中国外文局、人民教育出版社、人民出版社等出版单位，对国家图书馆老专家、《文史哲》编辑部的编辑人员等提出明确要求，殷切希望大家在推动社会主义文化繁荣发展中扎扎实实地工作。新时代的编辑一定要牢记嘱托、不辱使命，把习近平总书记的厚爱化为做好工作的根本遵循、行动指南和强大动力。当下，编辑工作者一定要把学习宣传贯彻党的二十大精神作为文化建设的重中之重、首要任务，以更加坚决的态度、更加自觉的行动、更加有力的举措，肩负起推动文化自信自强的重任。新时代要求编辑奉献给祖国和人民的作品，无论是思想理论，还是科学技术和文化知识，都是人类智慧和知识的灿烂花朵，能够对社会主义现代化建设提供精神动力和智力支持。新时代的编辑务必树立高度的文化自觉意识，为增强我国的文化软实力，打造更多的优质作品。习近平总书记在党的二十大报告中发出号召：时代呼唤着我们，人民期待着我们，唯有矢志不渝、笃行不怠，方能不负时代、不负人民。对工作在一线的编辑来说，当前应该把党的二十大精神学深学透，对报告中提出的许多新观点、新论断、新思想、新战略、新举措、新要求，组织一流作者从理论逻辑、历史逻辑、现实逻辑等多重维度进行哲理化、学理化、学术化、通俗化、大众化层面的阐释。显而易见，推进文化自信自强，并不仅仅局限于文化建设这一层面和范围内，而是鲜明地体现在报告的各领域各方面。譬如，关于开辟马克思主义中国化时代化新境界，强调必须同中国具体实际及中华优秀传统文化相结合，必须坚持人民至上、自信自立、守正创新、问题导向、系统观念、胸怀天下；关于中国式现代化，强调既有各国现代化的共同特征，更有基于自己国情的中国特色，指出中国式现代化是人口规模巨大的、全体人民共同富裕的、物质文明和精神文明相协调的、人与自然和谐共生的、走和平发展道路的现代化；关于坚持全面依法治国，要求弘扬社会主义法治精神，传承中华优秀传统法律文化；关于加快高质量教育体系，强调落实立德树人的根本任务，发展素质教育，促进教育公平；关于乡村振兴，强调扎实推动乡村产业、人才、文化、生态、组织振兴，牢牢守住十八亿亩耕地红线；关于深化改革开放，强调着力破解深层次体制机制障碍，不断彰显中国特色社会主义制度优势，不断增强社会主义现代化建设的动力和活力；关于推进国家安全体系和能力现代化，强调坚定维护国家政权安全、制度安全、意识形态安全；关于坚持和完善"一国两制"推进祖国统一，强调推动两岸共同弘扬中华文化，促进两岸同胞心灵契合；等等。这一系列重大战略思想和重大理论观点的阐述、一系列重大目标任务的落实，需要编辑出版界继续发挥好在文化建设中的"排头兵""主阵地""总引擎"作用。这是新时代编辑应尽的责任。

国家之魂，文以化之，文以铸之。在"推进文化自信自强"的进程中，新时代的编辑一定要"牢记使命"，为铸就社会主义文化新辉煌再作新贡献。

二、必须心系编辑出版事业

习近平总书记指出："无论从事什么劳动，都要干一行、爱一行、钻一行。"编辑要在为全面建设社会主义现代化国家、全面推进中华民族伟大复兴的奋斗中出彩，必须心系情系编辑出版事业。

第一，要珍惜这个传承文明的职业。中外例证说明，编辑是一个受人尊敬、让人羡慕的职业。编辑选择、优化的作品，一本书、一本刊物、一篇文章，无论是软质出版还是虚拟出版，不仅可以让当下的读者受益，若是精品力作，还可以流传下去，惠及后人。编辑是学术发展和人类文化传承的桥梁，在文化遗产的积累和传承中起着重要作用。正是从这个意义上考量，这种说法是颇有道理的——推动历史前进和社会发展的，既有政治伟人和科学巨匠，也有编辑家。政治家通过叱咤风云的运动弃旧迎新，科学家借助伟大发明改变世界，编辑家则往往站在潮头，洞察风云，引导文化走向，牵领时代航船。所以，一旦入职编辑，就要喜欢、珍惜这个崇高的职业，且怀有敬意，在这个岗位上执着地守望。要不断增强事业心、责任心和使命感，将编辑行为与国家、民族、时代融为一体，从人类社会发展规律和中华民族伟大复兴的需求中找准自己的定位。

第二，要爱书——读书、编书、懂书。但凡编辑大家、名家，以及稍有成就的编辑没有不爱书的，且是"书迷""书痴"。以著名编辑出版家范用为例：他终身从事出版事业，因为爱书、懂书，编过很多有重要价值的经典图书，深深地影响了一代又一代中国读者。如巴金的《随想录》、傅雷的《傅雷家书》、杨绛的《干校六记》等。范用倡导创办了《新华文摘》和《读书》两本杂志。他认为，书是有生命的，像我们尊重人类生命一样要尊重每一本书，书的内容、封面、版式、正文、插图、纸张、材料，应当精选，因为均是生命的一个组成部分。范用说过："我一生最大乐趣就是把人家的稿子变成漂亮的书，封面也要漂亮。"因为他的追求和坚持，"三联风格"的装帧设计成为出版界的一个独特的文化标识。读书可以让人增长知识，让人保持思想活力，让人得到智慧启发，让人滋养浩然之气。做编辑的成天与文字打交道，理应爱读书，让读书成为一种生活方式。若没有这个爱好，对书没感觉，不喜欢书，就不会有创新的动力，不会成为一个优秀的编辑。

第三，要有文化情怀。现代管理学之父德鲁克在1954年出版的《管理的实践》一书中讲述过一个在很多场合和领域被广泛引用的故事，说有三个石匠在盖教堂，一天，有人走过去问他们在干什么，第一个石匠说："我只是混口饭吃。"第二个石匠一边敲打石块一边说："我在做石匠活儿。"第三个石匠用带着想象的目光仰望天空说："我在建造一座美丽的教堂。"过了几年，第一个石匠手艺毫无长进，被炒了鱿鱼；第二个石匠虽保住了饭碗，但只是个普普通通的石匠；第三个石匠成了著名的建筑师。这个经典的故事说明：人生的态度不同，境界和理想就不同，成就自然也会不同。做编辑一定要有理想，要有激情，要有文化情怀，要把编辑当事业来做。而不是为了混口饭吃。激情是一种动力。一旦投入工作，就要处于持续的兴奋状态，为发现好书而欣喜若狂，全情投入；一见到好书稿，就两眼放光，抑制不住内心的激动；一拿到好作品就迫不及待想和别人分享，急于奉献给读者。实践证明，唯有文化情怀，唯有激情的编辑，才会一生乐此不疲地尽自己的心力，把读者的事看作是自己的事，只有与读者的悲欢离合，酸甜苦辣，打成一片，才能与作者"合力"打造出高质量的作品来。

第四，要有无私奉献的精神。"为他人作嫁衣"这是以往对编辑职业性质的一种定位。现实中的编辑工作的确繁杂、琐碎、枯燥，而局外人并不清楚。有的编辑感叹：每天坐在办公桌前，就是认认真真看稿子。每份稿件都有不同颜色的便贴纸齐整地随页标注，并备有胶带、卡尺、《现代汉语词典》等办公的"家伙"。有的编辑袒露：经常会为了解决书稿的一些疑问跑到图书馆核对资料。为查找引文便捷，不仅专门注册了超星数字图书馆、中国知网账号，还自费配齐了马恩全集、选集，列宁全集、选集，毛泽东、邓小平、江泽民、胡锦涛、习近平等的著作。显而易见，编辑工作的一项职能是拾遗补阙，减少作品的缺憾，使其尽量趋向完美。编辑的默默奉献，好比无人看重又无法离开的空气；编辑为他人作嫁衣，好比燃烧自己、照亮别人的蜡烛。"采得百花成蜜后，为谁辛苦为谁甜？"编辑虽然淹没在作品的背后，但甘于奉献恰是这份职业的伟大之处。当编辑看到自己的作者踌躇满志时，看到自己的读者爱不释手时，那种从中引发的存在感、获得感、满足感、快乐感、自豪感，是别人永远也体会不到的。

第五，要有认真负责的态度。毛泽东曾为出版界题词："认真作好出版工作"。做编辑的，对文字要报以敬畏之心，在把握作品思想内涵、学术价值、语句规范、知识准确等方面，力求做到字斟句酌，反复推敲，精准定位，认真践行工匠精神。应熟练掌握相关的出版专业知识。对图书生产流程的每一个环节，做到内化于心，严格按照流程操作。否则，任何违规、懈怠、马虎都有可能造成不良后果，甚至是严重的政治错误。只有将业务历练到"门儿清"，才能得心应手地投入工作，方可静下心来，做到乐业、敬业。

第六，要充分利用这个能使自己增长精神财富的职业。工作中，编辑能够与这个时代各领域最有思想、最有学问的人打交道，常与智者对话。有资深编辑发出这样的感慨：很多时候，感觉自己不是在做书，而是交到了良师益友。从事编辑的过程可谓是大学课堂的延续，且不是本科生上大课，而是享受研究生一对一的"私教"。编一本书、约写一篇文章，可能留下一个好故事。对于用心用情用力的编辑来讲，是多么好的增长学问、提升素养的机会。编辑实在是个好职业。只要浸淫其中，就会乐此不疲，觉得乐趣无时无处不在。如果入了这一行又不爱这一行，岂不渎职、浪费了这份职业。

三、必须强化政治把关意识

出版物是上层建筑的一部分，属于意识形态领域，具有强烈的政治属性。习近平总书记在党的二十大报告中明确指出：要全面落实意识形态工作责任制，巩固壮大奋进新时代的主流思想舆论。故此，工作在一线的编辑必须坚持为人民服务、为社会主义服务、为全党全国工作大局服务，坚持传播先进文化，为广大人民群众提供丰富健康的精神食粮的正确方向；必须坚持党性原则，坚定政治信念，坚持正确导向。正确导向，做到守土有责、守土负责、守土尽责，不为任何违反规定、内容有害、基调低下、格调低下、品位低下、不利于社会团结进步的选题、稿件提供发表、出版便利。

实践证明，只有确立并夯实为党的事业服务、为社会发展服务、为构建和谐社会服务的政治方向和政治立场，不断强化政治把关意识，具备了很强的政治能力，方能在工作中避免走偏走斜，迷失方向。由此，新时代的编辑必须在以下几个方面发力：

第一，务必具备很高的政治素养和理论素养。政治素养既是一种态度，也是一种能力。习近平总书记指出，政治能力就是把握方向、把握大势、把握全局的能力，就是保持政治定力、驾驭政治局面、防范政治风险的能力。可见，在所有能力中，政治能力是第一位的。编辑如果不具备政治能力，面对一部书稿、一篇文章就不可能产生敏锐的观察力和鉴别力。若是丧失了对意识形态工作的掌控力，不能辨别纷繁芜杂的声音，对重大问题不进行分析研判，无疑是严重的失职表现。有个别书刊内容质量出了问题，就在于编辑缺乏导向把关的清醒意识，缺乏从意识形态、出版安全的高度看待自己的工作。对书稿中存在的政治问题、导向问题或浑然不觉，或麻痹大意，有意无意间为违禁有害的内容开了"绿灯"。结果，出版社、杂志社、编辑本人受到严厉处罚。出版物表达、传播并坚守鲜明的政治立场是编辑的初心与使命所在。若要避免"带病"出书，编辑必须时刻绷紧意识形态这根弦，时刻高悬政治成本这一达摩克利斯之剑，把讲政治摆在第一位，一旦发现政治导向、价值导向有问题，坚决实行一票否决。

第二，务必强化马克思主义理论和党的方针政策的学习。只有提高了政治素质和理论素养，方能保持清醒的政治头脑。但政治素养和理论素质的提升不是靠高喊几句空洞的口号、搞一些苍白的表态就能解决的。习近平新时代中国特色社会主义思想是当代中国马克思主义、21世纪马克思主义，是新时代中国共产党的思想旗帜和精神旗帜，新时代的编辑一定要紧跟党的理论创新步伐，把学习习近平新时代中国特色社会主义思想作为首要政治任务。只有用这一思想凝心铸魂、武装头脑，方能捍卫"两个确立"，增强"四个意识"、坚定"四个自信"、做到"两个维护"，全面提升自己的政治判断力、政治领悟力、政治执行力。尤其是抓主题出版、主题宣传，只有准确理解、吃透中央的精神，才能避免造成对中央精神错误地、歪曲地解读、阐释和传递。

第三，务必坚持为人民编好书的理念。有资深编辑形象地比喻：编辑这个角色如同一个挑担子的人，这副担子，一头是作者，一头是读者。作者的作品通过我们的手，才能到达读者手上。有时候，不少年轻人是因为读到了一本好书，影响了他的人生道路。也曾经有一个罪犯在忏悔时说，他犯罪是因为看了一本导向不好的书。由此可见，出版导向是多么的重要！习近平总书记指出："为人民提供更多优秀精神文化产品，善莫大焉。"所以，编辑一定要坚持为人民编好书的理念，多策划、组约、出版能够培根铸魂、启智增慧，能够滋养民族心灵、培育文化自信，能够满足人民日益增长的美好精神文化生活需要，促进提升人民思想道德素养的优秀作品。要始终把社会效益放在第一位，在追求经济效益的同时，丝毫不放松应有的社会责任。为人民品味书香，守护一方净土。

第四，务必严格遵守出版法规。《中华人民共和国著作权法》《出版管理条例》《图书、期刊、音像制品、电子读物重大选题备案办法》《网络出版服务管理规定》《图书出版管理规定》《图书质量保障体系》《关于进一步加强图书审读工作的意见》等相关的法律和法规，对图书生产流程的每一个环节，都有严格的要求。规定了哪些书、哪些文章可以出版、可以发表，哪些不可以出版和发表；书里、文章内的哪些内容是禁止的，不能出现，是红线，是底线，不能碰；碰了，越了线就是违规，要受到处分。新时代的编辑对这些法规、条例、办法和规定，一定要认真学习，熟悉掌握，内化于心。该备案的书稿、文章一定要备案，该送审的书稿、文章一定要送审，一切严格按制度和按规矩办事，万万不打擦边球。经过备案、送审书稿和文章，就不会出现政治问题。

总之，对于编辑来讲，政治把关是第一要务。无论是开发选题、遴选作者，还是审读加工书稿、文章，要增强政治思维。要坚守底线，不踩红线。对一些涉及重大问题、敏感问题、热点问题的论述、宣传、解读务必把好导向关、把好"时度效"关，确保不出政治问题。

四、必须提升学术文化素养

编辑的核心能力应是选择能力或者说鉴赏能力，这个能力离不开学术文化素养的支撑。出版社出版什么图书、期刊发表何种文章，其选择过程反映出编辑的气魄、眼光、学历和人文情怀，反映出编辑的文化素养、市场把握能力。选题确定以后，对作者的选择，对作者书稿的编辑处理，对作品呈现方式的选择，对出版工艺的选择，都离不开编辑的学术文化素养。只有具备相当的学术文化素养，才有可能具备清晰的逻辑分析能力，才有可能具有灵活的头脑，才可以产生源源不断的编辑创意。

很难想象一个学术文化素养不高、一个没有文化情怀的编辑，能够打造出思想精深、艺术精湛、制作精良的传世佳作。尤其在审稿把关这一环节，没有文化素养和学术素养作支撑，怎么能够把好内容关。只有具备较高的学术文化素养才有可能驾驭那些具有很高思想价值、文化价值、艺术价值，但因作者本人表述能力受到某些制约，而存在严重缺陷的书稿，通过编辑的智力贡献，帮助作者提升质量，化腐朽为神奇。由此可见，编辑工作绝不只是简单的"来料加工"，还包含有大量创造性的劳动，对于作者进一步完善、提升作品的水准和价值不可或缺。

有众多案例表明，编辑的学术水准决定着图书、文章的品质与质量，编辑角色存续的关键在于专业化。一个编辑如果没有真才实学，很难提出有价值的选题，很难对书稿做出准确的判断，更谈不上进一步提高书稿的学术质量，充其量只是统一一下全书的格式，改几个错别字而已。曾经发生过这样的笑话：有的编辑面对一部学术价值"含金量极高"的书稿，觉得平淡无奇，以致把精华当作糟粕删掉；反之，本是一部没有任何创意，且是学术上的"二道贩子"的书稿，也就是我们讲的有剽窃、抄袭行为的书稿，竟以为发现了"新大陆"，佩服得五体投地。难怪资深编辑要这么说：如果编辑和作者在学问方面找不到共同语言，无法进行对话，必然会给交流书稿意见带来诸多不便，甚至被作者瞧不起。

可见，切莫做草包编辑，而要肚子里有点"真货"。唯有不断提升学术文化素养，步入学者型编辑的行列，才能真正做到有"两把刷子"。所以，新时代的编辑应当通过各种途径增强自己的学术文化底蕴。

一要重视每年度的编辑出版人员继续教育培训。上级管理部门"硬性"规定，在职编辑人员每年必须参加培训。实践证明，这一"规定动作"对提升编辑的学术文化素养，开阔新思路，拓展新视野，增强自信心起到了明显的作用。因为课程是经过精心设计的，政治性、思想性、前瞻性、艺术性、针对性、实操性极强，既有理论色彩，又有经典案例作支撑。授课老师也是经过精心遴选，均为权威出版单位的领军人物、一流编辑和国内著名的专家学者。他们娓娓道来、见解透辟、简洁生动，尤其是结合自身经历祖露如何修炼、提高各种素养时，既有引人深思的深厚学理，又有催人奋进的人生智慧，可谓思想的精粹、智慧的集锦。可以说，每参加一期培训班，就是和多位有学问、有才气、有智慧者的交流和对话，岂有不提升学术文化素养之理。所以，切莫走过场，敷衍应付，仅是为了获得几个"学时"而已。

二要向优秀的学者型编辑学习。经验一再表明，一名真正的学者型编辑或名编辑，不但可以加工出高质量的书稿和文章，而且自己就是出色的作者或专家。要做到这一条，必须有一定学术功底作支撑。2019年被评为中国"十大优秀出版编辑"的编辑，他们不仅具有较高的学术教育背景，熟悉某一学科专业，能够与作者进行学术对话，有能力编辑专业学术著作，并能把握学术的发展趋势，设计出前沿的学术课题，引领学术思潮的发展方向，带动学术界从事社会所需要的学术研究，而且都有自己的作品。这些学者型编辑是业界的榜样和标杆。研究他们对学术文化的追求和治学之道，肯定会受到有益的启迪。

三要充分发挥"传帮带"的作用。青年编辑应虚心地向同一个单位里有学问、有文化情怀、有文化底蕴、有成就的老编辑学习。有条件的单位应实行编辑导师制，享受一对一的"私教"。导师不仅选自本单位，还应从高等院校、研究单位的专家中选聘。"私教"的内容，不可只局限于岗位职责、工作流程、书稿加工的各种规范和标准等基本业务的讲授；更重要的是，通过梳理本学科的研究状况和分析发展的趋向，让青年编辑能够及时更新知识结构，提高专业科研能力，写出具有独到见解的作品来。

四要善于向作者请教。编辑供职的是一个富有创意和活力的行业。这个行业为编辑提供了很多机会，经常可以与一些才华横溢的作者对话，一起磋商、合作更广阔的学术文化议程。与这些睿智儒雅、学养深厚、思维敏捷的作者对话是一种享受，是难得的学习机会。古人云：涉浅水者得鱼虾，入深水者得蛟龙。编辑向有才华的作者请教，恰如"入深水者得蛟龙"，肯定可以长学问，提升学术文化素养。这一走捷径的"私教"形式，只有编辑可以"独享"，万万不可放过。

五要将知识升华为智慧。托尔斯泰有句名言："知识，只有当它靠积极的思维得来而不是凭记忆得来时，才是真正的知识。"如果不思考、不提炼，学到的东西便是一堆零散的、碎片式的死知识。"学而不思则罔"，孔子的这句话道出了思考的真谛。所以，编辑既要坚持不懈地学习，又要敏于动脑进行深度思考，方能将知识升华为智慧，进一步提升自己的学术文化素养。

五、必须开拓增强创新能力

我国目前的出书总量高居世界前列，是一个地道的出版大国。据统计，我国每年出版新书 23 万种左右。但按"二八定律"，却难以遴选出 4 万种精品力作。令人堪忧的是，有相当部分可出可不出的平庸之作，一些重复的、注水的、跟风的、模仿的、炒作的以及机械化生产的作品大行其道。为什么会这样？一个重要原因就是编辑缺乏想象力、缺乏创新意识、缺乏创新能力所致。

从近几年出版的新书来看，思想性、学术性、现实性强的原创作品明显稀缺。包括主题出版、社科、传统文化、科技、宗教、文艺类的作品，即便是列为国家级的重要出版项目，属于整理总结前人成果的居多，能够代表国家各领域顶级研究水平，能够反映各行各业现实工作、生活图景的并不多。以传统文化题材为例，多数图书的内容停留在整理文献和解读文献的层面，深入阐释、重点阐发，研究性的、有重大学术价值的难得一见，真正做到了创造性转化、创新性发展，将传统文化内涵深入浅出、与时俱进地讲给读者的更是凤毛麟角。

习近平总书记强调："理论的生命力在于创新。创新是哲学社会科学发展的永恒主题，也是社会发展、实践深化、历史前进对哲学社会科学的必然要求。……如果不能及时研究、提出、运用新思想、新理念、新办法，理论就会苍白无力，哲学社会科学就会'肌无力'。"在党的二十大报告中，他提出"创新是第一动力"的论断，要求深入实施"创新驱动发展战略，开辟发展新领域新赛道，不断塑造发展新动能新优势"。强调要坚持创新在我国现代化建设全局中的核心地位，提升国家创新体系整体效能。

所以，新时代的编辑务必增强创新能力，注重在以下五点发力。

第一，要强化创新意识，敏于思考。1939年5月，毛泽东为延安《新中华报》题词"多想"两个字，旨在鼓励报刊人员多动脑、多思考、多分析。思考，就是让脑子动起来、活起来，让思维活跃起来，不断拓展想的广度和深度，把事情想深、想透、想清后，再付诸行动。当下是一个信息和知识爆炸、各种诱惑层出不穷的时代，一个全民患有微信疲劳症的时代，能沉下心来思考似乎已成为一种奢侈。但编辑不可整天忙于接收各种信息、传递各种信息，而没有时间来思考这些信息。没有思考就没有思想，没有思考就没有创新。要善于发现问题、提出问题、直面问题、研究问题、回答问题、解决问题。哪怕是同一件事情、同一种举措、同一种思想、同一种文化、同一个人物，往往是"横看成岭侧成峰"。面对同一个问题，同一种现象，不同的视角，不同的层面，不同的思考，必然产生不同的看法，得出不同的见解。只要经过独立思考，而且多半是孤独的思考，才不会人云亦云，鹦鹉学舌。

第二，要经常自我设问如何创新。编辑应是思想者。在日常工作中面对同一个作品，怎么适合传统出版，怎么适合数字出版，能不能搞出其他衍生品，编辑要强化这样一种意识：选题策划要创新，写法要创新，组合方式要创新，表现形式也要创新。必须摒弃固化的思维和老套的模式，进行"另类思维"，用新思维、新手段、新方式来突破固有局限。以主题出版、主题宣传为例，要达到高水准，应按照精细储备、精准出版和精品出版的理念，创新主题出版的内容、形式、载体、渠道，并在分众化上多下工夫，推出各种有针对性的主题图书；还要适应移动化、碎片化、图像化的信息传播趋势和接受习惯，坚持媒体融合，实现资源共享，推动主题出版、主题宣传多元衍生转化，让丰富的内容通过丰富的载体得到丰富的呈现。有一种创新法很值得倡导：以前多是以"百科全书式"的做法来做理论读物，要求系统、全面、严谨，成体系；现在采用"卡片流"——将一个个小主题的内容，做成一张张生动活泼的卡片；这些卡片本身并不强调体系，但卡片与卡片之间有一种内在逻辑的联系，在不同的排列组合中产生不同的思想逻辑。

第三，要坚持开发原创作品。以学术研究为例：切莫囿于传统思维，要敢于挑战权威，不让陈旧观点的聒噪声淹没自己脑海里萌发、涌动的新思想、新理念、新见解。探讨中国的传统文化，不能老停留在祖宗怎么说，老子、孔子、孟子怎么说，仅仅是解读、"照着说"的层面。而应该是"接着说""自己说"，发前人未发之言，或虽有所发而又未尽之言，要提出新观点和新见解。80 年前，范文澜在延安完成出版了"惊世骇俗"之作《中国通史简编》。因为该书打破了旧史书王朝体系的写法，是国内第一部运用马克思主义观点分析、介绍中华文明史的著作，所以毛泽东点赞道："我们共产党人对于自己国家几千年的历史，不仅有我们的看法，而且写出了一部系统的完整的中国通史。这表明我们中国共产党对于自己国家几千年的历史有了发言权，也拿出了科学的著作了。"新中国成立以后，该书扩充为 12 卷《中国通史》，并荣获第二届国家图书奖。这部架构宏大、史实准确、选材精当、笔法洗练，全面展示中华文明史的画卷，何以能够穿越历史时空隧道，具有如此强大的生命力？就是因为这部巨著是原创性作品。但愿新时代的编辑也能静下心来，耐得住寂寞，和作者共同"另类思维"，打磨出更多的能够经得起时间检验的原创性作品。

第四，要通过视角创新创造出新价值。有一种说法颇具哲理性：作品创新，关键在"创"，目标在"新"。"新"可以分为两个层面：一个层面是创新；另一个层面是翻新。"人无我有"，是创新；"人有我优"，是翻新。对翻新层面而言，通过视角创新最见成效。视角就是观察问题的角度，视角的变化也意味着视域的拓展，坐井观天与背负苍天向下看，观察效果是不同的。因而，要摆脱选题、写法上的困惑，首要的问题是视角的更新。只有更新视角，才能发现此前未曾留意的新问题，才能在旧材料、固定写法中引发新见解，才能变已知为未知，化腐朽为神奇。比如，就文学研究文学与跳出文学，从历史、政治、地域、宗教、家族、主题学、人类学等角度切入，用综合的、关联的、比较的眼光审视文学，所得出的结论自会与众不同。早在100多年前，丹纳《艺术哲学》就提出了影响文学艺术的三大因素——种族、时代、制度，以及与此紧密关联的地域、环境、风俗、语言、政治、军事等重要条件，并据此提供了文学艺术分析的成功范例。随着每一次成功的视角变化，会给作者和编辑带来新的驰骋空间。

第五，要让"云脑"成为"编辑脑力"的重要帮手。习近平总书记指出，要探索将人工智能运用在新闻采集、生产、分发、接收、反馈中，全面提高舆论引导能力。当今时代，大数据、云计算、物联网、算法推荐、区块链、人工智能等新兴技术飞速发展，微博、微信、社群、听书、直播、短视频、抖音等新营销平台纷至沓来。机器人写稿、智能语音转换、机器学习、视觉技术等已产生相当的影响。面对飞速发展的时代潮流，编辑只有不断地加强学习，掌握新兴技术，才能不掉队不落伍。所以，新时代的编辑必须借助"云脑"实践，让其成为增强"编辑脑力"的重要帮手。在实践中，还要做好去伪存真、去粗取精的工作。因为现在互联网推送的大量信息未经专业人员把关，内容质量良莠不齐、鱼龙混杂、毫无章法。这就需要编辑对获取的海量信息，进行筛选、归类、分析，剔除虚假错误的信息，汲取准确、真实的信息，而后进行比较鉴别。如此这般，判断的结论方能准确无误。才能找到解决问题的妙点子、好法子，从而迸发出思想的火花、激活创新的灵感。

六、必须增强"四力"综合实力

习近平总书记要求宣传思想工作者要做到"四力"：脚力、眼力、脑力、笔力。新时代的编辑也必须深化"四力"实践，着力增强政治素质、思想修养和专业本领。

其一，要勤于历练脚力。常言道："百闻不如一见""眼见为实，耳听为虚"。在脚力实践中，可以感知到时代变迁的步伐，捕捉到社会进步的浪花，采集到思想智慧的矿藏，是一个自我磨砺、自我锤炼、自我放飞、自我提高、自我升华的过程。新时代的编辑深化"脚力"实践，应注重在三个方面发力：一要走近作者，做知心朋友。与作者打交道恪守诚、信、恒、专的原则，通过和作者零距离接触，促膝交谈，了解他们正在研究什么、撰写什么，他们的诉求是什么，包括其兴趣爱好和困惑。要懂得作者的心理，关照作者的利益，实现作者的愿望，让一流作者成为自己长期的签约对象。实践证明，好的作者、好的稿子，大部分是编辑跑出来的、挖过来的。二要走近读者、走进书店。通过交流和考察，知晓读者喜欢什么样的图书，市场需要哪些图书。让读者喜欢你策划编辑的书，成为你的读者，让书店成为你亲密无间的合作伙伴。业界一些成功的案例表明，编辑通过深度走访书店，发现了销售环节存在的问题，摸清了读者和书店的需求。三要勤于线上追踪调查。现在，网上有海量的学术论文信息。特别是近年来流行的抖音、快手、小红书、B站、知乎、微博等社交媒体平台，汇聚了数亿用户，形成了众多网民的兴趣圈层，编辑要善于"泡"在线上，通过追踪调查，获取选题资料、作者数据、社群诉求等信息。

其二，要练就一双慧眼。慧眼识珠是做编辑的基本功，是衡量一个编辑观察力、发现力、判断力、辨别力强弱的标志。如在选题环节，能不能做到发现精品，编辑的眼光起到决定性的作用。编辑要是有好的"眼力"，好选题，有价值、有特色的选题，就不会从你眼皮之下"溜走"。所谓"伯乐识马"，就是因为伯乐的"眼力"好，"眼力"独到。如果没有眼光，走眼了，好作品也会从编辑的手中溜走。新时代的编辑深化"眼力"实践，应注重在三个方面发力：一要坚持全面辩证。要善于运用马克思主义的立场、观点、方法来观察事物、分析问题。切莫片面地、零散地、孤立地、静止地观察事物。要透过现象看本质，善于从纷乱的诸多矛盾中抓住主要矛盾，判断主要矛盾及其主要方面，把握好主流与支流、整体与个体的关系，才能客观、全面呈现事物的本来面貌。只有全方位、多角度地观察问题、思考问题，才能增强由小及大、由低及高、由点及面审视问题的能力。二要把握大局大势。习近平总书记在党的二十大报告中指出：从现在起，中国共产党的中心任务就是团结带领全国各族人民全面建成社会主义现代化强国、实现第二个百年奋斗目标，以中国式现代化全面推进中华民族伟大复兴。这就是最重要的大局、最根本的大势。所有的编辑工作都应立足这个大局、把握这个大势。只有"胸怀大局、把握大势、着眼大事"，才能更好地找到工作的切入点和着力点。三要善于比较辨别。一个选题的价值大小，需要通过比较才能判定。一本书稿、一篇文章的内容是否妥当，只有通过综合分析才能得出正确结论。还要做好去伪存真、去粗取精的工作。

其三，强脑力善思考。脑力既综合反映了一个人的思想水平、政治水平、理论水平，也体现了学习能力、思考能力、思辨能力、创新能力。脑力不强，脑力残缺，遇事就晕就蒙，是不堪大用的。脑力是编辑的智慧。新时代的编辑深化"脑力"实践，应注重在三个方面修炼：一要加强学习。要把学习当作一种紧迫的任务、永恒的追求。首先，要提高政治站位。通过深入学习习近平新时代中国特色社会主义思想、学习党的二十大精神，全面提升自己的政治觉悟和政治能力。其次，要结合实际工作需要，广泛涉猎政治经济、历史文化、法律社会、科学技术等各方面知识，博览群书、广泛涉猎，不断完善自己的知识结构，切实打牢专业功底。再次，应潜下心来，多看一些原著，啃一些难懂的、有深度的、经典的名篇。并将阅读中的思考带入编辑实践中去，进行规律性的积累总结，促进业务能力的提升。知识多了，肚里有了"真货"，有了学问，脑子方能才思涌动，进行深度思考。二要敏于思考。编辑的思考应是常态化的、多元化的，要使自己的脑子成为思想的"永动机"。遇事务必多想，多问几个"为什么""怎么办"。让思维活跃起来，不断拓展思考的广度和深度。思考中，要加强政治思维、辩证思维、历史思维、创新思维、底线思维。编辑头脑中要绷紧意识形态这根弦。只有坚持多疑、善疑、会疑，才能敏锐地发现书稿中的欠妥问题。当然，切莫把学术观点、学术问题误判为政治问题。反之，也绝不可将政治问题判定为学术观点和学术见解。三要强化创新意识。习近平总书记强调：理论的生命力在于创新。在党的二十大报告中，他又提出"创新是第一生产力"的论断。编辑在工作过程中，必须用新思维、新手段、新方式来突破固有局限。

其四，能编也要能写。笔力，从字面解读，就是下笔成文、妙笔生花的能力。这种能力体现了一个人的理想情怀、政治素质、知识积淀、文化修养、专业底蕴和文字功底。一个编辑不会写文章，犹如一个战士不会放枪，何以参加战斗。编辑如果放任自己的笔力锈钝，必然会使自己的思维枯竭，脑子变笨变晕，导致人云亦云，眼高手低，与优秀作品擦肩而过。

新时代的编辑深化"笔力"实践，一定要写一点属于自己的作品，为自己的职业生涯增添色彩。首先，练笔要从写好审读报告和书评做起。从审读中形成想法到变成文字，写出一份有分析、有内容的审读报告，可谓一段苦旅，是一个升华过程，对提高编辑自身的业务水平、写作能力有极大的好处。审读报告写好了，再修改一下，提炼一下，将其变成一篇书评美文发表。其次，要搞一点学术性研究。编辑撰写学术论文既可选择专业性课题，也可以是编辑理论和编辑实务方面的。写学术文章最忌讳嚼别人嚼过的馍。所以，从选题阶段就应该求新，要么提出新问题；要么老问题有新视角；要么解决问题有新思路。分析问题要入木三分、鞭辟入里，论述的内容不能全是大家知道的，一定要视角新颖，分析引发独到见解、独特观点的路径，要能体现出学理研究的功夫和实力。再次，要有点文采。毛泽东喜欢写生动活泼的文章，讨厌枯燥乏味的"八股文"。他的精彩文章多种多样，写法也神采各异。习近平总书记是运用群众语言的大师，他说的"撸起袖子加油干""一张蓝图绘到底"" '打虎' '拍蝇' '猎狐' 多管齐下" "绿水青山就是金山银山"等等,深入浅出、形象生动地阐释了党的政策主张,成为人们耳熟能详的话语。在当今信息技术条件下,还应充分运用新技术,创新传播方式、表达方式,以手机为载体写作时,必须用好微信、微博等客户端的编辑技巧,加以视频、音频、互动等方面的新变化、新要求,以期在媒介融合时代提升综合的笔力,获得更好的传播力、引导力、影响力。

七、结语

一个时代有一个时代的主题,一代人有一代人的使命和担当。出版是先进文化传承和人类知识传播的主阵地,是社会主义先进文化的重要载体。走好新时代的长征路、赶考路需要文化的引领、精神的支撑,需要发挥出版凝心聚力、化人育人的重要作用。现在,党和国家事业站上了新起点,踏上了新征程,为出版的繁荣创新提供了广阔空间。习近平总书记多次对加强和改进出版工作作出重要指示,要求努力为人民群众提供更加丰富、更加优质的出版产品和服务。功以才成,业由才广。在推进文化自信自强,铸就社会主义文化新辉煌进程中,必须锻造一支高素质的编辑队伍。作为新时代的编辑,在政治信仰、政治能力、思想品格、文化素质、工作担当、职业精神、生活境界等方面要比一般人有更高的追求。锤炼到真有"几把刷子"了,便是底气、底蕴所在。空谈误国,实干兴邦。编辑朋友们,让我们以强烈的历史责任感、文化使命感,扎实工作、不懈奋斗,一步一个脚印把党的二十大作出的重大决策部署付诸行动，当好党的政策主张的传播者、时代风云的记录者、社会进步的推动者、新时代潮流的引领者，奏响新时代出版的最强音，为全面建设社会主义现代化国家、全面推进中华民族伟大复兴贡献我们这一代人的智慧和力量，创造属于我们这一代人的业绩和荣光。

（原载《中国编辑》2022 年第 11 期，中国人民大学报刊
复印资料《出版业》2023 年第 2 期全文转载）

充分发挥编辑名家的引领作用

——"十大优秀出版编辑"点评

2018 年，中国编辑学会组织了首届中国"十大优秀出版编辑"的评选活动。这一奖项是报请原新闻出版广电总局和中宣部同意，经国务院全国评比达标表彰工作协调小组批准的，是面向编辑工作者的首个独立的全国性奖项。从启动到圆满结束，始终严格按照上级领导部门批准的程序、要求和规矩进行，受到业界的高度重视和全力支持。2018 年 11 月 27 日，在中国编辑学会第 19 届年会开幕式上，举行了隆重的颁奖仪式。"十大优秀出版编辑"的事迹和"颁奖词"受到与会者的一致好评，认为他们获此殊荣是实至名归。这十位工作在一线的编辑以自己的实际行动，担当起了传承、弘扬、创新中华优秀传统文化、革命文化、社会主义先进文化的重要使命。他们是新时代编辑工作者的榜样、楷模和标杆。

一、情系编辑事业

《优秀出版编辑评选办法》中明确要求，参选者必须具有 15 年以上从事编辑工作的经历。荣获首届"十大优秀出版编辑"者，最长的编龄是 63 年，最短 15 年，平均 28.5 年。他们从业以来"干

主讲"充分发挥编辑名家的引领作用"

一行、爱一行、钻一行",无私奉献,情系编辑出版事业,具有突出的示范引领作用。

巢峰在他 63 年的出版生涯中,长期担任辞海编辑委员会委员、副主编、常务副主编,历经《辞海》第三版、第四版、第五版、第六版 4 个版本的编纂出版工作。《辞海》事业是他情之所系,就像他自己深情告白的那样:"这么多年来,我的生命就是跟编纂《辞海》交织在一起的。我老了,但我相信《辞海》不会老。"

在 1979 年至 2009 年《辞海》第三版至第六版的编纂出版过程中,他充分施展了作为出版家和辞书编纂家的才干。2012 年至 2013 年,离休后的巢峰全力投入到《辞海》(第六版)的内容解剖中,统筹各方面力量对《辞海》近 80 门学科的内容质量进行全面的检查和解剖,形成一篇篇翔实、深刻的解剖报告,为《辞海》(第六版)的修订工作打下了扎实的基础。其后,又为《辞海》(第七版）编纂方案、编纂手册提出一系列意见，为正式修订作出了极大贡献。2015年《辞海》（第七版）编纂工作正式启动，从第七版定位、特色的确定到词目收录、释文修订原则的确立，从作者队伍的选聘到编辑队伍的培养等，他都积极给予指导，以他丰富的经验为第七版的编纂保驾护航。

巢峰还倾心投入到《大辞海》多个分卷的编纂出版工作中。《大辞海》是在《辞海》基础上按照学科分卷编纂的特大型综合性辞典。2002年正式启动，至2015年38卷42册出齐。全书收词总计约28.5万条目、5000余万字、8000余幅图片，分为体育卷、中国古代史卷、数理化力学卷、机械电气卷、环境科学卷、天文学—地球科学卷、哲学卷、医药科学卷、中国文学卷、外国文学卷等。作为《大辞海》的常务副主编，从《大辞海》的分卷设置、各卷的框架设计到词目、释文审稿等，巢峰都倾注了大量心血。

郑海燕入行近20年，始终在孜孜不倦地耕耘。她认为，编辑首先要专业、乐业、敬业。"编辑要从自己最拿手的专业图书入手，逐步掌握编辑的基本技能，不断积累编辑经验，平时可以准备一个错题本，把日常编辑过程中易出错、常出错以及易忽略的问题集中在错题本上，常翻常学，不断巩固和提升编辑技能。只有喜欢这份工作，才能静下心来，做到乐业和敬业。"郑海燕祖露：她一直满怀工作热情，恨不得时刻浸泡在书稿里，入行第一年视力就下降300度，只为他人作嫁衣。干了近20年，蓦然回首，发现自己仍然浸泡在书稿里，依旧乐此不疲，深感"为人民出好书"责任重大，苦苦思索如何多出精品力作。她强调：干编辑这一行要耐得住寂寰，要无悔于付出，忙碌中要不忘初心，时刻牢记"为人民出好书"的使命，让更多的作品沉淀下来，实现"双效益"。谈到职业感言，她说：近 20 年的职业生涯，经历了出版社的改革、出版行业的变革，我依然坚守自己的专业、职业，从文字编辑到策划编辑，再向全能型编辑努力。作为一名出版人，希望作者和读者，在拿到自己策划和编辑的图书时，能看出编辑对作者、内容的取舍，对文字的字斟句酌、辨微识疵，对封面和版式的偏好以及对市场的定位，对发行方向的努力和对读者的追求。纵然技术日新月异、市场竞争激烈，内容为王、质量制胜仍是法宝。逐梦路上，我仍将以一颗高标准严要求的责任心，爱岗敬业，一如既往地追寻高品质、双效益、能沉淀、被认可的精品好书。

何军民执着于儿童文学的编辑出版工作。他说：少儿出版领域藏龙卧虎，整个出版界更是人才济济，无论具体从事什么性质的编辑工作，只有始终保持学习的习惯和能力，才能适应新时代的新要求。"编辑工作，要求我们面对作品时既要'进得去'，也要'出得来'。也就是说，既不能一味欣赏，也不能一概否定。我们要以比普通读者更高的标准来看待书稿，不要让个人偏好影响对作品质地的判断，这样才能调动更广泛视域内的资源为作品锦上添花。"他的努力，得到了丰厚的回报。不仅荣获首届"中国好编辑"、中国出版政府奖优秀编辑奖等称号，还多次获得安徽出版集团"优秀员工""优秀青年岗位能手"、安徽少儿社"党员之星""先进个人"等称号。2016 年 7 月 1 日，在安徽少儿社为庆祝建党 95 周年举行的表彰活动上，被授予"优秀党员"称号。2016 年 5 月，所在编辑室获得安徽省总工会授予的"工人先锋号"称号，并被推荐参加全国"工人先锋号"评选，受到《中国新闻出版广电报》、安徽电视台、《安徽日报》等主流媒体重点报道。在创利方面：从 2011 年到 2013 年，连续三年蝉联安徽少儿社第一名，2014 年、2015 年、2016 年连续三年居安徽少儿社前三名（2016 年为第一名）。2010 年至 2016 年，6 年创利超过 700 万元，年均创利超过 100 万元。所编多种图书发行量名列行业前茅，其中"小橘灯·校园纯小说"系列累计印刷超过 100 次，发行量近 100 万册；《少年与海》自 2014 年 2 月上市以来，不仅获得"五个一工程"图书奖等 30 多项省部级以上荣誉，而且一直保持旺销势头，累计印刷 24 次，发行近 15 万册，成为双效图书的行业标杆；"动物小说大王沈石溪自选精品集（升级版）"等多种图书聚焦"绿水青山"主题，形成了比较具有优势的生态图书品牌集群，累计印刷近 200 次，发行量 200 多万册，创造了少儿图书市场上的"安少版动物小说"现象。2015 年，他带领只有 6 个人的团队实现全年发货码洋 1 亿零 174 万元，打造了安徽少儿社建社 30 多年来的第一个"亿元编辑部"，也是安徽出版界在新中国成立以来一般图书板块的第一个"亿元编辑部"。

郑殿华认为，编辑必须对出版怀有敬意，始终葆有思想的广博性、深刻性、辩证性和独立性，把出版作为自己终生的追求，增强事业心、责任心和使命感，将编辑出版行为与国家、民族、时代融为一体，从人类社会发展规律和中华民族伟大复兴的需求中找准定位，并围绕这些问题去策划出版选题，唯有如此，才能策划出传世之作。当你真正把编辑工作当作事业，真正怀着对读者、作者和译者负责的态度，运用自己的聪明、智慧和汗水，用心去对待每一部书稿，把作者的书稿当成是自己的宝贝去看待，用心去编辑加工时，你会发觉一切都不一样了。作为一名编辑，还要有无私奉献的精神。"采得百花成蜜后，为谁辛苦为谁甜?"这正是编辑工作的伟大。当编辑看到自己的作者踌躇满志的时候，看到自己的读者爱不释手的时候，那由衷的快乐别人是永远也体会不到的。他担任责编的《亲历出版三十年——新时期出版纪事与思考》入选第二届"三个一百"原创图书项目；担任项目负责人的《钱锺书手稿集·外文笔记》获"第四届中国出版政府奖图书奖"；担任项目负责人和责编之一的"中华现代学术名著丛书""汉译世界学术名著丛书"、《中俄关系历史档案文件集》等入选国家出版基金项目、"十二五""十三五"国家重点图书重大出版工程规划项目。由于编辑业绩突出，他入选了中国出版集团第一批"三个一百"人才和中国出版集团优秀骨干编辑，并于2017年被评为中国出版集团公司十佳编辑人才。在管理工作中，他稳健谦逊的工作作风和突出的工作业绩同样受到了广泛的好评，被授予2012—2014年度中国出版集团精神文明建设先进个人，2016年度中国出版集团优秀共产党员，并从2012年至2016年连续5年被评为商务印书馆优秀中层管理者。

杨宗元自豪地说：我在学术出版的岗位上无论是做文编，还是做策划和管理工作，始终兢兢业业、尽职尽责、精益求精。学术出版是我一生的事业，它不能带给我财富，也不会带给我显赫的地位，但它是学术发展和人类文化传承的桥梁，我愿意在这个领域执着守望。由于她始终坚守在学术出版领域，付得起辛苦，耐得住寂寞，先后获得国家级奖项3项，国家级项目10项，国家级"走出去"项目13项；获得省部级奖项15项；入选国家社科基金后期资助项目10种。

在蔡敏看来，对于"为他人作嫁衣"、略显枯燥的编辑工作而言，要尽可能从中得到存在感、满足感和获得感，"文物考古值得花点精力，并不是所有的都值得付出如此精力，但我们做的这些是可以传世的，这就很重要"。看着书柜中排列整齐的《新中国出土墓志》，蔡敏动容地说道："作为这套书的第二代编辑，我编了十几年。在我退休之前，是编不完的，还得有人接着往下编。文化遗产的积累和传承，出版在其中发挥着重要作用。我们今天是在替后代人工作，经济上没有轰动的效果。但是一想到肩头沉甸甸的使命，就不敢懈怠，要坚持做下去。""时代在变化，对于编辑的要求也在发生着变化。年轻人要依照新的时代要求规划自己的职业生涯。"

面对出版业越来越多的变化与挑战，如何坚守自己作为编辑的职业理想和情怀？韩敬群表示：具体的出版工作总是会有成与不成，在不同的时期，我们总会遭遇不同的挑战，甚至遭逢职业的倦怠。想到我们从这个深爱的职业中的获取，作为一名原创文学编辑，想到自己能够始终置身于文学的现场，身临其境地参与、见证中国当代原创文学的生成过程，或者还能在其中贡献绵薄之力，我想，很多的挑战都是可以坦然面对的。

他经常说："不要把编辑看成'饭碗'，要看作一项职业、事业。

对于用心做书的编辑，每做一本书都会留下一个故事。对于沉浸其中乐此不疲的人，编辑的乐趣是无时无处不在的。"

韩敬群憧憬道："我心目中理想的出版是：造福社会，造就自己。我们出版好书，为社会提供好的精神食粮，有益于世道人心，同时因为追求做最好的出版，就会要求自己不断与这个民族、这个时代最优秀的思想者、写作者打交道，浸润日久，自己做人做事都会深受影响，得到提升。"

显而易见，"十大优秀出版编辑"步入这个职场，不是一时的冲动，而是理性的思考和选择。他们干这一行不是把这份职业视为一种谋生的、混饭吃的饭碗，而是具有较高的职业操守和职业素养。他们喜欢、热爱、珍视这个职业，把精心打造思想精深、艺术精湛、制作精良的作品视为自己的职责和使命。

二、始终坚持正确的出版导向

"十大优秀出版编辑"的事迹说明，他们始终能够坚持正确的出版导向，给社会、给读者提供的都是正能量的、积极向上的精神产品，没有提供内容有害、基调低下、格调低下、品位低下的坏书和垃圾产品。

巢峰 1945 年加入中国共产党，是一个有着 76 年党龄的党员。离休后他仍然不放松对自己的要求，认真学习党的十九大和历届全会精神，加深对全面深化改革重要性的认识，深入学习习近平总书记系列重要讲话精神，进一步提高思想理论水平，坚定理想信念。巢峰作为老领导、老专家，一方面积极给领导班子提出批评意见；

另一方面在整改落实方案的制定及执行过程中，认真进行监督，为上海辞书社乃至上海世纪出版集团党的群众路线教育实践活动取得实效并形成长期管用的机制，做出了很多贡献。

巢峰充分认识到社会主义核心价值观的深刻内涵和重要意义，主动提出自己要做社会主义核心价值观的引领者、推动者，并在日常工作、生活中认真践行。在文明单位创建及各项捐款、捐书等活动中积极行动，给全社员工树立了一个标杆，有力促进了辞书社培育和践行社会主义核心价值观活动的开展。

郑殿华认真学习习近平新时代中国特色社会主义思想，正确贯彻执行党的方针、政策，政治立场坚定，遵守职业道德，廉洁正派，有很强的政治意识、大局意识、把关意识，在审稿工作中一贯坚持导向原则。他说：作为一名出版人、一个新时代的编辑，要时刻想着读者，以对读者高度负责的态度去想选题，按照"以科学的理论武装人，以正确的舆论引导人，以高尚的精神塑造人，以优秀的作品鼓舞人"的要求，策划选题时要始终坚持正确的出版方向，认真学习相关政策、法规，加强政治意识、大局意识、责任意识，牢固地把社会效益放在第一位，在追求经济效益的同时，丝毫不能放松应有的社会责任。坚持出精品、出品牌，出版真正反映当代最优秀文化成果的著作，出版更多的具有科学性、时代性、民族性、创新性、内容健康、思想向上、形式通俗、为广大读者所欢迎的图书，把最好的精神食粮奉献给社会，奉献给人民大众，满足人民日益增长的精神文化需要。出版质量是品牌的生命，我们要始终坚持编印发一体化管理，把编辑的五大职能与各业务环节实现无缝对接，实现选题环节注重思想学术含量，编校环节注重质量流程控制，印装环节注重技术工艺管理。

他还强调：出版工作具有很强的政治性，编辑工作中，认真把好政治导向关是最重要、最关键的，是首要的考察维度，是编辑工作的重中之重，社科类图书的政治性问题更应该注意，要多疑、善疑、会疑，能够敏锐地发现书稿中的不妥之处。导向问题是把"双刃剑"，一方面，触碰了底线，一票否决；另一方面，绷紧政治意识这根弦，有利于实现社会效益乃至经济效益的最大化，有利于精品力作的打造。

大家知道，道德问题是社会普遍关注的问题，也是党和国家非常重视的问题，特别是随着时代的发展变化，道德问题也呈现出了一些新的特点。杨宗元从选题策划就坚持正确的导向，策划了一套"当代中国社会道德理论与实践研究丛书"，涉及的主题包括：陌生人社会伦理、数字化生存的道德空间、网络社会道德建设研究、政德论、消费与生态悖论、分配正义等等问题，这套书第一辑一共 10 册，2017 年申请到了国家出版基金项目，通过严格的选题质量和流程管理，这套书出版后在国家出版基金的检查评比中获得了优秀的好成绩，使中国人民大学出版社获得了一个申报出版基金项目的奖励名额。2020 年申报"当代中国社会道德理论与实践研究丛书·第二辑"也获得了国家出版基金的支持。

黄一九始终认为，坚持为读者服务，是出版工作的神圣使命结合行业特点的具体体现，因此要从读者的阅读需求出发，策划选题、组稿编辑、出版销售，这样才能取得双效。1995 年，他提出

《九亿农民健康教育读本》的选题计划。因该读本符合广大农民需要，填补了广大农村健康教育的空白，引起了从中央到地方有关领导及专家们的高度重视。稍后，他在全国发起"湖南省《九亿农民健康教育读本》的读书活动"，在社会上引起了强烈的反响，发行了6万多套。为了让不识字的农民也能听懂，他于2002年又策划出版了姊妹篇《亿万农民健康促进广播稿》。这些图书的出版，为改变我国广大农村卫生状况，改变农民的卫生习惯起到了积极的作用，为"三农"奉献了一分力量。分别荣获中宣部第六届精神文明建设"五个一工程"一本好书奖和湖南省"五个一工程"好书奖。黄一九始终以高度的政治责任感来对待出版工作。在出版导向方面，他认为："科技出版，虽然以出版自然科学方面图书为主，但同样担负着教化和育人的重要职责，因此在政治和政策方面的把关要更加引起高度重视。"

何军民注重学习和坚持习近平新时代中国特色社会主义思想和党的基本路线，注重学习、贯彻、落实习近平总书记系列重要讲话，政治素质高，导向意识强，注重对照编辑名家的标准进行理论知识的学习，注重不断提升业务工作水平，注重坚持马克思主义新闻出版观，遵纪守法，廉洁自律，诚信从业，严格执行党中央关于把社会效益放在首位的政策精神，带领编辑部一班人努力奋斗，取得了突出成绩，给所在行业树立了优秀的榜样，所在编辑室被安徽省委宣传部树立为"两学一做"典型。

游道勤政治素质好，全局观念强，忠诚党的出版事业，热爱出版工作，认真遵守党和国家的出版方针、出版法律法规，坚持原则，遵纪守法，艰苦奋斗，廉洁自律，表现出较高的政治素质、良好的道德素养和优良的工作作风。

郑海燕在策划和编辑图书的过程中，认真贯彻执行党的出版方针政策，负责出版的书稿中没有发生任何违反党和国家政策的问题。始终坚持"质量第一""以社会效益为最高准则，实现社会效益与经济效益的双丰收"。

30 多年来，蔡敏以母校的赠言"勤奋、严谨、求实、创新"为座右铭，自觉坚持党的基本路线和社会主义的出版方针，注重职业道德和修养的提高，对工作认真负责。

吴雪梅在从事编辑出版工作的 25 年中，认真贯彻党的教育方针，坚持正确的出版方向，深入学习贯彻习近平新时代中国特色社会主义思想，特别是关于新闻出版和高等教育工作的新理念新思想新论述。

几十年来，他们严格按照国家和上级规定，如《中华人民共和国著作权法》《出版管理条例》《图书、期刊、音像制品、电子读物重大选题备案办法》《图书出版管理规定》《图书质量保障体系》《关于进一步加强图书审读工作的意见》等行事，对图书生产流程的每一个环节，包括选题策划、组稿、加工、印检等，严格把关，避免出现任何政治性错误。他们清楚地认识到，这些法规、条例、办法，规定了哪些书可以做，哪些不可以做；书里哪些内容是禁止的，不能出现，是红线，是底线，不能碰。碰了，越了线就要付出代价，受到处分，甚至丢了饭碗。所以，该备案的书稿就备案，该送审的书稿就送审，一切按制度、按规矩办事，不折不扣地按流程办事，从未打过擦边球。

实践证明，他们具有很高的政治素养和理论素养，在政治方面具备敏锐的观察力和鉴别力。他们认为，政治素养既是一种态度，也是一种能力。所以，他们练就了一双双政治慧眼，能够时刻绷紧政治这根弦，把讲政治摆在第一位，没有走偏走邪，迷失过方向。

现在，有些书刊内容质量出了问题，究其原因，主要在于编辑缺乏导向把关的清醒意识，缺乏从意识形态、出版安全的高度看待编辑工作的自觉性。对书稿中存在的导向问题或浑然不觉，或麻痹大意，有意无意间为违禁有害的内容开了"绿灯"。有些内容导向问题不是显性的，是隐含在字里行间，一不小心，就会从眼皮底下溜过去。所以，业界的编辑人员特别是年轻编辑理应向"十大优秀出版编辑"学习，导向上要守住阵地，不踩红线，谨记导向是1，其他都是0。政治导向出了问题，是一票否决。要做到学理上认同，学术上把关，任何时候任何情况下都不能有丝毫松懈。要始终绷紧政治导向这根弦，时刻高悬政治成本这一达摩克利斯之剑，不放过每一个细节，万万不可"带病"出书。业界已有这方面的多起沉痛教训，一定要避免重蹈覆辙！

三、着力打造主题出版物

在新时代，主流媒体、主题宣传、主题出版必须做强做大。做好主题出版不仅是一项任务，更应当成一种自觉，一种使命，一种责任与担当。

从"十大优秀出版编辑"的事迹看，他们在组约、编辑、出版主题出版方面是一大亮点，推出了一些既叫好又叫座的主题出版精品图书。这些出版物在唱响主旋律、壮大正能量，满足广大人民群众对优秀文化产品的需求方面发挥了重要作用。

郑海燕在中国改革开放 30 周年、新中国成立 60 周年、贯彻落实习近平总书记系列重要讲话精神（如提出全面深化改革、"四个全面"战略布局）等重要节点、重要节日时，策划了一批重点图书。有的入选中宣部、新闻出版总署重点选题，有的被列为国家出版基金项目、"十三五"规划项目、国家社科基金成果文库，有的被评为"五个一工程"图书类特别奖，有的被纳入农家书屋书单，有的被列为全国党员教育培训精品教材，有的被评为优秀理论通俗读物。她作为人民出版社的骨干编辑，经常被领导抽调参加编辑党和国家主要领导同志的重要文献，如 2006 年《江泽民文选》、2009 年《朱镕基答记者问》、2011 年《朱镕基讲话实录》、2013 年《朱镕基上海讲话实录》、2014 年《邓小平文集》、2016 年《胡锦涛文选》和《习近平总书记系列重要讲话读本》、2017 年《习近平谈治国理政》第二卷和《习近平谈治国理政》第一卷修订，以及中宣部编写的历年《理论热点面对面》、"马工程"教材《马克思主义政治经济学概论》，2011 年中组部第三批全国干部培训教材《金融发展与风险防范》和 2015 年中组部第四批全国干部培训教材《加快转变经济发展方式》，等等。

游道勤在庆祝建党 90 周年、迎接党的十八大、宣传党的十八大精神、宣传中国梦和社会主义核心价值观、纪念辛亥革命 100 周年、纪念抗日战争胜利 70 周年等国家重大出版活动中，策划、编辑出版了一批有分量的图书。如《中国有个毛泽东》《中国红军》《中国苏区史》《井冈山革命根据地历史研究丛书》《井冈山斗争史话》《中央革命根据地历史资料文库》《长征日志》《中国共产党怎样解决民族问题》《中国共产党怎样解决发展问题》《信仰永恒：中国共产党人的故事》等。这些精心打造的出版物，有的被列入国家出版基金项目，有的入选国家"十三五"重点出版规划，有的荣获中华优秀出版物奖或优秀原创图书奖，有的获"五个一工程"一本好书奖，有的获中国图书奖，有的获全国优秀党建读物奖。

他们的经验说明，要做好主题出版，需要做到以下几点：

其一，要高度重视主题内容政治性、思想性、导向性和公益性的性质，确保产生积极的社会效益和经济效益是主题出版工作的重要原则和目标。游道勤强调，主题出版必须始终坚持高扬主旋律，要围绕"马克思主义为什么行""中国共产党为什么能""中国特色社会主义为什么好"，致力于讲好中国共产党和中国特色社会主义的故事；要围绕弘扬社会主义核心价值观，研究阐释和传承中华民族精神、中国共产党革命精神和以改革创新为核心的时代精神，弘扬真善美、鞭笞假恶丑；要坚持以人民为中心，着力于反映人民群众的伟大创造和对美好幸福生活的追求，记录新时代、反映新时代、讴歌新时代。在这个过程中，要坚持政治性与学理性的统一，要努力做到客观、准确、真实，使作品能真正起到激励人、鼓舞人的作用。

其二，必须认真学习原典，进行调查研究，做深度思考。不学习，思想会僵化，跟不上时代的节拍。打造主题出版的精品力作必须做好两门功课：一门是必修课，另一门是选修课。必修课是：他们认真学习历次党代会、中央全会报告、公报、决议、决定等能反映会议主旨和精神的重要文件，时刻关注全国人大和国务院以及各部委等颁布的法律、行政法规，紧密追踪全国两会上最能反映民意期待的焦点提案。选修课是：他们平时就留意《新闻联播》和《人民日报》以及新华社、人民网、"学习强国"等主流媒体发布的各种政策信息和有关时政新闻。不做好这两门功课，打造主题出版高地就会成为一句空话。

其三，做主题出版必须提前策划，尤其是配合重大纪念活动，应是今年研究、明年布局、后年甚至是几年以后策划主题活动和出版重点图书。如果不提前布局，仓促上阵，准备不足，很容易搞成"急就章"。如果做成"急就章"、应景之作，就会无人问津，出得快，淘汰得也快。

其四，主题出版物要凸显"六性"。所谓"六性"，即时政性、时效性、时代性、创新性、可读性、学术性。时政性、时效性、时代性、可读性是主题出版图书的必然属性。

第一，凸显了时政性。从狭义上讲，主题出版类图书就是时政类主题出版图书。所以，时政性是主题出版图书的最大特色。主题出版图书的策划，务必凸显其时政性。要以思想引领选题及其内容，做好时代的思想生产。"十大优秀出版编辑"的事迹中，不乏这方面的案例。如郑海燕在纪念改革开放30年做了9本书，其中6本书纳入中宣部和新闻出版总署"强国之路——纪念改革开放30

周年重点书系",3 本书进入"百种纪念改革开放 30 周年重点图书";在纪念改革开放 40 年做了 3 本书,《中国农村改革 40 年》《中国对外开放 40 年》《实施乡村振兴战略五十题》都被纳入中宣部主题出版重点出版物;在新中国成立 70 年策划了一套"新中国经济发展70 年丛书",入选国家出版基金项目,收到很好的效果,打磨出一批有思想深度、文化厚度、情感温度的优秀作品来。

在纪念辛亥革命 100 周年时,由游道勤等策划、联合全国 17家人民出版社一起出版的《辛亥革命全景录》丛书,收到很好的效果,受到中宣部领导的表扬,要求总结经验,坚持下去。这个合作模式非常好,后来全国 20 多家人民出版社又陆续推出《中国改革开放全景录》丛书、《中国抗日战争全景录》丛书。

2011 年 11 月 8 日,主持《辛亥革命全景录》丛书出版座谈会

2012 年 9 月，参加《中国抗日战争全景录》丛书统稿工作会

　　第二，凸显了时效性。时效性是主题出版图书的又一个属性和鲜明特色。有些主题出版图书只有在相关时期内，才会产生较大需求与影响。"十大优秀出版编辑"的事迹中，不乏这方面的案例。郑海燕说，"做时政类图书最大的感受是抢市场很重要"。她做《"四个全面"学习读本》就是和时间赛跑。2015 年 2 月 24 日，她从"人民日报评论"公众号获悉，《人民日报》论协调推进"四个全面"的重磅系列评论员文章第一篇将于第二天见报。立刻意识到这是一个值得去做的好选题，于是立即联系《人民日报》评论部，达成了合作意向。经过社领导同意后，第二天就赶往人民日报社签订合同。那天正下着大雪，郑海燕带着合同，撑着伞，小心翼翼地踏雪前行。签完合同，她中午回到办公室，下午就接到了对方电话，说

人民日报出版社找到人民日报社的社长要合作出版这本书。好在合同已经签订，"再晚几个小时这本书就变成别家出版社的了"。《"四个全面"学习读本》抢占市场先机，销量 28 万册。

第三，凸显了时代性。主题出版图书的策划必须体现时代感，要紧扣党和国家新时代主题主线，唱响时代主旋律，准确把握时代脉搏，弘扬社会正能量。"十大优秀出版编辑"策划、编辑的一些书就凸显了这一特色。如郑海燕策划、责编的《"四个全面"学习读本》，出版后《人民日报》《光明日报》以及人民网、光明网等各大主流媒体纷纷报道，销量 28 万册；《中国新发展理念》（1 万册）、《中国精准脱贫攻坚十讲》（1.6 万册）、《互联网 + 未来空间无限》（2 万册）被评为第三届全国党员教育培训教材创新教材；《家风》结合中华优秀传统文化，谈家风是什么以及家风对社会、对国家的重要性，销量超过 7.5 万册；《中国经济新常态》销售 3 万册。

特别是她参与策划、由人民日报社组织编写的《习近平讲故事》一书，好读易懂、言约旨深，是深入学习领会习近平总书记系列重要讲话精神的通俗读本、生动教材。大家知道，习近平总书记的讲话、文章中，常常用讲故事的方式传达深意、感染他人，把深刻的思想、抽象的理论，转化为鲜活的故事、生动的例子，具有直抵人心的力量。这些故事承载了习近平总书记对内政外交国防、治党治国治军的深刻思考，深蕴中国智慧、体现中国道路。该书从习近平总书记数百篇讲话和文章中，精选出体现他治国理政新理念新思想新战略的 109 则故事，加以完整呈现和解读。出版后销量超过 170 万册，荣获第十四届精神文明建设"五个一工程"图书类特别奖。

黄一九策划、责编的《哈军工传》《神七纪实》《中国航空史》《漫步太空》《不会尘封的记忆——百姓生活 30 年》《青春那些事》等，荣获中宣部"五个一工程"奖、中国出版政府奖、中华优秀出版物奖、第三届"三个一百"原创图书出版工程等国家级大奖。

第四，凸显了创新性。主题出版图书要出彩，要达到高水准，没有创新的方式方法是不行的。"十大优秀出版编辑"的事迹中，不乏这方面的案例。如：2016 年 5 月 17 日，习近平总书记主持召开哲学社会科学工作座谈会并发表重要讲话。同年 12 月 30 日国务院发布了《关于加快构建中国特色哲学社会科学的意见》。《意见》指出，要加快构建中国特色哲学社会科学学术体系，强调要不断推进知识创新、理论创新、方法创新，提升学术原创能力和水平，推动学术理论中国化。对于学术书的策划而言，习近平总书记的讲话和《意见》具有重要的指导意义。

杨宗元在认真学习这些文件的同时，她关注到中国人民大学哲学院教授姚新中在一段时间里先后发表了《推动当代中国哲学向"大哲学"转型》（《人民日报》2016 年 4 月 26 日）、《当代中国哲学的返本与开新》（《光明日报》2016 年 11 月 9 日）、《当代中国哲学的结构困境》（《哲学研究》2016 年第 3 期）等重要理论文章，杨宗元感觉到这是在一系列扎实研究基础上对学术理论创新的重要探索，通过跟姚新中接触，了解到他确实正在做中国人民大学科学研究基金项目"当代中国哲学创新研究"。杨宗元认为这样的选题不仅站在学科、学术前沿，而且与贯彻落实习近平总书记重要讲话和《意见》的精神极为契合，于是果断地向社里提交了选题论证报告。该书后来入选国家出版基金项目，出版后列入 2019 年中华学术外译图书目录，韩文和德文两个语种得到了全国社科规划办中华学术外译项目的支持。

第五，凸显了可读性。"十大优秀出版编辑"策划、编辑的一些图书很有可读性，娓娓道来，"接地气"，让读者愿意看，能够吸引人、感染人。如韩敬群组织推出的徐坤的长篇小说《八月狂想曲》在第十一届"五个一工程"奖评选中名列优秀文学作品第一名。由他担任责编之一的《大平原》在第十二届"五个一工程"奖评选中名列长篇小说第一名，总排名第二名。何军民策划、责编的《少年与海》不仅获得"五个一工程"图书奖等 30 多项省部级以上荣誉，而且一直保持旺销势头，累计印刷 24 次，发行了近 15 万册，成为双效图书的行业标杆。游道勤策划、责编的《爱我中华健康成长》《最美中国梦》《航标：话说社会主义核心价值观》《军旗飘扬丛书》等，印数均在 5 万册以上，多者近百万册，产生了较为显著的社会效益和经济效益。他担任责任编辑的《中国有个毛泽东》(青年版)、《筑成我们新的长城》分别荣获 1994 年度和 1995 年度中宣部"五个一工程"一本好书奖。

2015 年 11 月，国家高层领导人先后在不同场合多次提到了"供给侧结构性改革"，这个新名词一时成为中国经济热点中最火的关键词，也激发了郑海燕策划该选题的强烈意愿。首先面临的问题是请谁来写？主要针对哪个范围的读者群？郑海燕一开始约请的作者无法按约定时间交稿，她就从时效性、权威性和读者定位方面重新考虑，邀请到了国家行政学院经济学教研部张占斌主任。作者最初的提纲并不合意，郑海燕就提出了自己的思路，从"为什么？是什么？怎么办？怎么看？"四个角度入手，分四章梳理清楚中国供给侧结构性改革的逻辑思路和路径。收到书稿后，她又建议作者补充了相关的主题图，图文并茂，真正做到了通俗易懂。功夫不负有心人，此书成为全国获评第七届优秀理论通俗读物奖的八本书之一。

游道勤的做法是：在开展主题书编辑工作过程中，要按照中宣部倡导的，注意要以事实说话、以数据说话、以典型说话、以百姓获得感说话，少一些结论和概念，多一些事实和分析；少一些空泛说教，多一些真情实感；少一些抽象道理，多一些鲜活事例。要善于讲故事，用小切口折射大主题、小故事反映大时代。

第六，凸显了学术性。主题出版不可凑一时之热闹，不能浅尝辄止、浮光掠影，仅仅停留在应景之作或"急就章"层面，也不能狭隘地理解主题出版，一说到主题出版就定位于解读某个文件中某句话的精神，而应该从国家发展、时代变迁、社会和文明的演进多角度挖掘资源，要把内容的深刻性作为主题出版物的一种追求。如：游道勤《中国苏区史》出版后获中华优秀出版物奖提名奖，《中国共产党怎样解决民族问题》出版后获总署"三个一百"优秀原创图书奖。担任策划和组稿的《中国共产党治国理政研究丛书》《中国经济特区建设史》入选国家"十三五"重点出版规划。担任策划和责任编辑的《中央苏区史》于 2002 年获中国图书奖，《中国苏区史》获 2012 年中国优秀出版物提名奖。

杨宗元策划的《重读马克思：文本及其思想》（12 卷本）、《中国传统文化与人类命运共同体》《源远流长——科学社会主义与中国特色社会主义理论体系源流关系研究》等多部图书都入选了年主题出版重点出版物选题。特别是《重读马克思：文本及其思想》，这套十二卷本的书，是献给马克思诞辰 200 周年的厚礼！是由北京大学知名教授聂锦芳主持的国家社科基金重大项目，是聂教授带领的团队在多年追踪世界学术前沿、广泛搜集文献资料和悉心解读内容基础上推出的重要成果。聂锦芳感言道：我对文本细节的过分强调和对解释的客观性的严格要求，无疑大大增加了他们工作和学习的负担；感谢国内外前辈和同行的理解、支持和帮助，尤其是德国专家所给予的"马克思应该感谢您！"的评论，让我既感欣慰更觉诚惶诚恐！

古语说得何等的精辟："不谋万世者，不足谋一时；不谋全局者，不足谋一域。"新时代的主题出版是篇大文章。新时代的编辑应当以"十大优秀出版编辑"为榜样，从战略思维出发，不断深化对主题出版的认识，精准把握主题出版图书的属性和特色，厚植其内容，创新其形式，探索其融合发展之道，做强做亮主题出版，夯实主题出版的高地，打磨出更多优质的"双效益"的精品力作来。

四、潜心打磨品牌图书

什么是品牌？有人说，品牌包括品质与招牌，它对一个企业来说，意味着生命，是核心竞争力的体现。有人说：品牌凝结着一种文化格调，引领着风尚和潮流；品牌也揭示出一种综合素养，是企业战略素质、运营素质、制度素质、人才素质、产品素质、营销素质和文化素质的集中反映和形象表达。

从"十大优秀出版编辑"打造、获奖的出版物看，他们是业界打造品牌图书的高手。

巢峰一生致力于《辞海》的编纂、编辑工作。《辞海》历经几代学人不懈奋斗传承接力，字字推敲、句句锻造，被誉为集众多学科精粹之大成的"标准书"。有人说，《辞海》是"无墙的大学"，担得起"为人师者"，非准确、清晰，而不可成；有人说，遇到问题或疑惑，"对不对，查《辞海》"成为民间共识。2016 年 12 月 29 日，习近平总书记致信祝贺《大辞海》出版暨《辞海》第一版面世 80 周年，指出："《辞海》和《大辞海》是大型综合性词典，全面反映了人类文明优秀成果，系统展现了中华文明丰硕成就，为丰富人民精神世界、增强人民精神力量作出了积极贡献。希望大家坚定文化自信，坚持改革创新，打造传世精品，通过不断实施高质量的重大文化工程，为培育和践行社会主义核心价值观、增强国家文化软实力、建设社会主义文化强国作出新的更大的贡献！"这充分体现了以习近平同志为核心的党中央对《辞海》《大辞海》工作的充分肯定和勉励。

郑殿华认为：品牌建设的基本原则要坚持守正出新。品牌需要长期的培育，要有延续性，且需要不断创新。商务无论是自身，还是生产的产品，都具有延续性。延续不易，创新更难。品牌需要维护。商务品牌百年而不衰，关键是几代商务人为适应时代的变化要求而不断改革，善纳人才，广拓思路，不断学习，使商务的出版能够适应大时代的深刻变革，继续稳步发展。一家出版单位有几个品牌图书并不难，难的是自身能否成为品牌，品牌是无形的，但它将是未来市场竞争的利剑，甚至将发挥决定性作用，而其价值更是难以用金钱来进行衡量。

郑殿华特别注重图书的品质与效益，能够深入把握商务印书馆核心的人文社科学术著译作的特点及精髓，以大型经典项目、核心项目的选题策划和后续出版工作为抓手和突破点，以特色产品线建设为带动，规划和推进了"汉译世界学术名著丛书""中华现代学术名著丛书""中华当代学术著作辑要""大师文集""国际文化版图研究文库"等的规模化、系列化出版，为集团构建出版物的国家知识体系和商务印书馆核心竞争力的提高及企业形象的提升作出了重要贡献。

"中华现代学术名著丛书"是商务印书馆倾力打造的可与"汉译世界学术名著丛书"相媲美的一项大型文化工程，是商务印书馆承担的首个国家出版基金重大项目和"十二五"国家重点图书出版规划项目，旨在全面整理百年来国内优秀学术成果，为中华学术文化的积累与传承奠定基础。该项目第一批计划出书100种，时间紧、任务重，要顺利完成必须做好全局的统筹工作，必须在各个环节都付出最大的努力。郑殿华担任项目组负责人，协调和组织团队共同工作。多次召开项目组专门会议进行部署，要求一定按时高质量地完成出版任务。为便于工作的精细化，将项目组又细分为文史哲组、政经法组、文化宗教组。项目组制定了编辑体例和项目质量跟踪管理措施，明确了操作方式，精心制订计划，将图书根据版权联系、编辑加工、市场营销等情况分辑出版。项目组设立学术秘书，负责敦促进度、组织营销；各学科都有专人负责确定书目，联系版权，组织导读年表，从而保证各学科的系统性。为保证出版有序推进，进度表被公开张贴并随时记录新进展，并且由学术秘书每周给各个编辑和出版部门发出进度提示。在细致入微的统筹引导下，书稿完成了高速流转，按时出版。

"中华现代学术名著丛书"（第一批）100 种图书，结项时被评选为优秀出版项目。出版后，引起学术界和读书界的极大关注，获得了良好的社会反响。有著名学者评价："商务印书馆'中华现代学术名著丛书'的出版，是一件值得学术界庆贺的大事，为中华学术的传承和进步做出了巨大的贡献。"新华社、中央电视台、《人民日报》等几十家媒体刊登报道。"中华现代学术名著丛书"（第一批，100 种）获"第六届中国出版集团公司出版综合奖"。此后，郑殿华又策划主持了"中华现代学术名著丛书"（第二批，100 种），入选 2014 年度国家出版基金资助项目、"十二五"国家重点图书重大出版工程规划项目，已顺利完成。策划主持的"中华现代学术名著丛书"（第三批，100 种）入选"十三五"国家重点图书重大出版工程规划项目。"中华现代学术名著丛书"（200 种）被国家新闻出版广电总局列入"迎接党的十九大重点出版物"。

他还主张，应当提升单本学术著译作的学术含量。对于面向小众的图书，内容质量的唯一标准就是"一流"。要加强品牌的创新能力（横向创新，品牌延展，种新树；纵向创新，使原有的树更丰满），力争做大做强，形成系列特色产品体系，力求有所发展。

对汉译名著、中华名著等进行多维度开发，对原有选题重新整理、推陈出新。

黄一九说："编辑一定要有属于自己的编辑思路，形成体系，而不能东一榔头西一棒子。"明确提出"树立品牌意识，开创、巩固、发展品牌图书"，狠抓畅销书、常销书等品牌图书的生产。为此，湖南科学技术出版社制定了《品牌项目发展管理方案》《品牌项目发展基金的筹措和管理办法》，把品牌项目发展管理作为维护和发展品牌图书的一项重要措施，大力推进品牌图书的建设。他亲自操刀，出版了《时间简史（插图版）》《世界是平的》等一大批有影响的图书。霍金的《时间简史（插图版）》《时间简史（普及版）》在全国引起强烈反响，并掀起一股"霍金"热；《世界是平的》累计销量超过百万册，引发了国内阅读该书的热潮。人们热议"管理平天下"，有600多家企业高层管理人员做到人手一本，有的地方领导要求处以上干部阅读该书，并要写读书心得。他责编的180万字学术巨著《临床胆石病学》受到中国科学院院士吴孟超的肯定。反映20世纪科学巨人爱因斯坦生平全部文献的《爱因斯坦全集》（中文版），成为科技出版的一块丰碑。他的这些"神操作"使湖南科学技术出版社形成了以出版科普类图书、医卫类图书、生活类图书为主要板块的崭新出版格局。

吴雪梅善于把握高校的教学改革方向和教学需求，策划、编辑出版了一大批优秀教材，使高等教育出版社出版的生命医学类教材始终处于行业的领先地位。她说：编辑的精品意识应体现在对学科发展和教改趋势把握得精准，对图书内容质量把控得精心，对编校质量追求精益求精，装帧设计达到精良。在 20 世纪 90 年代，高校"面向 21 世纪课程体系与教学内容改革"实施之初，生命科学的研究已经全面进入到分子水平，但是"分子生物学"课程还只有少数高校开设。她通过广泛的高校课程调研，敏锐地意识到"分子生物学"课程将会在越来越多的高校开设，具有较好的市场前景，因此马上着手组织教材的编写工作。她选择了国家杰出青年科学基金获得者、已在北京大学开设"分子生物学"课程的美国海归博士朱玉贤教授作为主编，并提出了分子生物学教材的编写原则和要求。由于分子生物学是前沿学科，她还考虑到研究生以及专业考研人员的市场需求，因此，在编辑加工、版式设计、用纸、印装、定价等方面也花了大量的精力，力争做成精品。该书出版后反响热烈，首次印刷 5000 册当年就销售一空。该书被教育部认定为生命医学类第一本"面向 21 世纪教材"，成为范本和标杆，还获得了全国优秀科技图书奖二等奖和第四届国家图书奖提名奖。目前已出版第 5 版，累计销量已超过 50 万册。朱玉贤教授也于 2011 年当选为中国科学院院士。还有《病理学》《医学免疫学》《医学微生物学》等 18 种图书，受到了专家的认可和师生的普遍欢迎，自 2014 年陆续出版以来，累计实现销量 25 万余册，在高教社不占优势的医学教材领域拓展了市场，提高了竞争力。近两年来，在高教社传统优势的生命科学领域品牌教材的修订中也全面采用新形态教材的做法，继续引领教材的建设与出版。

吴雪梅感慨道：从我入社之初，老编辑们就告诉我高教社的教材都要细致打磨，推出精品；后来我们的读者告诉我，我们喜欢高

教社的书，因为它权威，可读性强，版式装帧设计也好看实用；我
的作者告诉我，我们非常愿意在高教社出书，因为你们对学科发展
的把握和对教学改革的理解对我们很有启发，在高教社出版提升了
我的作品……再后来，高教社把精品化作为发展战略。近 30 年的
耳濡目染、摸爬滚打，让我深切地认识到，精品意识是一名编辑的
基本素质和基本能力。

韩敬群从 1996 年起，策划组织了"百年人生丛书"，成为北
京出版集团的著名图书品牌。这套自述丛书，包括周一良的《毕竟
是书生》、吴冠中的《生命的风景》、周汝昌的《天·地·人·我》、
杨宪益的《漏船载酒忆当年》等，旨在"汇聚各行各业的知识分子，
以他们的视角和观察，讲述自己和这个世纪同行同进的故事，来盘
点回望这个世纪"。该丛书曾带动了 1997 年中国知识界的反思热。

2001 年 1 月至 2006 年 1 月，他又策划并组织出版了"大家小
书"丛书及其衍生产品《大家小书·洋经典》，被新闻出版总署列
入"十一五"重点出版规划。"大家小书"至今仍是北京出版集团
在传播中华优秀传统文化方面的标志性品牌图书，受到各方面广泛
好评。

北京十月文艺出版社在韩敬群总编辑的率领下，有一批图书
先后获得国家级大奖。如长篇小说《八月桂花遍地开》《八月狂想曲》
《大平原》《上庄记》连续四届获得"五个一工程"奖；《八月桂花
遍地开》《乔伊斯传》《状元媒》《生命树》《秘境》分别获首届及第三、
第四届中国政府出版奖图书奖提名奖；《西藏最后的驮队》获鲁迅
文学奖；《中国京剧图史》获中华优秀出版物奖。2015 年，《耶路撒

冷》《吾血吾土》《三个三重奏》《六人晚餐》《认罪书》等一批优秀作品参评第九届茅盾文学奖并进入前二十提名，《耶路撒冷》《吾血吾土》进入前十提名。这些作品是公认的品牌书。

郑海燕总是叮嘱新入行的编辑不要走捷径，不能为了追逐热点、抢占市场而寻求短平快的逐利模式。"编辑应将追求质量、提升品质作为一个长久的目标和方向，要不求多，只求精；要不求快，只求好，唯如此，精品才会不断涌现。"

杨宗元带领中国人民大学学术出版中心创立了一个学术品牌，叫"守望者"，2016年出版第一本书《正义的前沿》，她们的出版理念是"守望学术、传承经典、开拓新知"。她们设计了自己的标识，2019年3月中国新闻出版广电报对这个品牌做了专访，4月《中国出版传媒商报》以《出版圈那些调性十足的图书品牌》做了报道。这个学术品牌不断地推出优秀的图书，影响力越来越大。杨宗元倡导：优秀编辑除了继承和维护原有的品牌，自己也要有品牌意识和开创精神。既在内容品质上精益求精，提供高水平的内容，也要有精美的外在形式，要增强视觉识别，注重品牌宣传。

显而易见，精心打造品牌图书是一项系统工程，必须进行全方位的理性思维。"十大优秀出版编辑"是精心打造品牌图书的高手。

五、执着践行工匠精神

"十大优秀出版编辑"的事迹说明，他们一直践行工匠精神，当他们坐在办公桌前，就是静下心来认认真真地审读稿子。精品力作都是通过他们"死抠"、精雕细琢而成。

业界许多人知道，新中国成立后，《辞海》历经五版，形成了"一丝不苟，字斟句酌，作风严谨"的辞海精神。一代代的专家学者和出版工作者秉持着这种精神，潜心磨砺，打造了《辞海》这一经久不衰的时代精品。巢峰是辞海精神的践行者，并对此大力倡导。在历次与《辞海》有关的重要会议上，在对辞书社青年编辑进行培训的讲座上，在与同仁的交流中，都能听到他对辞海精神的阐发和推崇。他曾在接受采访时说："'一丝不苟、字斟句酌''板凳要坐十年冷，文章不许一字空'……出版单位要有严谨的精神、严格的作风、严明的纪律、严肃的制度，工作中对每个数据、每个引文都要逐一核对，对每个标点、每个符号都要认真推敲。马虎草率、粗制滥造，是最为令人鄙视和唾弃的作风。"可以说，辞海精神已经刻写进了巢峰的生命中。

巢峰撰文指出：任何出版物的生产都离不开编辑。由于出版物的种类不同，编辑发挥的作用也就不同。和学术著作、小说相比较，《辞海》的编辑工作量要大得多。巢峰透露，编纂第五版时，所有审稿者以严肃的态度认真把关，提出了详细的审稿意见：某个收 400 余个条目的学科，终审意见有 21 页（16 开纸）；某个收 900 余个条目的学科，终审意见有 22 页；某个有 1700 余个条目的学科，复审意见有 99 页。条目合并后的编辑工作主要有两项——三次通读和八种专项检查。通读由资深编辑和特约编审负责。第一次是通读原稿，十六人分四组进行，保证每个条目都有四人看过；第二次是通读二校样，十二人也分四组进行，并且保证通读的内容与原稿通读不重复，每个条目都至少有三人看过；第三次由四人分别按文科、理工科有重点地通读三校样中的百科条目。专项检查包括对字形、注音、中国地名、外国地名、外语、参见系统和图片的检查。正是基于这种层层设防，严格把关的一丝不苟、字斟句酌的辞海精神，使得《辞海》在读者心目中的地位越来越高，其品牌价值和市场影响力也越来越大。

蔡敏说：曾经有人戏称编辑艺术是"一门缺憾的艺术"，这是指编辑工作是在作者创作的基础上进行的，带有很浓的"被动"因素，很难尽善尽美。其实，编辑工作实际上是一项减少缺憾的工作。确切地说，是通过编辑及相关各方的共同努力，减少缺憾的工作。——但愿通过自己的努力，使图书中的"缺憾"降到最低。

蔡敏还说："编辑工作是个良心活儿。""有人说我要求严、标准高，中国有句古话说得好，'求乎上，得乎中；求乎中，得乎下'。对于图书的编辑质量，要做到自己心中有杆秤。"他强调，"自己作为一名编辑所体现出来的工作态度，即严谨、细致、认真，并且在与作者交往的过程中能让对方感受到这种端正的工作态度。"

"她这个人太认真，有时候你会觉得她认真过了头，特别是对书稿文字的'死抠'"，杨宗元的一位同事这样点评她。而杨宗元和同事们常说的一句话是："无论你在哪个岗位，无论出书的压力有多大，要始终把图书质量放在第一位。"

《康德著作全集》是中国人民大学出版社倾心打造的重点出版项目，是"十五"国家重点图书出版规划项目、北京市社会科学理论著作出版资金重点资助项目。康德著作历来以艰深著称，2002

年杨宗元刚一入社，社里就把这项艰巨的任务交给了她。这一做，就是十年。她不仅把自己当作编辑，努力改正书稿中存在的错误，更把自己当作一个读者，把没有错误但觉得不好懂的地方都用铅笔加批注，为译者李秋零教授润色译文提供参考。她的工作得到李秋零教授的好评，李教授认为她"编辑业务精熟"，使"汉译《康德著作全集》避免了诸多生涩和错误之处"。全集出版后在学界引起了广泛的反响，获得了教育部第六届社会科学优秀成果奖，译者李秋零教授也因全集的翻译而获得中国人民大学校长特别奖。

她责编的《中国的儒学统治》一书是由刘绪贻老先生 20 世纪 30 年代在美国出版的博士论文翻译过来的。93 岁高龄的老先生交稿前又将译文认真审读了一遍，告诉出版社不必在编辑上花太多的工夫，希望尽快出书。后来对杨宗元坚持认真编校有些不满。杨宗元在电话中心平气和地对刘老说："您等等，我们发给您的疑问表，您看看再说。"结果，当刘老认真阅读了包括十几处问题的疑问表后，发现杨宗元纠正了他几十年前的多处错误和疏漏，由衷地感激，给杨宗元发邮件表示"深为感佩"。

《饶宗颐二十世纪学术文集》是中国人民大学出版社的重点项目，共计二十卷。饶先生学识渊博，书稿内容艰深且涉及面较广，尤其是整部文集最难的甲骨卷的下卷以及甲骨索引。杨宗元责编时，解决了书稿中的许多疑难问题，而且改正了很多台湾版留下的错误。经饶宗颐先生审定后，给予了"这套书经人大社的编辑加工可以留存后世"的极高评价。

那些年，为了核对几个重要引文，杨宗元常常会钻进人大图书馆，一待就是一天。有时候，她还得跑到国家图书馆查阅资料。后来，她专门注册了超星数字图书馆、中国知网账号，同时自己花数千元配齐了马恩全集、选集，列宁全集、选集，毛泽东、邓小平、江泽民的文集，以及"二十四史""儒家十三经"等经典的电子版，为查找引文提供了方便，也大大节约了时间。

郑殿华深刻认识到：编辑工作作为为他人作嫁衣的工作，面临的问题多，压力大，甚至繁杂、琐碎、枯燥，作为一名编辑，要有"咬定青山不放松"的坚守精神，有把冷板凳坐热的准备和勇气，只有甘于寂寞，耐心细致，坚持"质量为王"的准则，才能把稿子编辑加工好，才能做到"一字不略过"。作为一名编辑，要养成高度的职业敏感和灵敏的职业"嗅觉"，培养严谨、细致的工作作风，把严谨的工作态度贯穿在编辑加工的整个过程，将细心落实在每一个版面、每一个标题、每一个注释中，竭尽全力查证文字数据讹误，善于从司空见惯中发现不同寻常之处，注重每一个细节，不能放过一个疑点，做到全面分析，具体深入，整体处理，精准无误。即使处理名家或质量较好的书稿时，也要防止大意。

他策划的"中华现代学术名著丛书"收录了陈达先生在民国时出版的《南洋华侨与闽粤社会》一书。他责编时，发现其中一个注释中引用了当年地方县志的一个材料，提到"匪患"，经查证，这里所谓"匪患"实际是当年国民党对红军的蔑称。于是，进行了相应的处理。再如，在《中国官僚政治研究》一书中，凡涉及《中国近百年史》的作者"李剑农"处都写成了"李剑华"，从1948年原版至今成书60余年，反复再版都没发现，核实引文后最终予以确认。

郑殿华强调，编校过程中必须关口前移，严格把关，从责任编辑开始，树立精品意识，自觉地从建设先进文化的思想高度和学理层面来认识和把握编校工作。书稿应实行"四审"制暨"三审加一审"制，即编辑、主任和分管领导三审，必要时送审读室，该备案的一定要备案。

蔡敏也始终执着于编辑工作。他常说："当我们坐在办公桌前，要做的就是认认真真看稿子。"从事编辑工作32年，他笑称难免会有"职业病"。"有人说我爱挑错别字，还有人说我要求太严、标准太高。"在蔡敏的办公桌上经常放着待付梓的稿样，每份都有不同颜色的便贴纸齐整地随页标注，胶带、卡尺、《现代汉语词典》……办公"家伙"样样齐全。一个人，一张桌，很多书，30余年来，蔡敏始终以母校北京大学的赠言"勤奋、严谨、求实、创新"为座右铭，做好自己经手的每一本书。在蔡敏看来，编辑要尊重作者，但是不能盲信作者，很多材料要去复核，"编辑的工作实际上就是拾遗补阙，认真、细致是编辑最基本的要素，你越认真，指出的疑问越多，作者越高兴"。

吴雪梅至今清楚地记得刚入职时担任《现代分子生物学》责编的经历。为了把这部书做成精品，她在编辑加工、版式设计、用纸、印装、定价等方面花了大量精力。"作者最初交来的插图有500幅之多，而把所有插图放在一本书中显然不妥。"为了让书稿更为精练、主线突出，她用了整整一周的时间，把插图和内容一一进行关联匹配，用将近30个例子，说明了一些图被删掉的原因。

几番"拉锯"，这位大科学家最终被这位初出茅庐的小编说服，砍掉了200余幅插图，令全书的页数大为精简。该书后来被教育部认定为生命医学类第一本"面向21世纪教材"。以此为范本和标杆，吴雪梅后来又策划出版了一批"面向21世纪教材"，其中《微生物学》《动物生物学》《免疫学导论》等获得了国家级优秀教材奖，成为国内生命科学领域最具影响力的教材。这些教材的出版和不断修订，有力推动了高校相应课程的持续建设。

黄一九也很严谨、较真。出版《湖南药物志》时，他和另一位责编李忠，与湖南省中医药研究院、湖南中医学院等有关人员组成专门的编委会，对图书目录样稿、条目设置、索引设置等进行详细的研究探讨。为了确保质量，该书仅校对就达8次之多。经过近7年的努力，《湖南药物志》于2005年面世后，被专家评价为"集湖南药物之大成，汇三湘名医之精华"，并荣获首届中国出版政府奖。

韩敬群坦言道："我们在十月文艺出版社提倡编辑与作者同行共进、共同成长的专业精神，提倡'毫无遗憾'的编辑风格，努力把编辑力的建设作为我们出版竞争力的重要基石。看起来这似乎是卑之无甚高论，只是出版的基础性的ABC，但我们却在这老实笨拙的ABC的践行中收获良多。"

"编辑工作由一个点生发，可以无穷衍生，重要的是每个环节都能做足、做透。"韩敬群的话，道出了优秀编辑们追求卓越的共同心声。

"十大优秀出版编辑"的案例充分说明，只有对编辑工作抱有如临深渊、如履薄冰的态度，做到精益求精、精雕细刻，才能打造出优质的精品力作。新时代的编辑一定要"认真搞好出版工作"，以"十大优秀出版编辑"为榜样，向他们学习，不折不扣地践行工匠精神。让编辑的职业病——挑毛病，成为一种被作者和读者点赞的美德。只有这样，才能打造出更多的、有生命力的传世佳作，做到"书比人长寿"。

六、他们多是学者型编辑

"十大优秀出版编辑"的事迹告诉我们：他们不仅具有一定的学术教育背景，熟悉某一学科专业，能够与作者进行学术对话，有能力编辑专业学术著作，而且还能把握社会和学术的发展趋势，引领学术思潮的发展方向，设计出新的学术前沿课题，带动学术界从事社会所需要的学术研究，并进而推动学术和社会的进步——因为他们多是学者型编辑。

巢峰既是一位颇有成就的编辑出版工作者，又是一位出版和辞书理论的专家。他早年致力于政治经济学研究，后将政治经济学理论贯穿于出版领域，率先从事有中国特色社会主义出版理论的研究。1983年，他的论文《出版物的特殊性》荣获首届优秀出版论文奖。此后陆续发表了《出版物的价值构成》《图书市场竞争论》《有中国特色社会主义的图书生产》等百余篇文章。他的著述于2007年汇集为《政治经济学论稿》《出版论稿》。2011年、2013年相继推出《巢峰辞书学论稿》、辞书评论著作《辞书记失：一百四十三个是与非》，对推进出版学、辞书学的研究，以及指导辞书编纂的实际工作发挥了重要作用。

　　杨宗元说：一个编辑要想成为优秀的编辑就是需要不断地学习，积累，总结经验，成为学者型编辑。她是这样说的，也是这样做的。她在编辑加工完成《康德著作全集》之后，总结十年来的译稿编辑加工经验，撰写了《以"规范"为准绳　提高译稿质量》发表在《中国编辑》2012 年第 6 期上。在策划、管理多个大型学术出版项目之后，又撰写了《精耕细作，打造学术精品——大型学术出版项目必须重视流程管理》发表在《中国编辑》2018 年第 11 期上。正是在不断学习总结编辑经验，研究编辑规律的过程中，不断成长起来。作为学术编辑，杨宗元还思考了《用学术素养助力精品出版》《打造提升中国学术话语权的原创精品》等问题，撰文分别发表在《中国新闻出版广电报》2020 年 1 月 6 日和《中国出版传媒商报》2020 年 1 月 6 日。

　　杨宗元认为，除了在编辑业务上做专家外，也应在自己专业领域里进行耕耘，这样才能更好地与作者交流，提高对作品的鉴赏力。所以，她在编辑之余，独立撰写了学术专著《道德理由的追寻》《学者的责任》等书；还参与到其他学者承担的重大项目中，如《中国共产党思想道德建设史》《中国化马克思主义伦理思想研究》等；她撰写的多篇学术论文如《略论道德情感在道德推理中的作用》等，发表在《伦理学研究》《中国高校社会科学》《道德与文明》等核心期刊上。

　　何军民十分注重及时对业务工作进行理论思考和经验总结，尤其在学术研究方面表现突出。他的审稿报告和业务论文多次获得全国性大奖：2014 年获首届全国审稿报告大赛二等奖，2015 年获得第二届全国审稿报告大赛三等奖；业务论文两次获中国编辑学会少儿读物专业委员会论文评选一等奖，一次获中国编辑学会年会学术征文二等奖，一次获中国编辑学会年会学术征文三等奖。他撰写的《论新时代出版单位总编辑职业功能的四大支点》在业界颇有影响力。他提出，新时代的出版单位总编辑在明确其"法人第一助手或主要助手"职业地位的认识前提下，从创意、产品、人才、技术四个方面用力，科学规划原创，切实打造高峰，重视培养人才，积极推动融合，就能够推动编辑队伍形成完整的能力体系，就能够真正做到把社会效益放在首位、实现社会效益和经济效益相统一，从而更好地推动出版单位履行好"举旗帜、聚民心、育新人、兴文化、展形象"的使命任务。截至 2017 年 11 月，他共出版和发表专著、论文、书评、书讯 100 多部（篇）。专著《旧邦新命》、合著《学术视域中的现代出版》等由安徽人民出版社等全国百佳出版单位出版。

游道勤从事编辑出版过程中，结合大学阶段所学专业，撰写了一系列历史类文章。参与组织编写《中国伪书大观》（执笔撰写 6 万字）；2011 年，江西人民出版社建社 60 周年前夕，在广泛搜集资料的基础上，执笔撰写了《江西人民出版社六十年历程》一文（2 万余字，收录于《往事如昨》）。他非常重视图书的宣传评价与编辑出版工作规律的探讨。先后撰写了《红井冈的动人篇章》《人民军队早期历史的精彩华章》《中国苏维埃运动的全景式观照》等书评；撰写了《浅论图书编辑的质量意识》《试论出书结构的优化》《关于提高图书整体质量的几点思考》《图书编辑人员的"五要"与"五不要"》《精细准确编制索引提升学术出版质量——江西人民出版社全力打造学术出版规范》等文章。

黄一九主张，"一个编辑应该努力把自己培养成专家型编辑，既有编辑学的技能，又是某一领域的专业人才"。在他看来，编辑是杂家，更应是某一个方面的行家。他撰写过多部著作和论文。他主编的《科技编辑工作手册》已成为众多科技图书编辑工作者的案头参考书，撰写的《科普图书的出版现状与对策》获首届中华优秀出版物（论文）奖。

郑海燕说：力争成为全能型编辑，即挖得出选题、抓得住作者、编得出稿子、推得出图书、带得出团队、写得出文章。她不断加强理论学习和研究，积极发表论文和书评。工作 17 年来，共发表 6 篇论文、5 篇书评、1 篇译文，参与编写 2 部经济学著作、翻译 2 部经济学译著。

蔡敏先后撰写了多篇文章推介优秀图书。如《两唐书舆（车）服志校释稿评介》（1994 年《古籍整理情况简报》，介绍孙机《中国古舆服论丛》）、《雪域佛国——阿里古格王国遗址》（中国 100 个重大考古发现，广西人民出版社 1998 年版，介绍《古格故城》）、《战国典籍的重大发现——郭店楚墓竹简介绍》（1998 年《古籍整理情况简报》，介绍《郭店楚墓竹简》）；并被新闻出版署约请到古籍编辑业务培训班授课。授课提纲收入全国古籍整理出版规划领导小组编辑、齐鲁书社出版的《古籍编辑工作漫谈》（2003 年）一书中，成为培训班的常用教材之一。

韩敬群著有《编辑的光辉宝藏》一书。全书分为四辑，第一辑"书道尊严"，是相对宏观、偏于理性地对所经历的中国出版业态变化的观察和思考。第二辑"高山仰止"，写他的一些作者——董乐山、周汝昌、谢晋、吴冠中等文化大家前辈，与他们交往中带给他的乐趣和收获。第三辑"书过留痕"，他撰写了书评。第四辑"书边残墨"，他在工作中写了一、二、三审意见。有专家点赞这些文字是：编辑入门与提高的经验谈；敞开当代文学精品书的生产现场；在文学的高度，得失兼论的书话文字。

郑殿华积极进行学术研究和理论探索，出版和发表了《巴比伦古文化探研》（合著）、《世界古代文明史研究导论》（参著）、《中西古代历史、史学与理论比较研究》（参著）、《县郡渊源考》《论春秋时期的楚县与晋县》《试谈以编印发一体化为抓手，做更多"双效"图书》等论著。

所以，业界的编辑同仁，特别是年轻的编辑理应以他们为榜样，写一点属于自己的东西，成为一个有学问的人，成为一个学者型编辑。

七、做出版融合的压舱石

以前，人类阅读、传播文化，主要的途径、主要的载体是纸质图书。现在，网络数字化受到读者特别是青年人的普遍欢迎。

可以说，数字化阅读已经进入了几乎每一个人的生活，已经成为一种重要的阅读方式是不争的事实。对于青年人来说，如果没有网络就像丢了魂似的，一天会过得无聊至极。

《中国互联网发展报告 2020》显示，截至 2019 年年底，中国网仅光缆线路总长就达到 4750 万公里，是世界第一。其中有 70%

都是近五年铺设的。截至 2019 年年底，我国移动互联网用户规模达 13.19 亿，占全球网民总规模的 32.17%，也是全球第一。

自 2020 年年初的新冠疫情以来，人们与互联网的关系更加紧密了。新冠疫情期间，娱乐、生鲜食品、在线办公、在线教育、在线阅读、医疗资讯等线上需求强劲，带动了相关互联网平台收入和业务量大幅增长，支撑整个互联网和相关服务业维持正增长态势，互联网行业营业收入正式迎来个位数增长时代。我们发现人们的工作、生活、娱乐已经被互联网所全面渗透。数字化生活已经是人们生活不可或缺的组成部分，信息消费快速升级，消费场景快速变化，网络数字化的消费习惯已然形成，需求已经开始释放。

从新冠疫情暴发以来的经济统计数字来看，数字经济增长最快，网络阅读、线上教育、网络游戏、有声阅读、直播等，均表现出两位数以上的增长势头。实践证明，内容产业和传播业是数字经济发展的切入点，信息技术也偏爱在内容产业找到落脚点，甚至电子商务也首先在图书销售领域落地开花。

显而易见，新时代的编辑一定要充分认识数字出版的重要性、必要性、紧迫性。我们既要充分利用互联网发展所带来的内容丰富、传播便利、服务广泛的优势，也要高度重视媒体格局变化所带来的舆论导向、网络沉迷和信息安全等现实问题。同时，我们更要清醒地看到，当前我国出版融合发展正处在爬坡过坎的关键期，传统出版与新兴出版从"相加"到真正完全"相融"还有不小距离，技术创新、编辑创新和理念创新还有很大的提升空间。我们要充分认识到数字出版在我国出版业由大变强进程中所承担的重要责任，增强融合发展工作的责任感、紧迫感、自觉性、坚定性。面向"十四五"的谋篇布局，要紧紧抓住信息技术在内容产业深入渗透的机遇期，在内容生产、传播服务、经营管理的全过程进行手段创新和方法创新，利用好互联网技术尤其是移动互联网技术的成果，深入推进技术与内容深度融合，通过充分实施数字出版精品战略，创新理念、内容、体裁、形式、方式、手段、业态、体制、机制，持续提高优质内容供给能力和数字出版精品生产能力、传播能力。

"十大优秀出版编辑"事迹的一个亮点，就是他们比一般编辑提前注意到互联网给传统出版带来的变革。在数字时代，当读者的阅读时间和内容呈现碎片化特征时，这些优秀编辑用高超的营销能力抢占了读者的注意力，把优质的、系统的内容传播到受众之中。

郑殿华认为，"完成新时代编辑的重要使命离不开与时俱进"。新时代编辑要有与新的出版形态相适应的技能。只有从单纯的文字编辑向全媒体编辑转型，主动学习了解数字出版的相关知识，掌握新的技术手段，把传统出版的影响力向网络空间延伸，推动内容生产向数据化生产、用户参与生产转变，才能快速适应新形势、新业态下编辑转型的机遇与挑战。

郑殿华作为一名"60后"编辑，没有表现出对数字出版的"水土不服"。他说："年轻编辑适应能力强，敢于尝试，是出版融合的发动机，但我们经验丰富，对内容把控能力强，是出版融合的压舱石。"

近年来，商务印书馆大力实施出版转型战略，提出努力再造一个"数字的、科技的和智能的新商务"的发展目标，一步步走向通过内容创新推动知识服务的道路，如正在打造的商务印书馆人文社科知识服务平台项目就是其中之一。

商务印书馆人文社科知识服务平台的建设体现了数字编辑与传统编辑"1+1＞2"的合作效果。在该项目的策划与组织中，以郑殿华为代表的传统编辑积极参与其中，从平台内容的策划到项目的申报及组织实施，倾注了大量心血。他们充分利用商务印书馆的品牌、资源、作者和服务优势，对平台数据的属性进行标引，组织作者资源录制，用创新与进取弘扬了"商务精神"。

郑殿华深有感触地说："从该平台的建设来看，传统编辑体现出的学习力从根本上解决了数字内容生产与传统内容生产脱钩的问题，证明了作为一名新时代的编辑，在新的出版业态之下所应具有的专业水平与创新能力。"

近年来，在国家精品在线开放课程建设和MOOCs影响日趋深远的背景下，吴雪梅借鉴国内外的成功经验，积极探索高等教育出版社数字出版新模式，取得了良好的成效。2009年，她作为核心成员提出了"课程出版"新概念，并在社内率先实践"数字课程"出版与定制应用的新型业务模式。通过版权保护和出版运营，形成了优质教学资源共建共享、持续利用的有效机制。近年来组织策划和出版了一批"数字课程"，如北京大学的《演化生物学》、武汉大学的《微生物学》、北京师范大学的《基础生态学》和《普通动物学》、福建农林大学的《生态文明》、复旦大学的《儿科学》等，既有名师名课，也有配合高校"双一流"建设的新型课程。这些课程为高校提供课程定制应用服务，受到高校师生的广泛好评，为高校教学改革提供了有力支持。专家认为这一出版模式的创新，丰富和发展了教育出版的理念与内涵，也为教育出版的可持续发展探索了新路，对传统教育出版的转型升级具有重要理论意义和实践价值。她作为第二作者在《中国编辑》2015年第6期上发表了《互联网时代教育出版新模式的思考与实践》，该论文2016年12月获得"第六届中华优秀出版物奖全国优秀出版科研论文奖"。

她带领的生命科学与医学出版事业部，数字出版已成为新的业务增长点，累计数字出版与服务收入超过2000万元，支撑事业部实现了利润连续7年持续稳定增长，也成为高等教育出版社数字出版与产业转型升级的排头兵。

后续追踪还发现，2020年以来，受新冠疫情影响，高校延迟开学，为贯彻落实习近平总书记关于坚决打赢疫情防控阻击战的重要指示精神和党中央、国务院决策部署，以及教育部发布《应对新型冠状病毒感染肺炎疫情工作领导小组办公室关于在疫情防控期间做好普通高等学校在线教学组织与管理工作的指导意见》，吴雪梅和她的团队积极响应，快速行动，凭借优质数字课程，依托高教社数字课程云平台，为高校提供免费在线课程定制服务，帮助高校便捷地实现"停课不停教、停课不停学"。

吴雪梅颇为自信地说：随着信息技术、网络技术的快速发展，知识的传播方式和人们的学习模式发生了极大的改变，这给我们出版人带来了新的机遇与挑战；高校"双一流"建设，国家对教材建设的高度重视，对我们做教育出版的是更大的机遇。要成为一名优秀的编辑，应当有意识地培养自己的精品意识、国际视野和创新能力，用我们的激情、智慧和汗水，把握时代给予我们的机遇，去浇灌那块属于我们的田野。

郑海燕在做好图书策划和编辑的同时，也积极开拓宣传渠道，通过微信及公众号、微博、读书会、网媒、纸媒以及线上线下的立体式宣传，扩大图书影响力。她在人民出版社首创编辑部门微信公众号——"经济学书吧"，订阅数超过 1 万多人，并与人民出版社读者服务部合作开通了微店，在推广图书的宣传页面直接嵌入购买链接，方便读者一键购买，达到宣传效果和目的。

杨宗元的体会是：高端学术著作属于小众产品，要扩大学术图书的影响力，必须借助物联网进行宣传。除了直播以外，抖音号、视频号，不一而足。她策划的守望者的 4 号图书《西方思想的起源》，就请作者聂敏里等学者进行在线"哲学是希腊人的精神奇迹吗"的对话。活动预告的累计浏览量为 10 万 +，实时观看视频人数一场达到 1.47 万，当天视频的浏览量达到 5 万以上。这个数据对于一般的学术书而言是非常抢眼的。又如：《关于善恶的对话》一书上市前，杨宗元带领她的团队寄送样书约请著名哲学家刘擎、周濂推荐这本图书；图书出版之后，约请何家弘、何怀宏、周濂、刘玮举办了一场题为"道德与幸福：一场关于善恶的对话"的直播活动，各平台实时观看人数累计达到 10 万次以上，既扩大了图书的影响，又引发了听众对于人性与社会的深入思考。

他们的故事说明：面对传统出版与新兴出版业态融合发展的必然趋势，新时代的编辑必须提升四种能力：一是加强互联网思维，能够运用互联网思维重新整合传统的出版内容；二是掌握数字出版技术，知道选择哪一种形式、哪一种手段可以精彩展现传统出版内容的亮点；三是懂得多媒体、跨媒体的营销推广手段；四是通过对数据的甄别、挖掘、整合，能够将提炼出的有价值的信息，融入编辑工作，转化为生产力。通过对大数据的分析，把握、预测选题的趋势，选择优秀的作者和高质量的稿件，并根据收集到的国际数据寻求版权合作。

习近平总书记提出："建设网络强国，要把人才资源汇聚起来，建设一支政治强、业务精、作风好的强大队伍。'千军易得，一将难求'，要培养造就世界水平的科学家、网络科技领军人才、卓越工程师、高水平创新团队。"他指出："做好网上舆论工作是一项长期任务，要创新改进网上宣传，运用网络传播规律，弘扬主旋律，激发正能量，大力培育和践行社会主义核心价值观，把握好网上舆论引导的时、度、效，使网络空间清朗起来。"

当下，出版编辑界迫切需要复合型领军人才。这类人才，既具有一定的专业知识背景，熟悉数字出版技术与传播；又具有较强的学习创新能力、市场意识和产品研发能力、服务意识和组织协调能力。业界的编辑朋友们，让我们共同努力，做好出版融合发展这篇大文章！

（原载《建设高素质编辑队伍　推动出版高质量发展
——中国编辑学会第 22 届年会获奖论文（2021 年）》，
人民出版社 2021 年版）

邓蜀生：一个地道的学者型编辑

如果把"人民文库"比作一条精美的珍珠项链，那么收入"人民文库"的《美国通史》（6卷本）就是其中的一颗最耀眼的珍珠。这套300万的巨著是迄今为止国内最权威的美国史著作，得到了学术界、出版界的广泛好评。它的策划者、约稿者、组织者、责任编辑就是被誉为我社"六大编审"之一的邓蜀生先生。因年龄的差距，当然更多的是缘于心存敬意，多少年来，我一直尊称"邓老"为"邓大人"。是他，用24年的执着、坚持、智慧以及个人魅力，成就了这一里程碑式的巨著。他组约、编辑《美国通史》的过程，已成为国内美国史学界的一段佳话。我非常同意黄安年教授、陶文钊研究员对邓蜀生以及他与《美国通史》（6卷本）的定位。黄安年教授说："没有邓蜀生就不会有《美国通史》六卷本的面世"；邓是"一位德高望重、有口皆碑的美国史研究专家"，他虽不在大学任教、不是研究生导师，也不领衔教育部或社科院重大课题项目，但"在组织、出版美国史著作方面发挥了其他美国史专家无可替代的作用，是近半个世纪以来是我国组织出版美国史著作的'第一人'"。陶文钊研究员说："蜀生同志是由刘绪贻、杨生茂教授主编的六卷本的《美国通史》的策划和编审，该书从策划到正式出版，历时24年，他为这部里程碑式的著作做的贡献已经被这套大书所记载下来。"

我是 1975 年 10 月从南开大学历史系毕业分配到人民出版社的。但认识邓大人并且同在一个编辑室工作是三年后的 1978 年 6 月。当时编辑部门进行调整，我从被撤销的第五编辑室（后改为农村读物编辑室）调到新组建的历史著作编辑室，主要从事中国近代史著作的编辑工作，而邓大人做的是美国史著作。我们编辑室有 3 间办公室，分别是 501、502、511。邓大人在 501，我在他的对门 502。我清楚地记得，为了"美化"工作环境，进驻前我们的办公室是自己粉刷、打扫的。干这种活儿，对邓大人虽说算不了什么，因为他有过农场改造、农村劳动、干校锻炼的经历，但我对这位初次零距离接触的儒雅之士肃然起敬，直到今天，和邓大人一起粉刷办公室的情景仍历历在目。几十年相处下来，邓大人给我的印象是：睿智、儒雅、学养深厚，有大家风范；思维敏捷，谈吐风趣，对亲身经历的事情的关键性情节和细微末节如数家珍，娓娓道来，极富感染力；待人诚恳，和蔼可亲，有长者风度；工作严谨，富有经验；办事干练，讲求效率。我内心一直对他怀着敬佩之情。

1983 年 3 月，我社评定职称，邓大人毫无争议地被评为编审。这是我社历史上第一次评定职称，极为严格，只评出六位编审，时称"六大编审"。另五位是：张惠卿、徐秉让、林穗芳、戴文葆、王以铸，他们是我社公认的顶尖人才。

美国普林斯顿大学出版社社长小赫伯特·S.贝利讲过这么一句话："出版社并不因它的经营管理才能而出名，而是因它所出版的书而出名。"是的，人民出版社之所以出名，并不是因我社的特殊地位，也不是因我社经营管理能力强而出名，靠的是我社出版了许多好书才出名。而在我看来，我社能出好书，尤其是能出一些学术精品，靠的就是像邓大人这样的一批优秀编辑。是他们的能力、魅力、智慧，才使一些名著"花落"我社。

中国有句古话："涉浅水者得鱼虾，入深水者得蛟龙。"我把向专家学者请教比作"入深水者得蛟龙"。也就是说，向专家前辈请教，可以学会如何做人做事，少走弯路。我社的老领导，也是出版界公认的专家和大家——范用先生曾和我说过：他自己不懂历史，但他善于向懂历史的专家请教。他的得意之作是在1963年中秋节的前两天，在北海公园五龙亭请"五老"——吴玉章、郭沫若、范文澜、翦伯赞、李平心五位大学者座谈，清茶一杯，请他们出主意、出点子，为我社谋划了一批好书。有的书直到现在仍可以重读，仍在重印。我觉得，"范老板"的做法很值得仿效。所以，对外——我一直坚持向史学界的著名学者请教，受益匪浅。对内——用心、虚心向邓大人这样的地道的学者型编辑取经，学习他们如何开发选题、如何组稿、如何审读书稿、如何评估书稿。

邓大人除《美国通史》（6卷本）外，还编辑过许多有影响的图书，比如《美国内战史》《美国通史简编》《泰晤士世界历史地图集》《南京浩劫——被遗忘的大屠杀》，等等。这些书我都喜欢读，并有收藏。

我尤其喜欢琢磨、研究邓大人的书稿档案，渴望从中受到有益的启迪。其中，邓大人编辑加工黄绍湘著《美国通史简编》一书过程对我的影响尤大，我从中学到了不少东西。那份编号为"人民出版社书稿档案 1980 年 155"的书稿档案，我曾在不同的年代借阅过三次。每次阅读邓大人手写的总计 78 页的审读意见，都会有新的体悟。

《美国通史简编》初版于 1953 年 11 月，原书名为《美国简明史》。1973 年，黄绍湘开始动笔改写旧著。因其时正值"四人帮"推行文化专制主义，作者心情郁闷，修改进展迟缓，直至粉碎"四人帮"一年后，才拿出定稿。

书稿交来后，我社有一位编辑审读过，做了一些工作。邓大人从 1978 年 6 月接手后，先翻阅了全部稿件，认为"作者虽然花了相当大气力来修改这本书，比起 1953 版来，充实了许多材料，但基本骨架差不多。在编辑过程中，发现了不少问题。"

究竟有哪些问题呢？邓大人在审读意见中毫不含糊地指出：

"作者的观点还停留在 50 年代，受 50 年代美共观点影响比较深，引用了不少福斯特的话。对于从来没有在美国政治生活中起过什么领导作用、政治影响有限的美国共产党估价过高，特别是对 1929 年至 1933 年大危机期间美国共产党的活动吹得太过分了。"

对美中关系，作者多次提到历史上"美国是侵华主角"，把许多账都算在美国账上。邓大人写道："这不合事实，违反历史。因为从侵华的时间来看，美国迟于英国和沙俄；从占有我领土来说，又不若沙俄；从对中国人民的屠杀残害来说，更不如日本军国主义。它的主角地位表现在哪里？美国对中国的控制，是在 1937 年以后确立的。从投资来说，1933 年美国为 2 亿 3 千万美元（包括美国在华各种财产），英国为 12 亿 6 千多万美元，日本为 11 亿 5

千多万美元，苏联为 3 亿 4 千 1 百多万美元，美国居第四。"

对邓大人指出的类似问题，作者均作了必要的删节和改动。

邓大人还建议修改原稿中一些欠妥的提法。比如：

序言中有"这三百多年的美国兴衰史"的说法。邓大人指出：大英帝国可说是兴衰，美国刚立国三百年，现在虽然是"无可奈何花落去"，但这是相对而言，未必就是衰了。

稿中有"美帝国主义（1945—1953 年）——从顶峰到跌落"的提法。邓大人认为这一提法没有说服力，因为"美帝走下坡路是 60 年代的事，具体说是从约翰逊上台才开始的"。

稿中有"中国共产党代表董必武代表中国解放区人民参加了旧金山会议"的说法。邓大人指出：董必武当时是中国代表团的一员，不是以中国共产党代表的身份出席旧金山会议的。他所代表的是全国革命人民。

稿中叙述 1929—1933 年经济危机期间美国尖锐的阶级斗争时写道："广大劳动人民陷于饥饿状态：乡村人民挖野草根、嚼野葱头充饥；城市饥民在垃圾堆和饿狗为争夺残羹碎骨进行搏斗。"邓大人提示：这是不是普遍现象，如果是个别或局部现象，就要加限制词。否则，一不能取信于读者，二不能为美国人民所接受。

作者对邓大人类似的建议也作了相应的修改。

邓大人发现了原稿中的一些重要史实错误，要求作者核改。比如：

原稿写道："1840 年美国制造品总值为 48332.7 万美元；1850 年增加到 50000 万美元。"邓大人指出"十年增加不到 4%，显然有误。请核改。因为根据 1935 年世界年鉴，1849 年美国制造品总值已经超过 10 亿美元。"

对此类问题，作者均作了认真的订正。

邓大人又指出了译文方面的一些疏漏。比如，指出"众议院发言人应该译为众议院议长（Speaker of the House）"；"公务员服役法"原文为"Tenure of Office Act"，可译为"任职法"。对此订正，作者予以采纳。

翻阅邓大人当年手写的 78 页审读意见，我禁不住思索：假如先生不是一个学者型编辑，无论如何也发现不了上述问题。

邓大人在审读意见中还率直地写道："这次该版本的一个最大的特点是引用了几百条马恩列斯和毛主席的话，经与作者商量，去掉了一些，还有三百多条。这种抄语录的方式，实在应该改变。以后在约稿时，应该向作者讲清楚，除了非引用经典著作不足以说明问题者外，作者应该用自己的话来表达自己的思想，不要动不动把导师们请出来代他说话。"

书中选用的 30 多幅插图，也是邓大人到北京图书馆，从美国建国二百周年画册，英、美大百科全书，美国史画册上选出来的。若干年后，邓大人这样回忆道："她的书没有图片，都是我到图书馆去找图片，从外国图书里翻译下来，然后付排，花了我很多时间和精力。"邓大人曾亲口对黄绍湘说："我编你这本《美国通史简编》花的精力最大，光跑图书馆我就跑了无数次。"

《美国通史简编》这个书名也是邓大人起的。黄绍湘原先不愿意叫简编，邓大人说"范文澜叫《中国通史简编》，你为什么不能叫《美国通史简编》呢。后来她觉得和范文澜的相提并论，也觉可以了。"

对于邓大人的帮助，黄绍湘是很感激的。她在 1979 年 12 月出版的该书序言中写道："书稿编审时，邓蜀生同志提出了宝贵修正、补充意见。"

尽管邓大人曾把《美国通史简编》喻为 20 世纪"80 年代第一春美国史研究园地上开放的一朵鲜花"。但他在 1978 年 10 月 8 日撰写的该书审读意见中就明确指出：本书"不足以代表我国对美国历史研究的应有程度。只好期待在今后七八年内能有新人出现，写出较高水平的美国史来，出版社要积极地发现这样的人才"。正是有感于此，他随后着手组织我国美国史学界老中青三代学者撰写旨在能"代表我国对美国历史研究的应有程度"，集学术性、时代性、科学性和可读性于一体的《美国通史》（6 卷本）。

然而，要完成这一精品工程比预想的难得多！正如邓大人在《美国通史》（6 卷本）出版后的笔谈中所祖露的那样："从策划到合集出版，历时 25 年，这说明这套书从酝酿到问世经历了曲折的过程"。"在策划之初，参与其事者莫不以为在数年之内即可大功告成。但实际操作时，才体会到由数所高校多人合撰，成书实属不易，难以要求划一的交稿时间。经过各方协商，决定先以'美国通史丛书'名义，不拘囿于各卷顺序，成熟一卷就出版一卷，这样既可鼓励各卷编写人员的积极性，又可积累经验逐步完善，为日后出版 6 卷合集打下基础。"

人所共知，2002 年 10 月出版的《美国通史》6 卷本的顺序依次为：第 1 卷《美国的奠基时代，1585—1775》；第 2 卷《美国的独立和初步繁荣，1775—1860》；第 3 卷《美国内战与镀金时代，1861—19 世纪末》；第 4 卷《崛起和扩展的年代，1898—1929》；第 5 卷《富兰克林·D. 罗斯福时代，1929—1945》；第 6 卷《战后美国史，1945—2000》。但按"成熟一卷就出版一卷"的顺序则是：《战后美国史，1945—1986》1989 年 6 月出版（2002 年 4 月作过修订，时间下限延至 2000 年）；《美国内战与镀金时代，1861—19 世纪末》1990 年 6 月出版；《美国的独立和初步繁荣，1775—1860》1993 年 9 月出版；《富兰克林·D. 罗斯福时代，1929—1945》1994 年 12 月出版；《崛起和扩展的年代，1898—1929》2001 年 9 月出版；《美国的奠基时代，1585—1775》2001 年 9 月出版。

让我做梦也没有想到的是，当以"美国通史丛书"名义——"成熟一卷就出版一卷"，到 2001 年 9 月出齐，准备推出整套 6 卷本时，邓大人找到了我，希望由我完成这件美差。他对我说："我看现在人民出版社里你是一个认真做事的人，交给你做我放心。不会赔钱的。所有的编辑工作我会做好后再交给你。"当时，整套推出 6 卷本《美国通史》需要一大笔资金，邓大人所在的东方出版服务公司无力承担。更主要的是，其时图书市场不好，有人对这套的书的盈利没有把握，担心亏大本。我是看好这套书的，无论其学术价值、影响力，还是它的经济效益。我想，邓大人能这样信任我、看重我，是我的运气和福分！我爽快地答应了这一美差，并向邓大人承诺，一定做好这套书，让他满意。

2011 年 5 月 9 日，邓大人在接受黄安年、李剑鸣两位教授访谈时特别提及这件事。他说：当时"我们把这几卷统一为一套，准备出一套。我跟乔还田（时任历史编辑室主任）商量，我说这套书可以到了出整套书的时候了，我的意见，你出最好。上面可以有支持。我跟他保证，这套书绝对不会亏本。还应该有盈余。他很支持"。

5月9日那天访谈时，我也对黄安年教授、李剑鸣教授袒露："对美国史，我不懂。对六卷本美国史的评介都来自于老邓。他对确保六卷本美国史的完成起了奠基作用。这部书在美国学者看来，新观点也是不少的。我们现在啊，就是缺像老邓这样的人。"

该书的封面设计也浸透着邓大人的心血。他多次通过我向美术编辑转达他对封面设计的构想。鹰是美国的象征。邓大人希望封面上能反映这一文化特点。为了能有逼真、立体感的效果，他提供了一个10美分的硬币，因为那枚硬币上鹰的造型很美。我和美术编辑很重视邓大人的意见。封面上"US"字形的造型以及动感的美国国旗，也来自邓大人的提示。有行家评论说，《美国通史》（6卷本）

《从战地到史林——邓蜀生九旬文集》出版座谈会

的封面是一个庄重、典雅、有美国味、体现海洋文化特征的封面。

显而易见，完成这套巨著是邓大人的人生夙愿，所以难怪他在《美国通史》（6 卷本）正式出版后要发出"它为迄今为止国内最大的一个美国史研究和出版项目画上了一个句号"的感叹！

邓大人在其所著《美国历史与美国人》一书"自序"中写道："作为一名编辑，第一要务是要选好稿、编好书，就是通常所说的'为他人作嫁衣裳'。""从事编辑工作的人，大都有一个共同的体会，那就是编与写很难分家。要编好书，必须知书，要深入下去，知识却要尽可能广博，还应成为所从事的工作的某一方面的内行。""编辑整天同书稿打交道，只要肯钻研，就会心有所得，有所得也就会产生形之笔墨的愿望，编辑与作者一身二任格局就很自然地形成。"

邓大人本人就是这样一位"一身二任"、集研究和编辑于一身的学者，是公认的美国史研究专家。他说："我历来主张，在研究美国史方面，我们中国人要有自己的观点。中国人如何看待'新政'、罗斯福，如果完全跟别人走，出版这样的书就价值不高，还不如直接翻译别人的东西。我们要有自己的观点，我们的观点正确与否要经得起时间的检验。"他先后出版的《伍德罗·威尔逊》《罗斯福》《美国与移民——历史·现实·未来》《美国历史与美国人》等书中都力求体现"要有自己的观点"这一治学原则。

我特别喜欢阅读他撰写的《罗斯福》（浙江人民出版社 1985 年版）一书。在邓大人的笔下，那位身残志坚，既挽救了美国，也影响了世界命运的伟人被刻画得栩栩如生，给国人以耳目一新之感。《罗斯福》一书被时人誉为"是出自国人手笔的最佳外国名人传记"。

我曾在《光明日报》1987年3月19日撰文，抒发自己的读后感。

　　传承是非常重要的。我近年来经常和社里的年轻人讲，我刚来人民出版社时，常听老同志给我讲故事，受益匪浅；现在，我也开始给你们讲故事了。我讲什么呢？我讲的就是邓大人、戴文葆、林穗芳、王以铸等精英们的故事，我希望社里年轻的同志能从中受益。我写本文的寓意也在于此。

　　　　　　　（原载《从战地到史林——邓蜀生九旬文集》，
　　　　　　　　　　　　中国法制出版社2012年版）

中国式现代化进程中编辑
出版业数字化发展的思考

今天，第17届全国网络编辑年会暨2023年数字出版与新媒体传播论坛在重庆开幕了。本次会议，在党的二十大精神指引下，为全体与会专家和代表结合专业背景学习党的出版理论与实践、探讨新媒体环境下出版工作的理论实践，交流新时代背景下出版强国与文化强国的建设路径提供了平台。来自全国各地的领导、专家和同行们，相聚一堂，共同探讨媒体深度融合环境下的编辑实践和规律，探讨新时代新媒体的编辑使命和任务。我谨代表中国编辑学会，对各位领导、专家和代表的莅临，表示热烈的欢迎和诚挚的感谢!

借此机会，我谈四点感言：

第一，我国的编辑出版业和编辑出版工作者如何在中国式现代化发展中发挥好自己的作用，做出自己应有的贡献。

党的二十大指出我国将走中国式现代化的道路，在这伟大的历史进程中，不管是传统编辑出版还是数字网络编辑出版，社会媒体平台的信息传播业、出版传媒业和编辑出版工作者必须坚持不懈地用习近平新时代中国特色社会主义思想凝心铸魂，不忘编辑初心，牢记文化使命。首先，出版传媒业和编辑出版工作者要坚持正确的政治方向，牢记习近平总书记对新闻舆论工作提出的"48字方针"，牢固树立政治意识、大局意识、核心意识和看齐意识，全面提升出版传播力、引导力、影响力和公信力；争取在意识形态、思想文化、新闻出版领域占领主阵地、传播正能量、弘扬主旋律，提升软实力。其次，出版传媒业和编辑出版工作者要积极创新融合，在思想观念、选题战略、专业知识、技术能力等多方面融合发展，实现由专业性编辑向复合型编辑转变。最后，出版传媒业和编辑出版工作者要坚持社会效益优先，以全媒体实现全周期、全方位服务并生产优秀精神文化产品，始终坚持把社会效益放在首位、实现两个效益有机统一最佳结合，始终坚持正确的政治方向和科学的出版导向相统一。

第二，我国的编辑出版业如何在信息化浪潮中取得高质量发展。

21世纪以来，我国互联网用户规模不断发展壮大，截至2022年12月，我国网民规模为10.67亿，互联网普及率达75.6%。随着互联网的不断普及，国家对媒体发展提出了新的布局。党的二十大报告指出，要加快建设网络强国、数字中国。在信息化浪潮下，为实现编辑出版业的高质量发展，首先，编辑出版业应当坚持正确的出版方向，以编辑为龙头，编印发管联动，充分发挥编辑的积极性、主动性、自觉性和创造性，推动出版单位和行业的改革和发展。其次，编辑出版业要深入实施国家文化数字化战略，推动中华优秀传统文化与数字技术融合创新发展，打造自信繁荣的数字文

主讲"新业态融合发展中如何做好编辑工作"

化，创作生产更多的健康向上向善的网络文化产品，满足人民日益增长的精神文化需求。最后，编辑出版业要推动资源融合，打造编辑出版业转型升级融合平台，以数字出版为载体，打造传统出版与新兴出版融合发展的国家平台和新旧动能转换升级迭代发展基地。

第三，在全球化和"一带一路"进程中，我国的国际出版传播业应向高质量发展。

近年来，在党和国家方针政策指引下，中国出版业围绕讲好中国故事、传播好中国声音，根据自身的出版特色和资源优势，精心谋划，积极作为，在出版国际传播方面取得了令人瞩目的成就。中国出版肩负着"以书为媒"，展示中华文化成果和中国形象，促进中外人文交流的使命。因此，为了推动新时代中国出版国际传播高质量发展，我们应当坚持守正创新。"守正"应当坚守中华文化立场、坚持文明交流互鉴的基本原则、遵循国际传播规律。出版国际传播应准确把握内容建设的方向，深入了解不同背景下受众的文化需求，切实找到中国故事与世界关切的契合点，以价值认同、融合发展、有效传播为努力方向，融入世界多元文化。"创新"应当着眼于全球出版传播环境的新变化，专注内容生产和品牌建设，以提高国际传播效能为目标，优化新形势下中国出版的全球布局，加大数字传播平台建设创新力度，推动数字化内容生产、数字化传输和数字化运营协同发展，构建出版国际传播新模式，形成出版融合发展新生态。探索与国外多主体、多领域的互利共赢新模式，在资源整合、内容生产、渠道拓展、平台建设等方面与国际相关机构开展深层次战略性合作，构建开放融合、广泛合作的国际传播新生态，开辟有利于中国出版产品传播的国际化融合发展新路径。

第四，必须坚持"内容为王"并提升传播能力。

我一直认为，不论传播形式如何变化，不论传播渠道如何拓新，好的内容生产应是"王道"。要牢固树立精品意识，坚持内容为王，加强选题、编校、装帧、印制、发行、宣介等全流程各环节把控，精细打磨、精雕细琢、精益求精，以苛求完美的标准，打造无愧时代、泽被后人的精品。无论是纸质读物还是电子读物，都要坚守出版品质，提高编辑含量，确保网上网下出版物都导向正确，内容过硬、体例严谨。正因为如此，数十年来，传统媒体积淀了大量的内容生产的人才和经过多年实践经验探索出来的优质内容生产模式。但好的内容产品，只有插上翅膀才能飞进千家万户。媒体生产出优质产品之后，如何让公众知晓这些产品？这是当下新媒体的一大优势。传统媒体生产出来的内容，若插上了新媒体的翅膀，通过微信公众号、微博、网站、视频号、头条号、抖音等多种形式，会以几何倍数增长、扩大其传播能力。公众不但可以通过文字看到好的内容，还能通过声音听到、通过画面感受到，让传播效果更加显著。如何做融合出版这篇大文章，中国编辑学会以及电子网络编辑专委会应当有自己的思考。

基于以上四点思考，我认为，在中国式现代化进程中，编辑出版人应当不忘编辑初心，牢记文化使命，积极创新融合；编辑出版业应该具有与时代发展要求相适应的编辑观、出版观和媒介观，在信息化浪潮中取得高质量发展；国际出版传播业应该守正创新，讲好中国故事、传播好中国声音。打造作品、提高作品的影响力必须坚持"内容为王"，并提升传播能力。

生逢新时代的编辑，无论是纸质编辑，还是数字化编辑，都应不断地增强事业心、责任心和使命感，将编辑行为与国家、民族、时代融为一体，从中国式现代化进程中，出版数字化发展的需求中找到自己的定位。

（2023 年 7 月 1 日，在第 17 届全国网络编辑年会暨
2023 年数字出版与新媒体传播论坛开幕式上的致辞）

用阅读滋养心灵高地

能够受邀参加"全国读书会联合会山东高校活动基地启动仪式",觉得很荣幸。让我作为活动的第六项:专家授课,则有点诚惶诚恐,担心浪费大家的宝贵时光。但就读书这个命题,倒是乐意与大家进行交流和漫谈。因为我这一辈子,不仅自己一直坚持读书,而且编了很多书,渴望读者喜欢读我策划、编辑的书。

最近,我以中国编辑学会的名义编了一本书,叫《读书的方法与技巧》,精选了我国近现代文化巨匠梁启超、蔡元培、胡适、鲁迅、朱自清、老舍等人谈读什么书、怎样读书的文章。书中还专门设置了"推荐给读者的好书",包含中央电视台和中国图书评论学会评选的 2013—2017 连续五年的"中国好书"书单,以及清华大学、北京大学、中国人民大学、上海交通大学、南开大学等十所重点大学的图书馆 2017 年借阅排行榜前十名的书单,让读者从不同的视角了解当下社会阅读风尚和趋势。

2018 年 12 月 27 日,我参加了由人民出版社组织的《全国读书会发展调查研究报告》项目验收会。这个 13 万字的调查报告对我国读书会发展背景与概念进行了界定,全面考察了全国读书会的基本面貌与类型属性，深度分析了全国读书会读者的结构、基本情况和不同的模式，分析探讨了全国读书会发展中存在的问题，并且介绍了国外及港台地区读书会一些做法和经验，进而对全国读书会未来的发展提出了可行性的对策与建议。

人的智慧和力量从哪里来？从学习中来。正如习近平总书记指出的，学习是文明传承之途，人生成长之梯，政党巩固之基，国家兴盛之要。学习的基本方式是什么？就是阅读。阅读是人们汲取知识、获得智慧的基本方法，是一个国家、一个民族传承和发展的基本途径。从一定意义上说，阅读就是力量。一个人阅读的力量，决定个人学习的力量、思考的力量、实践的力量；所有人阅读的力量，决定国家文化的力量、精神的力量、创造的力量。在文化激荡、思想交锋、价值碰撞、科技发展日新月异的当今世界，我们要点亮中国梦，需要用阅读打牢国家文化根基，用阅读造就民族心灵高地，用阅读提升人民精神气质。有了阅读的力量，我们就能够沿着中国道路"追梦"前行；有了阅读的力量，我们就能够弘扬中国精神"逐梦"奋进；有了阅读的力量，我们就能够凝聚中国力量"圆梦"成真。下面，分六点与大家交流。

第一，读书的魅力和作用

在我们国家，崇尚读书文化的传统由来已久。古人将读书列为五福之首，有工夫读书谓之福，有力量济人谓之福，有学问著述谓之福，无是非到耳谓之福，有多闻直谏之友谓之福。古人的韦编三绝、凿壁借光、囊萤映雪的读书人，被传为佳话和美谈。

韦编三绝：

春秋时期的书，主要是以竹子为一根竹简上写字，多则几十个字，少则八九个字。一部书要用许多竹简，通过牢固的绳子之类的东西按次序编连起来才最后成书，便于阅读。通常，用丝线编连的叫"丝编"，用麻绳编连的叫"绳编"，用熟牛皮绳编连的叫"韦编"，其中以熟牛皮绳最为结实。像《周易》这样厚重的书，是由许许多多竹简通过熟牛皮绳编连起来的。

孔子"晚年喜易"，花了很大的精力，反反复复把《周易》全部读了许多遍，又附注了许多内容，不知翻开来又卷回去地阅读了多少遍。通常认为，孔子这样读来读去，把串连竹简的牛皮带子也给磨断了几次，不得不多次换上新的再使用。以此比喻读书勤奋用功。

凿壁偷光：

汉语成语，出自西汉大文学家匡衡幼时凿穿墙壁引邻舍之烛光读书，终成一代文学家的故事。现用来形容家贫而读书刻苦的人。

匡衡勤奋好学，但家中没有蜡烛。邻家有蜡烛，但光亮照不到他家，匡衡就在墙壁上凿了洞引来邻家的光亮，让光亮照在书上读书。县里有个大户人家不怎么识字，但家中富有，有很多书。匡衡就到他家去做雇工，但不要报酬。主人感到很奇怪，问他为什么这样，他说："我希望读遍主人家的书。"主人听了，深为感叹，就借给匡衡书（用书资助匡衡）。于是匡衡成了一代的大学问家。

囊萤映雪：

汉语成语，比喻人勤学好问。原出处：晋孙康家贫，冬夜映雪光读书；晋车胤家贫，夏夜练囊盛萤，借萤火虫的微光读书。"映雪囊萤"形容夜以继日，苦学不倦。

关于加油的一种解读也与鼓励读书有关：据说，清朝嘉庆年间，有一举人张锳，为官三十余载，他一生最为重视教育事业，在任期间，每到午夜交更时分，他都会派两个差役挑着桐油篓巡城。如果见哪户人家有人在挑灯夜读，便去帮他添一勺灯油，并且送上鼓励，这就是"加油"的由来。而张锳的第四个儿子就是晚清中兴四大名臣之一的张之洞。张之洞是知名作家张爱玲的族叔，李鸿章是她的外曾祖父。

近代一些忧国忧民的知识分子，在颠沛流离的岁月里仍不忘留给子孙后代"第一件好事还是读书"的家训。

为什么要读书？读书有什么用？古往今来有很多说法：

古时，小孩子从小就被教育："书中自有黄金屋"，"书中自有颜如玉"。

意思很明白：只要把书读好了、念好了，金钱和美女都会有的。

说这话的人，是北宋的第三位皇帝宋真宗赵恒。

赵恒在《励学篇》中写道：

> 富家不用买良田，书中自有千钟粟。
> 安居不用架高堂，书中自有黄金屋。

出门莫恨无人随，书中车马多如簇。

娶妻莫恨无良媒，书中自有颜如玉。

男儿欲遂平生志，五经勤向窗前读。

近代国学大师王国维认为读书可以提高自身的修养，他在《人间词话》里用三句古诗概括读书的境界："古今之成大事业、大学问者，必经过三种之境界：'昨夜西风凋碧树。独上高楼，望尽天涯路。'此第一境也。'衣带渐宽终不悔，为伊消得人憔悴。'此第二境也。'众里寻他千百度，蓦然回首，那人却在灯火阑珊处。'此第三境也。"这既是读书的境界，也是人生的境界。在阅读中储备前行的能量，有思想，不盲从；有智慧，不盲动。坚定目标，努力奋斗，未来的路就会更加宽广！

培根说："读书使人充实"；"知识能塑造人的性格"。

歌德说："读一本好书，就是和许多高尚的人谈话。"

还有：

读书是为了快乐的生活；

读书是为了培养人格；

读书可以领略时代的变迁；

读书是为了顺应时代；

读书为你燃一盏灯，为你照亮这个世界，灯有多亮，你的世界就有多大；

读书为你铸一柄剑，助你在这个世界屹立，剑有多锋利，你就有多强，等等说法。

有一副对联说得好：风声雨声读书声，声声入耳；家事国事天下事，事事关心。这种读书的境界是很高的！

显而易见，阅读的出发点和落脚点，全在于把自己塑造成为对国家、对民族、对人民、对社会、对家庭有用的人，并汇聚成实现中国梦的强大力量。社会主义核心价值观是人生奋斗的梦想之舵，是中华民族的精神之钙，是国家文化软实力之魂。阅读的功用，就是要汲取中华传统文化和人类优秀文化的思想精华和道德精髓，从知与行的结合上，发掘每个人心底蕴藏的道德良知，让社会主义核心价值观内化为个人和群体意识，外化为个人和群体的行为规范，不断形成更加广泛的价值认同，为国家发展助力，为民族进步铸魂，也使自己在读书学习中实现人生的"高大上"。

第二，中国人不爱读书的批判应当引起重视

从两个"事件"说起：

第一件是：2015年，网上疯传一个帖子《不读书的中国人》，据说作者是在上海工作的印度工程师。作者直言不讳地批评中国人不爱读书，只会手机上网和打麻将。作者援引的数据是，中国人年均读书0.7本，而韩国的人均数字是7本，日本是40本，俄罗斯是55本。

读到这个帖子时，我的心情真的很沉重。

第二件是：2013年，广西师范大学出版社做过一个网络问卷，调查"死活读不下去的书的排行榜"。根据读者回复的三千多条微信统计，排行榜的前十名依次是：

1.《红楼梦》

2.《百年孤独》

3.《三国演义》

4.《追忆似水年华》

5.《瓦尔登湖》

6.《水浒传》

7.《不能承受的生命之轻》

8.《西游记》

9.《钢铁是怎样炼成的》

10.《尤利西斯》

这10部曾引以为傲的中外文学经典，竟沦为中国人"死活读不下去的书"。难怪有学者感叹：曹雪芹如果活着，也许会当着我们的面，烧了《红楼梦》手稿，从故事开始的女娲炼石补天的大荒山无稽崖跳下去；施耐庵也许会率梁山一百零八条好汉，冲进大学校园，追问同学们：为何我的《水浒传》会成为"死活读不下去的书"？

还有一个评论说中国人把日子过反了：

人的孩提时代，应该怎么过？

应该是以玩为主，通过玩游戏来认识世界，锻炼体质意志，从而为今后的学习打下兴趣和身体的好底子。

但现在中国的孩子，幼年时期在干什么呢？

小小年纪就在玩命地学习。一句极具煽动性的口号，把全国的儿童都推进了深渊，那就是：绝不能让孩子输在起跑线上！

于是，你家孩子两岁学唐诗，我家必然一岁就学，你家孩子一岁学外语，我家孩子胎教就学外语！

总之，恨不能把孩子的起跑线画到妈妈的肚子里。

一个两三岁的孩子，又是画画，又是弹钢琴，凡是天下的知识，恨不得三岁前全部灌到孩子的肚子里。

孩子在玩的过程中锻炼的机会和天性被生生剥夺，太多的孩子还没上学，就已经戴上了眼镜。

谁都知道这不对，但谁都不会带头纠正。因为变态的社会竞争必然带来变态的被动适应，人人觉得危机，但人人无法自拔。

再看看青年人都在干什么？

青春期本来是用来学习的最好时光，可今天的年轻人，都在拼命地玩手机、玩游戏。

正所谓玩物丧志，玩垮了意志，玩毁了青春，也玩坏了体质。

有一句口号很迷惑人，叫"我的青春我做主"。

写这篇文章的作者说，他的儿子，考取的是国内一流的大学，可自从进入大学校园后，完全沉溺于网络游戏，四年大学，居然只去过两次校内图书馆。

每天晚上，上网玩到深夜两点不睡觉，白天经常因为起不了床而逃课。每门功课基本都是 60 分万岁。

还有：刚刚走上社会的青年人，为了扩大人脉，适应黑色竞争，争相出入吃喝场所，动不动喝得烂醉如泥，长身体长智慧的年龄，却被活生生地糟蹋掉了。这种现象实在令人担忧。

一个外国人说中国人不读书，三千国内网民直言死活不爱读经典，一则评论说中国人把日子过反了，值得我们思考。

第三，必须读一些经典

什么是经典？

《辞源》解释是："典范的经书"；

《现代汉语词典》的诠释是："权威的著作"；

国学大师南怀瑾先生说："经典是浓缩了人文科学和自然科学等多方面知识的结晶"；

有的学者这样提炼："经典是人类社会最有价值、最有用的知识"；"经典是人类文明的精华，是全人类的财富"。

通过以上名家的界定，或者说启迪，我觉得可以作这样的理解：经典是各个知识领域中那些具有典范性、权威性、经过历史积淀出来的经久不衰的传世之作，同时也是最有重大原创性、奠基性的著作。以中国来说，四书五经、《史记》《唐诗三百首》《资治通鉴》、四大名著等等；以国外来说，《荷马史诗》《悲惨世界》《战争与和平》《资本论》《热爱生命》《物种起源》等等。

对现代的精品力作，习近平总书记有"三精"说法，即思想精深，艺术精湛，制作精良。精品在思想上要站在时代的前沿，能代表那个时代甚或人类的思考和意向。在思想上要有破有立，能奏出时代的最强音，能给予读者以思想冲击和精神营养。中国古人讲"炼意"，就是熔炼出一个民族以至人类许多人心中所有，但口中笔下还未曾有的思想。

我认为，学术类、文化类经典至少应具备这么五个条件：一是在思想价值上，是人类进步思想的前卫；二是在学术上，具备了科学性和独创性，体现了国内一流水平；三是在流派上，大多是个性化的研究成果；四是在艺术上，具有教育功能和欣赏功能，能培养人们健康向上的情趣；五是在知识性上，正确无误。

周国平语说："经典名著之所以能成为经典，是因为经过了时间的检验和一代代读书人的选择。对于我们每个人来说，读名著就像给一个人的精神'打底子'。"

有人用这样的语言来形容读经典：一本好书，就是一道迷人的风景。如果我们能够在屠格涅夫的草原上狩猎；在海明威的大海里捕鱼；因红楼梦断、春江流水而动容感怀；因三国英雄、梁山好汉而荡气回肠，如此这般，便是读者的福分。

以欣赏音乐作品为例：每年一度的奥地利维也纳新年音乐会，已经以广播的形式举办了60年，演奏的曲目是施特劳斯家族的经典作品，蓝色多瑙河圆舞曲、拉德茨基进行曲等是必演曲目；全球绝大部分国家的电视台和电台都进行现场直播，听众数以千万。每年现场的票需要提前几年进行预订。中国中央电视台自1996年以来一直派专题摄制组去维也纳现场直播。我每年1月1日的晚上6点都会坐在家里的电视机前欣赏这场音乐会。我觉得，同样的曲子，在不同指挥家的指挥下，会有不一样的感受。维也纳新年音乐会展示的是人类最文明、最欢快、最明亮的侧面，高雅、轻松、豪华、热烈是其最大特点，所以一直以来受到欢迎。有人说：通过施特劳斯家族的经典音乐来寻求生活中的宽慰，并借此象征性地开启又一个美好的年份。

我们由音乐经典联想开来，可以肯定地说：

经典，的确可以开启人的心智，丰富人的想象，鼓舞人的斗志，照亮人的前进道路；

经典，的确会使人任何时候不气馁，充满拼搏勇气和生活信心；

经典，的确会使人变得善良、高尚、大气，葆有一颗耿耿爱心，拥有宝贵的、和谐社会必需的悲悯情怀；

经典，的确会使人逐步戒除浮躁，变得神稳心静、从容淡定。

至于面对纸质经典，我很赞同用沉浸式的心态来阅读。沉浸式阅读经典有四个特征：

一是孤独。阅读是默不作声的、私人性的体验，是一个人与文本交流的孤独情境。

二是理性。印刷文本是由线性排列的文字有规律地构成的。语言的明晰性和表达的逻辑性等等，要求读者应按一定的程式来阅读。任何文字作为符号，总是抽象的，所以，文字的解读是通过抽象的能指来理解其后的所指，把握文字的复杂意义。

三是单调。印刷文本的基本构成元素是文字，任何视觉图像都只是配角而已。印刷的纸质文本的文字单一性，一方面要求阅读必须专注和凝视，另一方面又不可避免地造成文字阅读的单调。

四是静观。它是阅读理性特征的进一步规定。在英文中，静观（contemplation）是指专注凝神的状态，即庄子所说的"用志不分，乃凝于神"。从认知心理学角度说，也就是一种典型的沉浸式阅读。有些阅读专家把这样的阅读描述为"深读"（deepreading）：

它是"一连串复杂的过程，它深化了理解，还包括推证、演绎推理、类比技巧、批判性分析、反思和洞见等活动"。

所以，大家一定要静下心来，采用沉浸式，认认真真阅读几本经典。

而且建议：

其一，养成热爱阅读纸质书的习惯，养成沉浸式阅读的行为方式。每天戒网一两小时静心读书，培育一生受用的孤独静思习性，虔诚地享受书中伟大思想的熏陶。

其二，养成独特的个人阅读文化——有自己的个人书单，有自己的个人阅读偏好，有自己的私人藏书，有若干本特别钟情并反复阅读的书，让它们伴随你一生。

其三，养成无功利目标读书的爱好。功利性读书固然重要，但是如果仅限于功利性的阅读，一个人的阅读生活会非常狭隘，且拘泥于工具理性。为阅读而阅读，为兴趣而阅读，这就越出了为考试、工作或事务的狭小目标，进入一个视野更加开阔的世界。

第四，读一些当代最高水准的原创性著作

应当承认，我国只是一个出版大国，但非出版强国，精品力作特别是原创性的著作并不多。

从近年全国出书情况看，思想性、学术性、现实性强的原创作品稀缺。以哲学社会科学类别的为例，出版单位热衷于开发、出版的是那些能够获得国家大量出版补贴的"文库""书系""丛书""全集""多卷本"之类大部头的，有独到见解的、有思想的、原创的

作品少得可怜。而恰恰是这种原创的单本、小部头、知识性、普及性的读物受众面广，影响力更大更持久。

所以，我们务必读一些能够代表当下最高研究水准的原创性的论著。

什么是能够代表当下最高研究水准的原创性的论著呢？举一个例子：

2014年中信出版社出版的，法国"70后"经济学家托马斯·皮凯蒂写的《21世纪资本论》就是一本在思想方面站在时代前沿，代表了我们这个时代最优秀人才思考的精品书。作者带给世界的震撼是：从来都是美国主流经济学家教训全世界，这次是法国的非主流经济学家教训了全美英的主流经济学派。《21世纪资本论》的主题是财富和收入分配的历史演进。作者用数据说话，是本书研究方法上的最大特色。通过发掘和整理政府统计数据、纳税单据、银行账目乃至报纸杂志等史料，这些数据上溯可以到18世纪末，下限到现在，涉及二十几个国家。有人这样评论道：该书用翔实的数据证明，美国等西方国家的不平等程度已经达到或超过了历史最高水平，认为不加制约的资本主义加剧了财富不平等现象，而且将继续恶化下去。作者的分析主要是从分配领域进行的，没有过多涉及更根本的所有制问题，但使用的方法、得出的结论值得深思。

皮凯蒂是巴黎经济学院经济学的教授。本书于2013年在法国首次出版。2014年3月英文版上市，旋即名满天下。一个月后亚马逊即告脱销，4月下旬更登上亚马逊图书销量榜榜首。在美国各大高校频繁召开研讨会，场面爆棚。这股"皮凯蒂热"在美国兴起后，迅速波及欧洲、南美洲甚至亚洲，日本、韩国经济学术界纷纷慕名邀请皮凯蒂。2014 年 9 月中旬，《21 世纪资本论》中文版由中信出版社发行。其实，早在该书正式出版之前，国内已有各种试读本、局部试译本、国外媒体的评论文集以及对皮凯蒂的访谈录等等。2008 年诺贝尔经济学奖保罗·克鲁格曼（Paul R.Krugman）在自己的专栏一个月内连发三篇文章热情推荐，称赞皮克蒂是"收入与财富不平等方面世界顶尖的专家"，又说"《21 世纪资本论》是近十年来最重要的经济学著作"。书中揭示的 300 年来资本主义贫富差距扩大的总趋势，对我们也有启迪意义。中国要走出"不平等陷阱"，实现共同富裕的和谐社会，在书中也能找到一些借鉴。皮凯蒂来过我国，央视请他作过精彩的演讲。

第五，网络阅读要适当控制时间

从传播媒介角度看，人类大致经历五种不同的文化形态：口传文化、手抄本文化、印刷文化、电子文化、数字文化。每种文化都有其独特的媒介和阅读形态，而现代文明缘起于印刷文化。

文化是一种软实力。这种软实力的提升，须由纸质图书和网络数字化共同来打造、来传承、来传播。

以前，人类阅读、传播文化，主要的途径、主要的载体是纸质图书。现在，网络数字化受到了青年人的普遍欢迎。我不止一次在书店里看到这样情景：一些年轻人即便在书店里也会长时间地阅读手机上的信息，沉溺在网络里。对于年轻人，没有网络就像是丢了魂似的，一天会过得无聊至极。由此可见，网络数字化的魅力和吸引力。前些年"浅阅读"这个词很流行。顾名思义，浅阅读就是指不需要深入思考的浅层次阅读。特点是快速获取信息和知识，能够在较短的时间里获得较多的视觉快感和心理愉悦。网络数字化就满足了浅阅读的需求。如果要我选一个概念来描述"90后"甚至"95后"青年的亚文化，也许该称为"数字原住民"(digitalnatives)。

几年前，有一本电子书曾打出这样一句广告语："电子书取代纸张，就像纸张取代竹简"。这虽是一种危言耸听的说法——我之所以这么定性，是因为不相信纸质图书会像竹简一样最终消亡。我认为，未来纸质图书与网络数字化的格局是二者共存，在功能、模式和感觉方面互补。

国外的一些权威统计数据表明，前些年迅猛发展的电子书在近年已经减弱了。惠普公司在大学生中做过调查，受访学生中有57%的人仍偏爱纸质课本，只有21%的人偏爱电子课本。

多项研究表明，人类在屏幕和纸面上的阅读方式有所不同。喜欢阅读纸质书的人说：纸质书容易做标注，而屏幕阅读更容易分心。还有：不少人仍喜欢图书的触感、图书的分量、图书的香气。此外，设计精美的纸质书封面不会让我们忘记自己是某本书的主人，在自己的书架上，可以随时翻阅。

瑞尔森大学的研究还显示，数字内容给读者带来的永恒感较差，而纸质书才真正属于自己，不受出版商和IT开发者的控制。而网络运营商可以不经用户许可，根据自己的需要任意删除数字化的内容。

根据美国语言学家贝伦的研究，数字化的电子阅读有如下主要特征：由数字装备便捷的其他功能而导致分心，进而失去了专注性。网络在线阅读的"查询"功能已经创造了一种被称之为"片段读写"（snippetliteracy）的新文化。

贝伦提供的一些数据也有力地证明了数字化电子阅读存在的问题，比如，在那些酷爱电子阅读的学生中，有91%的人抱怨说，他们在屏幕阅读时很容易分心，很难集中精力专注于文本；当问到喜欢阅读纸质文本的学生时，78%的人反映说，他们很容易凝神并沉浸在阅读之中。

就我国的情况而言，尽管近年来中国新闻出版研究院的"全国国民阅读调查"数据表明，未来网络数字化与纸质图书的格局应当是二者共存，在功能、模式和感觉方面互补。

尽管数字化阅读进入了每个人的生活已是一个不争的事实。但数字化阅读毕竟是一种浅阅读，是一种快餐文化、是一种碎片文化。

但在网络世界里，内容方面，掺假的水货比较多。大多是消遣的、平庸的、重复的、注水的、跟风的、模仿的、炒作的，甚至是低俗的、庸俗的；真正有学术内涵、文化底蕴、科技含量、理论深度的不是太多。许多作品，编辑的含量太低，错误很多。这样的作品是无法承担起传播文化重任的。

所以，一方面阅读者对数字化阅读要进行自我控制。另一方面，网络数字化也要奉行"内容为王"之道。要做到网络数字化的"内容为王"，网络编辑的作用是尤为重要。精品力作来自编辑的加工制作，编辑的眼光和水平决定了作品的品质。

第六，读书的方法

介绍几位大家的读书方法：

第一位是毛泽东，其读书方法可归纳为三点：

一是经典的和重要的书反复读。毛泽东曾对人说，他在写《新民主主义论》的时候，读了十几遍《共产党宣言》。在20世纪50年代初，毛泽东对人说，《红楼梦》他已经至少读了5遍，此后他还读过让人从北京图书馆手抄过的一部胡适收藏的《石头记》。毛泽东对艾思奇的《大众哲学》宠爱有加：1936年10月22日，他给叶剑英写信，要他"买一批通俗的社会科学、自然科学及哲学书籍"，特别提到《大众哲学》。1959年10月23日，毛泽东外出要带走的一批书中，《大众哲学》又赫然在目。艾思奇是中国哲学大众化的第一人。《大众哲学》是艾思奇的成名之作，当时他才24岁。有许多青年是在《大众哲学》的启蒙教育下，走上了革命道路的，有不少成为优秀的领导干部。《大众哲学》被誉为"常青的"普及性精品书。初版于1935年，新中国成立后，由人民出版社出版。

二是相同的题材内容，毛泽东习惯把不同的甚至是观点相反的版本对照起来读。他不仅读马克思主义的书，唯心主义的书，甚至蒋介石的书也读。1957年，他对领导干部讲：要读蒋介石的书这些反面的东西，我们有些共产党员、共产党的知识分子的缺点，恰恰是对于反面的东西知道得太少。读了几本马克思的书，就那么照着讲，比较单调。讲话，写文章，缺乏说服力。

三是毛泽东还注重讨论式阅读。他不光是自己闷头读，读完以后常常和别人讨论，有时是边读边议。1959年底毛泽东还专门组织读书小组到杭州研读苏联的《政治经济学（教科书）》，读了两个月，议出了许多好的思想。把社会主义分为不发达的社会主义和比较发达的社会主义两个历史阶段，就是毛泽东在这次阅读中提出来的，这是我们20世纪80年代提出"社会主义初级阶段"这个概念的认识源头。

第二位是冯友兰，其读书经验有四点：一是精其选，二是解其言，三是知其意，四是明其理。

第一，精其选。古今中外的书太多了，可谓浩如烟海，但是书虽多，有永久价值的还是少数。可以把书分为三类。第一类是要精读的，第二类是可以泛读的，第三类是仅供翻阅的。所谓精读，就是要认真地读，扎扎实实地一个字一个字地读。所谓泛读，是说可以粗枝大叶地读，只要知道它大概说的是什么就行了。所谓翻阅，是说不要一个字一个字地读，不要一句话一句话地读，也不要一页一页地读。就像看报纸一样，随手一翻，看看大字标题，觉得有兴趣的地方大略看看，没有兴趣的地方就随手翻过。

我们所说的"经典著作"或"古典著作"的书是经过时间考验，流传下来的。这一类的书都是应该精读的书。

第二，在读的时候，先要解其言。就是说，首先要懂得它的文字；它的文字就是它的语言。语言有中外之分，也有古今之别。就中国的汉语笼统地说，有现代汉语，有古代汉语，古代汉语统称为古文。

第三，在读书的时候，即使书中的字都认得了，话全懂了，也未必能知道写书的人的意思。读书要注意字里行间，要在文字以外体会它的精神实质。这就是"知其意"。司马迁说过："非好学深思，心知其意。"

第四，明其理。意是著书的人的主观的认识和判断。读书仅至"得其意"还不行，还要"明其理"（理是客观的道理），这样才不至于为前人的意所误。如果明其理了，我就有我自己的意。

冯友兰强调：会读书的人能把死书读活，不会读书的人能把活书读死。把死书读活，就能把书为我所用，把活书读死，就是把我为书所用。

第三位是陈垣，他说："我读书是自己摸索出来的，没有得到老师的指导，有两点经验，对研究和教书或者有些帮助"。

其一，从目录学入手，可以知道各书的大概情况。这就是涉猎，其中有大批的书可以"不求甚解"。

其二，要专门读通一些书，这就是专精，也就是深入细致，"要求甚解"。不管学什么专业，不博就不能全面，对这个专业阅读的范围不广，就很像以管窥天，往往会造成孤陋寡闻，得出片面偏狭的结论。只有得到了宽广的专业知识，才能融会贯通，举一反三，全面解决问题。不专则样样不深，不能得到学问的精华，就很难攀登到这门科学的顶峰，更不要说超过前人了。博和专是辩证统一的，是相辅相成的，二者要很好地结合，在广博的基础上才能求得专精，在专精的钻研中又能扩大自己的知识面。

第四位是来新夏，他认为：

首先，读书要立足于勤，要有持续不断的韧性，不要三天打鱼、两天晒网，要能坐冷板凳，不能坐不住。范文澜老师曾说过"板凳宁坐十年冷"，坐冷板凳说起来容易，做起来很难，要有决心。冷板凳坐几天容易，坐一辈子就非有坚韧不拔之志不可，许多大学问家都是坐冷板凳坐出来的。汉朝的董仲舒，不论后世有什么不同评价，他无疑是大学问家。他的学问怎么来的？主要是"三年不窥园"。3年之久，能不出书房，而且都不偷偷地掀开窗帘窥视一下窗外的风光。可想他是多么专心致志地读书。董仲舒尝引古训"临渊羡鱼，不如退而结网"以自律。"临渊羡鱼"是一种浮躁，揣手坐在水边为得鱼者大声叫好，羡慕人家的成绩，结果满载而归的是人家，自己空耗精神，蹉跎岁月，只落得双手空空，一事无成。"退而结网"则是坐在又硬又冷的板凳上，默默地结网，终究结成一面大网，能够从心所欲地捞鱼。我很敬佩这条古训，就以此语作为座右铭，悬之案头。

其次，要懂得分类读书。有的书是经典名著，这类书用以奠定基础，都需细读、精读，不要图速度。前人有句害人的话，说"一目十行"，这可能有益于速度，但浮光掠影，扎不稳根基，一生都难补救。因此，凡是要细读、精读的书，应该是"十目一行"，要专注精力，细嚼慢咽。基础稳了，速度自然会快，速度快了，数量自然会增。有的书则只需浏览，掌握其大致内容，其中某些部分等需要时再细读。有的工具书必须要熟练掌握使用方法，用时方能得心应手。分类读书可增加速度和扩大数量，但细读、精读的书一定不要图快求多。

如何做到读书有得？来新夏提出做到8个字，就是"博观约取"和"好学深思"。说这两句古语是相连的，只有"好学"才能"博观"；只有"深思"才能"约取"。好学就是勤学，无论在什么条件下，都要有读书习惯，特别是困顿时，更应坚持不懈，才能走向博览群书，才能使知识源源输入；但博涉不是囫囵吞枣。对书的内容要深思，以定去取。不妨大胆地说，无论什么书都不是没有水分的，深思就是挤掉水分，所以称为约取，即把一本书读薄，而取其精华。在深思过程中，就会发现问题，这就是一般所说"致疑"，有疑才会不断追根究底，即所谓"勤思"，疑而后思，思而后得。所得即使是片段，也是非常可贵的，应该及时记录。因为人的记忆是有限度的，日久淡忘，人所难免，所以要勤记勤写。聚沙成塔，片段可以成篇，多篇可以成书。这种积累，对读书生活也是一种磨砺，因为读书易而随时记录读书心得难，因此必须要有韧性战斗的精神。

习近平总书记曾寄语广大青年，"要志存高远，增长知识，锤炼意志，让青春在时代进步中焕发出绚丽的光彩。"所以，希望青年朋友们一定要坚定信念，增长才干，怀揣中华魂，追寻中国梦，用阅读造就自己的心灵高地。

（2019年4月，在全国读书会联合会
山东高校活动基地启动仪式上的演讲）

书评篇

《中国通史》凝聚了作者和
人民出版社几代人的心血

人民出版社创建百年来，为社会、为读者奉献了大量的精品力作。范文澜、蔡美彪等著十二卷本《中国通史》便是其中一部耀眼的高端学术著作。通常讲，精品力作需要十年磨一剑，而这部架构宏大、史实准确、选材精当、笔法洗练，全面展示中华文明、代表中国史学研究最高整体水平、里程碑式的巨著前后打磨了67年，凝聚了作者和人民出版社几代人的心血。

70 年前的"述往开来"之作

古人云："述往事，思来者"，"欲知来，鉴诸往"。此话颇有道理。不善于总结历史经验的民族，就难以清醒地认识和成功地开辟自己的未来。

我国马克思主义历史科学的重要创始人郭沫若，在 1929 年出版的《中国古代社会研究》自序中明确表示，这部书是作为恩格斯的《家庭、私有制和国家的起源》的续编写出来的。意思是说，世界历史运动的规律是由私有制进到社会主义、共产主义的，中国也"大抵相同"，不会例外。讲的是中国古代社会，昭示人们的却是中国走社会主义、共产主义的前途。史学大师范文澜也莫不如此。他自20世纪30年代接受马克思主义后，就以党和人民以及民族的利益为己任，通过反思历史，回答了现实中的许多问题。《中国通史》的前身，亦即范文澜40年代写的《中国通史简编》就是借古说今。据范文澜后来透露，该书是组织上让他编写的，旨在"为解放区干部补习文化之用"。我党延安时期的不少干部，正是读了这本书后，才掌握了系统的历史知识。

对于范文澜这样的学问家，毛泽东非常器重。1940年，范文澜在延安新哲学年会上讲演中国经学史，毛泽东不但亲自去聆听，而且事后还写信给范文澜："用马克思主义清算经学这是头一次，因为目前大地主大资产阶级的复古反动十分猖獗，目前思想斗争的第一任务就是反对这种反动。你的历史学工作继续下去，对这一斗争必有大的影响。……我对历史完全无研究，倘能因你的研究学得一点，深为幸事。"

作为延安时期我党干部补习文化的指定读物，《中国通史简编》是第一部运用马克思主义观点系统分析、介绍中华文明发展史的著作。该书于1941年出版后，毛泽东欣慰地对范文澜说："我们党在延安又做了一件大事……写出了一部系统的完整的中国通史。这表明我们中国共产党对于自己国家几千年的历史有了发言权，也拿出了科学的著作了。"毛泽东为什么这样高度评价范书？因为它在写法上打破了旧的王朝体系，是颠覆性的创新。正因为该书打破了旧的王朝体系、宣传了阶级斗争、热情讴歌了劳动人民，是一部思想性、战斗性极强的著作，所以一经问世，立即遭到国民党当局的通令禁止。当禁止不住后，又组织少数反动文人施以漫骂和攻击。

毛泽东传话：中国需要一部通史

据范文澜自己讲，初本《中国通史简编》是在延安窑洞中的油灯下完成的，由于缺少参考资料，书中免不了要出现一些偏差，新中国刚刚诞生，范文澜便开始了修订工作。在他看来，初本中国通史中一些属于主观主义和非历史主义的写法必须剔除。例如秦始皇、刘邦、李世民、赵匡胤、朱元璋都是封建统治者，残酷压迫人民，但他们在历史上都有过贡献，而原书中只讲其残暴的一面，回避其在某些问题上多少有点功劳的一面，这不合乎历史。有些地方借古说今也欠妥当。如借吴蜀联合拒魏来类比抗日民族统一战线，等等。

为了保证书稿的质量和修改进度，组织上专门抽调一部分同志组成中国通史组，协助范文澜工作。据范老的助手蔡美彪回忆：1958 年夏，范文澜赠给他们四个字，即：专、通、坚、虚。所谓"专"，是说"史集浩瀚无边，一人之力只能专攻一部分"；所谓"通"，就是要在专攻重点之外，应"注意前后左右，做到直通、旁通"；所谓"坚"，即指做学问要有信心、耐心和毅力；所谓"虚"，就是要虚心，要正确对待学术批评和不同的学术见解。中国通史组就是根据这四字方针进行工作的。

负责出版该书的人民出版社，也把这套全面、系统展示中华文明的书稿视为重点工程，从始至终指派编辑骨干负责这项工作。

经过十几年辛勤的耕耘，修订本《中国通史简编》第一编（远古到秦统一）、第二编（秦到南北朝）、第三编（隋唐五代史）相继于1952年、1957年、1965年问世。这三编出版后，受到社会的好评，毛泽东曾说此书资料多，让人愿意看下去。由于修订本对一些帝王将相作了具体分析，肯定了秦始皇、刘邦、唐太宗、朱元璋等帝王的某些历史贡献，陈伯达便在"文化大革命"中一次重要会议上要范文澜检讨，并当众连声叫嚷"保皇党，保皇党！"亏得后来毛泽东亲自出面干预，对范说"有人要打倒你，我不打倒你"，范文澜才安然无事。1968年7月20日，毛泽东还派女儿李讷前去看望范文澜，并给他传话：中国需要一部通史，在没有新的写法以前，还是按照你那种体系、观点写下去。

对于毛泽东的殷切期望，范文澜感到万分激动。尽管他当时在病中，仍立即着手编写计划。他满怀激情地说："全书五年完成，我还不过八十，不算老。"但不幸的是，仅过了一年，病魔便夺去了他的生命。范文澜逝世后，毛泽东和周恩来仍十分关心中国通史的撰写工作。受范文澜生前委托，其助手蔡美彪毅然担负起这项未竟的事业。

再现中华文明的巨著

通过作者和人民出版社几代人的共同努力，1978年、1979年范文澜原作《中国通史简编》修订本第一编、第二编及第三编第一、二册正式更名为《中国通史》第一、二、三、四册并相继出版。第五册（宋朝史）、第六册（辽、金的政治、经济、军事等）、第七册（元代政治、经济及宋、金、元文化）、第八册（明太祖到神宗时期的政治、经济）、第九册（明末清初史）、第十册（清乾嘉时期的政治、经济及明清文化）、第十一册（晚清的衰落与列强的侵略）、第十二册（清朝的灭亡及晚清的学术文化）分别于 1978 年、1979 年、1983 年、1986 年、1992 年、1993 年、2006 年与读者见面。

综观这部堪称第一流的宏伟巨著，它究竟具备哪些特点呢？

这部巨著告诉我们，中华民族是一个追梦的民族。从嫦娥偷吃不死药私奔广寒宫、牛郎织女鹊桥相会，到吴刚伐桂；从长城、运河、地震仪，到四大发明，无论是传说中的炎黄子孙还是现实中的华夏儿女都乐于为梦想而战。梦想给了中华儿女方向和目标，激励着历朝历代、一批又一批的中华儿女去为之奋斗；梦想赋予中华儿女动力和正能量，成为中华儿女改变命运的不竭动力；梦想是中华民族发展进步的力量和源泉。中华民族在 15 世纪之前站到了世界的前沿，在世界的每一个角落熠熠发光，中国是东方独立富强的国家。但随着资本主义生产方式的兴起，随着近代工业革命脚步的加快，中国落伍了。自 1840 年鸦片战争以后，中国成为半殖民地半封建国家，外来侵略者的坚船利炮，击碎了天朝上国的美梦，国家渐渐走向衰落。为了拯救危难的祖国，千千万万的仁人志士以天下为己任，"人人心忧国之心，人人事忧国之事"，渴望赶走列强，推翻封建统治，实现"欲使中国为世界最强之国，最富之国，又政治最良之国"的梦想。书中对中国古代哲人的精魂——关心社稷，爱祖国，"为天地立心，为生民立命"的优良传统，着力加以赞扬。如屈原"虽九死其犹未悔"的舍身精神，范仲淹"先天下之忧而忧，后天下之乐而乐"的广博心怀，林则徐"苟利国家生死以，岂因祸福避趋之"的爱国心声，孙中山"振兴中华""天下为公"的政治理念，等等。

这部巨著的突出优点在于：没有把那些无谓的烦琐细节提供给读者，而有自己的选择和自己的理论思维。如人所知，我国古代在科技方面有过许多成就。除了"四大发明"之外，天文、数学、纺织、医学等方面的成就也不胜枚举。我国古代的剑，是用青铜合金制造的，几千年后从地里挖掘出来，锋利程度丝毫不减，这是奇迹；传统铸锅可以薄到两毫米，工艺的巧妙，令现代人都感到惊异。对于这些，书中作了较为详尽的介绍。

该书还告诉人们，与其他文明古国相比，中国古代文明的连续性在政治实体的存在状况方面更为引人注目。我国文明产生于金石并用时代和青铜时代，经过夏、商、周三代的连续发展，到春秋时期进入铁器时代，其间不曾为外力所中断，而在经历春秋战国之后向更高阶段即秦汉时期发展。其后，4—5世纪，中原地区虽也发生过相当规模的民族的移动，还建立过不少由少数民族为最高统治者的政权，及至13世纪和17世纪，又两度出现了以少数民族统治者为全国最高统治者的皇朝，但这些在本质上或是朝代的分合与更替，或是各民族上层统治者联合政权的结构的变化而已，中国作为政治实体在历史上则从未被外力中断过。总之，这部真实再现中华文明的巨幅画卷，以令人信服的史实向后世证明：中国文明的发展，生生不息，虽有迂回而不改其前进的趋势，虽有周折而未中断其一贯的脉络。

能够坚持自己的学术观点且又严格执行党的"百家争鸣"方针，

也是该书的一大特色。照教条写出的文章，无非是马（克思）云列（宁）云，东抄抄，西扯扯，终日言，如不言，这种情形，鸣则鸣矣，争则争矣，不过只能叫作"潦岁蛙鸣"，和"百家争鸣"不可同日而语。他还特别反对用大帽子压人，以致变成门户之见、意气之争的所谓"学术批评"。尽人皆知，他与郭沫若关于中国封建制度始于何时，主张不同。范文澜主张西周说，郭沫若主张春秋战国说。他俩不仅在刊物上专门撰文对此进行过讨论，而且各自将自己的见解写进了《中国通史》和《中国史稿》。范文澜逝世后，蔡美彪等后继者，在续写《中国通史》第五至十二册过程中，也没有完全按照范文澜对唐代以后中国历史的观点进行阐述，而是本着"吾爱吾师，但更爱真理"的精神，敢于在一些重大的学术议题上提出自己的见解。因此，说《中国通史》既是师徒相传而一鸣的结晶，也是师徒彼此争鸣的产物，似乎是贴切的。

蔡美彪在多种场合强调马克思主义对指导历史研究的重要作用。他认为，史学工作者要应用马克思主义的立场、观点、方法，发扬实事求是的严肃、严谨学风；要从实际出发，不断开拓进取，只有经过辛勤劳动、经过沉思，才能取得高质量的学术成果。他告诫，学习运用马克思主义，不能机械、僵化和教条。他说："马克思主义不能成为僵固的教条，而需要不断地汲取社会科学以及自然科学的新成果，以求得生动活泼的发展。"他多次说过，学术史的发展表明，任何堪称新创的科学成就，都只能是多年潜心研究的结晶，而不能是趋时哗众的空谈。他曾形象地比喻："做学问，写文章，如同厨师烹饪做菜，食材和作料都一样，但做出来水平高低却大不相同"，"厨师不能只会做一道菜，而要会做多种菜。搞研究和写作，也要尽可能全面，著书、写论文、编辞书、书评、文章要都应该在行"，"做学问高明之处，不在于发现新材料，而是在于从大家常见的史料中发现问题"。

蔡美彪经常勉励通史组的年轻研究人员发扬"二冷"精神。一"冷"是甘于坐冷板凳，要能够静下心认真读书搞研究，埋头苦干，坚持不懈。二"冷"是甘于吃冷猪肉（古代道德高尚的人，死后可入孔庙配享祭祀），切莫急于求成，搞急就章，唯有经过长期努力，其研究成果才能被社会承认。蔡先生是践行"二冷"精神的楷模。蔡美彪的助手韩志远回忆道："从我 20 世纪 70 年代中期到所里工作开始，就见到他每天清晨已经坐在办公室读书和写作，几十年如一日。20 世纪 80 年代以前，近代史所的办公条件还很简陋，通史组二三十人集中在一间大平房里办公。我的办公桌就在蔡先生对面，每天看到他埋头苦干，中午趴在办公桌上稍事休息，下午接着读书写作。直到九十岁高龄，似乎仍不知'老之已至'，继续一如既往每天坚持读书工作。他大部分精力都用于完成范文澜编写《中国通史》的遗愿，而较少花费在个人课题研究上面。"

蔡美彪非常赞同范老的这一观点，即认为"一本好的通史，第一要直通，第二要旁通，最后要会通"。"直通"，就是要精确地具体地划出中国社会发展的各个阶段；"旁通"，就是社会中各个现象不是孤立的，它们互相有机联系着，互相依赖着，互相制约着；"会通"，就是两个方面的综合。蔡美彪说："如果没有水乳交融的会通，就算不得具有时代气息的完备通史。"

　　清代大史学家章学诚说过："夫史所载者事也，事必藉文而传，故良史莫不工文。"若以此标准来衡量《中国通史》这部"良史"，确也做到了"莫不工文"。据统计，《中国通史》累计印数已有几百万册，一个重要原因就是文字简洁，语言清新流畅，做到了雅俗共赏。后八册的文字虽不及前四册洗练、优美，但同目前某些史学著作不重语言锤炼，佶屈聱牙、枯燥无味的情况相比，仍形成鲜明的对照。

　　从第五册到第十二册，蔡美彪既是其中的一位作者，更是一位称职主编。他将自己特有的学术风格——宏观与微观相结合、理论与史料相结合、博通与专精相结合，融于统稿、修改之中，从而科学、全面地探索了中国历史发展的脉络，传播了系统而正确的历史知识，使严肃的学术著作从象牙塔走向社会、走进普普通通的读者。

　　蔡先生从1953年协助范老编写《中国通史》前四册，到主持续写直至完美作结第五至十二册，一个重要原因还在于：《中国通史》聚集了国内研究中国史的顶级知名学者。比如：第五、第六、第七册主要作者朱瑞熙是国内学术界公认的具有较高学术成就的宋代历史研究专家，他在宋代科举、教育、铨选、社会结构、政治制度、社会生活、思想等方面有许多独到的论述，对学术界影响深远。

　　第五册主要作者卞孝萱师从范文澜、章士钊，以唐代文史为主攻方向，突破了治文者不治史、治史者不治文的单一范围，开拓出点面结合、文史结合的广阔领域，著有《刘禹锡年谱》《唐代文史论丛》《郑板桥丛考》等。

第六、第七册主要作者周清澍长期致力于元史、蒙古史、清史、文献学、内蒙古历史地理的研究，参加过《元史》点校及《蒙古族简史》的编写，并任《中国大百科全书·中国历史卷》元史分册和《中国历史大辞典·辽夏金元史卷》副主编。

第六册主要作者丁伟志主要从事哲学、历史学研究，主攻中国近代政治思想史、文化思想史。代表作有《中西体用之间》《裂变与新生》《对历史的宏观思考》《无树有巢》《桑榆槐柳》等。

第七册主要作者周良霄主要研究蒙古史、元史，代表作有《元代史》《皇帝与皇权》等。

第七册主要作者张岂之长期从事中国思想文化史研究，主编的著作有《中国思想史》《中国儒学思想史》《中国传统文化》《中国近代史学学术史》，自著有《顾炎武》《儒学·理学·实学·新学》《春鸟集》《中华人文精神》等。

第八册主要作者李洵是公认的明清史专家，主要著述有《明清史》《明史食货志校注》《下学集》《明清时期资本主义萌芽发展的阶段性及其特征》《孙嘉淦与雍乾政治》等。

第八册另两位作者南炳文和汤纲，都是明清史研究专家，二人合著有《明史》，分别著有《明史新探》《20世纪中国明史研究回顾》《中国古代史》明代部分等。

第九、第十册主要作者刘德鸿专长清史研究，主要代表作有《清初学人第一——纳兰性德研究》《满族通史》（合著）等。

第十册主要作者汪敬虞长期从事中国近代经济史的研究，著有《唐廷枢研究》《十九世纪西方资本主义对中国的经济侵略》《汪敬虞集》等，与严中平共同主编《中国近代经济史》。

第十册另一位主要作者冯尔康是公认的清史专家，著有《雍正传》《清人社会生活》《清人生活漫步》《生活在清朝的人们》等。

第十一册主要作者茅海建是有较大学术成就的中国近代史专家，代表作品有《天朝的崩溃》《近代的尺度》《戊戌变法史事考》等。

第十二册主要作者杨天石长期研究中国文化史与中国近代史，尤长于中华民国史的研究，著有《帝制的终结：简明辛亥革命史》《从帝制走向共和》等。

一部中国学术史证明，打造高品质学术品牌书的"命门"是依靠一批又一批、一代又一代的优秀作者。而十二卷本《中国通史》凸显的深厚学术底蕴正是来自这些作者的支撑。

人民出版社的实质性助力

从书稿档案、相关材料和其他印迹看，人民出版社从1952年到2019年，有近30人投入到《中国通史》的编辑工作中。他们是：吕异芳、朱南铣、江平、应德田、石磊、刘元彦、陆世澄、陈汉孝、刘志金、吕涛、陈有和、张作耀、萧远强、乔还田、于宏雷、杨美艳、范用、齐速、海波、姚洛、李连科、林言椒、陈鹏鸣等。他（她）们为《中国通史》付出的心血至少可归纳为五点：

一是范老的延安版本是供"解放区干部补习文化之用"，书中引文没有注释。新中国成立后，由普及读物升级为学术性论著，资料引文必须注明出处。为此，人民出版社编辑认真查找、核对相关的中国历史工具书，注明了出处，实质性助力了范老的修订工作。

吕异芳回忆道："当时胡绳同志是出版社的社长，传话说范老在解放区写的《中国通史》，在解放区很受欢迎。王子野同志命我们前往联系。范老当时住在北太平庄，我的学友蔡美彪正好调到范老身边，我顺利见到范老，说明情况，范老十分高兴，并指示说：'此书在解放区是作为干部必读用的。在那种条件下写作，找历史资料是十分困难的。你们工作的第一步，希望帮助查核材料，纠正引文等。'拿回稿子以后，发现书中所有材料均无引文出处，查核十分困难。"好在当时历史组负责人朱南铣很有学问，他翻看了部分书稿，说要解决这些问题，必须学会使用历史工具书。于是，他便在每个周六下午教大家如何使用《诗经》《易经》"二十四史"、《资治通鉴》《通志》《通典》《册府元龟》《太平御览》等工具书。从而协助范老顺利完成了《中国通史》的第一次修订和补充。

二是计划中的十卷本《中国通史》第一至七、第九卷出版后，因各种因素无法续写下去，停顿了近三年时间。其时，蔡先生多次无奈地表示：交来的初稿太粗糙，不是用心写出的作品；对提出大的修改、调整意见，又不情愿配合，只能顺其自然了。《中国通史》有可能变成"半拉子"工程。面对这一窘境，人民出版社没有放弃，反复与蔡先生及主要作者沟通，提供了各种优越条件，聚拢了写作团队，最终把第八、第十卷催写出来，完成了毛主席的嘱托，完成了范老的遗愿。

三是十卷本出齐后，人民出版社主动提出对全书进行修订，并推出特装本；我社编辑参与了对范著前四卷核对资料、校正文字工作，还编选了一些图片，并明确要求增加人名索引和地名索引。我们认为，增加索引便于读者检索、查找，这是国际惯例，否则学术著作很难走出去。

四是十卷本《中国通史》虽于 1996 年 1 月荣获第二届国家图书奖，但其内容只写到清朝嘉庆年间，可以说"通史不通"。于是，人民出版社建议至少应写到辛亥革命推翻清王朝。我们认为，辛亥革命给封建专制制度以致命的一击，结束了中国两千多年的封建君主专制制度，推翻了"洋人的朝廷"，建立了资产阶级共和国，完成了 20 世纪中国的第一次巨变。经与蔡先生反复沟通，并且推荐了作者名单，加写了第十一卷、第十二卷，于 2007 年出版。

五是始终服务好蔡先生这位德高望重的重要作者。自蔡先生受范老生前委托，承担起主持《中国通史》续写任务后，我社便派编辑常去蔡先生位于北京东厂胡同的办公室就书稿进行沟通。近十几年里，书稿事宜虽不多了，但我们一直坚持每年去蔡先生东总布胡同的家里坐会儿，有时是因书稿进行请教，更多的则是看望一下他老人家，单纯地聊聊天。但不管是哪一种交流，睿智儒雅、学养深厚、思维敏捷、淡泊名利、有大家风范的蔡先生，从社会新闻、学术动态，到中国社科院、中国近代史研究所、人民出版社的变化及故友情况，聊天内容都给我们满满的暖暖的鼓励和指点，不经意间会受到豁然的启迪。蔡先生没有儿女，他老伴去世后，我们担心他孤单、寂寞，每逢春节，必会提前给他拜年，一起吃顿年夜饭。2020 年受疫情影响，我们没敢去造访。2021 年 1 月 14 日，惊闻他老人家不幸逝世，享年 92 岁。我社发去唁电：一方面对蔡美彪先生逝世深感悲痛！认为蔡先生学力深厚，治学严谨，淡泊名利，学术成果丰硕，他的逝世是我国历史学界的重大损失！另一方面由衷地感谢他几十年来对人民出版社的大力支持！他是与人民出版社长期合作的德高望重的重要作者，为人民出版社打造出了《中国通史》这样里程碑式的巨著和标志性品牌图书。蔡美彪先生千古！

业界人士都知道，编辑工作有四大职能：第一是评价，判断一个文化产品是好还是不好；第二是选择，选择优秀的文化作品或选择文化作品的优秀部分；第三是优化，对决定出版的文化作品进行优化，使其达到出版水平，能够高质量地在大众中传播；第四是推荐，用各种手段向大众推荐我们的作品、产品。其中，优化职能最见编辑的功力和水平。而所谓优化，又有两个层次：第一个层次是编辑向作者提出整体修改建议，帮助作者整体上对作品进行提高和完善。第二个层次是编辑直接对稿件进行编辑加工。从上述归纳的四点看，人民出版社在近 60 年编辑出版十二卷本《中国通史》的过程中，在这两个层面均作出相应的贡献。我们可以问心无愧地说：十二卷本《中国通史》凝聚了作者和人民出版社几代人的心血，是双方历时 67 年共同打造的精品力作！

（原载《我与人民出版社》，人民出版社 2022 年版）

思想性学术性并重的"人民文库"

从 35 年前迈进这个被业内称为"为他人作嫁衣"的行当，我始终把编辑工作看得很神圣。对于好的书，不仅自己会重读，而且会推荐给朋友。什么样的书才算好书，值得推荐呢？

在我看来，好书在思想价值上应是人类进步思想的前卫；在学术上，应该具备科学性和独创性；在知识性上，必须正确无误；在编辑加工上，属于精编精校；在装帧设计上，能做到内容与形式的完美结合。按照这种标准，人民出版社新近推出的"人民文库"很值得推荐。

这套大型文库首批拟出版 100 余种，已经行世的有 46 种。这些书是从我社 50 多年来出版的 2 万多种作品中精选出来的。既有马克思主义理论、中共党史及党史资料，如庄福龄主编的《马克思主义史》、艾思奇的《大众哲学》；也包括人文科学、文化、人物方面顶级的学术论著，如冯友兰的《中国哲学新编》、侯外庐的《中国思想通史》，所有作者都是公认的学术大家。

正如"'人民文库'出版前言"归纳的那样：入选文库的佳作，"有的图书眼光犀利，独具卓识；有的图书取材宏富，考索赅博；有的图书大题小做，简明精悍。它们引领着当时的思想、理论、学术潮流,一版再版,不仅在当时享誉图书界,即使在今天,仍然具有重要影响。"从社会反映看,这些传承优秀文化的作品,既在当时产生过历史作用,在当下也具有较强的思想性、原创性、学术性和珍贵的史料价值,仍可满足广大读者的阅读收藏需求。

入选"人民文库"的每一部作品,恰似闪光的珍珠,原来就价值不菲,如今串成了一条精美的项链,更是点石成金,被串起来每一颗珍珠或多或少都能留有时代"辙印"。透过这条精美的项链,人们可以清晰地看到我国思想界、学术界、出版界近60年来变化发展的重要轨迹。

(原载《中华读书报》2009年4月22日)

再现中国学术辉煌的画卷

——六卷本《中国学术通史》评介

有人说：一个有着五千年文明史的泱泱大国，一个创造过辉煌学术的中华民族，应该有一部自己的学术通史。如果没有，将是中国学术界、文化界、出版界的悲哀。

这种说法一点儿也不刻薄。是的，中国学者要是写不出有原创价值、有特色、有个性，能经得起时间检验，能穿越历史时空的高品位的中国学术通史，是会愧对读者、愧对社会、愧对民族、愧对21世纪的。

可喜的是，最近，人民出版社出版了由张立文教授主编的6卷本《中国学术通史》。这部洋洋洒洒300万言的巨著，再现了中国学术辉煌的轨迹，是一部有特色、有个性、有深度的佳作。

多少年来，张立文教授一直在辨哲学、思想、宗教、学术之名，析中国哲学史、中国思想史、中国宗教史、中国学术史之义。主编6卷本《中国学术通史》时，他又反复强调一定要"自己讲"，既不能秉承衣钵式地"接着"祖宗讲，也不能照猫画虎式地"照着"西方讲，而应该智能创新式地自己立言，用自己的话"讲自己"，阐述自己独到的学术观点。而本书的亮点也恰在于作者们为中国的学术史、中国的学术思潮打上自己的烙印。

史学大家梁启超认为中国学术思潮应该是四期，即："汉之经学，隋唐之佛学，宋及明理学，清之考据学。"本书则分为六期：先秦学术，两汉经学，魏晋玄学，隋唐儒释道之学，宋明理学，清代学术。并揭示出每一时期的学术属性是：先秦为原创期，秦汉为奠基期，魏晋南北朝为会通期，隋唐为融突期，宋明为造极期，清代为延续期。正是按照这种思路，系统全面地论述了中国学术史的演变过程及其特征。这样一来，六卷本的中国学术史就有了自己的思想体系和学术体系，从而避免是一个"拼盘"，或是一道"杂烩菜"。要知道，拼凑"拼盘"和"杂烩菜"，是近年来多卷本通史、专门史论著容易犯的毛病。

如果说"六期"分法道出了中国学术思潮的整体性和连续性，那么，在具体论述每一时期的发展过程时又注意到了它的时代性、真实性、和合性和超越性。比如：先秦卷把"官学下替—私学兴起—官学复兴"作为研究先秦学术发展的内在线索。既考虑到诸子学术所依凭的知识系统是此前的官学，又认识到诸子学术对此前的政治与文化传统的突破与超越，以及"百家"的异同乃至各自在中国文化学术史上的地位、影响和作用。作者十分重视先秦学术的原创性特征，强调诸子学术中所包含的自由探索精神。秦汉卷则把知识体系的传承流变与思想创新、社会需要结合起来考察，概括出这一时期学术发展的述、作、用三种主导维度，使学术史呈现立体多元的景观。作者将建立新官学作为主线索，对儒家经学的兴衰历程作了详细勾勒，准确把握住了这一时期学术发展的主动脉。通过剖析当时学术传承与思想创新、学派冲突与问题论争、学术发展与现实政治需要等多种关系，对汉武帝时期儒家经学独尊这一重大历史事件进行了富有新意的探索。隋唐卷细致入微地考察了儒释道三教是如何交流与融合的，对其代表人物的学术思想、理论特色进行了独到的分析，并将这一时期的学术发展归纳为传承性、开创性、开放性三大特色。魏晋南北朝卷论述了玄学的肇始与衰落，中国佛教的形成及佛学的转向与发展，道教学术的规范与创新，儒释道三教的论争与互补，儒家经学的演变，文学的自觉与新的艺术风貌及文学认识的深入与文论的发展，史学的独立与繁荣，自然科学的进步与发展，几乎涉及了整个学术史的所有范围。从而说明按其历史长度，魏晋南北朝只占中华文明史短暂的一瞬，但观其学术繁荣，则可媲美于任何强盛的时代。宋元明卷再现了宋明学人各喜自树其帜，决不学步邯郸的风姿。比如理学的开创和奠基，理学的展开和集成，理学的转折和解构，理学为什么成为主导思潮？科学技术何以那般辉煌？经学思想何以那般活跃？文史成就何以那般显著？其中不乏精彩的点评。清代卷深层次探讨了这一时期内学术发展、流派、趋向等演变的细微末节，令人信服地揭示出了初期、中期、晚期学术的宗旨及其阶段性特征，比如前期思想活跃、气象博大，中期学术精深，晚期新学流布，等等。

书中独到的见解也随处可见。比如：认为先秦百家学术没落的真正内因是各家共有的功利主义学术观、儒家和墨家学术中都包含着浓厚的极权主义思想。对两汉时期的经学章句、考据之学的评价，既批评其丧失意识形态功能、抑制思想创新、流于烦琐的弊端，又肯定其在促进中华民族总体文明普及、发展上的贡献。对谶纬的评价，既批评了神学化的倾向，又指出它实际是经学思潮笼罩下学术创新意识的一种特异化表现，有一定思想蕴含，不能一概否定。

本书还十分注意让材料说话，特别是一些新近考古发掘的材料。如先秦卷引用了不少马王堆汉墓帛书、郭店楚墓竹简、上海博物馆藏战国楚竹书等。用地下新材料说话，是难能可贵的。有人曾形象地指出：考古学家的任务是让干涸的泉源恢复喷涌，让被人遗忘的东西被人理解，让死去的转世还魂，让历史的长河重新流淌……本书重视考古新材料的采用，不仅真实再现了那个时代的历史场景，而且能够准确地反映当时的文化特征。

当然，就像一株根深叶茂的大树也有枯枝败叶一样，本书也有缺憾之处。比如，先秦卷对各家各派学术的相互影响分析不透彻，而且过于重视儒、道、墨三家，没有把其他学术派别尤其是一些小的学术派别或学术思想搜罗进来。有些提法也值得商榷，如认为墨家讲的义政实际上是暴政、孟子的仁政理论中也有暴政色彩、儒家主张用政治力量干预学术等。秦汉卷在处理经学、子学、史学、科学各部分的内容时，未能从大的学术氛围着眼，将其有机地联系起来，更谈不上融为一体。对两汉文学、两汉术数的论述，对《淮南子》、东汉末年社会批判思潮、郑玄等的学术阐述，均不够全面深入。清代卷对近代科学的分析更显得单薄。

不过，从总体看，瑕不掩瑜。《中国学术通史》是一部很有深度的书，它的涵盖面非常广，它为读者展示了已经流逝的学术氛围，再现了那些已经逝去的思想家、文化名人、大学者的风采；从某种意义上说，它又像一部能够穿越时空的时间机器，把每一位读者送进了它所描述的那个时代的学术殿堂，进而能和古人进行对话，共同探讨做学问的奥妙。

（原载《光明日报》2005 年 7 月 12 日）

读《中国历史学四十年》

　　肖黎主编的《中国历史学四十年》一书最近由书目文献出版社出版。该书从纵向和横向两个方面，总结了新中国成立40多年来史学界在许多重要领域所达到的科研水平及其得失。

　　通过本书，人们能够看到40年间我国的历史学取得的瞩目成就。首先是马克思主义占领了历史学阵地，以马列主义、毛泽东思想指导历史研究，已成为史学家们的自觉要求。诚如某些学者所言，马克思主义好比一把钥匙，它把唯物论和辩证法运用于社会历史研究，从错综复杂的历史现象中揭示了生产方式在社会发展中的决定作用，阐明了经济因素和政治、思想、法权、民族、地理、人口等多种因素之间的关系，从而揭示了客观历史的基本规律，使历史的研究真正成为科学。一个治史者，倘若不用马克思主义理论作指导，就会坠入史料的海洋而不能自拔，面对纷如乱麻的众多史事而困惑难解；或者可能对单个的制度、事件、人物有深入的研究，而对事变的总体却难以作出科学的说明。这种说法是符合实际情况的。史学工作者自觉意识到需要正确理论指导研究工作，自然是新中国诞生以后的事。40年来，史学工作者在"到马克思、恩格斯、列宁、斯大林那里找立场、找观点、找方法"的过程中，虽也犯过简单化、教条化的偏差和失误，诸如抽象地进行所谓阶级分析，对剥削阶级及其代表人物的历史作用一概加以否定，或用现成的套语去贴标签，把千差万别的历史事件、历史人物公式化、概念化等等。但从总体看，特别是党的十一届三中全会以来，多数治史者逐步学会了完整、准确地领会其精神实质，马克思主义史学已成为中国历史学的主流，以马克思主义的理论和方法指导下的中国历史学研究取得了显著的成就。

重视史学的社会功能，运用各种形式进行爱国主义教育，也是新中国历史学的一大成就。一个显而易见的道理是，社会主义的中国不是凭空产生的，它继承了中国历史上全部优秀文化传统，同时它也受到旧时代遗留下来消极的、黑暗的东西的负累。科学地分析历史，会使人们看到，只有社会主义才能发扬光大中国的古老的文化，也才能最终消除一切消极的历史遗迹。40年来，广大史学工作者牢记自己的社会责任，从各个不同的角度展示祖国的过去，以唤起人们特别是青年一代满怀热情地建设祖国的现在，追求祖国美好将来的信念。不少治史者从追溯神州大地远古人类发展的足迹，到讴歌近百年来爱国者和革命者争取民族独立与人民解放的奋斗经历；从记述我们祖先辛勤创造的光辉灿烂的科技成就，到介绍源远流长而又绚丽多彩的优秀文化；从描写中华儿女对包括我国宝岛台湾在内的一些地方的经营和开发，到反映组成我国民族大家庭的各族人民的生活和斗争——通过一桩桩、一件件具体而生动的事例，再现了祖国的伟大和可爱。一些青年，正是通过学习祖国的历史，增强了民族自豪感，提高了民族自信心，从而使蕴藏在胸中的爱国主义激情得到进一步的迸发。

至于对重大学术专题研究的不断深化及新领域的开拓，更是中国历史学 40 年的重要成果。早在 20 世纪五六十年代，学者们就相继讨论了中国古代史分期、中国历代土地制度、中国封建社会农民战争、中国资本主义萌芽、汉民族形成等五个问题，被史学界称为"五朵金花"。到了 70 年代末和 80 年代，伴随着拨乱反正和改革开放，学者们不仅继续讨论了一些老问题，还不断扩大视野，探索新问题，开拓新领域，着重研讨了历史发展动力问题、历史创造者问题、历史与现实的关系问题、社会形态问题、史学理论问题、历史学的社会功能问题、中国近代社会的进步潮流问题等。对于世界史的研究，在打破"欧洲中心论"的观念之后，加强了对亚、非、拉美史的探究，并提出一些有别于西方学者的见解。近几年，不少学者又从现实社会的需要出发，使中国经济史、文化史、社会史的研究成为"热点"，且形成方兴未艾之势。

当然，本书所展示的新中国历史学成就绝不止于上述几个方面。但是，诚如肖黎在本书"序"中所言，"中国历史学正处于世纪转变的历史年代"，"当我们为中国历史学 40 年所取得的成就高唱赞歌的时候，也应清醒地、理智地看到，中国历史学在这四十年间尚有许多不尽如人意之处"。的确，从本书 40 多位作者对各专题研究所作的"展望""反思"中也可以看出，以往研究中的不足，既有具体的，也有理论的；既有微观的，也有宏观的。诸如马克思主义对中国历史学的指导必须加强而决不能淡化；对我国传统史学理应批判继承，切莫全面否定；对西方的史学理论应有选择地吸取，决不能全盘接受；中国历史学必须面向社会，贴近大众，切莫远离现实，搞经院式研究等。对于这些有关中国历史学变革的重大问题，是每个有历史责任感和社会责任感的史学家必须在实践中身体力行的。只有肩负起时代和社会赋予的神圣使命，通过长期坚持不懈的努力，我国的历史学才能走出一条具有自己特色的路子来。

（原载《人民日报》1990 年 2 月 16 日）

喜读《习史启示录》

　　最近，天津教育出版社出版了《习史启示录》一书。该书作者都是中国近代史某个领域研究有素、成绩斐然的专家，他们根据各自着力研究的课题——诸如近代经济、近代文化、自强"新政"、戊戌变法、辛亥革命等，道出了几十年来在史苑中耕耘的甘辛。其中，既有对成功经验的归理，又有对失败教训的省察；既有对现有成果的分析评议，又有对未来研究趋势的预测展望；既介绍了某些专题特有的研究方法，又对一些重大史学理论问题进行了深层次的思考。

　　众所周知——如果在两年前低调评估史学趋向危机的话，那么有人会不以为然，甚至嗤之以鼻，而时下人们却普遍用危机、低谷、冷落、滑坡、落伍等字眼来形容史学在当今社会生活中的境遇。曾经有过"轰动效应"的史学何以陷入这种令人忧虑的困境呢？其辐射力为何不能穿透史学界这个圈子呢？看来，除了社会因素——诸如商品经济的冲击、人的价值取向观念的转变外，根本原因还在于史学自身存在的缺陷所致，如理论思维僵化、研究方法单调、体裁形式呆板、课题脱离现实等等，而课题与时代隔膜则犹如作茧自缚，造成史学的自我封闭。因此，要消除危机，走出低谷，必须重视它的社会功能。对于这个重大议题，本书的某些撰者提出了自己的见解。有的同志指出，史学绝不是于事无补的佛门经卷和于实无用的书斋摆设；研究历史，就是通过历史学这门学科的特殊作用，潜移默化地涵育、陶冶，提高全民族的思想道德素质和科学文化素质，要人们从历史的记忆和反思中聪明起来，振奋起来。有鉴于此，有的撰者还进一步强调：治史者虽不能"唯上""唯书"，更不能阿世媚俗，但却理应通过自己的研究成果（决不能改铸历史事实），参与社会决策，把鉴古、观今、预见未来有机地结合起来；唯有写出学术价值和社会价值统一的论著来，人们才能渐趋改变对史学的冷漠态度，史学的辐射力才能穿透自身的小圈子，否则就会停滞、萎缩乃至湮灭。

如何借鉴国外流行的研究方法，这也是近年史学界议论的热门话题之一。在一个时期内，人们还把它视为史学兴革的症结所在。一般说来，多数青年史学工作者是主张采用西方的计量史学、比较史学、心理史学、模糊史学以及系统方法、逆向考察法来研究历史的，坚信这些方法有利于从综合的、多层次的、多要素的、动态的宏观角度审视历史。但是，为数不少的且有影响的壮、老年治史者则对这些新"招数"产生"逆反心理"，认为这是空疏的花架子，是抛弃传统，竟至冠以非马克思主义的倾向。由于这部分人说话举足轻重，其贬斥之音无疑给那些热衷于引进西方研究法的青年浇了一瓢冷水。想必是渴望理解吧，曾几何时，有的青年学子发出了需要宽容精神的呼声。可喜的是，本书的某些撰者——且是靠训诂考据，历史主义和阶级分析等传统方法成名的学者，竭力主张既不应该抛弃传统方法值得肯定的一面，也不应该一概漠视西方的研究法。有的同志屡屡强调：史无定法，不要拘于一法，各种方法都可试试，择宜而行，更何况从国际学术交流角度考虑，若不掌握新方法、新手段，岂不吃大亏！

　　说到《习史启示录》的出版，还有必要提及天津教育出版社的胆识，因为它是作为《学术研究指南》丛书之一问世的。这些年来，这家出版社有感于一些希冀早日跨入学术殿堂而又难得门径的青年学子的苦烦，着手编辑了这套旨在介绍历史学、哲学、法学、文学等分支学科研究概况及发展趋势的丛书，以供有志趣者参考、咨询、备览。除《习史启示录》外，已问世的还有《近代人物研究信息》《社会史研究概述》《现代西方哲学源流》《当代中国美学研究》等十几种。据悉，到今年国庆前夕，亦即建国 40 周年大庆之际，至少将有 40 种新书出版。要知道，在公案、侦探、言情、武侠作品"走俏"的今天，出这类集学术性、资料性和工具性于一体的书是要赔钱的。天津教育出版社这种不为"时尚"所左右，着眼于保存和积累文化，注重于培养新一代学术接班人的做法是颇有远见和气度的。

（原载《光明日报》1989 年 5 月 3 日）

读《先秦政治思想史》

最近，南开大学出版社出版了刘泽华撰写的《先秦政治思想史》一书。这是一部值得研读的专著。

内容新颖，是该书的特色之一。如人所知，关于政治思想史的内容，国内外学者均有着不同的理解。一些国内研究者认为，政治思想史研究的对象是：历史上各个阶级和政治集团对社会政治制度、国家政权组织以及各阶级相互关系所形成的观点和理论体系；各种不同政治思想流派之间的斗争、演变和更替的具体历史过程；各种不同政治思想对现实社会政治发展的影响和作用；等等。而刘泽华则认为这种规定"过于狭窄"，因此在书中除论述国家和法的理论之外，还将当时的政治哲学(如天人关系、人性论、中庸思想、圣贤观)、社会模式的理论（如孔子"有道之世"的模式、老子关于"小国寡民"的设想、庄子"至德之世"的幻境、孟子的王道世界)、治国方略（如在农商关系上有的主张重农抑商，有的主张农工商协调发展，有的主张以商治国)、伦理道德等都列入先秦政治思想史的内容。作者这种兼容并包的写法，不失为一种创新。

在具体写法上，作者也力求独辟蹊径。书中不仅着意剖析了有关思想家的政治思想格局和各种流派形成的过程、特点，而且还注意探究社会思潮和对各种政治思想进行比较研究。作者指出，每个时代都有人们普遍关注的热门问题，如在战国时期，不管是哪个流派，都对人性与政治的关系发表了自己的见解。因此，作者在有关章节中，把一些人所关注的命题作为一种思潮进行了综合研究。显而易见，这一做法是值得称道的。因为通过对一些思潮的探究，既可以对一个时代普遍关心的问题作出总的估价；又可以看到，一个又一个人的认识何以汇成一个时代的文化总体，即普遍认识。

对于每一种政治思想，坚持"具体问题具体分析"，力避简单化和教条主义，构成本书的第三个特点。这方面值得注意的例证很多，这里只举出两点。对于儒家的政治思想的评议，作者指出，"仁"的概念无疑在这个流派学说中占有极重要的地位，但细加分析，同属儒家的孟子、荀子对于"仁"的看法又不尽相同：孟子把"仁"作为最高的旗帜，荀子则更着重礼，"仁"从属于礼；孟子的仁政理论是以人性善说为基础，荀子的礼治主张则是针对人性恶而发的。再如对于天的看法，就是荀子本人，也不是固定的。在他的言论中，天有时是指神，有时是指自然，有时是兼而有之。对类似问题的探幽索微的分析，是很多著作所未顾及的。

（原载《人民日报》1986 年 1 月 27 日）

读《简明中国近代史》

近来，由于社会上的需要，一些编述近代中国 80 年历史的书相继问世了。在众多的读本中，陈振江撰写的近 28 万字的《简明中国近代史》（天津人民出版社出版）是较有特色的一种。

大家知道，近代中国 80 年的历史是用血和泪汇成的。由于在此期间，帝国主义用剑和火把我们的祖国逼向了半殖民地半封建的苦难深渊，一般论著在追溯这段历史时，往往给人以压抑之感。然而，屈辱仅是近代交响乐中低沉的旋律，更重要的是，帝国主义的侵略迫使众多的中华儿女在屈辱、悲愤中惊醒、奋起——构成了整个乐曲中不可缺少的最壮丽的篇章。所以，一部完整的中国近代史，必须在铺叙多难之邦屈辱的同时，努力把人民的反抗、进步势力的奋起充分表述清楚。否则，就不能给读者以有益的启迪和力量。在这一点上，陈振江撰写的《简明中国近代史》不无值得称道之处。作者的论述既注意了近代中国屈辱的一面，也没有忽略奋起的一面，而基本格局旨在说明在此期间中国仍是沿着历史的轨迹前进的。也就是说，近代中国的沉沦只是暂时的，在屈辱中奋起，在悲愤中战斗——古老的中华民族，必将重新焕发出青春的活力。仅就此种基调而言，该书便不失为一部进行爱国主义教育的好教材。

一般说来，凡受读者欢迎的书，文字都比较流畅。而该书的优点之一，正在于其笔调能随着内容的不同而变化起伏。其中既有饶有趣味的叙述，也有严谨的论证；既有对帝国主义、封建势力的无情揭露和鞭挞，也有对爱国者、革命者的热情讴歌；既有对正义事业功亏一篑的惋惜之情，也有对贪官污吏祸国殃民劣迹的愤懑。如在《清政府的官》一目中，作者仅用了三千余字，就把清末官场的腐败之风，淋漓尽致地勾画出来，读来犹如一篇辛辣的讽刺小品。

当然，只有上述两点是不够的。值得注意的是，在学术探究方面，作者除广泛吸取别人科研成果外，还就一系列重大史实和有争论的问题提出了自己的见解。如在人物评价方面，对龚自珍的看法就不囿成说。本书认为，龚氏的改革主张诚然可贵，但其思想实质不外是"补天"，即用微弱的改良，去挽救清朝这座将倾的危楼颓殿；他虽具有反侵略的思想，但时代赋予人们最严峻最急切的任务不单纯是反对西方资本主义的侵略，还得学习"洋人"的长技——"以其人之道还治其人之身"，而龚自珍恰恰在学习西方这一点上，没有真正把握住时代的脉搏。因此，不宜评价过高。和龚自珍相比，魏源的思想虽在鸦片战争前较为狭窄，又不成体系，但经过第一次鸦片战争的"洗礼"，有了突飞猛进的变化。他对学习西方和如何富国强兵等问题作了比较深入的探索，明确提出了"师夷长技以制夷"的先进主张，这正是他比龚自珍略胜一筹的可贵之处。

还应指出的是，该书在论证时注意了新材料的发掘和引用。如在论述甲午战后中国社会政治经济变化时，作者大量引用了《时务报》《知新报》《国民报》《中国商务报》等清代报刊中的有关材料，为自己戊戌维新运动必然产生的观点提供了有力的证据。还有，在交代义和团运动的来龙去脉时，采用了当时人写的《综论义和团》中的部分文字，而这种稿本是相当珍贵的。

当然，该书还有一些瑕疵可寻。如对近代的文学艺术和科技发明创造很少涉及语焉不详；在个别行文、标点、数字方面也有待进一步润色和订正；等等。

（原载《人民日报》1981 年 11 月 30 日）

评《中国近代史新编》（上册）

苑书义、胡思庸等著的《中国近代史新编》（上册）最近由人民出版社出版了。这是一部比较系统地论述 1840 年至 1864 年间中国如何遭受西方资本主义的侵略，以及随之引起的国内政治、经济、文化、思想、对外态度等方面变化的学术著作。和已经问世的同类著作相比，本书有几个值得注意的特点。

首先，作者不囿成说，勇于探索，对一些学术问题提出了自己独到的见解和有启发性的观点。比如，通过对清代闭关政策的深入分析，作者否定了过去人们把清政府对外国商人的限制条例当作闭关政策的主要内容这一习惯说法。他们认为，清政府对外商的严格限制仅仅是闭关政策的一个侧面，闭关政策的核心应是对国内实行的一系列经济文化政策，如限制国产货物出口，禁止中国史书出洋，不加分析地视西方制造品为"奇技淫巧"，等等。作者还进一步断言，正是这些政策的施行，严重阻碍了我国社会经济和科学文化的发展，从而造成近代中国落后挨打的局面。对龚自珍的评价也颇特殊。作者指出，龚自珍思想中最精彩的部分是对当时极端的皇权专制制度、昏庸透顶的官僚政治的无情揭露和严厉批判。他对时政的有力抨击，无疑起到了振聋发聩的作用，这是应该加以肯定的。但就他的一系列重大政治经济改革主张而言，如扩大和增强官僚的权力、强化封建宗法制度的"农宗"思想等，其主导方面是落后的、倒退的。因此，对龚自珍"实在无法评价过高"。关于"天京变乱"的性质，作者不同意过去流行的是地主与农民间剧烈的阶级斗争在革命领导集团内反映的说法，认为这是一场太平天国领导人之间争权夺利的斗争。因为从建都南京起，太平军领导人的革命进取精神和与群众同甘共苦的作风都逐渐减退，代之而起的是踌躇满志和对权势、奢侈生活的追求。洪秀全和杨秀清之间的矛盾，正是随着杨秀清权力欲的不断增长而日趋尖锐化，结果酿成一场无法避免的变乱。

其次，加强了中国近代史研究中一些薄弱环节的分析探讨。一般说来，在同类学术著作中，关于鸦片战争前后的社会思潮和太平天国的各项制度政策的论述是比较薄弱的。本书作者则下了相当的功夫，在广泛占有材料的基础上，对鸦片战争前后龚自珍、林则徐、魏源等人的思想变化以及太平天国的中央和地方政府、《天朝田亩制度》、"照旧交粮纳税""天朝圣库"、诸匠营和百工衙、商业政策、妇女政策、文化政策、对外关系等作了深入系统的研究。应该说，作者对这些问题是作了认真分析的，既看到它值得赞扬的一面，也指出它不足的一面。如对"天朝圣库"制度，认为这种人无私财、大体平均分配的供给制，在革命战争初期的军队是行之有效的，曾起了积极的作用。但建都南京以后把它视为普遍规范而强制推行于社会，就侵害了工商业、中农和手工业者的利益。因此，它遭到广泛的不满和抵制是毫不奇怪的。

再次，注意了新材料的发掘和引用。就引用史料而言，本书是比较丰富的。作者的每一个观点，都是言之有据的。但是，更令人称道的是，作者在叙述第二次鸦片战争的来龙去脉和揭露19世纪中叶沙俄鲸吞我国东北、西北大片领土的罪恶行径时，不但博引了近年来出版的有关新资料，而且还采用了一部分中文未刊本、抄本以及外国人所写的回忆、游记、外交文书中的文献。毋庸置疑，这些新材料的发掘和引用，将为史学界进一步研究问题提供不少方便。

最后，还值得一提的是，本书对一些不宜在正文中叙述但又是史学界经常争鸣的问题，大都在注释中说明自己的不同看法；对一些重要历史人物的简历、军政制度、文化思想等专用名词，也在注释中加以介绍。和前几个特点相比，这个特点也许不那么引人注目，但是有必要加以肯定，因为它既便于一般读者查考，并在一定程度上增强了本书的学术性。

当然，本书尚有不足之处。从全书的体例来看，尽管作者力图对近代中国初期社会的政治、经济、军事、文化、思想诸方面作综合性的探究，但仍未突破写政治史、战争史的旧框框。还有，由于是集体写作，在文风和布局上，是有缺点可寻的。

（原载《人民日报》1982年2月9日）

评《中国近代史新编》（中册）

　　苑书义等著的《中国近代史新编》于 1981 年出版上册后，曾受到学术界的好评。不少读者盼望中、下册能够早日问世。现在，经过五个春秋的辛勤耕耘，中册又由人民出版社出版了。这部五十一万字的新作，系统论述了近代中国 1860 年至 1900 年间的历史。

　　现在社会上流传着多种论述中国近代史的书籍，其中较有影响的是范文澜著《中国近代史》（上册）、胡绳著《从鸦片战争到五四运动》、刘大年主编的《中国近代史稿》（一、二、三册）。那么，苑书义等著的《中国近代史新编》（中册）有什么值得称道之处呢？依我看，苑著至少有四个特点值得加以肯定。

　　首先是能够驳陈说，立己见，力争做到发他人所未发之言，或发他人有所言而未尽意之言。比如，对洋务运动的评价，以往同类著作多持贬斥态度，断言它是一场反动的卖国的运动，其作用在于阻碍了民族资本的发展，加快了中国沦向半殖民地化。本书则通过综合考察，说明洋务派创办的各种新式企业和西式学堂是一种开山辟路的社会实践活动，这些企业和学堂的出现，"为中国近代工交企业的发展打下了初步基础，为西学的传播和中国科技的发展提供了一定的条件，为我国近代工业的发展积累了科技资料和造就了一批技术力量"。作者认为："洋务运动虽然在一定程度上压制了中国民族工业的发展，但它所建立的近代化工矿交通业却加速了封建自然经济的解体，开始沟通了个体农民与近代工矿企业的联系，促进了中国商品市场和劳动力市场的形成。这就在客观上为中国民族资产阶级的形成提供了一定的条件。"

对于甲午战争期间帝后党争的性质，作者也不同意是所谓"宫廷内部权立之争"的说法，而认为是"两种政治势力的斗争"。因为这种权力之争是受当时的民族矛盾制约的，从实际效果看，以光绪为首的帝党从慈禧太后手中夺权，起了维护中华民族利益的作用。书中关于"东南互保"的评价也有新意。以往流行的看法是："东南互保"是由帝国主义策划并导演，而经刘坤一、张之洞、盛宣怀等联络南方大吏演出的一幕卖国投降丑剧，它既使帝国主义得以保护其在南方的既得利益，又使其能够集中力量去北方扼杀义和团。本书作者则通过分析刘、张、盛当时的往来电函及"互保章程"全文，说明"东南互保"虽贯穿了严防人民反抗和镇压义和团的意图，但同时也约束着外国兵轮、水手、传教士和商人不得肆意侵扰，因此这个章程是中外反动派"相互妥协的产物"。类似的见解，想必有的论者难以赞同，但就苑著本身论证看来，则是言之成理，持之有故，固不失为一家之言。

其次是能够探赜索隐，以分析深入见长。以对维新时期强学会的分析为例：当时京、沪两地的强学会并非由清一色的维新派人士组成，而是既有帝党分子，又有洋务派厕身于其间，但以往论者多不曾深入考察过这种较为复杂的内部派系关系。本书作者则能探幽索微，通过对入会者逐个考察，阐明强学会是一个主要由维新派和帝党相结合的松散的政治团体；在同后党争权的过程中，二者有着共同的利益，但当涉及变法的纲领、步骤时，认识就产生了严重分歧，因此稍有风浪，这个松散的联盟即告解体。对于《时务报》内部的斗争，作者也通过分析汪康年和梁启超的"不和"，揭示出张之洞操纵《时务报》的真相以及汪康年依附张之洞渐趋转向反对变法的可悲面目。

资料详赡，安排得当，也是本书的一个特点。据统计，全书征引参考书一百多种。此外，作者还利用某些典型材料，厘正了以往一些疑难失实的问题。如通过检核原刊和当时的函札，证明了北京强学会所办最早的报纸是《万国公报》，而不是《中外纪闻》；梁启超和谭嗣同初次会晤的时间是1896年三四月间，而不是1895年；强学会创立于1895年的农历十月，而不是七月初。这种匡谬订误之劳，也是很可贵的。

本书还尽量注意了弥补同类书籍中的某些薄弱环节。如有关中国近代民族资本工业概况和19世纪末叶西南边疆的危机情势，以往同类著作中介绍较为简略，甚或语焉不详。本书用相当的篇幅，系统论述了我国近代缫丝业、机器轧花业、棉纺织业、面粉业、火柴业、造纸业、印刷出版业、采矿业以及左宗棠收复新疆、日美侵台、英国侵藏的基本情况。另外，对一些不便在正文中叙述，但又是学术界争论的重大问题，作者也用注释的方式阐明自己的见解；对一些重要历史人物也在注文中简述其生平。所有这些，既增强了本书的知识性和学术性，也给读者带来了方便。

本书的不足是仍以写政治事件和战争进程为主，而对思想、文化的论述相当简略。此外，某些章节的理论分析也似显薄弱，以致使对一些基本观点的阐述、论证和发挥不够充分。

（原载《人民日报》1986 年 12 月 5 日）

读《中国近代史论稿》

　　最近，河北教育出版社出版了苑书义教授撰写的《中国近代史论稿》一书。作者《自序》中有语："这部论稿是贯彻'百花齐放，百家争鸣'的方针的产物，其中有些是在不同学术流派、学术观点之间自由讨论中管窥蠡测之见，虽然有的论点招来驳议，但我既不苟同、也不护短，严格遵循实事求是精神立论。"这种在论争中坚持"既不苟同、也不护短"的做法是难能可贵的。因为一个显而易见的道理是，有学术研究便会有论争，有论争便会有暂时的是非曲直，而对待争鸣又有两种相悖的态度：一种是以文会友，双方虚怀若谷，通过切磋，相互补充，共同深化；另一种则是听不得不同意见，一味"对着干"，甚至动辄往某种政治上挂钩。看得出，本书作者所持确是一种态度，尤其是专门与他人讨论李秀成的评价、太平军西征的"最佳方略"、清末立宪派的阶级基础、中国近代历史发展的基本线索等文章表明，作者始终是怀着一种谦虚好学、认真讨教的心情与"对手"进行交锋的。依我看，这种以文会友，旨在互补的治学精神是值得大力提倡的，特别是在亟待建立一种健康、和谐、宽松的文化环境的今天。

　　学术要深化，切忌在他人研究成果上翻筋斗。本书的一个优点恰在于作者敢于驳陈说，立己见，力求发他人未发之言或未尽之言。以对李鸿章的剖析为例，以往论者评议李氏在维新变法中的作用，只看到他破坏强学会，纵容杨崇伊弹劾文延式的劣迹，而本书作者通过全面考察，说明李对变法的态度"更多地表示了同情和支持"。李鸿章的这种态度，是"有利于维新，而不利于守旧"的。作者对近代中国社会的进步潮流的见解也不落窠臼，别具新意。如人所知，在这个问题上，曾出现过两种不同的观点，一曰"三大革命高潮说"，即"太平天国—义和团运动—辛亥革命"；二曰"三个阶梯说"，即"洋务运动—戊戌维新—辛亥革命"。本书作者则认为上述两种见解均有偏颇之处。他通过对近代史几个重大事件的具体考察，揭示其作用与影响，从而提出了"农民运动（指太平天国）—农民运动和资产阶级运动（指义和团运动和戊戌维新）—资产阶级运动（指辛亥革命）"的见解。这一见地，曾引起学术界的注意。

（原载《人民日报》1988 年 11 月 11 日）

读《中国近代史专题研究述评》

《中国近代史专题研究述评》一书，最近由人民出版社出版了。在这个集子里，十几位作者分别就太平天国、洋务运动、戊戌变法、清末立宪、辛亥革命、近代中外关系、近代经济史、近代史学史等十三个专题的研究过程及状况作了全面系统的述评，不仅讲清了各家的主要观点，而且还说明了各家内部对某些具体问题看法的差别。在述评时，多数作者也尽力恪守了这样一种原则：学术面前人人平等——既介绍了名家的观点，也介绍了后生小辈的见解。

和已经问世的同类书籍相比，本书另有两个显著特点。一是除对人所熟知的鸦片战争、太平天国等七个纵向专题加以综述外，本书还尽力囊括了近代经济史、史学史、中外关系等六个横向专题的研究。唯赖这种纵、横交错的多角度观察，近代中国社会才不给人以单线或平面之感，而是一幅多层次的、立体的画；学术研究本身也才使人不觉得乏味，而是有相当的活力。

二是善于发现研究中存在的问题，并力图揭示日后研究的趋向。有些意见犹如空谷足音，弥足珍贵。如对鸦片战争史的研究，作者指出过去的研究只侧重于政治方面，对于经济、文化等则探讨不够，即使是政治史，也仅仅局限于战争史，对当时政治的其他方面若明若暗；今后应对当时的政治、经济、军事、文化进行综合考察和分析。对洋务运动的研究，作者力图对人物、企业、事件作过细的剖析，否则，"总论""概论"性的评议就难以接近科学。对无政府主义思潮的研究，作者强调应进行中外比较研究，比较中外无政府主义在历史环境、理论形态、具体主张和客观作用方面的区别，找出其联系与区别。至于重视理论学习和开展"百家争鸣"，几乎是所有作者的一致意见，有的还把这两点看成是中国近代史研究能否推向新水平的关键所在。

当然，这部反映中国近代史研究现状的书也有瑕疵可寻。首先是对横向专题的考虑还显不够。像近代思想史、文化史、军事史等，虽属薄弱环节，但学术界在30多年中也取得了一定的研究成果，尤其是文化史和思想史已成为近年的热门课题，若能对此加以综述，岂不有益于众多的研究者。其次是写法上不统一。有的作者在介绍各家观点时，作了必要的消化、整理，有的只是大段摘录原文或原始资料；有的文章介绍了资料、著作书籍的出版成果，有的则略而不述。凡此种种，多与编辑的考虑不周有关。

（原载《光明日报》1986年10月21日）

一部充实太平天国史研究的精深之作

——《太平天国对外关系史》读后

最近，人民出版社出版的茅家琦著《太平天国对外关系史》，是一部弥补太平天国史研究中薄弱环节的专著。该书系统论述了太平天国与西方列强的交往过程。

大凡涉猎太平天国史研究的同志都清楚，相对说来，分析探讨它的政策制度、战争过程及人物评价似乎要容易一点。而要厘清太平天国与西方列强的关系，尚需掌握必要的西文材料。本书正以征引外文材料繁富而构成一显著特点。全书28万言，所引材料约十万字，其中较为珍贵又属于首次翻译的英国政府档案、美国国家档案局档案，英美私家档案及其他资料性书籍中涉及太平天国的西文材料占一半以上。依赖这些难得的西文资料，使以往一些晦而不明的问题得以阐述具体、清楚。例如，本书通过引用马沙利、麦莲、卢因·包令、麦华陀等人当年写给本国政府的报告以及当局给他们下达的训令，把他们在天京、芜湖等地从事搜集情报的活动乃至在如何对付太平军问题上所施展的阴谋都揭露了出来。又如，对一些外国传教士企图使太平天国"基督教化"的阴谋和活动，也通过征引当事人的信函、日记和公开的报刊言论，表露得清清楚楚。

出新意，评议允当是本书的第二个特点。以对外国侵略者何时决心干涉太平天国革命的分析为例：以往不少论者认为，在1853年英国就下决心要帮助清政府镇压太平军，只是由于太平军来势猛烈，才被迫转而采取了等待时机的策略。本书作者分析指出，英国下决心干涉中国革命是在1862年元旦蒙时雍复照宾汉，严正拒绝他们提出的不许太平军进攻上海的要求以后，因为到这时，外国侵略者意识到采取谈判手段，从太平军手中取得特权已成泡影，要实现《北京条约》只有平息这场"叛乱"；从清朝方面说，反对"借师助剿"的咸丰皇帝死了，肃顺等也被慈禧太后搞掉了。作者指出，在此之前，外国侵略者实际上采取的只是一种"武装中立"政策。也就是说，对凡是触犯他们在华利益的任何行动都实施武装报复，像上海小刀会、广州天地会遭到他们的镇压和破坏便是明显例证。再则，对太平军进攻上海的得失问题，作者也提出了独到的见解。作者认为，当时上海是外商对华贸易的主要开放港口，外国侵略者在上海拥有相当大的财产，太平军进攻上海必然会引起外国的关注和反响。而当时外国侵略者与清政府还没有勾结起来。在这种形势下，太平军应尽量避免与西方列强发生冲突，以便集中力量打垮清王朝，尔后再解决上海的归属问题。可惜太平军计不出此，三次攻打上海，不仅没有给外国侵略者以致命打击，反而暴露了自己的弱点，促使中外反动派勾结起来。

细心的读者还将发现，作者对一些重要史实疑而必考。如传教士艾约瑟到天京后，曾通过蒙时雍向洪秀全送去一篇文章，洪秀全对文章进行评点、删改，并改了题目，由于字迹模糊，肖一山考释说改的题目是《上帝金颜体神不得见论》，本书则根据多种材料考订，认为改的题目是《上帝圣颜惟神子得见论》。这一考证是十分重要的。

本书尚有一些瑕疵可寻。以书名为例，似改为"太平天国与西方列强"更为贴切。因为从书的内容和写法看，主要是叙述外国侵略者何以主动与太平天国打交道，乃至怎样从"中立"走向与清政府联合平息这次"叛乱"的。文笔不畅，语言枯涩，也是该书一大弊病。

（原载《光明日报》1985 年 8 月 15 日）

《从闭关到开放——晚清"洋务"热透视》
审读意见

从 19 世纪 60—90 年代中叶（1861—1895 年），在中华大地发生了一场比较自觉的向西方学习的运动——洋务运动。当时的提法叫"取资洋人长技"，或曰"借法自强"和"中学为体，西学为用"。此间，"洋务"竟成为"时务"和"急务"。尽管办"洋务"后来被维新变法所代替，但如何评价这场为时 30 年的运动，却成为一个"迷人"的课题。直到现在，这一研究领域内的一些热点，如办洋务是历史的必然趋势吗？形成洋务思潮的原因是什么？通过办洋务，当时的社会经济、政治结构、社会意识发生了何种程度的变化？等等，学者们仍未取得一致的看法。

李时岳、胡滨两位教授所写的这部书稿《从闭关到开放——晚清"洋务"热透视》，是新中国成立以来第一部全面系统考察晚清"洋务"热的学术专著。本稿共分六章，约 30 万字，举凡办洋务的起因，以及随之产生的新式工业、新式海防、新式教育及至它们各自的特点、性质、作用，包括发展过程中遇到的阻力等等，均有翔实的论述。

依我看，本书稿有如下几个特点值得嘉许：

一是有自己的体系和风格。李、胡两先生是国内公认的这一研究领域的专家。特别是近几年内他们以"斗士"的姿态置身于洋务运动史的学术讨论，以至于有人戏称他俩是"李洋务"和"胡洋务"。本书稿对洋务运动史的总体评价，与胡绳、刘大年等知名学者的看法截然不同，认为它在整个近代中国历史发展过程中属于进步潮流，而不是反动的卖国的运动。其进步作用至少体现在四个方面：①洋务运动是近代中国向西方学习的必经阶段；②洋务运动是近代民族资本主义产生的重要途径；③洋务运动是民族觉醒的低层次的体现；④洋务运动是近代中国历史从单纯农民战争向资产阶级政治发展的不可缺少的中间环节。从论证看，作者很注意让史实说话。

书稿中对"洋务"热动因的解释，以及如何看待官督商办企业的性质和作用、如何看待洋务派与早期维新派关系等的看法也颇殊时议。如关于官督商办企业的性质和作用，这既是洋务运动史研究中一个至为重要，也是近年来学者们热烈争论的问题。本书稿作者的观点是：不同意把这类企业的性质定为官僚资本。因为"除了具有封建性之外"，这类企业并"不具备官僚资本主义的其他重要特征"。作者指出，官督商办企业从诞生起就与外国资本展开了激烈的斗争，它们"本身具有鲜明的民族性，是近代中国民族资本主义事业的一个重要组成部分"。为了证实自己的论点，作者还重点对一般论者所强调的买办性和垄断性是资本主义的重要特征作了分析。至于官督商办企业的作用，作者反对以往论者常引李鸿章的两句话——即"由官总其大纲，察其利弊"，"所有盈亏，全为商认，与官无涉"——来说明"官"掌握企业的大权，"商"承担企业的亏损。认为这是断章取义。通过对实际情况的考察，作者提出在七八十年间，"官督商办"制度为一部分官僚、地方和商人投资于新式企业创造了条件，并曾赢得他们的信任；它是民族资本主义发生和发展的一条重要渠道。只是到 90 年代以后，"官权"才不断加重，人们对它的信任逐渐消失。作者还指出，这类企业着眼于"兴利""堵塞漏卮"和"挽回利权"，是当时对外进行"商战"的主要力量。所言"官督商办企业是大官僚和大买办相结合的产物"云云，不足为训。

还值得注意的是，本书稿不主张把当时的外交活动包括在洋务运动的范围内。其理由是："洋务"和"洋务运动"是两个不同概念。"洋务"系"夷务"递嬗而来，最初专指外交，嗣后随着与洋人交涉事务的不断增多，其内容才扩至设立外国语言文字学堂，派遣幼童赴美留学等等；而作为洋务运动则有所专指，包括属于内政范围的"富国强兵"的种种措施，如兴办军事工业、民用工业、设立新式学堂……并不包括一般的外交活动。作者的这种见解，是明显有别于学术界其他论著坚持认为洋务派的外交活动是整个洋务运动的有机组成部分，二者是无法区分开来的观点的。

本书稿的第二个特点是思辨性强。如前所述，洋务运动史是中国近代史研究领域中争论最多的一个课题。对某些问题的看法，真可谓众说纷纭，莫衷一是。本稿作者的许多观点，有的是在与他人商榷时提出的，有的见解是遭到他人诘难后，再反思的结果。本书稿在写法上仍采取驳论，亦即思辨的手法——其优点是：既能使读者窥见到这一专题研究的基本概况，又能促使读者去进一步思索。

本书稿的第三个特点是征引材料较为丰富。据粗略统计，全稿征引中外文参考书102种。在这些书稿中，除中国史学会主编的八卷本《洋务运动史资料丛刊》、孙毓棠编的《中国近代工业史资料》、陈真等编的《近代中国工业史资料》以及《筹办夷务始末》《光绪朝东华录》等基本史料外，还包括中国第一历史档案馆藏《洋务运动档》、台北出版的《海防档》和《矿务档》，乃至曾国藩、李鸿章、左宗棠、沈葆桢、张之洞、盛宣怀、郭嵩焘、刘坤一、马建忠、薛福成、郑观应、卞宝第、丁日昌、刘铭传、曾纪泽、纪元善、徐润等"洋务大员"身后的文集和信札。依我看，某些私家著述的参考价值是相当高的，因为它比之形同官样文章的官方文件及奏稿，似能透出更多的内情。唯赖这些丰富的史料，才使本稿中的论证显得颇有说服力。在征引西文材料时，作者还吸收了国外学者的某些科研成果。如美国学者刘广京关于英美在华航运与上海轮船招商局的竞争情况等等。

但诚如一棵茂盛的大树也有枯枝败叶一样，本书稿也有某些不尽如人意之处，需进一步润色、修改。

一是在布局方面，本书稿对某些问题的论述似显分散。如：江南制造总局、福州船政局、金陵机器制造局等几个新兴的军工企业，虽各有特点，但在论述它们的兴起过程以及作用时，均无法回避如何看待它们与农民起义、它们与外国侵略者的关系。也就是说，必须回答它们是否是镇压农民起义和适应西方列强进一步入侵的产物。在分析这种关系时，我认为理应集中在一起论述。因为这样做既易使读者发现各个军工企业的异同在哪里，又可以避免不必要的重复叙述。但本稿只在"关于江南制造局的评价问题""有关福州船政局的几个问题"中作了单一的剖析，结果未能给人以一个整体的"画面"。又：对轮船招商局、开平矿务局、上海机器织布局、漠河金矿等几个大的官督商办民用企业的分析，也存在类似问题。作者在考察、评价它们与民族资本、外国资本的关系时，同样"零打碎敲""各自为阵"。对此，理应让作者进行必要的修改。否则，即使从学术价值上看，也缺乏深度。

二是对个别问题的分析、表述不够准确。如：关于山东机器局的创办经费，据有关文献记载，山东巡抚向清廷上报的数字是 22 万余两白银；而《中外日报》的报道则为"用银 40 余万两"。本书稿作者在未找到确凿证据之前，竟认为前者"较为保守"，后者"未必可信"，应把两个数字"大致折中"，可能"接近实际情况"。这显然是一种推论，可谓做历史文章的大忌，此事似存疑为好。

又：本书稿第 35 页写道："林则徐用粤海关税七分之一以制炮制船的建议被道光斥为'一派胡言'，随即被放逐新疆。"此语不符史实。因林氏被逐新疆并非缘由提出制炮制船的建议，而是由于禁烟问题，故"随即被放逐新疆"一语应删。否则会闹出笑话。

再：本书稿第 615 页写道："外国侵略者同清朝顽固派里应外合，遥相呼应，一面散布流言蜚语，蛊惑人心，一面削价竞争，力图挤垮新式民用企业。"此语也不实。因为外国侵略者和顽固派虽都反对新式民用企业，但动机和性质不能同日而语，况且它们之间根本不存在"里应外合，遥相呼应"的关系。所以，"同清朝顽固派里应外合，遥相呼应"也应删除。

　　三是吸收他人的成果不够。特别是关于洋务思想的论述，是本书稿的一个薄弱环节。而在这一点上，刘学照、章鸣九等先生的研究成果可以借鉴（刘文见《历史研究》1986 年第 3 期；章文见《近代史研究》1986 年第 3 期）。对洋务思潮的探讨仅仅停留在表层，是本书稿的一大缺憾。

　　但从总体看来，本书稿仍是一部内容丰富且有"个性"的学术专著。其不足，毕竟瑕不掩瑜；况且，通过修改，质量会进一步提高。我坚信，这部开拓性的书稿出版后一定会受到学术界的注目和好评。

（原载《优秀中青年编辑小传：选题设计方案·审读报告》，
中国青年出版社 1996 年版）

"洋务"研究中的新成果

李时岳、胡滨著的《从闭关到开放——晚清"洋务"热透视》一书，由人民出版社出版了。在这部 32 万余言的著作中，作者多视角考察了近代中国洋务热兴衰的全过程，举凡它的起因，以及随之产生的新思潮、新式工业、新式海防、新式教育乃至各自的特点、性质、作用、意义等，均有翔实的论述。

众所周知，洋务运动史原是一个极为敏感的课题。曾几何时，只有在鞭挞崇洋媚外、洋奴哲学、爬行主义时，才会提及洋务运动，曾国藩、李鸿章、张之洞等当年热衷于办洋务的被扣上卖国贼的帽子。众多的学者也断言这一运动是中外反动派相互勾结的产物，其作用在于加速中国半殖民地化的进程。本书作者对这种传统的看法提出了质疑。早在几年前，他们就相继发表了《从洋务、维新到资产阶级革命》《论洋务运动》《李鸿章和轮船招商局》等文章，系统论证了洋务运动在整个近代中国历史发展过程中属于进步潮流的基本观点。本书正是作者以往研究成果的集大成，比较全面展示了作者的主要学术见解，且能代表近年研究"洋务"热中的一家之言。书中重要的见解有：不主张把当时的外交活动包括在洋务运动范围内；官督商办企业的性质不是官僚资本，其"本身具有鲜明的民族性，是近代中国民族主义工业的一个重要组成部分"；洋务派与早期维新派的关系不是对立的，而是继承中有扬弃；洋务派与顽固派的论争不是狗咬狗的斗争，而是发展还是阻碍生产力的斗争；洋务运动的作用至少在四个方面值得肯定，即：它是近代中国向西方学习的心理阶段，是近代民族资本主义产生的重要途径，是民族觉醒的低层次的体现，是近代中国历史从单纯农民战争向资产阶级政治发展的不可缺少的中间环节，等等。

洋务运动史是近年学者们争论最多的一个议题。对某些问题的看法，可谓众说纷纭，莫衷一是。本书作者作为一家之言的代表，其观点有的是在与其他学者商榷时提出的，有的见解则是遭到诘难后，再反思的结果。本书在写法上采取驳论，亦即思辨的手法，其优点在于：既能使读者窥见到这一专题研究的基本概况，又促使读者去进一步思索。诚然，书中的论述还只局限于"运动"本身，若能结合"洋务"研究对当时普遍民众心态变化等问题加以考察，其内容就会更加丰富深刻。

（原载《文汇报》1990 年 2 月 13 日）

《洋务运动史研究叙录》卷首絮语

　　中国人比较自觉地向西方学习始于 19 世纪 60 年代初。其时的提法或曰"取资洋人长技",或曰"借法自强",或曰"中学为体,西学为用",等等。因所学习的"长技"均来自大洋彼岸,故又把一切与外国有关的事情称为"洋务"。有人曾这样概括道:"讲制造也,则曰必精算学;言交涉也,则曰必通语言,办教案也,则曰必谙外交;言通商也,则必曰商情。合交涉、制造、教案、通商诸务,而一概之以一名词,曰洋务"(《国民日日报汇编》第三集,《社说》)。在大办"洋务"时期,亦即 1861 年至 1895 年间,清朝统治集团内部一批善于通权达变的政治家从西方资本主义国家引进先进的枪炮、机器和科学技术,在古老的中华大地上相继创办了一批近代化军事工业、民用企业和新式学堂、新式海军等等。"洋务"成为"一时舆论之所趋向""一时之世风",竟至被称作"时务"和"急务"。尽管"洋务"后来"过时"了,办洋务被维新变法所代替,但何以评价这场为时 30 多年的运动,却成为一个"迷人"的课题。

　　人们何以"迷上"这段历史?道理很简单:中国首次引进西方的技术设备始于这一时期,中国第一家新式企业产生于这一时期,中国第一个新式学校创建于这一时期,中国第一支近代化军队建成于这一时期，聘用外国专家来华任职始于这一时期，派遣留学生出洋和设立外事机构始于这一时期，中西文化的撞击与合流始于这一时期；此间，随着以声光化电为主的"西学"的不断传入，华夏子孙的眼界日益开阔，不少人愈发意识到"祖宗成法"不变不行了——任何顽固人物再想把中国隔绝在世界潮流之外已经不可能了——人们的价值观念也发生了明显的变化……足见，一个涉及当时政治、经济、军事、思想、文化、教育及社会生活等领域的活动，决定了研究者不是出于个人偏好去对它发生兴趣，而是它本身的"价值"，亦即重要性唤起人们非去认识它不可。

我们"迷上"洋务运动史始于 1979 年。其时，党的十一届三中全会确定的方针和关于真理标准的讨论，进一步解放了人们的思想，中辍了十几年的洋务运动史在科学的春天里再度活跃起来，许多学者本着"实事求是，力戒空谈"的原则，畅所欲言，公开发表了自己的见解，提出了一些前人没有接触或不敢涉及的新问题。正是在这种富有诚意的争鸣气氛中，我们也想动起来。在我们看来，洋务运动史研究中的不少议题仍似"谜"一样需要进一步解开，比如：办洋务是历史的必然趋势吗？形成洋务思潮的原因是什么？通过办洋务当时的社会经济、政治结构、社会意识的变化究竟到何种程度？引进机器设备和聘用洋员是"用夷变夏"吗？守旧人士为什么要竭力反对办洋务？等等。而且更渴望通过我们的思考，对某些"谜"提出自己的见解。

但说来真是惭愧，缘由底子薄，几年的辛勤耕耘只发表了寥寥数篇文章，至于能够达到自己心目中所悬鹄者更说不出来。不过，实践却使我们悟出这样一个道理，做学问不仅要有深厚的专业知识和较强的理论分析能力，而且还必须掌握研究信息。否则，只具备前一个条件，而忽视后一个条件，似免不了要花费重复劳动，以致做不到发前人未发之言或发他人未尽之理。正是从这个意义上讲，天津教育出版社编纂一套旨在系统介绍社会科学各个分支研究概况，动态和发展趋势的《学术研究指南》丛书可谓一件功德无量的事。

从洋务运动史的研究现状看，它仍是今后学术界讨论的一个热点。尤其是在对外开放的今天，重新反思这段首次学西方的历史，人们会受到种种启迪和教益。为了便于有志趣者日后更好地切磋争鸣，并借以了解以往学者开拓这块史学园地的筚路蓝缕之劳，我们乐于在本书中对这一专题中各个学派，各种观点的异同，以及分歧的来龙去脉与症结所在，综其荦荦大者知以介绍。一些国外学者对洋务运动史的研究也颇感兴趣，并提出了一些富有启发性的见解，对此，我们也尽量择其要者述之。

（原载《洋务运动史研究叙录》，
天津教育出版社 1989 年版）

读《晚清洋务运动研究》所想到的

还在鸦片战争前夜，林则徐、龚自珍、魏源等有识之士就痛感国家落后，主张"师夷长技"，进行改革。以后，就兴起了一股"洋务"之风。对于这一曾给近代中国社会以深刻影响的运动，多少年来，人们褒贬不一。肯定者断言它是一场爱国的、进步的运动。否定者认为它是一场卖国的、反动的运动。夏东元先生从20世纪50年代末就从事这一专题的研究，逐渐形成一种有别于上述两种观点的见解。他指出，19世纪60年代初，洋务运动兴起在政治上是反动的，但却揿动了让资本主义车流通过的绿灯的电钮，是顺应历史发展趋势的；19世纪70年代人民起义被镇压，资本—帝国主义对华侵略加强，国内阶级矛盾相对缓和，民族矛盾上升为社会主要矛盾，洋务运动由以制内为主转变为以御外为主，军事上大办海军海防和装备新式陆军以御外寇，经济上大办民用工业企业以与洋商争利；但当80年代国内资本主义有所发展，需要变专制制度为君民共主的立宪制，以与它的发展相适应时，洋务官僚却仍然坚持封建专制的反动政治制度，从而违反历史潮流而失败了。最近四川人民出版社出版的《晚清洋务运动研究》一书，较为系统地反映了夏东元的上述观点。

关于洋务运动史研究中发生分歧的问题，我想，评价标准不统一是主要原因。褒之者主张以对社会经济发展所起的作用为评定标准，贬之者则坚持以近代中国"两条路线"为评定标准。依我看，这两种标准对于衡量洋务运动的得失无疑有着重要意义，但各自强调是"唯一的"，似乎有点绝对化和简单化。因为：单纯以政治路线划线，就会把洋务运动完全划在帝国主义附庸一边。而史实却表明，帝国主义和中国封建统治当局相结合是一个方面，但是，二者之间还存在矛盾的一面。否则，帝国主义列强向我国发动的一系列战争又作何解释呢？因此，我认为，还是应当将政治因素和经济因素综合考虑，才能得出比较全面、正确的看法。

引用史料断章取义，也是造成分歧的重要原因之一。以对李鸿章的评价为例：李氏既讲过一些对外妥协甚至投降、对内压抑民族资本发展的话，也讲过一些抵御外侮、扶持民族资本、开风气之先的话，我们不能各取所需。对于这种史家所忌并有可能把研究引向歧路的做法，理应加以杜绝。

其次，既要重视宏观研究，又要加强微观研究。这两种方法，相辅相成，不可偏废。恩格斯曾把研究工作比喻为看画，说"不知道这些细节，就看不清总画面"。恩格斯的这个比喻贴切地说明了研究历史的局部与认识历史的全部的辩证关系。可是近年来，学者们对洋务运动大都只注意"总论""概论"性的辨析，而忽略了具体问题的探讨。若能着力进行微观研究，无疑有助于人们看清洋务运动的"总画面"。

进行比较研究，也值得大力提倡。近年来，有的学者把洋务运动与日本明治维新进行了比较研究，其结论本身虽还可讨论，但其方法是可取的。这种比较研究，还可以延伸到亚洲和东北非的一些文明古国。只要我们勇于探索，从不同的角度和不同的侧面开拓研究工作，这一专题的探究定会百尺竿头更进一步。

（原载《人民日报》1985 年 12 月 2 日）

提炼与升华

——《甲午战争史》读后

爆发于 1894 年的中日甲午战争，距今已经 98 年了。对于生活在 98 年前的中国人来说，那简直是一场难以置信的噩梦。当战争尚未打响时，清廷许多要员还将自己的对手鄙视为"蛮夷岛国""弹丸岛国"，真可谓不屑一顾。但到战争结束时，日本议和代表竟蛮横地告诉清廷议和代表，日方已经拟妥了条约文本，你只有"允、不允两句话"。作为战败国的使臣，只得在受尽屈辱的《马关条约》上签字画押。按照时人传统的观念，这种可悲的"突变"，是难以接受的，但它毕竟成为活生生的现实。如今，那场噩梦般的战争已经相当遥远了，但众多的炎黄子孙始终没有随着时光的流逝而遗忘它，相反，倒是愈来愈重视它。

人们为什么会对这场战争发生兴趣，而且愈来愈浓呢？古语有云：前事不忘，后事之师。由于这场战争曾对近代中国社会产生过深刻影响——用某些学者的话说，中国的进一步半殖民地化是从这里开始的，近代中国的进一步贫穷是由这场战争造成的；空前的民族危机感也是从这时震撼人心的；近代强国保种的思想启蒙运动更是从这时拉开序幕的；一句话，甲午战争不失为一个里程碑。研究者们理应揭示出它的来龙去脉,科学地总结其历史经验教训,从而明白落后就要挨打这个道理。更何况,此战虽以中国的惨败告终,但许多爱国将士勇抗强虏的献身精神,将永远成为后人效仿的榜样。那种象征民族脊梁、国家魂魄的炽热的爱国主义精神,理应如此讴歌,使其发扬光大。

戚其章先生自 1956 年起就致力于甲午战争史的研究,在 30 余年的学术生涯中,先后奉献给社会《中日甲午威海之战》《北洋舰队》《中日甲午战争史论丛》《甲午战争与近代社会》第一批论著,对开拓、深化这一领域的研究进行了有益的探索。1990 年 10 月,人民出版社又出版了他的力作《甲午战争史》。可以毫不夸张地说,这部 45 万言的专著,是迄今为止国内第一部全面系统论述甲午战争的书。在作者的笔下,举凡战争的整个进程、中日双方的战略战术、武器装备、后勤保障,尤其历次重要战役的战场环境、军事指挥特点以及清军失利的原因和这场战争对近代中国社会的影响等,均有翔实的记录和深层次的分析。因此,该书既可视为是作者对自己多年研究成果的提炼与升华,也可从中窥见到国内学术界在这一领域所达到的研究水平。

如人所知,甲午战争史研究中至今仍有许多重大议题众说纷纭,没有取得一致意见。对这类问题,作者本着实事求是,有一份材料说一份话的原则,提出了自己的看法。即便不是独见,也尽量做到发他人有所发而未尽意之言。

1894 年 9 月 17 日爆发的黄海海战,是甲午战争期间中日双方海军的一次主力决战,其规模之大、战斗之激烈、时间之持久在近代世界海战史上也是罕见的。所以，这次海战曾经引起许多国家海军当局的重视和研究，在我国史学界也是讨论较多的一个重要课题。

由于中日双方的史料记载不同，战况又错综复杂，学者们对北洋舰队以何种阵形接敌，说法始终不一。有的认为是横列阵形或"一字形阵势"；有的认为是"出列横队的一种交错配置"；还有的认为是"后翼梯阵"。本书作者则认为北洋舰队的接敌阵形"接近于人字形"，"因人字形恰像一个英文字母 V，故外国人称之为古梯阵或楔状阵"。书中这样写道：北洋舰队的编队是不断变化的。开始，以定远、镇远为第一小队，致远、靖远为第二小队，来远、经远为第三小队，济远、广甲为第四小队，超勇、杨武为第五小队，排成犄角鱼贯小队阵迎敌。等接近日舰时，为发挥各舰舰首重炮威力，遂拟变化为犄角雁行小队阵。因变阵需要时间，结果形成一个窄长的人字阵形。

鏖战了 5 个小时的黄海海战的胜利究竟属于谁？对此，学术界也颇多争议，一种传统的看法是：北洋舰队遭到了惨重的失败。本书作者又通过对双方战役目的分析，指出当时双方舰队到黄海的目的是不同的：北洋舰队是护送 8 营清军在大东沟登岸，日本舰队是寻找北洋舰队进行决战，以实现其"聚歼清舰于黄海中"的狂妄计划。北洋舰队顺利完成了既定任务，而日本舰队的"聚歼"计划未能兑现。此外，在历时 5 小时的鏖战中，虽然战况时有变化，但最后却是日本舰队势穷力尽而先逃的。因此，如果全面考察一下，可知双方各有得失，理应视为一场未决胜负的海战。

如果说黄海海战中中日双方究竟谁胜谁负还难以判断的话，那么威海卫之战中北洋海军遭到毁灭性的打击则是无疑的，有人曾把这次失败喻为一次"海葬"。那么，导致北洋海军惨遭覆没的原因又是什么呢？对此，论者们的分析，也可谓仁者见仁，智者见智。一般说来，大都认为是北洋海军的消极防御方针所致。本书作者过去亦持这种观点。但某些中国台湾学者不这么看，认为北洋舰队退守威海港，实行舰台相依的作战计划并没有错，关键在于清军陆海军不和，不能积极协同作战，特别是山东陆军防守威海后路不得力，致使威海军港炮台失陷，北洋舰队海陆受敌，陷入绝地。他们断言："李秉衡若能督率陆军坚守威海城及南北岸要塞后路，则台炮配合海军舰炮作战，必可达长期固守之目的，北洋舰队当不致全军灭歼。"戚其章先生经过深入研究，也渐持此说，并加以进一步发挥。他指出，对北洋海军的消极防御问题，要进行具体的分析，既不能将责任一股脑儿推到丁汝昌身上，也不能认为北洋海军自始至终实行的是消极防御方针。实际上在1895年1月以后，丁汝昌制定了"依辅炮台，以收夹击之效"的作战计划。此项计划，既是从舰队的实际情况出发，又对保卫刘公岛根据地有利，不能称作是消极防御。北洋舰队全军覆没最主要的直接原因，不是作战方针有误，而是威海陆路防守不力。应该说，这种分析是有说服力的。

帝后党的和战之争，也是甲午战争中一个引人注目的问题。早在甲午战争以前，帝党后党之间的矛盾已见端倪，但尚未表面化。甲午战争爆发后，随着战局的变化，帝党后党的斗争也由暗而明，逐渐激化。帝后党争直接影响着清政府的和战决策和对外交涉方针，与甲午战争的最终失败关系至大，所以历来受到史家的重视。

以往有不少论者坚持认为，所谓帝后党争是一场宫廷内部的权力之争，"帝党主战，要在战争中削弱后党，后党主和，要保存自己的实力"。对于这种看法，本书作者很早就表示不敢苟同，认为如果仅仅局限于对两党进行比较研究，那就很容易导致这样的倾向：不是把两党看成半斤八两以致一丘之貉，就是对帝党评价过高。在作者看来，倘若能够放到宏观时空环境中加以考察，便可发现，帝党是积极主战的，但不能知己知彼，一味只讲进攻，却拿不出切实可行的克敌制胜方针；而且不大讲究斗争策略，乱加攻击，甚至天真地以为换掉几个人即可解决问题，表现出十足的书生气。后党则主张单纯防御，即消极防御，只能导致失败。在本书中，作者又将自己的这种观点进一步深化，其结论是：以当时的情况看，无论是帝党还是后党，都无法使中国在这场反侵略战争中获得胜利。

清军在战场上的惨败，导致了在谈判桌上签订丧权辱国的《马关条约》。这个不平等条约有一条规定：中国将台湾割让给日本。为了抵制日本，台湾曾建立了"民主国"，以进行反割台斗争。如何看待这个"民主国"呢？长期以来，有人把台湾民主国视为独立的国家。李鸿章的顾问、前美国国务卿科士达在其《外交回忆录》中首倡这种说法。其后，连横写的《台湾通史》也称台湾民主国为"独立"。时至今日，海外还有一些人把台湾民主国鼓吹为台湾独立运动的"先驱"。当然，这是为了达到某种政治目的的别有用心之谈，与真正的学术研究风马牛不相及。在大陆史坛上，过去也有人把台湾民主国斥之为分裂主义。但近年来，不少学者作出了实事求是的评价，认为台湾民主国"要保国而不是立国"，是用一种"自主"的形式来抗击日本的入侵，"堪称一种积极的爱国行动"。本书作者赞同这种观点，明确指出台湾民主国的有关文件，只是说成立"自主之国"，而从未出现"独立"的字样。台湾民主国定年号为"永清"寓永远隶于清朝之意，制长方形"蓝地黄虎"旗，是"虎首内向，尾高首下"，也以示臣服于中朝。在作者看来，成立台湾民主国乃是在不得已的情况下，采取的一种临时应变措施，把它说成是独立国家或称独立运动，是完全错误的。事实上，"民主国"一成立，马上设置新机构，重新任命新官员以补内渡官员之缺，并建立新军和义军联合抗日新体制，这就为反割台斗争提供了组织上的保证。

就像评价任何重大事件，总离不开对其参与者的议论一样，本书对这次战争的主要参加者如刘步蟾、丁汝昌、邓世昌、左宝贵、方伯谦等清军将领，作了画龙点睛式的分析评议。

作者曾说过，为研究刘步蟾，耗费了自己一生中最好的年华。而以书中的具体论述看，涉及刘步蟾的内容确也最见功力。

如人所知，对于北洋海军右翼总兵、定远舰管带刘步蟾的评价，20世纪五六十年代的有关著作中均持贬斥的态度。有的说他违反军令擅改阵形，有的说他贪生怕死，还有的说他是个"卑污的懦夫"。可以说，从范文澜的《中国近代史》开始，否定刘步蟾的观点在史学界被广泛采用。尽管戚其章在50年代末就小心翼翼地对这种说法提出过质疑，但未能引起人们的注意。直到1977年1

月，他为一次小型讨论会提供的《应该为刘步蟾恢复名誉》一文，才引发了不少学者的浓厚兴趣。那篇文章这样写道：刘步蟾是"一位具有民族气节、并为反对帝国主义侵略的战争英勇战斗而最后献出自己生命的爱国将领"。在本书中，作者通过再现黄海海战的壮烈场景，并对有关记载加以辨析，指出以往论者所依据的材料均出自翰林院编修张百熙的一份奏折，殊不知这份奏折上奏的时间是光绪二十年八月初一日，而黄海海战则发生在八月十八日，张百熙怎么会在17天前就预见到17天后将要发生的事情呢？显而易见，张百熙之奏乃来自道听途说，纯系捕风捉影之谈！至于刘步蟾当时的表现，目击者秦董的记述非常清楚：当发现敌舰后，"提督、总兵及汉纳根皆聚飞桥上"，"共商量尚有若干预备战斗的时间"，临战前，刘步蟾"立〔瞭望〕塔内之梯口"，密切观察敌舰行动，以指挥战斗。海战打响后，刘步蟾不仅冲锋在前，而且多谋善战。他随时抓住有利时机，向敌舰发起猛攻，焚比睿，遁赤城，重创西京丸，取得了辉煌的战绩。在战局转为不利的危急关头，他仍巍然屹立，勇搏强敌，伺机发炮击中日本旗舰松岛号，使其丧失战斗力，只好南逃。据此，本书作者赞扬刘步蟾是一位出色的指挥官，一位英勇的爱国将领。所谓"卑污的懦夫""贪生怕死的家伙"的帽子决不能戴在刘的头上。

记得清代著名史学家章学诚曾说过，治史贵在"能得其所以然，因而上阐古人精微，下启后人津逮"。若用这一标准来衡量《甲午战争史》，该书自然不会失色。但是，正如一棵茂盛的大树也少不了有点枯枝败叶一样，本书也有它的不足之处。比如，没有把甲午战争置于远东国际关系的范围内加以深入考察。实际上，甲午战争既是中日两国历史上的一件大事，又是远东国际关系发生骤变的一个转折点。无论是在战前战后，还是战争期间，日本与西方列强之间的关系均极为复杂。他们彼此有恣惠和支持，也有竞争和拆台，而中国恰似盘中的佳肴，谁都想美餐一顿。倘若能把这次战争放在当时的国际大气候下、大环境中进行审视，岂不有助于拓宽研究领域，进而明白它的深远影响。可惜，作者在这方面的论述，仅是蜻蜓点水而已。此外，对战后中华民族觉醒的论述和分析也显薄弱，理应再详细一些。

（原载《近代史研究》1992 年第 2 期）

评《戊戌变法史》

汤志钧著的《戊戌变法史》最近已由人民出版社出版。该书系统论述了80多年前由康有为领导的维新运动发生、发展及其失败的全过程，是一部具有一定学术水平的戊戌变法史专著。

我国清代著名史学家章学诚曾说过，治史贵在"能得其所以然，因而上阐古人精微，下启后人津逮"。本书的第一个特点是，作者运用马列主义，对过去的一些结论重新进行分析，通过认真的探究，做到发他人所未发之言，或发他人有所言而未尽意之言。如一般人讲戊戌变法只讲到它的失败为止，本书则认为资产阶级改良派由维新到保皇，以致后来渐趋堕落，有一个发展过程。1900年的唐才常自立军起义，是"勤王、革命之一大鸿沟"，此后，伴随着革命形势的发展，康有为逐渐沉沦。所以，一部完整的戊戌变法史，不应只写到那拉氏政变，而应写到革命和改良划清界限，即以推翻清朝成为时代主流为止。这样，通过本书便会窥见到19世纪末20世纪初中国社会的发展何等迅速，当时的政治、思想、文化斗争是多么复杂。再则，对目前存异最多的戊戌变法运动的性质问题，作者不同意有些论者所谓是一次软弱的资产阶级革命的说法，断言就其"变更的性质来看，却是改良主义"。

　　实事求是、具体分析是本书的第二个特点。以对康有为思想的分析为例，作者把这位变法领导人的思想渊源、特点放在当时社会环境和历史条件下加以考察，清晰地理出其变法主张既是西学催化的结果，同时也受到儒家今文经学的影响。至于如何看待康氏的大同思想，作者以为决不能仅仅依据传世的《大同书》进行评议，因为"康有为的大同思想孕育较早，而《大同书》的撰述却迟"。从孕育到成书期间，随着近代社会的迅速发展以及康氏本人政治生涯的递变，其内容前后发生了显著差异。作者指出，《大同书》的成书年代并不像康有为本人在自述中所说是1884年所作，实际上是1901—1902年间撰述的，所以它集中反映的只是康氏后期的大同思想；而要探索其前期大同思想，必须从康氏变法前所撰诗文和《上清帝书》以及正式刊布的著作中去钩稽。

　　作者还认为，康氏前期大同思想和《大同书》中阐述的思想，其作用是迥然不同的。在前期，尽管康有为描绘的大同世界仅是一种莫测的天堂，但由于他把抨击封建社会、实现君主立宪的资本主义制度视为渐入"大同之域"的第一步，故其进步意义是显而易见的。可是到了正式撰述《大同书》，亦即用革命手段推翻清王朝已成为时代主流时，他却在修改以往大同思想某些内容的同时，反复强调实现大同乃是千百年后的事，并说社会改革只能循序渐进，不可"跳渡"，这就在理论上彻底否定了正在兴起的资产阶级民主革命。

　　本书又以资料详赡见长。本书作者正是本着严肃认真和求实的态度，在大量占有资料的基础上鉴别选择、厘明事实的。如对北京强学会所办最早的报纸，以往流行的说法是《中外纪闻》，本书作者通过检核原刊和当时的函札，说明应为《万国公报》（北京）。再则，对保国会的成立情况，《仁学》的版本源流，以及谭嗣同和梁启超的初晤时间等，也都通过条分缕析有关材料，订正了一些不实之说。这种匡谬订误之劳，在帮助人们获得准确的历史知识方面，也是难能可贵的。

细心的读者还会发现，本书很注意弥补目前这一研究领域内一些较为薄弱的环节。如对戊戌变法时期的学会和报刊、湖南的维新运动等，特立专章，扼要概述；对"清流"和"帝党"的关系、"帝党"和资产阶级改良派的结合等，也有所论及。

当然，该书也有瑕疵可寻。如在材料的引用上，作者采用了一些康有为戊戌年间的奏稿，以及中国第一历史档案馆所藏戊戌政变的档卷，但对近年来新发现的材料，却未能在本书中适当补充和厘订。

（原载《人民日报》1985 年 5 月 24 日）

喜读《辛亥革命史》

因为工作关系，我有幸先睹朱育和、欧阳军喜、舒文三位学者合写的 40 余万字的《辛亥革命史》一书（人民出版社出版）。在这部基于理性思考的书中，作者不仅揭示了促成辛亥革命爆发的多种因素，而且还将当时社会的各种思潮，尤其是以孙中山为首的资产阶级革命派的产生与发展以及清王朝覆灭的细微末节跃然纸上。由于作者能够把辛亥革命放到中国 20 世纪初年的社会环境中去做符合当时国情的考察，能够如实展示中华民族在那段关乎民族生死存亡的历史时期内，革命的先驱者们在思想上、政治上、体制上不断探索革命的复杂而又曲折的过程，故能使我们信服地感到：辛亥革命的意义和影响确是伟大而深远的。这一里程碑式的巨变不仅结束了中国两千多年的君主专制制度，而且更重要的是建立了一种新型的民主共和制度。因此，可以肯定地说，在中国近代化的进程中，这一巨变促进了社会的进步。如果没有辛亥革命，如果没有这次巨变，新中国的成立将要推迟许多年。

近年来，不是有一种所谓"新观点"力图否定这次革命，斥责国人在 20 世纪初选择革命的方式是"令人叹息的百年疯狂和幼稚"吗？读了这部大量引用档案、时论、日记、回忆等资料，且十分注意用史实说话的书，便会觉得这种"新观点"是多么的无知、多么的苍白无力。真实的历史进程告诉我们：辛亥革命的发生绝不是革命者的主观意志使然，也不是情感的、非理性的产物。它的发生有其必然性。正如革命党人所说的那样："是故革命之主义，非党人所能造也，由平民所身受之疾苦而发生者也。……使平民之疾苦日深一日，则革命之主义日炽一日，而革命党之实力亦日益一日。"诸多辛亥先烈、仁人志士的选择是正确的。他们的高尚理想和献身壮举，即使在今天看来，仍构成当代国人精神支柱中不可或缺的内容。

从学术着眼，本书的突出优点是没有在他人的研究成果上翻筋斗。细心的读者一定会发现，书中有三个特点是国内已行世且具影响的同类著作所未曾企及的。

一是用辩证统一的观点，分析考察了革命与维新的关系。人所共知，在以往的研究中，大凡把维新与革命联系在一起，维新派的改良就会被判定为灰色的、骑墙的、反动的。本书作者指出，那种过分强调革命与改良对立的做法是不妥的。因为改良与革命是 19 世纪末 20 世纪初在救亡的前提下几乎同时出现的两种不同的救国主张。它们在要不要推翻清王朝的统治这一点上虽有本质的区别，但二者并非绝对对立，而是有许多相通之处。可以说，改良中包含着革命的因素，革命又涵盖了改良的内容；改良是缓进的革命，革命是激烈的改良。作者还进一步指出，在清末的"变"中，可找到改良与革命的相通之处。其线索是：甲午战后，"变"已成为中国历史发展的主题。康（有为）梁（启超）的维新活动虽未成功，但却推动了统治者沿着变革的方向前行。由于一桩桩新事物萌发出来，革命就成为不可避免的了。辛亥革命正是在清朝统治阶层一次次自上而下的变法自强举措中步步逼近的。从这个意义上说，维新派的改良活动客观上推动了革命的进程。

二是运用恩格斯所提倡的"合力"的观点，剖析了清王朝覆灭的各种因素。在本书作者看来，资产阶级革命派的力量，也包括立宪派的活动，固然促成了清王朝的迅速覆灭，但常常为人所忽视的一点而理应视为清王朝解体的一个重要因素——这就是晚清社会化趋势，特别是进入20世纪后，一些新的公共领域如商会、学会、教育会等的出现，极大地动摇了传统社会的秩序和根基。新的公共领域之所以有这种作用，是因为和传统的公共领域相比，它的功能已从原来的救济和慈善扩展到了社会经济管理、社会教育和社会文化等方面，甚至延伸到了立法和司法领域，且成为一个个相对独立的、有相当权力和影响的重要的社会组织。应当说，作者的这种观察是细致的，论证也是有说服力的。

三是深层次分析了当时政治思想的特点。如人所知，20世纪初年是中外文化交流比较频繁的时期。其时，西方思想、文化、习尚，通过革命派、立宪派和其他人大量介绍到中国来。但以往的研究只局限于考察西方政治思想对中国社会的影响，而对其特点以及它与社会之间的互动关系，揭示得不够。本书则用较多的篇幅探讨了这些问题。在作者的视野里，思想文化与社会的影响绝不是单向的，而是互动的。作者认为，辛亥革命的结局与民初的国民心理以及当时流传的权威主义、国家主义的治国思想有关。

总之，这是一本有个性、有学术深度的书。当辛亥革命90周年来临之际读一读这本书，会受到有益的启迪。

（原载《光明日报》2001年9月18日）

读《北洋军阀史稿》

　　来新夏是一位勤于耕耘的学者。近年，继《近三百年人物年谱知见录》《林则徐年谱》《方志学概论》《中国近代史述丛》等书之后，又有由他主编的《北洋军阀史稿》已由湖北人民出版社出版。此书虽是他 1957 年撰写的《北洋军阀统治时期史略》递嬗而来，但经过大幅度修改补充，实际上已是一部新的专著。

　　不消说，这部专著出版的本身就是一件值得嘉许的事。因为，众所周知，由于种种原因，以往中国近代史研究领域，对于革命对立面一方的分析探究是相当薄弱的，以致使不少问题晦而不明，近于空白。就拿北洋军阀史的研究来说，多少年来一直被人们视为一块荒漠的土地；尽管一度有人曾开拓出几片绿洲，但也难以改变它那相当冷清的局面。因而，《北洋军阀史稿》一书的问世，可以说是为这块待开拓的土地减少一些荒漠。

　　当然，该书的价值并不仅仅在于它的"筚路蓝缕"之劳。更重要的是，作者在系统论述北洋军阀何以兴起、发展、形成、掌权直至覆灭，以及由他们创造和影响的各种内外纷争与错综复杂关系所形成的种种社会现象时，刻意钻研，提出了不少独到的见解。如北洋军阀集团是在什么时候形成的？过去有人认为 1905 年北洋六镇的建立便标志着它的形成，而本书作者却认为，从当时的实际情况看，袁世凯虽于 1905 年已攫夺了一定的政治权力，但生杀予夺的专制权力仍在清廷手中，清廷既可随意调动他的职任，也可以足疾为名"罢黜"他回籍休致；只有到了辛亥革命之际，他才真正成为一个具有政治军事特性的集团首脑。关于北洋军阀的兴亡过程，作者也有着自己的划分法。本书认为，北洋军阀从袁世凯"小站练兵"至张作霖"皇姑屯被炸"，大致经历了发展、鼎盛、衰落、覆灭四个阶段。在发展期（1895 年至 1912 年），袁世凯通过一系列攫取权力的活动，不仅使自己成为北洋军阀集团的首脑，而且还"培植"了一大批军阀，豢养了一群政客，成为日后政治舞台上的重要角色。在鼎盛期（1912 年至 1916 年），袁世凯掌握了一个比较松散的全国性统一政权，但他复辟帝制，很快在一片唾骂声中自毙。在衰落期（1916 年至 1926 年），北洋军阀内部分裂为直、皖、奉三系，它们之间既为争夺最高统治权相互纷争混战，又为反对革命、镇压人民而彼此联合勾结，但同室操戈的结果使其统治日益解体。在覆灭期（1926 年至 1928 年），北伐战争击溃了北洋军阀，张作霖退往东北，但胜利成果却被国民党新军阀所劫取。作者的这种划分法给人以明晰之感。

本书还以分析深入细致而见长。如在系统叙述北洋军阀兴亡全过程的同时，作者专门剖析了这个集团内部相互混战、钩心斗角的具体情形，并且着力揭示出它所具有的纵横捭阖、各树派系、制造政潮等五个特点。正是通过这种认真的分析，本书得出了北洋军阀无疑是一个反动的政治军事集团，它在历史进程中只不过扮演了一个被人唾骂的丑角的正确结论。

如何分析看待北洋军阀与帝国主义的关系，也是本书分析见细的问题之一。如人所知，在整个北洋军阀统治时期，各帝国主义大国为争夺在华利益，曾经明争暗斗，竞相以求支配中国政治，而各派军阀在争权夺利中也乞求获得外国的支持。像奉、皖二系背后有日本撑腰，英美则支持直系，但日本伸手又不止于奉、皖，英美也曾借款给奉系张作霖。对于这种错综复杂的关系，作者并没有采用一成不变的公式去解释，而是透过现象，尽量厘清他们之间随时随地发生的变化，以明其变幻多端的症结始终在于各自的利害所在。

（原载《人民日报》1985 年 3 月 15 日）

读懂孙中山

—— 十六卷本《孙中山全集》的出版过程

记得若干年前，曾在某报端看到这样的文字：两个小青年面对天安门广场摆出的孙中山画像茫然对话道："这老头是谁？每年都摆出来，他是什么人？""谁知道他是谁？说他是外国人，可穿的不是西装；说他是中国人，又不认识。"这则对话可能是个极端的例子，但作为中国人若不知道孙中山真是一件可悲的事。当年读着这些文字，心里不是滋味，作为出版工作者有一种失职的感觉。

2015年6月，人民出版社出版了16卷本《孙中山全集》，收录孙中山文献11500余篇，计10106千字，被读者誉为一套高质量、有学术价值、体现孙中山文献本来面貌最权威的新版全集。今天，在孙中山诞辰150周年这个历史节点，回顾该书的出版历程，我有一种释然的感觉。

一个世纪以来，中国人民在前进的道路上经历了三次历史性的巨变，第一次巨变就是由孙中山先生领导完成的。他是"中国革命的先行者"，首先喊出了"振兴中华"的口号，开创了近代民族民主革命。辛亥革命未能改变旧中国的社会性质和人民的悲惨境遇，但为中国的进步打开了闸门，使反动统治秩序再也无法稳定下来。对于追求民族复兴大业的中华儿女来说，孙中山的精神和理想是一笔重要的精神财富。

自 20 世纪 20 年代以来，孙中山的文集或全集已有数十种不同的版本问世。其中，以中华书局 1981—1986 年出版的《孙中山全集》和台北近代中国出版社 1989 年出版的《国父全集》为代表。但是，这两套书出版后一直没有作过增补和修订。近年来，中外各界人士挖掘披露的新资料和辑佚考辨成果，频频涌现。出版一部更为完备的孙中山著述既有必要，也有了可能。

早在 1956 年，人民出版社为纪念孙中山诞辰 90 周年，就出版了新中国成立后的第一部《孙中山选集》。所以，组织出版新的《孙中山全集》成为我们义不容辞的责任。于是，2009 年 9 月，人民出版社主动立项，决定编辑出版新版《孙中山全集》。2011 年，此项目被列入"十二五"国家重点图书出版规划，并获得 2012 年度国家出版基金项目资助。

按常规，这么大的出版工程，应由国家立项，再委托某个权威研究单位完成编选，交给出版社出版；或是由出版社立项，再组织权威研究单位完成编选。人民出版社则没按常规出牌，而是采用"百衲本"的方式，先整理出底稿，交由专家审定。

启动初期，社长黄书元就强调：新版全集绝不仅仅是查漏补缺，还要在史观和文化观上、在编撰指导思想上、在编排方法上有所突破，要为国家、为民族留下一部精品。为此，成立了专门的出版委员会和学术编辑委员会，前者负责组织全集的搜集、整理、编辑、出版工作；后者负责编选思路和稿件的学术审查。

同时，还制定出相关的编辑规章。要求参与本项目的编辑必须秉持五点规范与原则：其一，编辑严谨，慎选底本；其二，考校勘比和甄别辨伪要认真，既不可收入伪文，也不能丢掉佚文、异文；其三，文字校勘和注释要妥帖、正确；其四，翻译要准确无误和各篇目归类合理；其五，标点分段要规范、合理。

根据这些规章，参与整理的编辑首先对新发现的文献、图片、手稿等进行了精心的甄别、校勘和编辑整理。对确定无疑的成果，通过比较参证，径直择优取用。当搜集到的累计1200余万字的10925篇文献摆在案头时，又进行分类、新式标点、版本校勘和注释等工作。为确保内容的科学性和权威性，相关人员赴台北"国史馆""中国国民党中央文化传播委员会党史馆"和台北"中央研究院近代史研究所"等处查阅核对相关档案并搜集新资料，还多次到中国第二历史档案馆及北京、南京、上海等地有关研究机构、高等院校、图书馆、档案馆、博物馆，对底本信息进行了仔细比对和勘误。

"两句三年得，一吟双泪流""历经六载，磨难良多"这18个字，是参与本项目所有人的共同感受。正是这种磨难，才打造了让学术编辑委员会认可的高质量的底本。

在我看来，《孙中山全集》有两大亮点：一是确立了以"孙中山文化研究"为主导的编纂思想，重在突出孙中山中西文化观和政治活动与政治理想，二者恰当融合，进而站在中华民族的高度，弘扬中华传统文化，客观反映孙中山的历史地位；二是内容新，仅就增补遗阙和考辨真伪而言，除在前人几部较为详备的孙中山全集、文集基础上吸收外，又广泛搜罗了近年来中外学术界及各地披露的新资料和辑佚考辨成果。从数量看，新版《孙中山全集》比此前公认的最完备的中华书局版《孙中山全集》多出 3000 余篇；从质量看，新版《孙中山全集》不仅重新核校了大部分原始底稿，修正了一些文字上的错误，还在吸收前人成果基础上，对 200 余篇文件做了进一步的考释辨证，且收录了 20 余篇从未发表或从未在国内发表过的新文件。

新版《孙中山全集》有着重要的学术价值。值得注意的是，在近年的辛亥革命史研究领域出现了一些极其错误的观点。比如：有人说改良比革命好，应当"告别革命"；有人吹捧袁世凯，贬低孙中山，说辛亥首义与孙中山无关，类似的说法贻害无穷。显而易见，孙中山本人的著作，不仅是了解和研究其思想和生平事业的文献基础，且对探寻中国人民近现代英勇奋斗的光辉历程和实现中华民族伟大复兴的中国梦有着重要启迪意义。16 卷本《孙中山全集》真实记录了孙中山追求真理、不懈奋斗、热爱祖国，致力于振兴中华的理想和实践，展现了他的思想、精神、品格及情感世界。通过阅读这部全集走近孙中山先生，进而读懂孙中山先生，我们在其中看到一位有爱有恨、有血有肉的孙中山，能够引发如何继承和发扬孙中山精神遗产的思考。

（原载《人民政协报》2016 年 11 月 14 日）

《孙中山全集》采访记

（专访）

1. 请您介绍一下《孙中山全集》项目的进展情况。

乔：这个项目于 2009 年 9 月立项，经过 6 年精心打磨，2015 年 6 月出版发行了。《孙中山全集》是我社长期出版孙中山著作的又一个里程碑！这一大型出版物也是我社在伟人领袖著作出版中的又一次重大贡献！全集共分 16 卷，收录孙中山文献 11500 余篇，计 10106 千字。2015 年 11 月 12 日，在北京中山堂举行的新书首发式上，国家新闻出版广电总局、国家出版基金规划管理办公室、宋庆龄基金会、中国社会科学院、北京市政协等部门的领导和专家学者，对全集的出版予以高度评价。

2. 请对贵社出版孙中山著作的历程做一个回顾和梳理。

乔：从立项到出书，大体可分为四个阶段：

第一阶段：从 2009 年 9 月到 2011 年 8 月，整理、形成基本底稿。参与编辑整理的同志，首先对新发现的文献、图片、手稿等，进行了精心的甄别、校勘和编辑整理。经数次论证，决定采用"百衲本"的方式：对确定无疑的成果，通过比较参证，径直择优取用；将搜集的累计 1200 余万字的 10925 篇相关文献，进行新式标点、版本校勘和注释等工作，形成 12 卷本底稿，提交学术编辑委员会和出版委员会进行学术审查。

第二阶段：从 2011 年 9 月到 2013 年 3 月，编辑底稿并进一步增补新文献。学术编辑委员会委员在主编尚明轩先生和本人的直接领导下，分头审读初稿。参与者反复甄选底本、考辨真伪、校勘文字，以确保内容的科学性和权威性。在原有整理稿的基础上，又搜集到各种报纸、杂志、书籍上披露的新文献近 400 篇。对这些新发现文献，一一甄别排查，确保其可信度。

第三阶段：从 2013 年 1 月到 2014 年 12 月，按以"孙中山文化研究"为主导的编纂思想，调整全书体例编排、内容划分标准，要求符合学术研究的脉络。

第四阶段：从 2014 年 12 月到 2015 年 6 月，完成送审工作。2014 年 11 月，共计 16 卷、1000 万余字的书稿，完成编校工作。同年 12 月，书稿送中央统战部审查。根据中央统战部的函复意见，我们对书稿中受时代所限、个别不合时宜的观点以及用词作了酌情处理。完成送审流程后，2015 年 6 月正式出版发行。

3. 当初为什么会策划这个项目？请谈谈全集的选题缘起。

众所周知，孙中山是中国民主革命的伟大先驱。他的著作，不仅是了解和研究其思想和生平事业的文献基础，而且对探寻中国人民近现代英勇奋斗的光辉历程和实现中华民族伟大复兴的中国梦具有重要价值和重要意义。

自 20 世纪 20 年代以来，孙中山的文集或全集已有数十种不同的版本问世。其中，以中国社会科学院近代史研究所中华民国史研究室、广东省社会科学院历史研究室、中山大学历史系孙中山研究室合编,中华书局 1981—1986 年出版的《孙中山全集》11 卷;台北秦孝仪主编,近代中国出版社 1989 年出版的《国父全集》12 册,编纂为好,也较为完备。但是,这两套书出版已三十余年,其间不曾作过增补和修订。近些年来,中外各界人士挖掘披露的新资料和辑佚考辨成果,频频涌现。出版一部更为完备的孙中山著述既有必要,也有了可能。

我社早在 1956 年,为纪念孙中山诞辰 90 周年,就出版了新中国成立后的第一部《孙中山选集》。所以,组织出版新的《孙中山全集》是我社义不容辞的责任。

参与本版《孙中山全集》前期整理、校勘工作的编校者彭明哲、王德树、李斌等人在与主编尚明轩先生的交流中,形成这样一种共识:以"中华版"和"台北秦孝仪版"为代表的多种孙中山文集或者全集,其编撰思想都建立在"国民党的孙中山"这一"藩篱",我社拟出版的全集突破性地站在"中华民族的孙中山"这一高度,要以孙中山文化观为基本线索,客观、全面地展现孙中山的著述、文稿及其蕴含的丰富思想。黄书元社长、常务副社长任超和本人,曾多次强调,人民出版社出版的新全集绝不仅仅是查漏补缺,而要在史观和文化观上、在编撰指导思想上、在编排方法上有所突破,为学术界、思想界、出版界奉献一套高质量、有学术价值、体现孙中山文化本来面貌的新版全集。为此,成立了专门的出版委员会和学术编辑委员会。出版委员会由黄书元任主任委员,任超常务副社长和本人任副主任委员,总体负责组织全集的整理和编辑、出版工作，潘少平、王德树、李斌、李春林、王一禾、张芬、王欣、杜丽星、刘畅等具体负责全集的出版工作。学术编辑委员会由著名孙中山研究专家、中国社会科学院研究员尚明轩任主任委员，负责确定编辑整理工作思路和稿件学术审查工作，中国社会科学院近代史研究所、清华大学、北京大学等研究机构或高校的八位相关专家学者组成学术编辑委员会。

2011 年，本项目被列入"十二五"国家重点图书出版规划，并获得 2012 年度国家出版基金项目资助。

4.和已经出版的同类图书相比，这套全集有哪些亮点？

乔：正如本书后记所言：我们的编辑工作，是在继承前人成果的基础上完成的。部分内容，径直选用已有成果，用百衲本方式，比较参证，择优取用，如遇其中不当、不妥、不足之处，则略加修订。力求能汇集梳理各种孙中山文集之成果，挖掘整理国内外的新资料与新成果，进行认真的考校和增补，给予缜密整理与科学编排，力求完整地反映孙中山一生政治主张与奋斗业绩的方方面面，努力为读者提供一部全面反映孙中山政治思想文化的全集。

你问这套全集有哪些亮点？在我看来，至少有 4 个亮点可圈可点。

一是突破了以"国民党中央政权的政党史观"为主导思想的编排方式，确立了以"孙中山文化研究"为主导的编纂思想。重在突出孙中山中西文化观和政治活动与政治理想，二者恰当融合，进而站在中华民族的高度，弘扬中华优秀传统文化，客观反映孙中山的历史地位。

二是内容新。仅就增补遗阙和考辨真伪而言，除在前人几部较为详备的孙中山全集、文集基础上吸收外，又广泛搜罗了近年来中外学术界及各地披露的新资料和辑佚考辨成果。从数量看，根据统计，本版《孙中山全集》共收集整理稿件 11500 余篇，计 1000 万余字，比当前公认的最完备的中华书局版《孙中山全集》和台北近代中国出版社版《国父全集》分别多出 3000 余篇和 2000 余篇；从质量看，本版《孙中山全集》不仅重新核校了大部分原始底稿，修正了一些文字上的错误，还在吸收前人成果基础上，对 200 余篇文件做了进一步的考释辨证，且收录了 20 余篇从未发表或从未在国内发表过的新文件。人们常说"全集难全"，特别是孙中山足迹之广布全球、言论之宏伟富赡，想要达到罗掘无遗，是不可能的。而本全集可谓迄今为止孙中山全集最完备者。

三是与往昔版本相比，本全集增加了外文著述和题词遗墨两类并单独列卷。题词遗墨卷收录孙中山题词及其中部分题词的手迹共 235 幅，可以反映其当时活动和社会交往的轨迹线索，具有历史、文物和书法艺术价值。外文著述卷收录了孙中山以英文发表的文件，并附少量英、俄等媒体或私人转载、记述之文件。这些文件虽然均已翻译成中文，但今人翻译的中文不一定能够完全保持孙中山思想原貌，故将外文原文编为一册。

四是按照国际学术著作出版规范，编制了重要人名、重要地名和专有名词索引。这样，就极大方便研究者查阅，会提高本书的利用率。

5.作为项目负责人，请您介绍一下全集的运作管理经验。

乔："历经六载，磨难良多"这八个字，是参与本项目所有人的共同感受。我作为该项目的负责人更有如履薄冰之感，觉得担子很重很重！

你问有哪些运作管理经验？谈不上经验，倒有四点体会可以分享：

一是完成重大出版项目需要领导重视。在六年的编纂过程中，参与本项目的社领导对其出版质量、出版进度以及资助经费的使用都进行了细致、具体的把关。在多次编纂研讨会上，既有对总体编排指导思想、体例等大局的指导，也有对注释、标点、索引等具体编校工作的严谨布置。在全集发生延期出版的情况下，社领导通过不同途径与国家出版基金规划管理办公室和国家新闻出版广电总局进行沟通，尽最大努力争取到了上级主管部门的理解和支持，扭转了出版工作的被动局面。

二是必须制定出相关的编辑规章。本项目要求编辑秉持五点规范与原则：其一，编辑严谨，慎选底本；其二，考校勘比和甄别辨伪要认真，既不可收入伪文，也不能丢掉佚文、异文；其三，文字校勘和注释要妥帖、正确；其四，翻译要准确无误和各篇目归类合理；其五，标点分段要规范、合理。唯其如此，才确保了书稿质量的科学性和学术价值的权威性。

三是编辑人员必须践行工匠精神。编辑整理小组成员六年如一日地孜孜不倦于最优底本的选择，乃至每一个标点、每一个字词的准确无误，可谓是"两句三年得，一吟双泪流"。为了书稿的质量，我们派专人赴台北"国史馆"、中国国民党中央文化传播委员会党史馆和台北"中央研究院近代史研究所"等处，查阅核对相关档案并搜集新资料，同时多次派人在中国第二历史档案馆及北京、南京、上海等地有关研究机构、高等院校、图书馆、档案馆、博物馆对底本信息进行了仔细比对和勘误，以确保资料来源的可靠性和准确性。

四是必须发扬团队的协作精神。为顺利完成全集的整理编辑工作，我社成立了包括本人在内的 14 人整理编辑工作小组，全面搜集孙中山公私文献，以类相从，整理成册，再分送给编委会成员加以审核、校改。编委审核校改过的稿件收回后，再分别安排责任编辑进行编辑加工，并随时与编委保持沟通，必要时需再次返回稿件到编委处，重加校订，直至定稿。虽然工作量既大要求审读的时间又紧，但在工作程序和衔接上，彼此间能够配合，做到环环相扣，没有相互扯皮、推诿，以至影响工作进度。可以说，没有这种协作精神，本全集的整体质量就难以保证。

6. 在长达六年的项目运作过程中，有没有给您留下深刻印象的故事可以跟我们分享。

乔：故事不少。今天只讲一个受处罚的故事。按照当初申报国家出版基金项目时填报的结项时间，应于 2012 年 12 月 31 日前完成。但因孙中山的文献档案资料卷帙浩繁，体量巨大，为了保证编纂质量，我们曾申请将出版计划往后延期。由于交接方面的原因，国家出版基金规划管理办公室未对延期结项的申请正式批复。2013 年，基金办在《中国新闻出版报》上对我社未能按时完成《孙中山全集》的结项予以通报批评，并作出扣除我社下一年申报出版基金项目一个指标的处罚。我作为本项目的负责人，不仅仅感到的是遗憾，更重要的是压力。

但令人宽慰的是：2015 年 11 月，国家出版基金规划管理办公室对《孙中山全集》组织专项验收工作时，本项目以 86.5 分的成绩通过验收，仅因项目延期被扣除 10 分。编校质量项获得满分，应该说是对我社编辑出版水平的最好评价。

7. 在您看来，这个时代我们读《孙中山全集》、走近孙中山的重大意义是什么？

乔：若干年前，我在某报端见过这样一则报道：说的是当年的国庆节期间，天安门广场又摆出了孙中山的画像，有位长者在路过天安门的公共汽车上听到两个小青年这样一段对话：一个小青年问："这老头是谁？每年过国庆都摆出来，节一过又收走，他是什么人？"另一个笑答："谁知道他是谁？说他是外国人，可穿着中国服装；说他是中国人，可又不认识。"这则报道可能是个极端的例子，但中国人若不知道孙中山真是一件可悲的事情。毛泽东说孙中山是"中国革命的先行者"。孙中山先生代表着一个时代。一个世纪以来，中国人民在前进道路上经历了三次历史性的巨大变化，产生了三位站在时代前列的伟大人物：孙中山、毛泽东、邓小平。第一次是辛亥革命，推翻统治中国几千年的君主专制制度，谱写了古老中国发展进步的历史新篇章。这场革命是孙中山领导的。他首先喊出"振兴中华"的口号，开创了完全意义上的近代民族民主革命。

孙中山奋斗了将近 40 年，生前虽未能圆强国梦，但他的精神和理想是一笔重要的精神财富，因为孙中山的梦想，以及他的奋斗都说明，每一个追求中华民族复兴的人都在希望与失望、悲观与乐观中思索如何走向中国自己的未来。梦想中国富强，是中国发展的一个永恒的主题，必将由一代又一代的中国人继续梦想下去，奋斗下去，直到真正圆梦的那一天为止。所以，我们要感谢孙中山，因为只有从孙中山开始的近代中国，才真正开始自觉地面对世界和正视中国；也只有从孙中山开始，中国人民才沿着独立、民主、富强的道路，为实现中华民族的复兴和富强自觉地进行奋斗。可见，孙中山是多么的伟大！他在中国历史上的地位是多么的重要！中华儿女应当永远记住孙中山、走近孙中山。

16卷本《孙中山全集》真实记录了孙中山追求真理、不懈奋斗、热爱祖国，致力于振兴中华的理想和实践，展现了他的思想、精神、品格及情感世界。通过阅读这部全集，我们看到一位有爱有恨、有血有肉的孙中山，既可以起到拨乱反正的效果，也能引发如何继承和发扬孙中山精神遗产的思考。

（原载《出版人》2016年2月）

读《林则徐传》

凡有一点中国近代史常识的人，对于林则徐的名字是不会感到陌生的。他这个人，从 27 岁中进士，直至跻身于赫赫有名的晚清封疆大吏，在官场上奔波了 40 多年。为了使中华民族生存自立，他置个人的安危福祸于度外，颠扑竭蹶地奋斗着。但是，还在几年前，一般人所了解的林则徐，只是他在鸦片战争中如何主张禁烟以及由此遭到投降派诬陷，被贬官发配新疆的事，至于其详细生平则知者不多。杨国桢积多年之功，精心撰写的这部长篇传记，真实再现了林氏一生的政绩、思想、性格、情趣和家庭生活等详情，读来令人耳目一新。

对传主既不溢美，也不酷评，好便说好，坏便说坏，是本书的特色之一。作者把林氏置于特定的环境之中，充分肯定了他在社会改革和抵御外来侵略方面所起的作用，热情赞颂了他为"探访夷情"，翻译西方书报，研究外情的胆识和勇气，称他是地主阶级改革派中不可多得的实干家，是中国近代史上第一位杰出的民族英雄。但与此同时也指出，林氏毕竟属于他的那个时代。作为地主阶级中的一员，他曾参与过镇压农民起义，而其内政改革虽有使劳动人民得到实惠的一面，但出发点不外是给行将灭亡的清王朝补苴。

他的爱国思想也是和忠君观念掺杂在一起的。这是较为公允的。

史料丰富且又新颖，是本书的又一特色。早从 1960 年作者就开始涉猎有关史籍，访查林氏遗稿。经过多年苦心搜求，从林氏后裔、各地图书馆、博物馆和收藏者处得到大量文献，其中不少是从未公之于世的手稿、钞本，如林则徐书谏一千多封、林汝舟的《云左山房书目》、林聪彝的《文忠公年谱草稿》等等。书中所征引的大量史料，不仅使传主的一言一行有确凿的证据，而且还为同好者进一步研究与此有关的问题提供了方便。

一般说来，出自史家笔下的撰述，大多不甚讲究文采，有些作品，不消说普通读者，连同行也只能硬着头皮啃下去。而本书文字既不艰涩，又非小说家言，且能随着内容的不同而起伏变化，做到生动流畅。如作者在描述林则徐"曲折的赴戍途程"时，能将其路上咏赋的诗章融会贯通，应用自如，写出他的喜怒哀乐，展示了他的内心世界。

本书 1981 年问世后，短期内即告售罄。现在不得不将其重印。这一事实，大概也足以从一个侧面说明它的价值了。

（原载《人物》1984 年第 3 期）

《林则徐年谱》读后

还在几年前，一般人所了解的林则徐，只是他在鸦片战争中如何主张禁烟以及由此遭到投降派诬陷，被贬官发配新疆的事，至于其详细生平则知者甚少。来新夏积多年之功，精心撰著的《林则徐年谱》（上海人民出版社出版，以下简称《年谱》）一书，全面再现了林氏一生的政绩、思想、性格、情趣和家庭生活等详情，读来令人耳目一新。

年谱一类的书，虽说其宗旨重在提供资料，但在择录资料和进行必要的评议时，也应恪守对谱主既不虚美也不掩过的原则。恰是在这一点上，《年谱》把握得比较得体。以对林则徐"译洋报，为讲求外国情形之始"的评议为例：一方面，《年谱》充分肯定了林氏当时以封建时代最尊贵的"钦差大臣"的身份去组织翻译西洋书刊，探求海外"奇技淫巧"是惊人之举——其思想认识水平远远超出了他的同代人；另一方面，又实事求是地指出："林则徐的探求新知由于刚刚起步而必然有所局限"，他对西方的认识仍囿于中国人谈西方的范围，他相信《海录》"所载外国事颇为精审"，他还不准确地认为英国"并无国主，只分置二十四处头人"，等等。

一般说来，旧年谱往往存在孤立地铺叙个人活动的缺陷。《年谱》则能够把林则徐置于 19 世纪错综复杂、风云变幻的社会背景下加以叙述。如在介绍林则徐担心白银外流、财政拮据时，能注意到资本主义列强的侵略动向；讲到起用和罢免林则徐时，能联系当时清廷内部的斗争及有关决策。凡此种种，把林氏的言论和行动与整个时代、整个社会有机地联系在一起，方能收"知人论世"之效。

值得注意的是，林则徐并非一个思想家、理论家，他毕生的大部分精力耗在处理繁杂的政务之中，因此没有浩繁的著述能将他的思想清晰地展示在后人眼前。在这种情况下，除了凭借他在处理政务时留下的奏稿和公牍外，唯有通过其私人函牍及亲友僚属的有关记载才能触摸到他的思想脉络。在这一点上，《年谱》用功颇勤，尤其是书中择录的有关林氏政务之余所作的私人书简，由于具有沟通思想、交换意见的性质，比之官样公文更能直截了当地反映他的思想情感。至于林则徐的大量诗稿，既是他文学才能的充分体现，也是其政治思想的真实流露。《年谱》广泛搜集和运用这方面的资料，也大大有助于准确地把握林氏思想发展的脉搏。

（原载《人民日报》1985 年 10 月 27 日）

充实郑观应研究的一本著作

郑观应是我国早期有影响的实业家和资产阶级维新思想的主要代表人物之一，他的代表作《盛世危言》曾经风靡一时，并给后人以有益的启迪。史学界以往对他的研究大都侧重于探讨他的思想，对其企业活动仅是附带略述而已。夏东元著《郑观应传》则弥补了这一欠缺。

这部传记系统地概述了郑观应从出生到病逝的主要经历，特别是对他办企业的活动及其维新思想的形成和发展作了详细的论述。郑观应正是通过经营工商业和其他社会活动，逐步形成了一个完整的思想体系。这个思想体系概括地说，就是："欲攘外，亟须自强；欲自强，必先致富；欲致富，必首在振工商；欲振工商，必先讲求学校，速立宪法，尊重道德，改良政治。"这就表明郑观应维新思想的核心是"富强救国"，而实行君主立宪的政治制度和学习西方科学技术以发展近代工商业则是达到"富强救国"目的的两根杠杆。这实际上就是后来五四新文化运动中提倡的民主与科学思想的"胚胎"，因此，"郑观应是中国近代最早具有完整维新思想体系的资产阶级改良主义者，是揭开民主与科学序幕的科学家"。

作者在论说郑观应的活动和思想时，有以下几个特点：

一、不囿成说，提出了不少新的见解

过去所有论者几乎一致断言郑氏的"商战"思想贯穿着一种近乎资产阶级重商主义的倾向，其着眼点在商品的贸易流通过程，而不在生产过程。本书作者则认为这种说法是经不起推敲的。因为郑观应讲"商战"非常强调要操胜算，他意识到在税收等与外洋平等的条件下，制造出成本低廉的工艺品是胜负的关键。这种视工业为商务之本的思想到1900年表现得更为明显。作者还特别论证了郑氏心目中"商战"与"兵战"之间的关系。说郑观应虽曾指出"习兵战不如习商战"，但却不能据此断言他不重视"兵战"。事实上，他也希望中国有强兵，不过他从不孤立地谈强兵。他把强兵概括为"人"和"器"两个因素，说"人"的优秀在于教育，"器"的锐利在于发展近代工商业，只有近代工商业发展了，才能致富，军队才会有自造的精良装备。他竭力主张把自强的基点放在发展近代工商业上，放在"商战"上。

有的论者认为郑观应提倡的"主以中学，辅以西学"，是一种错误观念，它在理论上与洋务派的"中体西用"思想没有什么本质的区别。本书作者则认为郑观应的"体""用"，与洋务派的"中体西用"的内容不完全一样。洋务派所讲的西学，仅仅是所谓格致技艺之学，中学就是孔孟之道。而郑观应的西学包括政治和科技两方面的内容，不仅应求其用，也要学其体。他的"中学"也不仅仅指的是孔孟之道，而是还包含有议院制等西方政治学说的内容。

关于郑观应政治主张的评价，过去人们都分为甲午战争前后两个时期。对甲午战前的主张往往予以肯定，对甲午战后的主张则加以贬斥。其理由主要有两点，一是在1895年新刊十四卷本《盛世危言》中郑观应不但将《议院》篇放在次要地位，而且还把1894年五卷本中最激烈的"而犹谓中国尚不可遽行哉？噫，质矣"删去，改为"而犹谓议院不可行哉？惟必须行于广学校人才辈出之后，而非可即日图功也"。二是到1900年，他出尔反尔，提出马上实行立宪，其用意是针对义和团运动的。本书作者则指出1895年郑氏的政治要求所以变得那么缓和，一方面是与康有为、梁启超等人为了减轻维新运动的阻力暂时不把议院提到议事日程上的思想有关，另一方面也是为迎合江苏藩司邓华熙的意见修改的，不一定代表郑氏的真实思想。至于1900年提出马上实行立宪，虽有其对付义和团运动的一面，但更主要是为了抵御外国侵略者。

二、加强了对某些薄弱环节的研究

郑观应的维新思想不是在短期内形成的，而是经历了一个较长的发展过程，能反映这个过程的是他所著的从《救时揭要》，经《易言》，到《盛世危言》。而其中最重要的《盛世危言》却有许多不同版本。这些版本，有的是经过郑观应手定的，有的则是书商们未经郑氏同意删改的。对此，人们未曾作过认真的清理。本书作者考订了20种不同版本（见书末《盛世危言》版本简表），从而断定1894年刊行的五卷本、1895年刊行的增订新编十四卷本、1900年刊行的增订新编八卷本系郑氏手定，可代表其思想的变化和发展，而其他版本，皆不能反映郑观应维新思想的变化和发展。至于说郑观应研究中的其他薄弱环节，从目前情况看来，恐怕对其企业活动的探讨最显不足。本书作者用了较大的篇幅，对郑观应的企业活动作的介绍和分析，是迄今为止最为详尽的。

三、注意了新材料的发掘和引用

本书以史料的引用丰富和精细鉴别、分析见长。作者的许多观点，如前所提到的对"商战""体用"思想等的分析评价，都是言之有据的。作者在论述郑观应在甲午、戊戌、庚子等事变的表现和重要办企业的活动时，所采用的材料，多是一些郑氏本人和他人的未刊信函。粗略统计，全书所采用的未刊档案材料占所引材料的三分之一以上。

四、比较妥善地处理了时代与人物的关系

本书基本是以人物为中心，随时留心当时社会经济、政治、军事诸方面的情况。例如，作者在分析郑氏"富强救国"思想形成时，就很注意西方资本主义的经济侵略对其的刺激作用乃至给中国社会造成的严重危害。通过本书既能窥见郑观应一生的全貌，还能从一些侧面了解到当时中国社会变化的状况。

当然，本书也有不足之处。在个别问题上对郑观应似有"偏爱"的倾向，较明显的是论及郑氏的对外主张时，多强调他抗争的一面，而对其弱点却着笔不力。

前面已提到作者视郑观应把君主立宪和学西方科学技术以发展近代工商业作为达到"富强救国"的两根杠杆，是一种新见解。

而作者进一步认为这两根杠杆实际上就是后来五四新文化运动中提倡的民主与科学思想的"胚胎",则是值得商讨的。首先,这种提法在本书未得到应有的论证。其次,从五四时期民主与科学思想的含义来看,与郑观应的"民主与科学"思想存在着很大的差异。五四时期的民主思想,它的含义有两层:一是指反对专制争取民主的一种政治要求,二是指"个性解放"。至于五四时期的科学思想,其含义主要是指科学态度、科学精神和科学方法。而郑观应的民主思想仅是指通过君主立宪来"通上下之情"以"振工商";他的科学思想不外是"器械、铁路、电报等事"。可见,把两种差异很大的思想,用所谓"胚胎"的说法加以联系,是不贴切的。

(原载《历史研究》1982 年第 5 期)

传人适如其人　述事适如其事

——《谭嗣同评传》读后

从近年来读书界的情况看，史学论者往往受到"冷遇"。但"冷"中也有"热点"，像生动的人物传记，人们还是喜欢看的。这种现象说明，读者并不是对史学著作缺乏兴趣，而是不喜欢看枯燥无味、陈陈相因、类似记账式的史学论著。人们乐于通过曾活跃在历史舞台的名人包括帝王、名臣、学者、侠士等的经历、思想、性格、情趣等去透视过去，了解历史，并从中受到有益的启发。因此，依我看，那些兼顾学术性、知识性、可读性的人物传记，一定会受到人们的青睐。

南开大学历史系副教授李喜所很早就注意到了读书界的这一动态，还在大部分同行视传记作品为二流学术著作时，他就把研究重点转向了人物。前不久，他推出《谭嗣同评传》（河南教育出版社出版），据悉目前又在撰写《梁启超传》。笔者读完刚刚行世的《谭嗣同评传》，确有"传人适如其人、述事适如其事"之感。

如人所知，谭嗣同出身于官宦之家，他后来之所以成为一个忧国忧民、魂系父母之邦的维新志士，除了个人的因素之外，主要取决于时代的锤炼和陶冶。本书的优点之一，恰在于做到了"知人论世"。作者指出，谭嗣同所处的那个时代——19世纪下半叶的中国社会，是一个剧烈动荡的"乱世"，其时，外有殖民主义的侵略压迫，内有封建专制者的倒行逆施；新的经济力量在突起，旧的经济体制在解体；西方的新思想呼啸而来，传统的旧文化发生变异；正是在这种变动的环境中，产生了谭嗣同、康有为、梁启超、严复等一批力主维新的人士。由于作者成功地把握了个人与时代的关系，能将谭氏毕生言行及思想发展的轨迹置于他所栖息的那个时代中加以考察，然后分阶段进行绘饰——应重彩处，不惜着力；当雅淡处，素笔轻描，读来使人对传主形象及他生活的那个时代有较深层次的认识。

对谭嗣同的评价，作者认为其一生的基本方面是革新、进取、奋发向上。我同意这一画龙点睛之语。但谭氏毕竟不是一个完人，他身上也有不少弱点。例如，由于他"好发新论"，又急于求成，来不及进行认真思考和严密推敲，有时就不免把谬误当真理来宣传，把伪科学当科学来推广。又如，他虽迫切希望西方的资本主义民主制度在中国开花结果，但却忽视了帝国主义的侵略本性，会错误地提出让外国人代中国进行改革。对于谭嗣同身上的这些弱点、缺陷和失误，本书作者既不护短，也不强作苛求之语，而是据实直书，着重分析导致这种弱点的思想根源和阶级根源。我以为这种不为贤者讳的做法值得嘉许。只有这样，才能写出历史上那个真实而有个性的谭嗣同。

对谭嗣同评价中常引起学术界争论的一些问题，本书也提出了自己的见解。比如，戊戌政变发生后，谭嗣同为何坐以待捕？以往论者有"无以酬圣主"和为了免使其父遭株连罹祸等说法。本书作者则明确表示对这些说法不敢苟同，而认为是有积极意义的。作者指出，谭嗣同坐以待捕，应当看作是他思想发展的一个新阶段，即由"和平改良"进至"流血变法"，其目的在于启迪后人，以昭来者。像类似的见解，想必其他论者仍会提出一些异议，但它毕竟是言之成理的。

总之，这是一部值得一读的好书。当然，它决非完美无缺。如人所知，谭嗣同作为晚清思想界的一颗彗星，其哲学思想极为重要，而本书在这方面的分析似显不够透彻，且避开了一些难点。此外，对谭氏文学思想及其创作，也付之阙如，这亦不能不说是件憾事。

（原载《人民日报》海外版 1988 年 1 月 19 日）

评《张学良的政治生涯》

　　最近，辽宁大学出版社出版了美籍华裔学者傅虹霖博士撰写的《张学良的政治生涯》一书。依我看，和国内以往行世的同类书籍相比，本书显得更有特色，更经得起咀嚼和引人思索。

　　众所周知，张学良是一位极富传奇色彩的人物。由于他平生行事善独辟蹊径，多出常规，且与孙中山有过交往，与蒋介石联过盟，与周恩来携过手，与墨索里尼的女儿女婿交过朋友，"围剿"过共产党，扣押过蒋介石并由此成为一位囚徒……所以，要真实再现其传奇生涯，确非一件易事。而事实上，多少年来，人们根据各自的价值观，对张氏的公私生活及功过是非作出了种种不同的解释。有人说他是国之功臣；有人说他是断送东北的罪人；有人说他是草莽之辈；还有人说他是一位花花公子。本书的成功之处恰在于，作者对张氏进行了多方位的"透视"，其生动、雅致、富有同情心的描绘，展示了这位传奇人物的荣辱与浮沉，得道与失足，乃至于他的性格特征、思维方式、情趣爱好、家庭生活以及由此产生的喜、怒、哀、乐。诚如王海晨在译后记中所言，通过本书，第一次看到了张学良作为一位民族英雄在中国历史上的地位、作用及其完整形象；第一次深刻感觉到在为摆脱民族危机而奋争的漫长历程

中，一代雄杰的果敢无私及其个人所付出的代价；第一次清楚认识
到山河破碎时各类政治家、军事家选择不同道路、采取不同手段的
复杂和差异。

善于从纷繁的历史材料中，捕捉那些具有决定意义的事实，
且在叙述时又不简单化，是本书的一个显著特点。凡对张学良生平
行事有所了解的人都知道，他于1928年、1936年导演的东北易帜
和西安兵谏是其政治生涯中最重要的两幕活剧。可以毫不夸张地
说，正是这两幕惊人之举系着张氏一生的荣辱与浮沉，使其成为一
位超世绝伦的传奇人物。对于这两桩事，本书作者用大量篇幅作了
客观的论述。以西安兵谏为例，书中分五章依次考察了这一事变得
到和平解决的过程。以往大陆学者的解释，多注重中国共产党所起
的作用。而本书则认为，张学良和杨虎城之所以释放蒋介石，中国
共产党固然起了重要作用，但首要条件是，张学良兵谏的初衷是逼
蒋抗日。与此同时，也不能漠视几位国民党要员所起的作用。当
时，在国民党上层，除何应钦、戴季陶力主军事讨伐外，冯玉祥、
于右任等曾给张学良打电报表示："只要你释放蒋委员长，无论你
坚持什么主义，都可以商量"。至于宋子文、宋美龄以及蒋介石的
顾问端纳更是不惜身家性命，亲赴西安说服张氏释蒋。总之，在作
者看来，西安事变和平解决，绝非一种因素使然，而是多种因素促
成的结果。

对于一般读者来说，看本书时，最感兴趣的内容恐怕莫过于
有关描述张氏被囚之后的文字。人们的这种心情是不难理解的。试
想，当一颗正在升起的政治明星突然遭到不测而陨落，人们能不猜

测它的去向吗？更何况，张学良作为一代雄杰是被他的拜把兄弟蒋介石囚禁的，而且一关就是五十多年。此间，特别是被遣送到台湾后，他是怎样生活的？他在想些什么？蒋氏父子对他怎样？如此等等，人们渴望解开这些谜。恰是在这方面，本书在一定程度上满足了读者的好奇心和求知欲。据作者云，为了深入了解张氏晚年的幽禁生活，她不仅亲自采访过张学良将军的夫人、女儿、女婿及其他友人，还数次飞抵台湾，试图与张学良本人直接会面（可惜未能如愿）。正是这种严谨的治学态度和不畏风险、不怕吃苦的学者性格，使其得以在书中以凄楚的笔调，道出张氏幽禁岁月中的悲愤、凄苦、孤独，以及与赵一荻风雨同舟的坚贞，乃至晚年的思乡念友之情……

由于作者走笔能与张学良的思想、感情和行为发生共鸣，读来使人有如见其人，如闻其声之感。这一点，是国内多数史家所不及的。

当然，本书也有它的不足之处。比如对"杨常事件"的论述似显太单薄。实际上，张学良在 1929 年 1 月 10 日以"阻挠统一"罪处决东北军总参议杨宇霆、东北交通委员会委员长常荫槐是经过周密考虑的。作者对此似应作更深层次的探究，写得再深入、具体些。

（原载《人民日报》1988 年 8 月 26 日）

尊重历史　实事求是

——《中国共产党历史》上卷评介

在纪念中国共产党诞生 70 周年之际，中共中央党史研究室的重要科研成果——《中国共产党历史》上卷由人民出版社出版了。

本书是在中央党史工作领导小组的关怀指导下，依据大量第一手资料和档案材料写成的。胡乔木同志曾就党史的编写原则和书稿内容多次给予指导。本书再现了党在新民主主义革命时期从小到大、从弱到强的曲折经历，充分揭示了没有共产党就没有新中国，只有社会主义才能救中国这一伟大真理。它忠实于历史真相，不回避重大历史问题，不回避党内的意见分歧，且采取实事求是的态度加以科学的论证和分析，堪称新中国成立以来最权威的一部党史专著。

本书的最大特色是对近年国内外有关著作中多次涉及并有种种误传的几个党史上的重大问题，进行了客观的论述和公允的评价，这些重大问题是：

关于古田会议的背景

著名的古田会议是在什么样的情况下召开的？由于涉及当时

606

毛泽东与朱德等人的争论和意见分歧，以往党史著作中的论述带有很大的片面性。本书则如实指出，当时红四军党的七大曾经发生过争论，毛泽东的正确意见没有得到肯定。结果，毛泽东未当选为前委书记，这一职务改由陈毅担任，毛泽东只好离开红四军主要领导岗位，到闽西协助指导地方工作。书中还叙述了陈毅到中央汇报的情况，说明中央 1929 年 9 月 28 日给红四军前委的信（简称"中央九月来信"）是陈毅按照周恩来多次谈话和中央政治局会议的精神起草并经周恩来审定的。该信要求红四军和全体指战员维护朱德、毛泽东的领导，明确指出毛泽东"仍应为前委书记"。正是基于此，毛泽东才于 11 月回到红四军重新主持工作，并于 12 月下旬在福建上杭古田召开了红四军第九次代表大会，从根本上解决了如何加强党的思想工作、如何保持党的无产阶级先锋队性质以及怎样建设新型人民军队的原则性问题。

关于 AB 团、社会民主党和富田事变

前些年，中央及地方有关部门重新审查了 1930 年夏至 1932 年初在赣西南苏区所搞的肃清 AB 团及富田事变和闽西苏区肃清社会民主党的斗争。经过大量细致的调查研究，证实这是一桩历史冤案，现已对当时涉及的大部分人进行了平反昭雪。

对于这一历史冤案，本书明确指出，苏区的肃反工作犯了严重扩大化的错误。所谓 AB 团，早在 1922 年 4 月就已经解体，至于社会民主党在中国从未建立过，故苏区的肃清 AB 团和社会民主党的斗争是无中生有和逼供信的产物，造成了许多冤、假、错案。

关于富田事变，书中如实写道，1930 年 12 月，总前委根据一些人在逼供下的假口供，派人到红二十军进行肃清 AB 团；红二十军少数领导人眼看自己将被错定为反革命遭逮捕，便采取非常行动，提出分裂中央红军领导的口号。以项英为代理书记的苏区中央局曾决定采取解决党内矛盾的方法处理这次事变，但中央代表团根据中央政治局关于富田事变的决议，认定是"反革命行动"，致使红二十军排以上干部大部分被冤杀。本书认为，这是一个极其痛心的损失。出现这种情况，是和当时国际国内共产主义运动中"左"倾指导思想以及中国共产党对肃反斗争缺乏经验分不开的。

关于张国焘密电和西路军问题

长征途中张国焘反对中央北上战略，力主"乘势南下"。当他的错误主张受到党中央的批评后，竟于 1935 年 9 月 9 日密电陈昌浩，企图分裂和危害党中央。对于张国焘密电一事，以往外界知之甚少，本书则根据有关档案材料写道：张国焘背着党中央于 9 月 9 日密电陈昌浩，企图分裂和危害党中央，幸亏叶剑英看到电报，立刻报告毛泽东，毛泽东、周恩来、洛甫、博古等才得以脱离险境。当时红四方面军有的干部不明真相，主张用武力阻拦毛、周、洛、博等先行北上，是徐向前坚决加以制止，维护了红军的团结。

对西路军，书中除写了三大红军主力会师后张国焘仍对党中央的领导怀有二心外，对于西路军的行动本身，在客观叙述历史进程时，赞扬了西路军在敌我力量悬殊情况下英勇奋战的革命精神。

书中这样写道：西路军是经过中国共产党的长期教育并在艰苦斗争中锻炼成长起来的英雄部队。在极端艰难的情况下，在同国民党军队进行殊死搏斗中，西路军的广大指战员坚持革命、不畏艰险的英雄主义气概，为党为人民的英勇献身的精神，是永远值得人们尊敬和纪念的。

关于西安事变和平解决方针的确定

以往有这样一种流行的说法，中国共产党对西安事变采取和平解决的方针，是奉共产国际之命而行，并非自己独立制定。这种说法形似实非。

本书根据对有关档案的研究，证明中共中央关于和平解决西安事变的决定是独立自主作出的。书中指出，1936 年 12 月 15 日，毛泽东、朱德、周恩来等 15 位红军将领的通电中虽曾一度提出"罢免蒋氏，交付国人裁判"，但周恩来 17 日抵西安与张学良会晤后，即日致毛泽东并中央的电中就提到"答应保蒋安全是可以的"。这表明中共中央已放弃了交付人民裁判蒋介石的要求。随后，亦即 18 日中共中央在致国民党中央电中，便公开提出可以保障蒋的安全自由。当时，共产国际虽有 12 月 16 日致中共中央的电文，但因电码错乱，"完全译不出"，中共中央只好于 18 日再次致电共产国际要求将电文"检查重发至要"。直到 20 日，中共中央才收到共产国际重新发来的由季米特洛夫签署的电报，并于次日复电共产国际书记处，明确表示同意共产国际来电中关于和平解决西安事变的意见，同时说明"我们也已经基本的采取了这种方针"。由此可见，所谓西安事变和平解决系中共根据共产国际指示行事云云，是有悖于历史真貌的。

关于百团大战的评价

百团大战是战后抗战时一大创举。从 1940 年 7 月 22 日到 12 月 5 日的三个半月中，八路军所辖 105 个团（另一说 115 个团）先后进行了大小战斗 1824 次，毙伤日、伪军 2.5 万余人，俘日军 281 人、伪军 1.8 万余人，在抗战史上写下了光辉的一页。但是，多少年来，这场战役却受到极不公正的对待。特别是"十年动乱"中，不仅全部否定了它的历史功绩，进而把它视为一种错误和罪行。

本书对这一战役作了实事求是的论述，内定了它的重要作用和历史意义，指出它以铁的事实，驳斥了国民党顽固派对共产党、八路军"游而不击"的诬蔑，遏制了妥协投降的暗流、争取中间阶层，振奋了全国民心，提高了共产党和八路军的威望，打击了日军的侵略气焰。百团大战后，日军增调兵力，对敌后抗日根据地实行更大规模的"扫荡"，证明敌后军民已成为抗日战争的中流砥柱。

关于延安审干和"抢救运动"

延安审干始于 1942 年 12 月，当时国民党正加紧反共特务活动。审干工作初期只局限在少数机关和少数人中进行。后来，中共中央要求康生搜集审干经验，而康将其在西北公学所采取的逼供信的一套错误做法加以推广，直到 1943 年七八月间掀起大规模群众性的反特运动，即"抢救运动"。结果，运动刚开展 10 天，就隔出大批"特务"，严重地混淆了敌我界限，造成了大量冤、假、错案。

本书在叙及此事时指出，在国民党加紧反共特务活动的情况下进行审干工作，原则上是必要的，但却出现了严重的偏差，特别是开展"抢救失足者运动"之后，大搞逼供信造成大批冤、假、错案。这在党的整风运动开展以后，是一个不应发生的政治错误。时任总学委副主任、中央社会部部长的康生在审干及"抢救运动"中起了极其恶劣的作用——因为许多"情况"是他向党中央汇报的，许多错误"经验"是他总结提出来的，许多错误主张是他向党中央建议的。然而，我党毕竟是一个能够克服自身错误的坚强组织，当党中央发现偏差后，立即加以纠正，为此，中央于8月15日通过了《关于审查干部的决定》，规定了"一个不杀，大部不抓"等方针，从而避免了给党带来重大损失。

关于抗战后苏联对中国革命的影响

这是一个比较复杂的问题，理应进行具体的考察和分析，而不能简单作出否定或肯定的回答。

对此本书认为，抗战胜利后，苏联的存在及其维护世界和平的斗争对中国革命起到了支持作用，并为我军在东北建立根据地提供了一定帮助。当时，国民党军队进至松花江边想独占东北，只是由于苏联红军的抵制，才未敢继续向北前进。这对人民军队早日收复东北是有利的。但是，本书又指出，由于苏联领导人不能正确认识中国共产党领导的人民革命力量和国民党政府的性质和力量，认为中共不应也无力反对国民党的统治，而且特别惧怕美国直接卷入中国内战以影响其自身利益，所以不断向中共施加压力，表示不赞成中国人民进行推翻国民党反动统治的革命战争。本书写道，苏联领导人曾多次向美国和蒋介石代表表示，中共没有能力领导统一中国，苏联只承认并支持国民党政府这个"唯一合法政府"，希望中国在蒋介石处于"领袖地位"下实现统一。苏联的这种对华政策，给中国人民解放事业带来了困难，并使中国共产党在确定自己的革命策略时面临复杂的情况。

关于 1947 年的土地会议

解决农民的土地问题，是中国民主革命的一个基本内容，也是夺取革命胜利的基本条件。1947 年 7 月 17 日至 9 月 13 日，中共中央工作委员会在河北建屏县（今平山县）西柏坡村召开全国土地会议。会议通过了《中国土地法大纲》，并于 10 月 10 日公布于世。那么，应该怎样评价这个大纲呢？本书充分肯定了这个大纲的反封建的革命意义及其对土改运动的指导作用，指出它的实施使农民获得土地的要求得到了满足，从而极大地激发了农民群众的革命热情。但也不能不看到，大纲规定的将"一切土地"实行"统一平均分配"的办法，导致侵犯中农的利益，故后来在新区和全国范围内土改时即加以改变。这次会议对于解放区土改不彻底和党内不纯的情况估计得过于严重，这也是当时许多地区土改和整党运动一度发生"左"的严重偏差的一个重要原因。

关于共产国际与中国共产党的关系

自 1920 年至 1940 年间，共产国际曾多次派代表来华指导中国革命，中国共产党也曾多次派代表驻共产国际，于是，如何评价共产国际和中国共产党的关系成为一个既敏感又吸引人的课题。

对此，本书指出，共产国际在帮助中国建党和开展党的实际工作，促成第一、二次国共合作等方面起了积极的作用。但又必须看到，大革命时期陈独秀的右倾错误与共产国际过高估计和过分依靠国民党的右倾指导思想有关。其时，共产国际及其驻华代表的一贯指导思想是对国民党讲联合，不讲斗争，竭力扶助国民党左派掌握第一次大革命的领导权。大革命失败后，国际代表罗明纳兹又是"左"倾盲动政策的主要提出者和推行者。李立三在中国革命的基本问题上的"左"倾观点，受到共产国际关于 1930 年全世界处于革命高潮、各国党都要反右倾等观点的影响，但共产国际领导人在中国革命形势的估计和策略的规定上，也批评和制止了他的错误。王明出任党的总书记要职，完全是在共产国际的支持下上台的，他的"左"倾和右倾错误直接来源于共产国际。

该书中权威性的论述当然并不止于上面介绍的几点。这仅是几个典型的例子。细心的读者倘若能认真梳理一下，定会感到这是一部尊重历史、实事求是的权威著作。

（原载《光明日报》1991 年 7 月 3 日）

他永远活着，不会死去

——读《瞿秋白传》

瞿秋白，一个才华横溢的人。他有文才、画才、医才、翻译之才。他是中国共产党的早期领袖之一，他以一柔弱书生当领袖之任，犯过"左"倾盲动的错误，遭到过排挤冷落，其曲折的心路历程在《多余的话》中有真诚的表达。红军决定长征后，他虽多次要求随军长征，但被留在即将沦陷的瑞金。他没有逃过劫难。在转移途中，于福建省长汀县被俘，关入监狱。由于叛徒指认，身份被识破。1935 年 6 月 18 日，他写完绝笔诗后，从容就义。1950 年 12 月 31 日，毛泽东为《瞿秋白文集》题词，高度赞扬瞿秋白："在革命困难的年月里坚持了英雄的立场，宁愿向刽子手的屠刀走去，不愿屈服。他的这种为人民工作的精神，这种临难不屈的意志和他在文字中保存下来的思想，将永远活着，不会死去。"

《瞿秋白传》是我社今年出版的一部重要著作。从选题的立项开始，全社上下都非常重视。我们让资深的、有专业水平的编辑来负责这项出版任务。从责任编辑到编辑室主任再到社领导，也就是我们行业中的"三审制"，即初审、复审、终审三个环节，对全稿进行了认真的审读加工。

应该说，一部好的作品，是由作者和出版社共同努力完成的。在对书稿的编辑加工中，我们深切地感到，作者对本书稿投入了巨大精力。对于这部传记的原稿，江苏省委以及瞿秋白研究会，曾先后数次聘请专家，反复审读；甚至对于人物的别称，对于地名的用字，对于诗文的词句，都进行了严格的核对、考证。我们对这种精益求精的工作作风，极为感佩。如此专业而敬业的作者，正是这部传记得以成功的关键所在。

我们的编辑人员，除了一般的文字编辑加工之外，对于一些专业方面的问题，认真求教于各领域的专家、学者，以确保相关观点的准确性和前沿性。我们曾请教过中共中央党史研究室、中共中央党校、中国近代史研究所、北师大、华东师大等相关机构的多位著名学者。他们的帮助，起到了进一步提高书稿质量的作用。

在编辑加工过程中，我们的编辑与作者，特别是与王铁仙教授，进行了极为频繁而具体的沟通。为了解决书稿中的问题，为了核对相关史料，责任编辑马长虹同志经常连续通话一两个小时进行交流。

为了确保本书的质量，我们让资深的校对人员对书稿进行了校对。特别是一般人不太注意的细部，比如目录和正文标题的对应，比如每章后的注释与正文注号的对应，比如插图与正文的配合等，进行了反复核对，一旦发现问题，及时请编辑解决。我社有一支业务过硬的校对队伍。我社"校对王"白以坦"倒校"《毛泽东选集》，没有出现一个错字，成为出版界的一段佳话。现在的校对人员继承了他的优良传统。校对人员成功地堵住了一些作者和编辑人员未能发现的漏洞，有效地发挥了把关的作用。

正是作者一方和我社的有效合作，才保证了《瞿秋白传》在建党 90 周年前夕成功地推出。

这部传记的问世，至少有两个重大意义：

一是这部传记是党史上的一部重要作品。瞿秋白是中共历史上的第二任最高领导人。在党的历史上，发挥过举足轻重的作用。2011 年 7 月 1 日是建党九十周年，瞿秋白是中共历史无法绕开的人物。此时推出这样一部作品，对于全面认识和总结党的历史，对于了解党的辉煌与曲折的历史，对于丰富党史研究的内容，有着重要意义。

二是在出版史上，这部传记的影响，也是非常深远的。人民出版社是党和国家的政治书籍出版社，党和国家的重要领导人等的书，当然还有陈独秀、胡耀邦等的传记，我们都出过。而出版瞿秋白的传记，还是第一次。本书融合了前辈学者的研究，荟萃了新的解密档案和学术成果，是一部全新的、学术性与可读性兼备的传记，我们感到非常欣慰和自豪。《瞿秋白传》将是一本既受到当代人喜欢，并且有可能留给后人的好书。当代人已经记住了富有个人魅力的瞿秋白，后人想要了解瞿秋白时，但愿能够想到或有人推荐这本由王铁仙教授等人"十年磨一剑"磨出来的《瞿秋白传》。

（2011 年 6 月 10 日，在《瞿秋白传》首发式上的发言）

《延安画传》再现"革命圣地"风采

刘润为主编，石和平、厚夫著《延安画传》近期由湖北美术出版社出版了。本书原是庆祝中国共产党成立一百周年的献礼之作，因未按期面世，现入选中宣部 2022 年主题出版重点出版物。这部再现"革命圣地"风采的画传，至少有三个特色值得嘉许。

一是反映了主题出版的一个重要题材

在出版领域，主题出版是一道亮丽的风景线。每年，中宣部都要下达做好主题出版的通知。要求各出版单位务必加强组织领导，明确路线图、时间表；强调要开拓创新，提高原创能力。而且，每年中宣部还组织主题出版重点出版物的评审、宣传推介、展示展销，入选的重点出版物与国家出版基金项目衔接，经基金办组织专家评审通过后予以资助。自党的十八大以来，习近平总书记多次强调要借鉴中国革命历史经验，注重继承和发扬革命优良传统，要求将中国共产党的历史融入中华民族伟大复兴的进程中。他指出："中国革命历史是最好的营养剂。多重温这些伟大历史，心中就会增加很多正能量。"显而易见，从 1935 年 10 月到 1948 年 3 月，中共中央在延安领导中国革命由低谷转向高潮、由颓势走向胜利的十三载岁月，理应是主题出版中的一项重要内容。延安被誉为中国革命的圣地！湖北美术出版社早在5年前策划、组约的《延安画传》，通过丰赡的史料、活泼生动的叙事以及翔实的图片资料，以全新的形式反映了中国共产党在延安十三年的奋斗历程。由是，本书入选。做好主题出版必须重视和讲究"三重"原则，即重要题材、重要作者、重大影响。《延安画传》的出版，完全符合"三重"原则，内容是主题出版的一个重大题材，编撰者是中国共产党党史和延安历史文化研究的资深专家，一个优秀出版社和权威专家共同打磨的这部作品一定会产生重大影响！

二是一部"革命圣地"的真实信史

本书通过简洁、清新、耐读的文字和600余幅栩栩如生的珍贵图片，采用编年体加专题化的形式，将中央红军为何在陕北落脚，延安如何成为抗日战争的指导地，延安乃至陕甘宁边区如何开展"局部执政"试验，延安如何为民族解放培养与储备干部，延安如何克服重重困难、开展大生产运动，延安如何开展整风运动而统一思想，延安文艺如何为人民大众服务，延安如何开展"民间外交"和拓展对外交流空间，以及在解放战争期间中共中央转战陕北的历程和故事，娓娓道来，跃然纸上。以独到的叙事方式真实记录了延安"以家的无私、家的温暖、家的宽厚接纳了疲惫的中国革命。清凌凌的延河水，香喷喷的小米饭，哺育着中国革命茁壮成长，延安用宽厚仁慈的胸怀，改变了中国现代史的轨迹"。回答了延安为什么会成为中央红军长征的落脚地、抗日战争的指导地、新民主主义的模范试验地、延安精神的发祥地、夺取全国胜利的出发地；回答了"窑洞大学"为何能培育出一代治军治国的英才，土窑洞里为何能产生毛泽东思想，这片古老的热土何以成为中国共产党成就伟业的革命圣地！

所有记叙是严谨、真实、令人信服的。以阐释土窑洞里何能出毛泽东思想为例：

众所周知，中国共产党一直把马克思主义作为自己的指导思想。但马克思主义的基本原理与中国的具体实际结合有一个历史过程。

本书则用史实说明，真正从理论到实践解决马克思主义中国化问题是在延安时期，其标志就是毛泽东思想的产生。1938 年，毛泽东在党的六届六中全会上所作的题为《论新阶段》的政治报告中第一次明确提出了"马克思主义中国化"这个命题，并初步阐述了这个命题的思想内涵。马克思主义中国化命题的提出，既是毛泽东作为党的核心领袖人物认识水平的反映，也是中国共产党集体智慧的结晶。

从书中采用的三张影印的经典图片（见第 275 页）看，毛泽东思想这一科学概念的提出，经历了一个过程。第一张：1942 年 2 月 18 日至 19 日《解放日报》发表的张如心《学习和掌握毛泽东的理论和策略》一文，首次使用了"毛泽东同志的思想"的提法；第二张：1943 年 7 月 8 日王稼祥在《解放日报》发表了《中国共产党与中国民族解放的道路》一文，首先使用了"毛泽东思想"这个科学概念，指出"毛泽东思想就是中国的马克思列宁主义"；

第三张：1943 年 7 月 6 日《解放日报》发表的刘少奇《清算党内孟什维克主义思想》一文，说："应该用毛泽东同志的思想来武装自己，并以毛泽东同志的思想体系去清算党内的孟什维克主义的思想。"

书中总结道：延安时期，毛泽东思想得到系统总结和多方面展开而达到成熟。延安整风运动，使全党特别是高级干部认识到，毛泽东思想是中国人民完整的革命建国理论。党的七大的一个重大历史性贡献是将毛泽东思想写在了党的旗帜上，确立毛泽东思想为党的指导思想并写入党章。

延安，为党的创新理论成果落地生根提供了沃土。《延安画传》是一部"革命圣地"的信史。

三是深入挖掘延安精神的原生形态及其内涵

习近平总书记指出："一百年前，中国共产党的先驱们创建了中国共产党，形成了坚持真理、坚守理想，践行初心、担当使命，不怕牺牲、英勇斗争，对党忠诚、不负人民的伟大建党精神，这是中国共产党的精神之源。"从伟大建党精神这一源头出发，在长期奋斗中形成一系列伟大精神，构建起中国共产党人的精神谱系，展现了薪火相传、波澜壮阔的精神力量。中国共产党人的精神谱系，犹如鲜活生动的历史链条，把中国共产党的伟大精神串接起来，展示出来。党的精神谱系中的每一种精神，都彰显了优秀共产党人在特定环境和特定考验面前的价值选择和道德实践。

2015 年 2 月，习近平总书记在陕西视察时深情地讲道：延安精神培育了一代代中国共产党人，是我们党的宝贵精神财富。2020 年 4 月，习近平总书记再次回到陕西又谈到延安精神，强调要坚持不懈用延安精神教育广大党员、干部，用以滋养初心、淬炼灵魂，从中汲取信仰的力量、查找党性的差距、校准前进的方向。

本书深入挖掘了延安精神的具体内容及其精髓，说明这一精神是由延安时期的抗大精神、张思德精神、白求恩精神、南泥湾精神、整风精神、劳模精神等原生形态衍化而来。各个原生形态精神是延安精神的生动体现，延安精神则是各个原生形态精神升华的结晶。提升到理论层面，延安精神的基本内容包括：坚定正确的政治方向，实事求是的思想路线，全心全意为人民服务的根本宗旨，坚持自力更生、艰苦奋斗的品格，爱国主义的优良传统，群众路线的思想方法和工作方法，批评和自我批评的优良作风。

必须指出，书中最具特色的是采用了大量珍贵的历史照片来阐释延安精神的产生、发展、升华过程。如：毛泽东为抗大学员讲课、张思德烧木炭、白求恩在齐会歼灭战的炮火中为八路军伤员做手术、1941 年春第三五九旅开进南泥湾、1942 年 9 月 11 日《解放日报》社论《向模范工人赵占魁学习》、1943 年 3 月 27 日《解放日报》关于王丕年巡视延安各县领导春耕的报道、延安县的农民在开荒生产、1943 年 11 月延安召开陕甘宁边区生产展览会及劳动英雄与模范生产工作者代表大会等插图。

延安本是一块平凡的黄土地，南泥湾本是荒无人烟之地。为了打破国民党不输入边区一匹布、一粒粮的残酷封锁，共产党人通过大生产运动，发扬"自力更生，艰苦奋斗"的革命精神，硬是把荆棘遍野的南泥湾变成"处处是庄稼，遍地是牛羊"的陕北好江南。书中展现出：其时军队提出了"一手拿锄，一手拿枪，生产自给保卫党中央"的口号，机关学校提出了"白天开荒生产，晚上整风加班，生产、思想双丰收"的口号，农民提出了"搞互助、搞生产、多打粮食多贡献"的口号。毛泽东既是大生产运动的组织者、领导者，又是大生产运动的参加者。他在自己住的窑洞周围开了一亩多荒地，播种、栽植、施肥、除草和收获都自己动手。朱德在王家坪开垦了三亩菜地，种上白菜、水萝卜、菠菜、葱、蒜、韭菜、南瓜、黄瓜等十几种蔬菜。每天清早和工作之余，坚持到菜地浇水、施肥、锄草。朱德种的菜吃不完，经常用来送人。1943年，中央直属机关和中央警卫团举行纺线比赛，任弼时夺得第一名，周恩来被评为纺线能手。中央领导人以身作则，给参加大生产运动的干部战士以很大鼓舞。由于大生产运动广泛深入地开展，边区各机关、部队、学校生产自给程度竟达到财政总支出的84.44%。

显而易见，博大精深的延安精神是贯穿中国共产党领导中国人民进行革命、建设和改革近百年历史的精神谱系的重要组成部分，是中国共产党人在未来奋斗中取之不竭、用之不尽的强大精神之源。我们一定要把延安精神继承下去、发扬光大！

习近平总书记指出，"历史是最好的教科书"，"对我们来讲，每到井冈山、延安、西柏坡等革命圣地，都是一种精神上、思想上的洗礼"。《延安画传》，既是一本填补中国共产党在延安十三年历史的画传类图书空白之作，更是一本有温度的、润物细无声的红色文化读本。掩卷而思，确能强烈感受到内心的无比澎湃和自豪。延安，永远的延安，让我们以浸润式阅读走进《延安画传》，领略"革命圣地"的风采！

（原载《中华读书报》2023 年 3 月 8 日）

读《中国革命中的共产国际人物》

从 1920 年至 1940 年间，共产国际曾多次派代表来华指导中国革命，中国共产党也曾多次派代表驻共产国际。于是，如何评价共产国际与中国革命的关系，就成为一个吸引人的课题。但就研究的深度和广度看，实事求是地说，国内前几年的状况远不及国外。在国外，苏联学者论著斐然，他们重点分析了共产国际与中国共产党的成立以及与北伐战争胜利等的关系问题，西方学者的科研成果虽逊于苏联学者，但也提出了一些独到的见解。在我国，由于众所周知的原因，这个课题多年来几乎无人触及，近几年的状况虽有较大的改观，但总的看，仍是落后的。

正是有感于这种落后状况，且又意识到评述共产国际与中国革命的关系是中国现代革命史和中共党史研究中不容回避的问题，于俊道同志长时期注意积累这方面的史料，经过几年的辛勤耕耘，他的锐意求索之作——《中国革命中的共产国际人物》已由四川人民出版社出版。

喜读此书，受益匪浅。依我看，该书的价值首先在于丰富的资料和资料的准确性。在这本书中，作者系统介绍了马林、越飞、鲍罗廷、加拉罕、米夫、达林、罗易、罗明纳兹、维经斯基、李德等人来华期间的活动，以及张太雷、蔡和森、张国焘、瞿秋白、王若飞、任弼时等人作为中国共产党驻共产国际代表的有关活动情况。读完本书，既弄清了共产国际与中国革命的关系，又能凭借作者提供的丰富的历史资料进而明白：在涉及中国共产党的成立、国共合作、北伐战争、土地革命、红军长征等一系列重大事件时，必须考虑到共产国际的影响。

从学术角度看，作者对某些问题的分析评议也颇有见地。比如，对于马林的评价，作者认为，他从 1921 年 6 月至 1923 年 10 月来华的两年零四个月期间，"对于中国共产党的成立和国共革命统一战线的形成起过重要的作用"，但他"过高地估计了国民党"，看不到中国工人阶级和农民阶级的伟大力量，"对陈独秀右倾思想的形成也有着直接的影响"。应该说，这一见解是公允的。对于我党派驻共产国际代表人物的评述，作者也没有"一锅煮"，而是具体考察了他们各自的表现和作用。作者对任弼时 1938 年 2 月至 1940 年 3 月间任驻共产国际代表的表现给予充分肯定，指出是他和周恩来的大量说明工作，才使共产国际了解到中国共产党领导中国革命的真实情况，从而纠正了某些共产国际领导人对中国共产党的错误看法。对于张国焘在莫斯科期间的所作所为，作者则持贬斥态度，认为他为了个人争权夺利同王明是有矛盾的，并且是看不起王明的，但他眼见王明受到共产国际一部分负责人的青睐，并且后台硬、有权势，所以转向讨好王明，摇身一变，成了王明的心腹伙伴。他"所以能够被派到鄂豫皖红四方面军代替沈泽民的工作，成为红四方面军的主要领导人，原因就在这里"。作者的这一论述也不是皮相之说。

当然，本书也有其不够完善之处。例如对有代表性的史料掌握尚不充实；目录的编排以"姓氏笔画为序"似不如按各传主先后活跃于政治舞台的时间顺序排列为好。因为"按姓氏笔画为序"，不便使读者看清同一事件中的"群像图"及各人所起的不同作用。但总览全书，类似的不足毕竟是小瑕。它的刊行，犹如荒漠土地中刚拓出的一片绿洲，无疑会引起同行学者的关注。

（原载《人民日报》1987 年 6 月 1 日）

展示中国学者研究希腊哲学的鸿篇巨制

——《希腊哲学史》第四卷评介

今天我们隆重召开《希腊哲学史》第四卷首发式，作为活动的主办方之一，我代表人民出版社首先向德高望重的汪子嵩先生表示最由衷的敬意和最诚挚的感谢！汪老是大家、学界最尊敬的前辈。汪老肯定不认识我，但我很早就认识汪老，并得到过他的指点和帮助。汪老在 20 世纪 80 年代主持人民日报理论部工作期间，曾亲自审定并修改过我在《人民日报》发表的几篇文章。经过他的点拨，我的文章加强了理论色彩。所以，今天当面向汪老表示深深的谢意。向《希腊哲学史》第四卷一书的四位作者（汪子嵩、陈村富、包利民、章雪富四位教授）表示衷心的祝贺！今天来这么多大家名家，这个新书发布会更像一个小型的学术盛会，由此可见汪老的人格魅力！

下面，我简单地介绍一下《希腊哲学史》第四卷以及全部四卷本的编辑出版情况。

《希腊哲学史》第四卷主要内容是晚期希腊哲学。众所周知，晚期希腊哲学因其时间跨度长、涉及学派多、融合两大文明、衔接西方哲学两大阶段等特点，对于中国学界来说，研究的难度非常大。汪子嵩先生不顾年事已高，率领老中青三代学人迎难而上，广泛搜罗国内外相关史料和研究成果，深入探讨晚期希腊哲学的各流派及其发展脉络，取得了突破性的进展。全书130多万言，内容相当的厚重。就其特点而言，我举三点：首先是视野开阔，资料宏富，考释精当。本卷搜集和钻研了大量难得的原著资料（包括希腊文、拉丁文资料）和国外学者研究成果，既做到了论从史出，史论结合，考据翔实，又为国内学界进一步研究提供了丰富的资料。其次是论述深刻，大气磅礴。本卷注重探究梳理晚期希腊哲学思想严谨的内在逻辑，在一个新的高度上重新审视希腊哲学在西方思想史、哲学史、文化发展史上的地位。第三是提出了许多新的独到的见解。有的已经超越了当前国内学界已有看法与结论，有的则是属于国内第一次研究的新内容。总之，可以毫不夸张地说，《希腊哲学史》第四卷的内容和观点，将在相当长的一段时间内，成为国内学界进行希腊哲学乃至西方哲学研究的资料来源和论述参考。

我还认为，《希腊哲学史》第四卷的完成，也为一项绵延近30年的宏伟学术工程——希腊哲学史研究画上了一个圆满的句号，一个非常圆的句号。本卷与前三卷一起，共同构成了中国学者以中国学术视野对古希腊哲学进行断代史研究的鸿篇巨制，对于加强希腊哲学史特别是晚期希腊哲学史的教学与研究，对于加强西方哲学史学科建设具有重要意义，也体现了中国学者对古希腊哲学研究作出的独特的理论贡献。

我们人民出版社是党和国家重要的政治类读物出版机构，同时也是我国一流的哲学社会科学学术著作的出版基地。一向以思想性、导向性、公益性为己任，建社近90年来，特别是重建60年来，出版了一大批党和国家领导人著作、重要政治理论书籍以及《中国通史》《中国思想通史》《中国学术通史》等代表国家水平的学术精品著作。承担《希腊哲学史》这一重大学术出版任务，既是我们的荣幸，也是我们义不容辞的责任。《希腊哲学史》第一卷出版于1987年，第二卷出版于1992年，第三卷出版于2003年，先后几任社领导特别是哲学编辑室的主任都对这一出版工作高度重视，负责每一卷的编辑、校对、出版的同志也为打造这一学术精品书付出了辛劳和努力。今天，到会的有我社的老社长老总编辑薛德震、原副社长田士章、现新闻出版署出版管理司副司长陈亚明，他们3人都先后担任过我社哲学编辑室的主任，他们对四卷本《希腊哲学史》的编辑出版，不仅仅重视，而且做过很多具体的工作。这一延续二十多年的重大出版项目现在终于完工，作为出版方，我社参与此项工作的所有同志，此刻的心情都十分激动，感到十分的欣慰。

《希腊哲学史》四卷本的出版，标志着中国学者研究西方哲学的视野与深度都有了大大的拓展，中国学者的著述在研究希腊哲学的国际学界争得了自己的席位，可以在新的高度上同西方学者展开对话。国内研究西方哲学的朋友们可能都知道，迄今为止，撰写过完整的希腊哲学史多卷本的西方学者，只有19世纪末的策勒一个人。大家眼前的这部《希腊哲学史》四卷本，是世界上第二部完整的希腊哲学史多卷本。这是汪子嵩先生等撰著者的荣誉，更是我国学术界的荣誉！

2010年5月，我社参加希腊国际书展，推送了前三卷《希腊哲学史》，那时第四卷还没有出版。希腊的这一次国际书展，中国是主宾国，我们的团长新闻出版署副署长孙寿山，特意向希腊的文化部长和希腊出版协会的会长等重量级的人士，介绍了《希腊哲学史》。看到这几本厚厚的专著，对方感到很惊讶，表示出极大的兴趣，并给予很高的评价。这是汪老等作者给我国学术界、给我国出版界争得的荣誉。

现在，我们可以自豪地、问心无愧地说，《希腊哲学史》四卷本的出版，也体现了人民出版社对学术出版的高度重视。长期以来，我社形成了重视优秀学术著作出版的优良传统，在业内和学界获得了一致好评。当前，我国的出版事业迎来了一个新的发展跨越的时期，中央已经把我社定位为公益性出版单位。出版优秀的学术著作仍是我们的一项重要任务。今后，我们会适应新形势和新需要，站在时代的前沿，为读者、为社会、为国家、为民族出版更多的，能够代表国家水平的一流哲学社会科学学术著作。

最后，让我们再一次祝贺《希腊哲学史》四卷本的出版，也再一次感谢为这部鸿篇巨制付出心血和汗水的各位专家学者！

（2010 年 8 月 20 日，在《希腊哲学史》
第四卷首发式上的致辞）

对中国版权业的重要贡献

——读阎晓宏著《难忘版权十三年》

我非常高兴参加《难忘版权十三年》新书发布会暨"全面加强知识产权保护 促进高质量发展"远集坊论坛。

《难忘版权十三年》的作者阎晓宏，是一位有口皆碑的学者型领导。他的人格魅力，没有一点官架子更是出了名的。和他交往，坦坦荡荡，使我受益匪浅。

正像他在该书序中所说，他任国家版权局专职副局长十几年间，正是国家知识产权特别是版权发生重大变化的历史阶段。他对一些重要问题的思考，体现出他的智慧和独到之处；其中一些重大变化、一些抉择，留下他的深深印迹；如果不是他的深度参与，其变化可能是另一种结果或样式。

作为他的下属和老朋友，我有幸在 7 年前，系统地拜读了他的大部分文章。我不仅提出编辑出版，而且对文章作了初步的筛选。其时，我任人民出版社副总编辑，晓宏的书稿已列入人民出版社的选题计划，但晓宏太谦虚了，一直未允诺。我认为，晓宏对中国的版权作出了重要的、特殊的贡献，他涉及这方面的文字特别有价值，如不出版太可惜了。

在《难忘版权十三年》新书发布会上致辞

正如他在后记中所言：2020年冬天，我又找到他，开门见山地说："老阎，你这本书一定要出，出版社我都替你找好了，知识产权出版社，这和你的版权研究也直接相关，你不能再推了。"非常感谢晓宏，这一次他没有让我失望，我有幸成为《难忘版权十三年》的特约编辑。

在此，我也由衷地感谢知识产权出版社。经过40年的发展，知识产权出版社在出版新业态下走出了自己的特色之路，逐步形成了以知识产权、法律、民间文化、经济学、心理学、教育、建筑、文史、少儿等为主要板块的产品体系。他们始终坚持"把社会效益放在首位、社会效益和经济效益相统一"的原则，将出版业务引向精品出版的轨道，出版了一大批精品图书。有些图书多次获批国家出版基金资助项目、"十一五"到"十三五"国家重点出版物项目，赢得了良好的社会声誉。

知识产权出版社出版阎晓宏的《难忘版权十三年》，可谓慧眼识珠。我认为，该书是一本能够经得起时间检验的好书。以后研究中国的版权，必然会想到这本重要的参考书，可以说怎么也绕不过去。

作者在书中的一些观点颇为新颖、到位和智慧。比如，他说：没有一个社会人能够脱离版权，每个人都可能是版权作品的创作者或是传播者，即使不是，也一定是版权作品的使用者。

著作权立法的根本目的在于调整作者、传播者和社会公众之间的利益关系。

他指出：现在，有一种现象，搞科技的不愿意谈专利，搞文化的不愿意谈版权，这是不利于文化发展的。

版权作为产权化的智力成果所具有的财富属性、产品属性和高附加值属性，使其成为越来越重要的生产要素和财富资源。

西方发达国家把知识产权问题看得很高、很重，特别是对于自己具有优势的知识产权，如专利、商标、版权、软件等，通过制定国际规则，采取有针对性的政策以及贸易措施予以保护。而面对落后国家、发展中国家在知识产权领域中具有优势的遗传资源、传统知识和民间文艺却十分淡漠。这是不公平的。

《视听表演北京条约》是新中国成立后第一个在中国签署的国际条约，是第一个以我国城市命名的国际条约，它的重大意义还在于该条约摆脱了由美国、欧盟等发达国家制定国际规则的惯例，是一个南北平衡的国际规则，中国和其他发展中国家在规则制定中发挥了重要的作用。

他还提议：可否在自愿的前提下，把作品分成两种类型：一种是需要得到许可，并且支付报酬的；一种是不需要得到许可，不需要支付报酬，保留著作人格权，鼓励广泛传播。这样做的好处，首先是符合权利人的诉求；其次是有利于广泛传播；再次是可以减少纠纷、诉讼，降低社会成本。

通过阎晓宏的这本书，我们可以清楚地看出，党的十八大以来，我国知识产权事业不断发展，走出了一条中国特色知识产权发展之路。5个月前，习近平总书记在中央政治局第二十五次集体学习时，从国家战略高度和进入新发展阶段要求出发，再次对知识产权保护工作提出了重要要求。习近平总书记指出："知识产权保护工作关系国家治理体系和治理能力现代化，关系高质量发展，关系人民生活幸福，关系国家对外开放大局，关系国家安全。全面建设社会主义现代化国家，必须从国家战略高度和进入新发展阶段要求出发，全面加强知识产权保护工作"。习近平总书记明确提出："要加强知识产权保护工作顶层设计。要研究制定'十四五'时期国家知识产权保护和运用规划，明确目标、任务、举措和实施蓝图。"

由此可见，加强知识产权保护工作是何等的重要。阎晓宏在《难忘版权十三年》一书中的一些真知灼识，对于强化国人尊重版权的观念，看重版权的文化价值和经济价值，加强未来知识产权保护工作，具有重要的指导意义和启迪作用。

（2021年4月24日，在《难忘版权十三年》
新书发布会暨"全面加强知识产权保护
促进高质量发展"远集坊论坛上的致辞）

一部体现三种精神的著作

——读《法国"进士"逐梦东方—— 1914—1938 年内桑志华来华科考探险记》

凡是从事编辑工作的都知道，在选题环节，能不能做到发现好的作品，编辑的眼光、编辑的学识起到决定性的作用。编辑要是有好"眼力"，好选题、有价值、有特色的作品，就不会从你眼皮之下"溜走"。如果没有眼光，走眼了，好作品也会从你手中溜走。可见，慧眼识珠是做编辑的基本功，是衡量一个编辑能力的一种标志。今天，面对《法国"进士"逐梦东方——1914—1938 年内桑志华来华科考探险记》这部沉甸甸的书，我很有底气地说：我的眼光、我的学识还是不错的。我没有走眼。

我不仅拍板立了项，还与作者于树香、责任编辑于宏雷围绕书稿的修改，进行过多次交流。我认为，该书体现了三种精神。

第一，本书真实再现了桑志华献身科学的可贵精神。

诚如邱占祥先生在序中所言：不要忘记桑志华！当年，桑志华是以传教士的身份来到中国的。但他没有传教，而是执着地、默默地做了一件大事：创建了一个自然博物馆，从而为中国留下了一个当时世界上第一流的博物馆——北疆博物院（天津自然博物馆的前身）。

法国"进士"逐梦东方。为了圆梦，桑志华从 1914 年到 1938 年的 25 年间，以苦行僧式的刻苦耐劳和献身精神，以惊人的毅力，靠驴和骡子、靠双脚，带着几个工人，跑遍大半个中国北方，搜集了大约 30 万件动植物、矿物和古生物化石标本。他留下的《行程录》包罗万象，从政局时事到军阀战事、从工农业生产、地貌、气象、动、植物品种到普通民众婚丧嫁娶风土民情，为后人研究这段历史留下宝贵的资料。必须指出的是，当年来中国进行科学考察的有很多洋人，其中不乏传教士，但不少科考者把采集品都卷走了、盗走了。而桑志华则把绝大部分采集品留在了中国，并建立了北疆博物院。可以说，他是唯一的。他为中国旧石器时代考古学、古人类学、古生物学以及动植物学，作出了不可磨灭的贡献。

于树香博士的这本书，真实再现了桑志华逐梦东方的全过程。尽管，如邱老在序中指出，书中还有一些"缺憾"之处，但这部兼有学术性、文学性的传记，的确能起到"铺路石"的作用。本书不仅恢复了桑志华本人的真实面目，而且给予他公正的评价。以后，我们再也不会忘记桑志华。讲到近代中外文化交流，也一定会提到桑志华！本书一定能对中法两国的友谊和文化交流起到积极的作用。

第二，本书体现了作者严谨的治学精神。

大家知道，近年来浮躁之气遍布学术界。很多学者失去了往日的定力，难以静下心来做学术研究，从而导致有独到见解的原创性作品少得可怜。

于树香女士撰写的《法国"进士"逐梦东方——1914—1938 年内桑志华来华科考探险记》一书，可谓十年磨一剑的结晶。

其一，作者是历史学博士，但不是专业研究人员，而是一直任职政府机关，分管文化工作。这部跨界创作，是业余时间完成的。没有点定力和恒心是绝对坚持不下来的。真的是难能可贵。

其二，本书创作于 2002 年，原拟 2014 年出版。人民出版社立项后，为保证书稿在学术性方面不出纰漏、不出笑话，能够经得起推敲，于树香认为必须得到古生物学专家邱占祥先生的认可。邱先生提出意见后，她又用了三年多时间进行打磨，才形成了定稿。

其三，研究桑志华需要一定的勇气。因为他是一个法国传教士。以往，国内学术界对西方来华传教士研究是一棍子打死。诚然，西方传教士来到中国后干了不少坏事，但有些传教士也做了一些好事。比如：近代中国第一家出版机构、第一本期刊、第一张报纸，都是传教士办的。这些出版物在传播新思想、新知识方面起了不可抹杀的作用。有些传教士在西学东渐、中学西传的中外文化交流过程中扮演了举足轻重的角色。于树香女士对传教士出身的桑志华进行实事求是的探究和定位，是需要胆识和勇气的。

其四，作者坚持论从史出，有一份材料说一份话。书中大量引用了桑志华的日记和文章。作者在后记中袒露：为展示桑志华在华科考探险的足迹和取得的成果，她翻阅了桑志华著述的 427 万字的文献和在华期间发表的论文；为澄清一个个谜团，查阅了国内外专家学者发表的有关桑志华的文章；为了弄清楚那些地质、考古、古人类和古生物化石等领域的专用术语，"恶补"了相关知识。更可贵的是，她对收集的所有信息进行了爬梳剔抉，去粗取精，去伪存真，力求真实公允。这是做学问的真谛和底蕴。

所以，我坚信，本书不会成为昙花一现的作品。以后，专家们谈到近代中外文化交流，也一定会提到桑志华！一旦提到桑志华，就会想到于树香女士撰写的这本书。

第三，本书的审读、加工过程体现了编辑的工匠精神。

要让书有生命力，且"比人长寿"，编辑环节必须践行工匠精神。责任编辑于宏雷在审读、加工这部书稿过程中，做到了"熟谙作者之思路，深味作者之意旨"，能够"辩其所长所短"，并"具其所长所短"，和作者沟通，商量如何进行修改、完善和升华，力求做到精益求精、精雕细刻。可以说，从定稿内容的取舍到行文表述，从注释条目及内容的确定到全稿结构的调整，责编与作者进行了为时两年多的反复推敲，又是数易其稿。她俩除了面谈，经常"煲电话粥"，一通话就是一两个小时，就书稿中涉及考古等专业性强的内容，对翻译的人名、地名以及表述不清或有歧义的内容，商量如何求助相关专家和通晓法语的专业人士来解决难题。由于桑志华科考的地点有相当数量位于少数民族生活区域，还对涉及少数民族以及藏传佛教的相关内容做了慎重处理，请相关专家学者和宗教人士进行了审改。

《法国"进士"逐梦东方——1914—1938 年内桑志华来华科考探险记》是一本友情的书，是一本凝聚着作者于树香与责任编辑于宏雷友情的书。因为我是知情者、见证人，我有资格这样说。

（2020 年 10 月 27 日，在《法国"进士"逐梦东方——
1914—1938 年内桑志华来华科考探险记》
首发式上的发言）

用心用情用艺术讲好生态故事

——叶梅生态散文集《福道》读后

这本散文集有五个特色值得嘉许：

一是反映了主题出版的一个重大题材。

诚如有学者点评的那样，《福道》这部散文集，是叶梅再度"通过清新细致的文字、生动幽微的细节、深刻生动的笔调，观察生态环境、讲述生态故事、构建生态文化，既有对过去破坏生态环境行为的痛惜和批评，更有对保护生态的热情记录，展示出在人类共有的地球家园里必须和大自然和谐相处的理念"。本书的主题——建设生态文明，是主题出版中的一个重要题材。众所周知，习近平生态文明思想是习近平新时代中国特色社会主义思想的重要组成部分。我们党和政府已把"生态文明建设"写入了党章和《宪法》，成为我们党和国家最根本的思想遵循和行动指南。重庆出版社慧眼识珠，抓到了《福道》这样的好稿子。作者叶梅是散文大家，名家名作，内容是主题出版的一个重大题材，值得点赞。做好书讲究或崇尚"三重"，即重大题材、重要作者、重大影响，散文大家叶梅和陈兴芜老总合作，完全符合"三重"标准，而且堪称完美！

二是展现出一条条幸福生活的福道。

《福道》是叶梅女士的一部散文集，收录了她的新旧散文共三十一篇。以开放的视野、从容的文字，敏锐观察各地生态文明的方方面面，把祖国的江河湖海这些年的发展变化和人们对自然对环境的一些思考集结成集。《福道》是聚焦生态文明建设的散文集，不仅具有较高的文化品位和艺术质量，还对生态文明建设发展有着积极的推动作用。书稿以"福道"为名，是因为开篇有一篇散文叫《福道》，并以此篇点题：在习近平总书记的带领下，不仅是福州，各个城市都在兴修城市步道，它们如同"绿色血管"一样穿梭全城，串联起美丽的生态公园，让市民们享受到了直通家门口的绿色福利，给城市绘下了一张张美妙的蓝图，开辟了一条条宽阔的"福道"。叶梅老师是一个擅长叙述的人，三两笔就写活一条河或一座山的个性，景物、风俗全不相同，令人心向往之，渴望能走进三峡、恩施、巴东以及她笔下描绘的所有地方。

从小溪到内河，可谓江海河溪相连，海潮江水相通，再到水源污染、环境治理，最后，一条条"绿色血管"步行街与"蓝色血管"互通，古老而又年轻的福州演绎了什么叫作"百通才会促使百业兴旺，政通人和"。

叶梅以《福道》这篇提纲挈领的文章，引领了生态散文的新趋向，带有象征和隐喻色彩的书名"福道"，也成为她的这部散文集的一个鲜明主题，那就是，奔着幸福生活的福道走，我们必然地要与大自然和谐相处、要和生态保护观念息息相关。

在叶梅散文集《福道》中，可以读到一幅幅跨越五湖四海的生态图景。她作品中的生态谱系一部分植根于她最熟悉的长江三峡流域，如《龙船河》《清江夜话》《神农架的秘密》《三峡花雨》等篇章；更大的一部分则走出"乡愁"，走向了更为开阔的生态地图，如从北国的《根河之恋》到南疆的《海南，有一条河叫陵水》，从西南的《万物生长》到东北的《一只鸟飞过锦州》。她的目光不仅流连在原生态的森林、草原、河流、村落，也聚焦在惠州、福州等一些沿海城市对经济发展与生态环境之间关系的调和。字里行间，让人感受到作者那颗热爱自然的真诚心灵，以及将美丽中国的梦想植根于精神深处的执着。她的书写丰富深挚，带着读者一起思索人与自然的关系，关注人类未来的命运。

《福道》是描写福州的散文，作者用它作为书名具有象征和隐喻意义，那就是奔着幸福的福道走，必然要与大自然和谐相处。福州这座有156条河流的城市，水网密布，也曾一度遭受生态破坏。作者详细描写了福州生态治理的措施，描写治理后的福州到处都是"水清、河畅、岸绿、景美"，生态、便民、健身、休闲的福道提高了百姓的幸福指数。《一只鸟飞过锦州》《从柴桑河到海棠故里》等篇章，站在当下的角度，用清晰流畅、满怀欣喜的笔调，描写锦州、眉山、丹棱、洪雅、嘉鱼、东营等地的山青水绿、鸟语花香。

她以真诚之心体察自然万物，笔下充满了和谐与温情：鱼儿和人一样"心怀憧憬"，花儿有如顽童一样的"别名"，相亲相爱的东方白鹳一家，西渚失而复回的白鹭和蟋蟀。在叶梅看来，茶有声音、树有性格、河有气质、山有品格。当然还有人，那些为生态和谐付出艰辛劳动和巨大贡献的现实中的人：将生命完全献给绿色事业的科学家，带领村民将臭水垃圾村变成最美乡村的村支书、鄂温克94岁的生态保护者玛丽亚·索，在沙漠上接力种树的右玉人……这些人物形象和故事，通过叶梅真情细致的描写而活色生香、鲜明感人。

叶梅是一位勤奋的作家，她的作品频见于各大报刊。她的散文《福道》将福州市流花溪沿线恢复清水绿岸、鱼翔浅底景象的故事娓娓道来，在具体鲜活的人、景、事中展开一幅城市生态画卷。文章以郊野福道的建设故事为线索，展现人们在保护河流水系同时改善人居生活的辛勤付出和宝贵收获。《根河之恋》成为2017年北京市高考作文题，在文中所写到的大兴安岭，当地人如今特地建起一大片"根河之恋纪念林"，请游客种下树苗，目前那里已成为生态保护的标志林。《一只鸟飞过锦州》用"鸟的迁徙"这一别致视角讲述辽宁锦州的生态故事，以拟人化的描述将读者带入鸟类世界，展现出女作家特有的温度与细腻。

这些文章中曾有多篇被各地高考、中考作为试题或教辅读物，信息量大、眼光和视角独到，语言富有感染力。其中，《根河之恋》一文，被选用为2017年北京市高考作文考题，即为一篇叙事与抒情的圆融合一之作。作品聚焦大兴安岭鄂温克人的生活，题材本身即意蕴丰富，它所叙写的内容涉及人口较少民族，生态环境与保护，文化多样性，传统与现代性的碰撞，精准扶贫……这样的题材有太多的东西可写，而要同时呈现抒情性，颇有难度。

三是袒露了对自然无比敬畏的情感。

人类必须顺从自然，而不可违逆自然。反对逆天而行，主张天人一体，是中华传统文化的基本宗旨。

要对自然怀有敬畏之心，要懂得节制自己在生产、生活中的行为与欲望，要学会实现人与自然的和谐相处。常怀敬畏之心，还体现在要始终尊重生命、遵循自然规律。人类只有顺从自然，才能实现天人合一，实现人与自然的平衡生态关系。

敬畏自然不是一句口号，保护环境不是一句妄言。风能吹灭蜡烛，却将山火吹得越来越旺。对大自然的过度索取一旦超过平衡点，它必然会以出其不意的方式使之重回平衡。大自然未必需要人类，人类却不能离开大自然，马克思都讲"不要过分陶醉于我们人类对自然界的胜利。对于每一次这样的胜利，自然界都要对我们进行报复"。

哲理思想要求天人合一、道法自然；诗词歌赋讲"劝君莫打三春鸟"；治家格言希冀"一粥一饭，当思来处不易；半丝半缕，恒念物力维艰"；新时代提出"山水林田湖草沙是生命共同体"；这一字一句的警示和教诲，都指引我们走向绿色发展的道路，这条路上的我们和大自然不是对立关系，不是要靠牺牲生态环境为代价的发展经济，人类与大自然是生命共同体的关系。

作者在《鱼在高原》中，满怀深情地描写青海湖裸鲤（湟鱼）的生命历程。裸鲤为了适应青海湖的咸涩，在进化中脱去了鳞甲，但没有丢弃洄游到布哈河、沙柳河等淡水河产卵繁衍的生命密码。作者以湟鱼的视角开始洄游历程的展示。从开始时鱼儿们不慌不忙、争先恐后，到遇到暴雨时所经受的灾难，再到许多鱼儿被鸟作为食物的遭遇，最后仅仅千分之一的鱼儿到达孕育之地，实现千百年来生生不息的生命延续。作者表达了对自然无比敬畏和敬仰的情感。湟鱼千百年的洄游密码，比人更能适应生态的能力，"对未来心怀憧憬"的信心，即使死亡也不能阻挡的前进步伐，在作者笔下熠熠生辉。在描写这个神奇生命的过程中，作者的生态理念贯穿其间，不仅敬畏自然、热爱自然，描写"那些祖祖辈辈在湖上打鱼的人们都收起了渔网钢叉，放飞了鱼鹰，将投放在裸鲤身上的目光变作了慈祥"。好一个"慈祥"！将人和鱼儿（自然）的关系描写得如此温润、妥帖。作者还在散文中清晰地表达了万物相生相克、和谐共生的生态理念。虽然有部分鱼儿成为鸟的食物，但是"鸟儿多的时候鱼儿多，鸟儿少的时候鱼儿也会少，鱼鸟共生，相克相依"。这种万物相克相依的生态链内涵，便是我们地球生物生生不息的密码。而生活在青海湖周边的汉族、藏族、蒙古族等不同民族同胞深谙此道，深知与自然万物和谐共处的道理。为了不污染湖水，他们将流传千年的瓷质宝瓶换成酥油糌粑宝瓶来"祭海"，这生动揭示了中华民族的环保理念，也是对中华民族共同体意识的深刻诠释。

叶梅对万事万物如虫鱼、花鸟、树木都抱有深切的情感，既持有近乎人类母亲看待儿童和少年的怜爱温情，也持有对万事万物如神灵一般的敬畏敬仰，还具有万物共生、相生相克的生物链科学观。

可以说，每一场干旱，每一场洪涝灾难，都让人撕心裂肺地领略了生死的熬炼和大自然的残酷威严。灾难作为必要的转化器，终于唤醒了人对于自然的敬畏。但这种敬畏之情，岂不是过于功利与现实？人类必须严肃地拷问自己：一定要以血与泪的代价，我们才能够唤醒自己沉睡的生态良知吗？

"为子孙后代留下美丽家园，让历史的春秋之笔为当代中国人留下正能量的记录。"在习近平生态文明思想的指引下，在全党全国人民撸起袖子加油干的共同奋斗中，一幅望得见山、看得见水、记得住乡愁的美丽中国新画卷，正在新时代徐徐铺展开来。

四是构建生态文化的底蕴来自脚力。

习近平总书记要求宣传思想工作者要做到"四力"：脚力、眼力、脑力、笔力。所有的文化人，特别是作家如果不践行"四力"，就写不出接地气、沾露珠、有温度、冒热气、吸引人的好作品。

《福道》的篇篇美文告诉我们：叶梅用她雄健的脚力，步履不停地东至黄河入海，西抵七彩昆明，北起兴安岭，南及海南陵水，进行探访，去看、去听、去问、去想。她的锐眼不仅紧盯原生态的森林、草原、河流、村落，也聚焦于一些沿海城市发展经济给生态环境带来的变化。身到了，心到了，所以，《福道》写来篇篇不"漂"、不"隔"，带体温，是实感，是有根的原创作品。

2021年，有记者问叶梅："您是怎样考虑生态写作的？"叶梅自信地回答："前几年，我在大兴安岭发现鄂温克人由从前的狩猎者、伐木工，放下猎枪和电锯变成了护林员，守护着山林河流以及野生动物，便写了散文《根河之恋》，后来被选作2017年北京市高考作文选题。根河人因此建起了一片'根河之恋'纪念林，呼吁所有来到大兴安岭的人，都种下一棵树，保护生态，增添绿色。这让我真切地体会到了一个作家写作的意义，能以文学的方式为这个世界多栽下一棵树，是对我的写作一种莫大的鼓励。"

　　"在美丽的有福之州，我目睹了这座城市中涓涓流动的清澈河水，花香四溢的沿河休闲步道，聆听了福州人治理156条河道的艰辛历程和行之有效的经验；在渤海湾边的锦绣之州，我看到了经过修复治理的葳蕤湿地，翩翩回归的珍稀鸟儿，人与自然和谐相处，古老文化得以传承的生动景象；在江苏西渚乡村的烟雨中，我听到一位富裕起来的老农用带着诗意的话语讲述保护生态和乡村创新尝到的甜头，他说：'每天早晨听着鸟儿的啼鸣醒来，夜晚伴着蟋蟀的叫声入眠。'在四川眉山，我眼见乡村垃圾分类、污水治理，一阵阵绿色环保的清风吹动在山间农舍。在雄安新城依傍的白洋淀，我看到了逡巡于湖边的环保监督员，高大茂密的芦苇荡上空鸟儿翻飞，波光粼粼的湖面上野鸭成群……一处处山青水绿，见证了新时代生态环境的历史性变化。但毋庸讳言，在观察到令人欣喜的生态变化的同时，也时常观察到不容乐观的城市空气质量、水资源的匮乏及透支，垃圾和污水处理尚未形成严格完备的全民可操作性流程，时有破坏环境的现象被曝光……我们不能不正视，仍有许多生态环境方面的问题亟待高度重视和努力改善，同时也仍有许多生态观念需尽快转变和提升。"

　　在另一个场合，叶梅还强调："应有感而发，踏实地到生活中去，真切地体验感受，动情动心动脑，然后再动笔。不要满足于数量，应对文字给予足够的尊重，古人以再三推敲为美，而今我们也应惜墨如金，争取创作出精品佳作，为世界栽下一棵棵文学绿树。"

　　可见，创作《福道》这棵文学绿树的底蕴来自于作者雄健的脚力。是作者脚力所至，"脑力"记录了真实情感和独特的审美体验。她用心体验了福州、丹棱、锦州、惠州、西渚、眉山、洪雅、嘉鱼、海拉尔、东营等地的美景、福道，用情观察了神农架、九畹溪、清江、大兴安岭、陈巴尔虎草原等山河万物中马儿、鱼儿、鸟儿、花儿、树儿的声音、性格、气质乃至品格，将初来乍到的感性认知逐步升华为专业的理性思考，从而用深刻的生态理念解读人和万物的关系，绘制出一幅幅"天人合一""和合共生"的生态文明蓝图，开辟出一条条令人向往的其乐融融的"福道"。

五是装帧设计融入了绿色环保理念。

书籍是传播文化的载体。在新时代，打磨更多的精品图书，以最大限度地满足人民群众不断增长的精神文化需求，是出版工作者的责任与担当。但也有个别出版社和编辑，错误地把追求利润当成唯一的目的。由是，往往不重内容、只重形式，盲目追求奢华的装帧。精装本、豪华本、典藏本等礼品书层出不穷。在印刷、装订工艺上，利用昂贵的特种纸、丝绸、锦缎等材料做包封。烫金、烫银、UV、压凹凸、覆膜等工艺的运用，使原本很好回收的纸质书籍变得难以处理。

须知，纸张来源于木材，而木材来自于森林。印刷的油墨对空气和水也有一定的污染性。可见，书籍的装帧设计也应融入"绿水青山就是金山银山"的环保理念。

《福道》的装帧设计可圈可点。其一，未采用硬壳和大开本，纸张的克重也适当，既方便读者手中翻阅，也便于日后回收再利用。其二，版式的设计，字体、字号、行距的选择和排列，合理地运用各种元素，使内文疏朗有致，读起来轻松自如，眼睛不觉得疲劳，还留给阅读者批注的空间。文内配绘的边缘、生命、大海、猛兽、信使、悬崖、雪原、大河、望乡、秘境、源头、共度等 12 幅插图，与文字相得益彰，增加了情趣和美感。其三，封面是内容的最好体现。就像人的脸面一样，向读者传达了很多信息；又像人的穿衣风格，反映出气质与修养。本书封面没有采用高档装帧材料，也没有运用高价特种纸、起鼓、压凹、烫金、烫银、UV 等工艺，而是绿色环保的低价特种纸。既简朴美观，又经济实惠、节约资源；既清爽淡雅，又能引导读者的审美取向。

《福道》的篇篇美文，表达了作者对生态文明建设的深度思考。通过呈现生物多样性的千姿百态之美，强调唯有尊重自然、顺应自然、保护自然，做到人与自然和谐共生，才会有乡村和城市的天朗气清，人类才能走上可持续发展的"福道"，获得真正快乐幸福的美好生活。《福道》的作者竭力倡导、赞美、推行绿色价值理念和环保生活。本书的装帧设计也融入了绿色环保理念，做到了内容和形式的统一，体现出了高度的和谐之美！

（2022 年 4 月 26 日，在"以真诚之心，体察自然万物——叶梅生态散文集《福道》研讨会"上的演讲）

后　记

俗话说，知足者常乐。我就是一个容易知足且又缺乏想象力
的人。否则，怎么能在一个单位一待就是 40 年，直至退休呢。不
但没跳过槽、换过单位，连职业也始终坚守着。从人民出版社退休
后，到了中国编辑学会，继续琢磨编辑这些事。真是不解之缘啊！

美国耶鲁大学原校长彼得·沙洛维（Peter Salovey）在 2014 年
毕业生典礼的演讲中说过这样一段话："在现代社会，竞争激烈，每
个人都希望取得更多的成功和成就。然而，真正的成功不仅仅是物
质上的获得，更重要的是心灵的满足和幸福。感恩的能力可以帮助
人们更好地理解和珍惜身边的一切，拥有一颗感恩的心，不仅能够
让自己更幸福，还可以成为取得成功的核心竞争力。因此，让我们
学会感恩，用感恩的心态去面对生活中的一切，成为更加成功和幸
福的人。"彼得·沙洛维说得好：感恩的能力是一种核心竞争力！这
句富有哲理的话深刻反映了感恩在个人成长和社会进步中的重要
作用。

在整理这本《寻觅与守望——史学编辑学耕耘录》集子时，我
常常沉浸在追忆这些年来所得恩惠的享受中，感谢福泽我的每一位
支持、鼓励、陪伴的朋友和家人。

649

《人民日报》理论部资深编辑李炳清，《光明日报》原副总编辑苏双碧、资深编辑肖黎、马宝珠，《文汇报》资深编辑施宣园，《北方论丛》主编孙孝恩、修朋月，南开大学历史系教授李喜所，中国编辑学会会长郝振省，高等教育出版社副总编辑龙杰等，是我论文发表路上的"贵人"。他们的点拨、建议，使我的文章思路更加清晰、结构更加严谨、观点更加明确，深度、力度、思辨性、启迪性、前瞻性上了一个台阶。

退休以后，北京印刷学院出版新闻学院、青岛科技大学传媒学院聘请我任客座教授，收录本书中的一些文章就是在这两所大学演讲稿的基础上修改而成的。如荣获 2023 年第 8 届全国优秀出版论文奖的《三谈出版精品是这样打造的——品牌图书是强社之本》、被中国人民大学报刊复印资料《出版业》2023 年第 2 期全文转载的《锻造高素质编辑队伍的思考》等文章。

妻子马京平多年来，一直支持我"做学问"。在手写文字的时代，她是我所有撰写稿件的誊抄者，是完整意义上的第一读者。我们交流时，她明确表示，文章一定要让人看懂，切忌艰深晦涩，空洞无物；要有点文采，即便是一些诠释的文字，也不要采用曲高和寡的方式进行表述，而应接地气，通俗典雅，像阳光那样，能照亮读你文章人的生活。我能有这份收获，没有她的默默奉献和支持是无法企及的。

本书的出版，特别感谢人民出版社诸位领导的大力支持。责任编辑侯俊智、申珺对书稿进行了细致的编辑加工。

所有文章，绝大部分在报刊上公开发表过。收入本书时，除订正文字差错外，力求保持作品的原貌。因这些作品发表于不同时期和不同报刊，个别文章中的文字特别是引用的资料存在重复现象。但为了保持每篇文章独自的学理性、逻辑性、完整性，未作删减，万望读者理解和海涵。

再过两个月，也就是 8 月 30 日，是我的 70 岁生日。在古稀之年庆生，收到自备的礼物，是件意想不到且极开心的事。"寻觅诗章在，思量岁月惊"（元稹《遣行》）。在人生的旅途中，特别在做学问方面，我一直在探索、寻觅，一旦认准了，就坚持、守望。大诗人李白说：天生我材必有用！北方农民认定：哪怕是一块盐碱地，只要勤于耕耘，秋后总能收获几筐土豆或苞米。我敬佩李白，也信服农民。于是，就有了《寻觅与守望——史学编辑学耕耘录》这本集子。惊叹逝去的岁月像流水般消失了，但有幸留下了我的土豆！我的苞米！

乔还田

2024 年 6 月 12 日